The Anatomy of Violence

暴力犯罪的大腦檔案

從神經犯罪學探究惡行的生物根源，
慎思以治療取代懲罰的未來防治計畫

Adrian Raine 著
洪蘭 譯

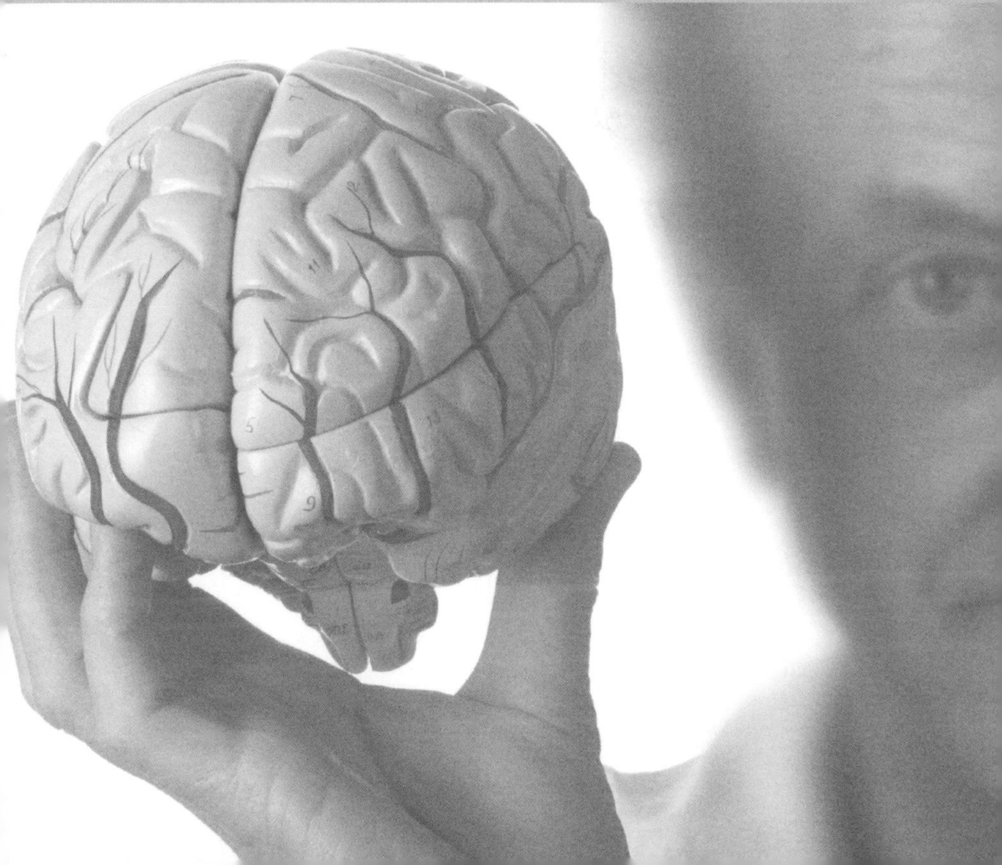

〈策劃緣起〉

迎接二十一世紀的生物科技挑戰

洪蘭

民國八年，五四運動的知識份子將「賽先生」（科學）與「德先生」（民主）並列，期能提升中國的科學水準。這近一百年來我們每天都在努力「迎頭趕上」，但是趕了快一百年，我們仍在追趕。在這個世紀末的今天，我們應該靜下來全盤檢討我們在科學（技）領域的優缺點，究竟該如何去迎接二十一世紀的科技挑戰，只有這樣的反省才能使我們跳離追趕的模式，創造出自己的前途。

二十一世紀是個生物科技的世紀，腦與心智的關係將是二十一世紀研究的主流，而基因工程的進步已經改變了我們對生命的定義及對生存的看法。翻開報紙，我們每天都看到有關生物科技的消息，但是我們對這方面的知識卻知道的不多，比如一九九九年十二月，全世界的報紙都以頭版的位置來發布科學家已經解讀出人體第二十二號染色體的新聞。這則新聞是什麼意思？人類基因圖譜有什麼重要性？為什麼要上頭版新聞？美國為什麼要花三十三億美金來破解基因圖譜？為什麼科學家認為完成這個基因圖譜是人類最重要的科學成就之一？它與你我的日常生活有什麼關係？市場上賣著「改良」的肉雞、水果，「改良」了什麼？與我們的健康有關嗎？

生物科技與基因工程已經靜悄悄地進入我們的生活中了，這些高科技知識已經逐漸從實驗室中的專業知識地位慢慢變成尋常百姓家的普通常識了。二十二號染色體上的基因與免疫功能、精神分裂症、心臟缺陷、智能不足（所謂的 Cat-eye 徵候群）及好幾種癌症（血癌、腦癌、骨癌、神經纖維癌）有關。我們都知道基因異常會引發疾病，部分與基因有關的疾病會惡化，包括癌症、關節炎、糖尿病、高血壓、老年癡呆症和多發性硬化症，我們在生活周遭隨便一看都會發現有得這些病的親友，這個知識對我們而言怎能說不重要呢？如果重要，為何我們回答不出上面的問題來？

台灣是個海島，幅地不大，但是二十一世紀國家的競爭力不在天然的物質資源而在人腦的知識資源上，人腦所開發出來的知識會是二十一世紀經濟的主要動力。我們看到在人類的進化史上，獸力代替人力，機械又替代了獸力，科技的創新造成了二十世紀的經濟繁榮，我們把台灣稱為科技島，但是政府對知識並未真正的重視，每次刪減預算都先從教育經費開刀，其實知識的研發才是科技創新的源頭，人腦創造出電腦，電腦現在掌控了我們生活的大部分，我們只要看全世界對二千年千禧蟲的來臨如臨大敵一般就知道了。

我們想要利用電腦去解開人腦之謎，去對所謂的「智慧」重新下定義，所以資訊和生命科學的結合將會是二十一世紀的主要科技與經濟力量，這個「生物資訊學」（bioinfomatic）是一個最新的領域，它正結合資訊學家與生命科學家在重新創造這個世界，再過幾年，我們對生命的定義與生存的意義可能就會改變，因為科學家已開始從基因的層次來重組生命，但是我們的國民對世界潮流的走向，對最新科技的知識還不能掌握得很好，既然國民的素質就是國家的財富，國力的指標，如何提升全民的知識水準就顯得刻不容緩了。

我是個教育者，我看到了我們國民的基本知識不足以應付二十一世紀的要求，但是一個老師的力量有限，再怎麼上課，影響的學生人數對整體來說，還是杯水車薪，有限得很，我要的是一個可以快速將最新知識傳送到所有人手上的管道。就這方面來說，引介質優的科普書籍似乎是唯一的路，因為書籍是唯一不受時空限制的知識傳遞工具。因此，我決定與遠流出版公司合作開闢一個生命科學的路線，專門介紹國內外相關的優秀科普著作，與一般讀者共享。我挑書的方法很簡單，任何可以使我在書店站著看十五分鐘以上不換腳的書就值得買回家細看。我不考慮市場，因為我認為真金不怕火煉，一本好書常常不是暢銷書（因為既不煽情，又沒有暴力），但是它會是長銷書，因為它帶給人們知識。

背景知識就像一個篩網，網越細密，新知識越不會流失。比如說，同樣去聽一場演講，有人獲益良多，有人一無所獲，最主要的原因是語音像一陣風，只有綿密的網才可以兜住它。背景知識又像一個架構，有了架子，新進來的知識才知道往哪兒放，當每個格子都放滿了，一個完整的圖形就會顯現出來，一個新的概念於是誕生。心理學上曾有一個著名的實驗告訴我們背景知識的重要性。這個實驗是把一盤殘棋給西洋棋的生手看兩分鐘，然後要他把這盤棋重新排出來，他無法做到；但是給西洋棋的大師看同樣長的時間，他就能正確無誤地將棋子重新排出來。是大師的記憶力比較好嗎？當然不是，因為當我們把一盤隨機安放的棋子給大師看，請他重排時，他的表現就和生手一樣了。大師和生手唯一的差別就在大師有背景知識，使得殘棋變得有意義，意義度就減輕了記憶的負擔。這個背景知識所建構出來的基模（schema）會主動去搜尋有用的資訊將它放在適當的位置上，組合成有意義的東西，一個沒有意義的東西會很快就淡出我們的知覺系統。所以在生物科技即將引領風潮的關鍵時刻，引介這方面的知識來滿足廣大讀者的需求，使它變成我們的背景知識而有能力去解讀和累積更多的新知識，是我們開闢《生命科學館》的最大動力之一。

台灣能從過去替人加工的社會走入了科技發展的社會，人力資源是我國最寶貴，也是唯一的資源利器。人力資源的開發一向是先進科技國家最重大的投資，知識又是人力資源的基本，因此我衷心期望《生命科學館》的書能夠豐富我們的生技知識，可以讓我們滿懷信心地去面對二十一世紀的生物科技挑戰。

【策劃者簡介】

洪蘭，福建省同安縣人，一九六九年台灣大學畢業後，即赴美留學，取得加州大學實驗心理學博士學位，並獲NSF博士後研究獎金。曾在加州大學醫學院神經科從事研究，後進入聖地牙哥沙克生物研究所任研究員，並於加州大學擔任研究教授。一九九二年回台先後任教於中正大學、中央大學、陽明大學，現任中央大學認知神經科學研究所所長。

【目錄】

【專文推薦1】

刑罰與腦神經科學

黄虹霞

二〇一五年七月十五日出刊的臺北律師公會季刊《在野法潮》第26期以「死刑是正義或儀式？」為題探討死刑存廢。我在接受立法院院會對一〇四年四位司法院大法官被提名人的審查會中，亦被詢及對死刑存廢議題的看法。死刑是終極刑罰，其存廢當然值得不斷地被討論。惟包含死刑在內，與所有刑罰客體均相關的犯罪行為之成因，是生物因素？是環境使然？還是行為人罪無可逭，甚或被害人也部分有可歸因？就狹義司法審判而言，可能涉及者是個案被告有罪與否及量刑之輕重；但就整體國家社會而言，則是涉及社會安全，尤其與犯罪預防相關，更應是值得關注之重要課題。特別是職司審判的法官，在下有罪裁判量刑時，不但要考量到個案狀況，還應該要顧及整體社會安全包括法體系的平衡。

一般而言，法官的養成教育包括大學部的法律學程訓練。以我個人在臺大法律學系學習當時之課程而言，除了法律基本科目外，學校安排大二學生在哲學、心理學、社會學間三科選二科必修，這應該與刑事學包括刑事心理學與刑事社會學有關。惟印象中，當時的跨領域學習，因講授內容並未著重於心理學及社會學與法律（審判）之關聯，所以對心理學及社會學只有極粗淺的接觸，也不太理解心理學與社會學相關知識在法律（審判）實務上的重要性。倒是第二學期心理學期末報告以「法律與心理」為題，把兩年來在法律學門已上過的民法、刑法中自認為與心理學有關的法條作個歸納，竟得了A+，心理上得到很大的肯定。

三十多年的律師生涯中，就案件處理直接用到心理學的知識的事例不多，其中測謊報告（未涉及fMRI之使用）的證據能力是很重要的爭議，到今天在法院審判上還未全面否定測謊報告之證據能力。但是如就刑事案件法官而言，則因有刑法之規定如第19條規定[1]、尤其刑法第57條規定[2]則可以說每一個案裁判都與心理學相關，但是法官們的心理學素養足夠嗎？是否足以在每一有罪個案中落實刑法第57條規定？恐非無疑。

國家設立刑法典，對犯罪行為人科刑論罰的目的何在？刑事法理論上有：應報主義（對犯罪還報

---

1 刑法第19條規定：Ⅰ行為時因精神障礙或其他心智缺陷，致不能辨識其行為違法或欠缺依其辨識而行為之能力者，不罰。Ⅱ行為時因前項之原因，致其辨識行為違法或依其辨識而行為之能力，顯著減低者，得減輕其刑。Ⅲ前二項規定，於因故意或過失自行招致者，不適用之。

2 刑法第57條規定：科刑時應以行為人之責任為基礎，並審酌一切情狀，尤應注意下列事項，為科刑輕重之標準：一、犯罪之動機、目的。二、犯罪時所受之刺激。三、犯罪之手段。四、犯罪行為人之生活狀況。五、犯罪行為人之品行。六、犯罪行為人之智識程度。七、犯罪行為人與被害人之關係。八、犯罪行為人違反義務之程度。九、犯罪所生之危險或損害。十、犯罪後之態度。

以惡害）與目的主義（保障共同生活的安全，亦即為預防犯罪防衛社會的必要手段），後者又可分為一般預防主義（即預防社會上一般人之犯罪，警戒嚇阻一般人民）與特別預防主義（即改善犯罪人之預防將來再犯）及綜合主義（正義之滿足及社會之防衛均為刑罰之目的）。在正義滿足與社會之防衛間如何兼顧，在犯罪行為人之特別預防與一般預防間如何取捨，絕對不是機械式適用刑罰條文所能應對，這實在是神的工作，但需由屬人的法官承擔，審判工作之不易，可見一斑。另就正義之滿足言：以牙還牙的應報處罰，固然有可能滿足了被害人方，但是若不予考慮犯罪情狀，則置刑法第57條規定何地？而刑法第19條及第57條規定如何適用，除了需專業協助，更涉及主觀判斷，也就是自由心證，因為如犯罪行為人內在之事項，法官不易由兩眼看犯罪行為人的外表就可以判斷，所以法官難為。惟這種情形，有機會日漸改觀。

心理學在這三、四十年來有長足之進步，特別是腦神經科學因著機器設備如MRI、fMRI及aMRI等等的發明及進化，而一日千里，測謊報告證據能力之爭議可能有新解；刑法第19條所規定的不能辨識行為違法之精神障礙或其他心智缺陷，可能可以由腦神經科學影像客觀確認；刑法第57條所規定的科刑輕重標準也可能經腦神經科學影像的比對解讀。無疑刑罰學將因腦神經科學的進步而提升受益，刑事調查審判的更細緻、更正確，應可期待。

洪蘭教授是我臺大法律系的學姐，以其所受法律教育為基礎，在認知神經科學領域發光發熱，她的貢獻有目共睹。她選譯《暴力犯罪的大腦檔案》乙書，當係出於對臺灣這塊土地及同胞（包括犯罪行為人）的由衷關懷及對刑事調查審判能更精確的期盼，看完本書對洪蘭學姐有更進一步的感佩。

《暴力犯罪的大腦檔案》一書提供給我非常多的啟示、反省與新知，比如：

1. 演化的影響深遠，自私、利他都是演化的產物；犯罪行為與生物演化可能有關，群體反抗犯罪行為也與生物演化有關；是不是因此，死刑存廢正反意見爭議沸沸揚揚？

2. 有其父必有其子，有科學上的跡證；但是壞竹出好筍，也有事例。天才與白痴可能只是一線之隔，作者指出無懼與有勇、暴力犯與自我犧牲的英雄間有其生理相似性。

3. 行為的突然改變可能與腦功能異常有關；相同的腦傷也可能有不同的結局（蓋吉與西班牙蓋吉的事例），關鍵在環境因素差異，歸功於家人愛的支持力量（愛情克服一切）。

4. 作者歸納得出若干犯罪行為之生理特徵，如腦功能缺失、靜止心跳率（恐懼制約）高低、多巴胺濃度高低、血清素濃度高低等等，可能與暴力行為相關，而且進一步分析如何有關（因此較具信服力）；但作者也提醒只是可能相關，不等於是犯罪暴力的原因，並稱「基因與暴力行為之科學探索只是剛剛抓搔破皮而已，不知道的還多得多」及「科學研究最怕過度簡化真相」等等，作者的嚴謹科學研究態度，足堪法律事務處理之借鏡。

5. 作者還區分反應式攻擊行為（受到刺激）與主動式攻擊（謀殺），兩者的分別從腦造影影像可以看得出來，這在刑事審判上量刑時是有意義的（同樣是殺人，前者可能因惡性較輕而量刑較低，後者則因預謀而量刑較重）。但作者把重複性暴力犯罪當作疾病看，以一般人之觀點，假如由社會安全的角度出發，重複性暴力犯罪的危害不是更高更大嗎？不罰或輕罰如何杜悠悠之口？

6. 書中也揭露一些難以接納的案例，除了有犯罪而無罪惡感之人外，竟然還有從別人的恐懼中得到快樂的人。「快樂的珍」讓我思考她應該被依刑法第19條判決無罪嗎？刑法第19條規定在今日應該如何適用？

7. 男女大腦不同，在本書中也肯認男性比女性更反社會，更愛犯罪，這與大腦結構不同有關。

8. 除了基因，打從娘胎起的環境因素，如母親吸毒、抽菸（包括二手菸）、喝酒、營養不良、出生過程難產、親子關係不良、乏人照顧、經常搬家等等都與暴力犯罪相關。作者認為嬰兒與母親的聯結，家人（保母、兄姐）的愛非常重要，是生命早期的關鍵時刻。

9. 作者舉例說明生物影響並非不可逆轉，主張暴力是公共衛生課題，若能採取預防措施（早期發現個案腦缺失，施以治療），除了可以直接救助該個案行為人，避免無辜者受害之悲劇發生外，從醫療支出及社會成本角度觀察，對整體社會也比較有利。作者分析有相當見地，但畢竟尚無犯罪行為，在公共衛生課題上之處理自應謹慎，個案保護之旨不宜偏離。

10. 作者認為環境豐富可以減少暴力犯罪，故而營養不只是人道上的吃不吃得飽（溫飽）問題，而是涉及社會安全的議題。對孩子早期的努力可以減輕未來的犯罪（作者認為魚類所含的亞米茄三對防止個人暴力傾向有助益），這讓我聯想到學校營養午餐及對原住民學童的餐點補助。

11.書中還討論了性侵犯的去勢、化學去勢及假釋問題。腦造影設備已經相當普遍，在假釋處理作業中是不是要考慮加入腦造影分析呢？

12.作者以「自由意志到底有多自由」出發探討自由意志，並提出自己之看法，但也強調一個人必須為自己的行為負責。

13.第417頁強姦殺人犯佩吉給法庭的一封信，第440頁金科案法官宣讀判決時所說的話，以及第472頁柏林大學史特瑟教授的話，看了在我腦中久久不去，陷入沈思……。

這是一本值得法律人讀的書，也推薦給父母及教育人員，因為只有了解原因才能解決問題。這本書讓我們了解暴力犯罪行為的成因，了解了，才可能對症下藥，既幫助腦功能失常的孩子，也避免我們的孩子無辜受害。祝福大家，願共勉之。

【推薦者簡介】黃虹霞律師（一〇四年十月一日起轉任司法院大法官），是江學珠先生獎學基金會董事長、臺灣高等法院調解委員；曾任萬國法律事務所律師、臺大法律學院兼任實務教師、北一女中校友會會長。

【專文推薦2】

將象牙塔裡的知識分享社會，造福群眾

黃富源

到政府服務轉眼間已經七年了，對自己所鍾愛的學術與教學工作，確實已經疏遠，所以前些日子洪蘭教授將其翻譯新作《暴力犯罪的大腦檔案》請人送給我研讀時，說實在的內心很惶恐，不料翻開書之後竟欲罷不能，整個週末除了吃飯時間匆匆果腹外，全神貫注，一口氣就把這本書讀完！這本書是從雷恩博士所著的 *The Anatomy of Violence: The Biological Roots of Crime* 一書翻譯過來的，本是一本專業的書籍，在傳統觀念中專業書籍多半晦澀難明且詰屈聱牙，然而在洪教授的妙筆翻譯之下，這本書可讀性極高，原因有以下幾點：

第一，雷恩教授的筆法精煉且引人入勝，在撰述這本書時將普羅大眾設定為本書的閱讀群之一，所以雷恩教授說，他將自己設想為化身博士（Jekyll-and-Hyde），然後開始探討起人類千古以來就在探求的重大議題：人為何會犯罪？飽學的雷恩教授從孩童成長歲月裡的環境和遺傳因素一一分析，層層解構，推論出累積這些因子，再加上日後成長歲月中的社會負因，復以我們的社會不幸地缺乏了偵測和治療這些潛在犯罪者的機制時，這些先天失調的人就會變成犯罪者。雷恩教授的分析除了理性的思考外，更有著偵探小說般鍥而不捨的懸疑氛圍，因之會吸引讀者，廢寢忘食地讀完一段接著一段的章節，終於卒讀全書方止。

一般讀者會好奇，在於本書有實境呈現，比如雷恩博士在前言中即以發生在自己身上的攻擊案為例，抽絲剝繭地反詰自己在攻擊事件發生的當下，如何處置的每個環節，過程緊張逼人，互動場景宛如電影，連續情節又極富張力，雷恩博士非刻意經營的文筆，卻驚人地形成動態緊湊的現場重現。

抑有進者，對專業的學術工作者和實務工作者而言，博學的雷恩教授也提供了非常生動的討論議題，諸如犯罪和暴力生物學在個體攻擊行為發動的剎那，扮演了什麼樣的角色？這些具體的行為有合理的解釋嗎？最新的生物學研究有什麼樣的發現？被害人所採取的行為，縱使是一位如雷恩博士一樣專業的學者，為什麼會有這樣的反應？這種反應是安全的嗎？甚至實務工作者還會思考到，如此現象犯罪者的法律責任為何？毫無疑問的這是一本深淺皆宜，兼顧實務與學術兩端的好書！

第二，整本書譯筆流暢，用語精妙，不但容易吸收，而且在閱讀過程中，處處可以看得見洪蘭教授的用心。由於洪教授所學即為心理學與認知科學，尤其對大腦神經系統的研究，迭有研究發表，最近幾年對犯罪行為與神經醫學的研究也非常投入，在國際間已有多次發表，她願意從事這方面的翻譯工作，確是不二人選，也令人振奮。洪教授在翻譯界是眾所周知的人物，已經翻譯過五十多本心理學與生命科學方面的書籍，身為洪教授的後學兼粉絲，幾乎是每本都讀過，除了佩服其扎實的學術基礎外，更尊敬她為自己「深耕教育，推廣閱讀」的理想，數十年如一日，不計毀譽，打拚奮鬥的精神！這本書的問世，再一次證實了兩位教授，能夠將象牙塔裡的知識分享社會，貢獻國家的能力和堅持。

第三，這本書並不迴避深沉的人性探討，更直接觸及到人本與倫理的部分，再一次地兩位教授的文筆相輔相成，將如此複雜的問題，處理得條理井然，剔透分明。基本上本書主張造成犯罪的原因，是社會因素與生物力量交互作用的結果，並沒有生物決定論的偏見，但是對以往犯罪學界長久以來，對犯罪生物學的輕視提出了嚴肅的修正。延續這樣科學的辯證態度，對於自由意志的質疑，本書是以更新更嚴謹的證據，反覆地以實驗和研究發現來佐證他們的觀點，這種負責的態度，對此一領域的學術工作者和教育者而言，無疑是提供了一種最佳的教案和議題，一方面可以就本議題，在所呈現的文獻上深入探討，更可以提供讀者未來進一步選擇延伸的研讀素材與方向。這本書不但是值得現在出版時讀，更值得在未來深入研究類似議題時，精細地對照地讀！

雷恩教授四百多頁的原著，擇其精要，消化其重點，仍是四百多頁的中文鉅著，但是透過洪蘭博士融會貫通地翻譯，一本純中文、字句清新洗練、內容豐富的著作，已經呈現在我們面前。對於專業的學者專家和實務工作者，這本書將會有具體的幫助；對於初學者和一般讀者，在未來的社會安全的探索與日常生活對犯罪的防範對應上，這本書也將有極大的啟示與收穫。有限的文字無法表達我個人對雷恩教授、洪蘭教授的尊崇和對此書的欣賞，謹於本書出版前夕，撰文推薦！

【推薦者簡介】黃富源教授，現任行政院人事行政總處人事長，美國休士頓州立大學刑事司法博士。曾任：中央警察大學教授、犯罪防治系所所長兼系主任、學務長和教務長，總統府人權委員，內政部犯罪預防委員，法務部監獄作業基金委員，臺北市政府少年輔導委員會委員。

〈譯者序〉

從大腦中尋找犯罪的可能性並加以預防

作者雷恩教授是心理學界的一個奇葩，不只在學術上，他的經歷也跟很多教授不同：他做過英國航空公司機場的會計、去監獄跟三教九流社會各階層的囚犯混過四年，並在大家都不敢碰大腦這個黑盒子的時代，投身研究，選的主題還是牛津畢業生不屑去碰的犯罪。因為他如此的不按牌理出牌，他在學術界的升遷也是令人跌破眼鏡的快。

他是英國人，一九七七年牛津大學畢業，一九八二年拿到約克大學（York University）的博士。他對犯罪有興趣，據他自己說是因為他的成長經驗跟殺人犯很相似，大腦也跟他所研究的連續殺人犯沒什麼兩樣，他很好奇為何遭遇竟會有天壤之別（他在書中有把他的大腦圖和謀殺犯的並列，讀者可以仔細看一下）。一九八七年他從英國移民到美國，在南加大（USC）擔任助理教授，三年後升副教授，拿到終身職（tenure），一九九四年升教授，在七年之內達到這個成就在美國學術界也是非比尋常，他說這跟他選人少的那條路走有關係。

的確，當大家一窩蜂去作熱門的研究時，人煙稀少的地方競爭的對手少，容易出頭。一九九〇年代中期他在南加大時，正好是核磁共振技術開始精進的時候，新的統計方法及實驗設計使研究者能在活人的大腦中，看到意圖（intention），而意圖是犯罪的主體，謀殺和過失殺人的差別就在有沒有殺人的意圖。大腦功能的解碼、生物統計學的進步，加上腦造影儀器的精進，神經犯罪學於是興起。因為雷恩教授是這個領域的先進，不久就被延攬去賓州大學作講座教授。

一個人會成功，除了自己本身的努力，時機也很重要，沒有核磁共振儀，神經犯罪學無法成為研究學門。當然最重要是人和，牡丹還要綠葉襯，他充滿熱情，曾來臺灣兩次，一次是他休假年，在香港大學任客座時，另一次是臺灣認知神經科學年會我們請他來做專題主講人。第二次來臺時他很熱心的幫我們研究所裡的學生改論文，改那個我自己看了都頭大的中式英文，一直改到上飛機，讓我很不好意思（很可惜的是這學生未能繼續在這個領域發展，辜負了他的一番心意）。

這本書是他三十年來研究的成果，我決定翻譯出來，回報他對臺灣學生的指導。因為原書有四百多頁，篇幅甚大，所以在徵得他同意後稍有節譯（主要在第一章和最後一章），但是中間有關理論和實驗的部分都有詳細的翻譯及加註。我必須特別聲明，人翻譯跟機器翻譯不同，不可能逐字翻，人的翻譯是看完這一段以後，揣摩作者意思，用中文去表達出來，因為只有這樣中文讀者才看得懂。

犯罪是一個複雜的行為，它很像托爾斯泰在《安娜・卡列尼娜》中說的：「每個幸福的家庭都相似，不幸的家庭則各有不同的故事。」每個犯罪人背後都有不幸的故事。過去，犯罪學家從社會大環境中尋找犯罪原因，現在，神經學家可以從大腦中尋找犯罪的可能性，知道原因就可以預先防範了。

雷恩教授到美國時，很幸運地找到南加大的教職，這是一所校友很肯捐錢的私立大學，所以研究經費充裕，讓他有先進的功能性核磁共振儀可用。加上學校附近有好幾所大型教學醫院，如加州大學洛杉磯校區（UCLA）及爾灣校區（UC Irvine）的醫學院都在方圓五十英里之內，人才濟濟，很容易找到會使用掃描儀的助理，使他得以收集到很多謀殺犯、死刑犯的大腦圖片，這是很多人可望而不可得的珍貴資料。（現在的學生無法想像九〇年代要用腦造影儀器有多困難，大部分的大學沒有這種昂貴儀器，荷蘭 Tilburg 大學的 Beatrice de Gelder 教授願意付掃描的錢都沒地方做，幾經商量，波士頓大學和加州大學聖地牙哥校區終於答應借她儀器用，但是排給她的掃描時間是半夜，根本沒有受試者願意半夜來做實驗。她的實驗最後是在臺灣我們的實驗室做完的，因為我有一名學生在她那裡念博士。她不遠千里飛二十小時來到臺灣，就為做一個實驗，這是現在學生不可能想像的，我不厭其煩的提到過去的歷史是希望學生懂得珍惜他們現在所享有的方便。）

因為各項條件的成熟，犯罪學從以前的單一領域變成跨社會、生物學領域的一門學問，越來越多的刑事法庭找神經科學家去作證，而保守的法界也敞開大門，開始接受人的行為是來自大腦的決定。書中有一段關於「人有沒有自由意志？」非常精彩，七〇年代我在加州大學時，從實驗上就知道大腦是比你先知道的，但是把它用到殺人犯的定罪上，卻是過去從來沒想到的；讀者可以搭配法國神經學家 Stanislas Dehaene 的《意識與大腦》（*Consciousness and the Brain*）一書一起閱讀，理解實驗的過程你才會被說服人是沒有自由意志的。

犯罪跟疾病一樣都是預防勝於治療，但是沒有找到犯罪的原因就無法對症下藥，當然也就達不到藥到病除的效果。本書中將犯罪的原因從基因、營養、大腦損傷、社會環境，一一詳細說明，並佐以實驗證據，是我多年第一次看到，扎實有科學證據支持的犯罪理論與防治實踐的書。在冬天的早上五點鐘要離開溫暖的棉被起來工作，若沒有意志力還真不容易做到，這一點我很感謝父親從小對我們的訓練，他不准我們虎頭蛇尾、有始無終。不過我偶爾也會有「眾人皆睡我獨醒」，何苦來哉的念頭，只希望這本書的出版能為臺灣的獄政、犯罪率，尤其是性侵犯藥物治療的觀念打開一條路。

雷恩教授一再強調，連續性侵犯是大腦裡的病，行為治療的效果很小。對高血壓我們服藥控制，為什麼不可以也讓性侵犯吃藥，用藥物控制他的性衝動，而要把他關在監獄中浪費老百姓的納稅錢，或讓他假釋出來繼續加害無辜的女孩呢？一個觀念的改變需要兩個世代，但是登高自卑，行遠自邇，現在若是不做，下一代仍然要受害。希望這本書能帶給大家不同的犯罪觀念，更希望立法委員能夠好好的閱讀後，修訂並加強我們對受害人的保護法。當大聲疾呼給性侵犯服藥不人道時，請想一想被強暴的受害人，她一生的人道又在哪裡？

最近有個性侵犯服刑期滿即將出獄，但是他在獄中並未受到教化，現在他要被放出來了，各縣市的婦女團體都很緊張；看到她們一週開三次緊急會議，不知把他放在哪裡好時，我心中在吶喊：給他藥物吧！打一針，他可以控制他的行為三個月，作者在書中說得很清楚了，不打針，他不可控制的性慾可能就會繼續加害其他人。為何放著科學上已證明有效的路不走，皮包裡去放電擊棒、辣椒水，萬一來不及拿出來用呢？

這本書裡的知識對犯罪防治很有建設性，例如作者以實驗的證據來說明如果增加孕婦和孩子的營養，母親在懷孕時不要抽菸、喝酒，一些衝動型的暴力犯罪就可以減少，而這些預防並不是困難的工作，幾乎只要有心就可以做得到。在高雄發生大寮監獄六名犯人挾持典獄長，最後全部飲彈自殺後，我更覺得這本書對臺灣整個社會的秩序、人民的居家安全感會有幫助。

我們在實驗中看到，大腦產生觀念，觀念引導行為，行為產生結果以後，回過頭去改變大腦。所以要改變一個人，一定要從觀念著手。預防勝於治療，改變觀念又比強制執行有效。教育是改善世界最勇猛的武器，一切從教育做起，觀念改變了，心就動了，手就動了，事就成了。

誠心希望臺灣社會能夠變得更和諧更安全，預防犯罪是防止犯罪的唯一方法，就像維持健康是不生病的唯一方法一樣。對大腦功能的深度了解，使預防犯罪變成你我都可以著力的事。希望這本書讓天下父母了解教養孩子成材是天職，即使不能成材至少不能危害社會。做父母不需十全十美，但必須盡心盡力；當每個人都盡到教養下一代的責任時，犯罪的人自然就減少了。

「噢，史特林探員，你認為你可以用那個笨拙無用的小玩意來分析我嗎？」

——在電影《沉默的羔羊》中，遭囚禁的食人魔漢尼拔訓誡聯邦調查局探員史特林，竟然用自陳表來評估他

作者序

今天是二〇一二年七月十九日，費城熱得像地獄的鍋爐架似的，辦公室的冷氣機卻正好壞掉，無可奈何，我只好回家裡樓上的書房寫這篇序。下午本來應該和芝加哥來的攝影團隊錄一段有關犯罪的紀錄片，但一早他們就發現攝影設備被偷了，所以錄影也只好作罷。在隨時都有人犯罪的費城，這不令人驚奇，昨天我就因為家裡遭小偷和兩位警探——賴登（Lydon）和波以耳（Boyle）——談過話。從香港飛過半個地球才在半夜返達家門，卻發現被小偷闖空門，幸好我的資料都隨身帶著，也是為什麼我還敢住在費城西區的原因之一。

環顧書房，牆上擺滿了各種犯罪和暴力的第一版書或絕版書，幸好小偷不要這些珍貴的書，我想他大概對犯罪的原因沒有我那麼感興趣。不過這些不是我的書，而是我搬進來之前的七十五年間，歷任屋主的收藏；大部分是世界著名的犯罪學家伍夫岡（Marvin Wolfgang）的手筆，他從一九六九年起就在這書房中寫他的書。在他之前的三十年，則是另一位世界著名的犯罪學家、也是伍夫岡的博士論文指導教授西林（Thorsten Sellin），他在二次世界大戰爆發的七個星期前買下了這棟房子。我現在就在他的書桌寫這篇序。這四分之三個世紀之間，兩位學術界的巨人——教授和導師——在賓州大學中重新定義了犯罪學，而我現在正在賓州大學教書。

因為坐在這麼有歷史的房間裡，我的心思自然轉到這本書的主要問題上：犯罪的原因有生物學上的關係嗎？有辦法治癒嗎？過去有人探索過這個問題嗎？其實，早在一百五十年前，義大利的一位醫生朗布羅索（Cesare Lombroso）就打破了學術傳統，用嶄新的、實證的方法研究過犯罪，而且想說服全世界犯罪是有大腦的原因的；但是，當二十世紀的腳步毫不停歇地向前走時，過去這個創新的想法很快就淡出，被社會學的觀點佔去了舞台。在那段期間裡，任何想保有飯碗的犯罪學家都不敢碰暴力的大腦原因或惡行的生物機制。

除了現在書房壁爐上面掛的朗布羅索肖像，伍夫岡還詳細登錄了朗布羅索的犯罪歷史分析。歷史上，沒有一個人像朗布羅索那樣同時被稱頌又被貶斥；伍夫岡既清楚朗布羅索如何被敵視犯罪的生物理論的人當作假想敵，也知道朗布羅索的研究有其極限，卻同時也看到這位義大利人的偉大貢獻。

在他事業末期時，伍夫岡深信犯罪的確有大腦裡的關係；他的指導教授西林也認同朗布羅索的生物看法，所以把焦點放在犯罪者身上而不是犯罪本身。這種看法既前所未有也影響深遠，我住在他們住過的房子裡，用他們用過的書房，實在很難不認同他們。

然而，犯罪學領域中的大多數人是不贊同他們的。在我當學生的一九七〇和八〇年代，沒人看得起生物學的暴力研究，像我這種夾在敵對兩方之間的研究者，說得好聽是生物決定論者，故意忽略社會的作用，說得不好聽，就是種族主義的優生學家。

或許是我血液中有反叛和固執的成分，這些負面的觀點從來沒有阻止我在我三十五年的研究生涯中，專注在犯罪的生物基礎上。然而，因為我不是在重刑犯監獄、就是在大學的象牙塔中工作，其實沒有接觸到很多可能跟我一樣，對生物學可以幫助犯罪的看法深感興奮的廣大群眾，這也就是我為什麼決定以寫這本書分享這些新知的理由。

所以我非常感謝凱勒曼（Jonathan Kellerman）鼓勵我寫這本適合大眾閱讀的科普書，推介我的犯罪研究心得。凱勒曼是世界頂尖的犯罪小說作家，也曾寫過一本非常有啟發性的科普書《野蠻產物》（*Savage Spawn*），討論學生帶槍到學校殘酷掃射、濫殺無辜的犯罪原因。

大約十五年前，有一天我們一起吃午飯，因為凱勒曼是臨床心理學博士，所以讀過我所發表的論文，認為我有一些重要的知識可以和普羅大眾分享，便介紹我他自己的經紀人；但當我寫了書的大綱給這名經紀人後，卻有如石沉大海，沒有下文。不論我如何努力，都沒有任何出版社想出我的書。

但也就在這十五年間，形勢改變了。因為人類基因體解碼，世界各國都不再局限於醫學、開始注意基因和生理因素對個人行為的重要性，幸運女神也開始眷顧我。我的賓州大學校友、威廉莫理斯娛樂媒體（William Morris Entertainment）的藝文經紀人陸浦芬（Eric Lupfer），有天在賓州大學的校刊上讀到學校記者針對我的研究的問答專訪，也感到大眾會對暴力犯罪的生物原因感興趣；我不可能有比他更好、更支持我的經紀人了，要是沒有他的幫忙和遠見，現在的我大概不會在這間充滿歷史的房間內為本書寫序。我也由衷感謝萬神殿出版公司（Pantheon）的亞歷山大（Jeff Alexander）對書稿的修飾、改正和指引，和他在一起的時光就像變魔術一樣驚奇迭起。萬神殿公司的卡爾斯（Josie

Kals）和米勒（Jocelyn Miller）也提供了無價的支持與幫忙，我尤其感謝本書的執行編輯諾里斯（Kate Norris），她對初稿的潤飾和精準無誤的校對，使得本書得以順利出版。另外，我也感謝企鵝出版社（Penguin）的康福（Helen Conford）在漫長的撰寫過程中對我的大力支持與鼓勵。陸浦芬、亞歷山大和康福的共同努力使這本書得以問世，我對他們致上我最真誠的感謝。

這股改變的風潮也吹進了校園。世界頂尖的犯罪學家們發現跨領域研究能量可觀，現在也開始追隨伍夫岡和西林的腳步。在這股風潮下，世界最頂尖的社會學期刊《美國社會學評論》（*American Sociological Review*），也都開始刊登暴力和犯罪上的分子生物學、基因在研究了。十五年前這是不可思議之事，現在則是新的神經犯罪學次領域有如雨後春筍，帶領著我們向前走。

劍橋大學犯罪研究所所長魯瑟（Friedrich Lösel）讓我在他的研究所中安靜地寫完這本書，在那裡我有幸能與波騰（Anthony Bottom）爵士、艾士納（Manuel Eisner）、法林頓（David Farrington）、威克斯璁（Per-Olof Wikström）和魯瑟本人討論細節，受益良多。賓州大學的勞佛（Bill Laufer），幫助我更加了解我的大腦造影研究和他的專長白領階級犯罪之間的關係；法拉（Martha Farah）讓我更關心神經倫理學，摩斯（Stephen Morse）則耐心教我神經法律學（neurolaw）；能夠和這些一流學者共事，是我莫大的榮耀。我也很感謝培利（Richard Perry）的捐贈給了我這個講座教授的職缺，謝謝顧特曼（Amy Gutmann）對我的信任，把我納入她的「賓州知識整合提案」（Penn Integrates Knowledge Initiative）之中。

熱中犯罪的生物機制的也不僅是學術圈，還包括各大媒體。威廉莫理斯的康勞埃（Erin Conroy）把《暴力犯罪的大腦檔案》介紹給美國哥倫比亞廣播公司（CBS）的高登（Howard Gordon）和加薩（Alex Gansa），建議拍成影片，我們也已簽訂協議草約。謝謝你，康勞埃，也謝謝你，高登，能在這本書中找到吸引你們的地方，把它變成影集，這對我真是意義非凡。（編按：CBS 的同名影集 Anatomy of Violence 已經在二〇一三年播出。）

在過去的幾十年間，有許多合作的研究夥伴、同事和學術界的朋友都幫助我、鼓勵我、激勵我；這些人裡，我尤其感恩（名單下略），他們這麼多年來的友誼、支持和激勵對我意義重大。我在賓州大學的學生帶給我教學真誠的快樂，得天下之英才而教育之，誠然一樂也。在這些學生中，我特別要謝謝「四人幫」（Gang of Four）高瑜、格倫（Andrea Glenn）、舒格（Robert Schug）和楊雅玲；他們既是很有生產力的研究團隊，我也從這些很有天分的學生身上學到很多。

我們從很多不同的地方找到靈感，我特別感謝我博士論文的指導教授——約克大學的范納保（Peter Venables）教授——過去三十五年來對我的支持和鼓勵，尤其是我在監獄工作的那四年。在那段期間，我有七個月不但不掛意、根本就放棄了博士論文，但他始終沒放棄我，是我生命中的貴人。派興漢（Dick Passingham）在我還是牛津大學大學部學生時，就比任何人都更願意指導我，教我如何清楚有效地思考問題。五年前，謝爾門（Larry Sherman）引領我進入賓州大學犯罪學系，對他的恩情，我謝也謝不完；他堅信神經犯罪學是未來的趨勢，對我們後進小輩來說真是一盞明燈。賽利格曼（

Martin Seligman）在寫這本書上幫助我很多，尤其是最後一章對未來場景的描述。

我從與利索（Julia Lisle）、洛克（Ed Lock）和馬克仕（John Marcus）及西姆斯（Sally Sims）的討論上學到很多，成果呈現在最後一章的社會和法律議題上。最後，我要特別感謝我的家人——菲利浦（Philip）、安得魯（Andrew）和江紅（Jianghong）——對我的耐心和諒解，不以我最近只有這麼少的時間可以陪他們為意。他們帶給我歡樂、支持和愛，使我走過寫書的辛苦時光，完成了這本書。

前言

這件事發生在一九八九年，地點是土耳其西南邊的美麗海濱休閒勝地波德倫（Bodrum）。那是個沉浸於陽光、歷史和夜生活的夏天，我從希臘的伊拉克利翁（Iraklion）搭乘巴士來這兒度假，但先前在伊拉克利翁時我染上此生從未有過的第二級食物中毒，症狀包括在床上吐了兩天，感到備極艱辛的痛苦。

七月的夜晚酷暑難耐，令人難以入睡，所以我打開窗戶，好讓房裡涼爽一些。我翻來覆去，仍然感覺得到食物中毒的腹痛——時而清醒，時而昏睡，女朋友則睡在房間另一端的單人床上。凌晨三點剛過時，我突然意識到有一個陌生人站在我面前。那時的我，正在教一門關於犯罪行為的課，且我總跟我的學生說，一旦意識到公寓內有侵入者，就應該假裝在睡覺。百分之九十的小偷只是想要拿點東西，偷到東西就會走，而你最好等到小偷離開再打電話找警察。你不用冒險對抗暴力，只要活著，你就有相當高的機會拿回失物。

當我看到床邊的入侵者時，又是怎麼反應的呢？我反抗了。在那一瞬間，我大腦的視覺皮層（visual cortex）詮釋黑影、對杏仁核（amygdala）發出訊息，杏仁核則立刻跳到戰鬥模式，於是我從床上一躍而起，在一剎那間本能地抓住入侵者。那時的我，完全處在一種全自動操控的模式下。

感官傳達訊息至杏仁核的速度，比到前額葉（frontal lobe）的速度快兩倍，所以，我的前額葉無法收回杏仁核對入侵者的反應，已對竊賊做出威脅性的動作，也相對立即啟動侵入者的戰鬥模式。對我而言很不幸的是，他也同時開始本能的反抗了。

我所知道的下一件事，就是我挨打的速度之快，讓我覺得這位仁兄有四個拳頭。他一出手就重擊我的頭，所以我好像看到一條白色閃光在我眼前。他也打了我的喉嚨，更似乎打遍我全身上下。

我被歹徒粗暴地甩到門邊，感覺到了門把，心中立刻跳出必須逃跑的想法。但也就在那一瞬間，我聽到女友發出刺耳的尖叫、與那男人搏鬥的聲響；她的反抗最後以手臂上的瘀青做結，但是我想這些瘀青應該是歹徒為了防禦她的攻擊而造成的傷害，因為他只是想讓她安靜下來。看到他們的搏鬥，我在床上時的本能反應又回來了，再次撲向他，且不知怎地成功把他推出窗口。

在那一瞬間，我覺得安全且立刻鬆了一口氣。但在我打開電燈、看到淌在胸膛上的鮮血之後，勝利的歡快之感立刻化為烏有。我想大叫，但是從我口中傳出來的卻只是嘶啞的嗚咽。

在這勢均力不敵的較量之中，我從頭到尾都不知道攻擊我的人手中握著一把有著紅色刀柄、刃長十五公分的小刀。（我後來在波德倫的市場買到樣式一模一樣的刀，並發現它很便宜，用在威脅和防禦可能還比做為武器有用得多；我把它放在南加大的辦公桌上做紀念，直到清潔工把它偷走。）但我很幸運，當我用手臂抵禦他的拳頭時也折斷了刀刃，只留下殘存刀柄上的幾毫米金屬，所以當他企圖用刀砍我喉嚨時，造成的傷害遠比原本可能的輕微得多。

警察以驚人的速度抵達。那家旅館位在一座軍營旁邊，所以站崗的哨兵一到尖叫聲就發出警報。因為警察很快就包圍了旅館，所以他們相信攻擊我的人仍在旅館裡。

我馬上就被送到醫院。醫院的設備非常原始和簡陋，當醫生縫合我喉嚨的傷口時，我躺著的那塊板子就像水泥一樣硬。醫院的窗戶是開著的，所以我可以聽到遠處仍在進行的派對，披頭四的〈一夜狂歡〉（Hard Day's Night）和其他歌曲的樂聲不斷飄入窗內。

處理過傷口後，警察便帶我回旅館做現場模擬。雖然那時是清晨五點，旅館的所有房客卻都站在大廳中。

警察在尋找攻擊我的兇手時，早就徹查了所有的客房。後來我聽說，有個人看起來臉有點紅，而且當警察把他從他床上拉起來時，身上還有一道看起來像是新傷的痕跡。他住在我隔壁房間的樓上，所以當我走進大廳時，他已是等著我指認的兩名嫌犯之一。

兩名嫌犯都是年輕的土耳其男性，也都被要求打赤膊——也就是還原當初攻擊發生的情景；其中一人相當英俊，但除此之外就乏善可陳了。第二名嫌犯外表相當粗獷，身子厚實而且看起來肌肉也相當發達，可就在那一瞬間，我腦中突然靈光一閃，想到他有著早期犯罪學家認定標準罪犯的典型外表特徵；此外，他的上臂也有一道令人怵目驚心的傷痕，鼻子看起來好像被打過。他的長相說服了我，一定就是那名想要砍斷我喉嚨的人。

警察把嫌犯拉到一邊以便私下問訊，但還是必須讓旅館經理在一旁聆聽，因為他得充當我的翻譯員。警察告訴嫌犯，他們只是想破案，而且如果他肯承認他就是犯案者，就不會為難他；想不到這傢伙竟然輕率地就相信了警察的說辭，立刻伏首認罪，也立刻就被逮捕。

這時的我，已經受夠了波德倫和土耳其，所以我對警察說，兩天後我就要去離此不遠的希臘科斯島（Kos）。出乎意料的，他們竟然為了我而加速審判；對外來人而言，這還真是特殊的禮遇。審判那天我先到警察局，然後就走在攻擊我的人旁邊，肩並肩地前進到鎮中心的法院。由於我喉嚨上裹著明顯白色繃帶的照片已被登在波德倫前一天的報紙上，所以很多人在街上看熱鬧，對著我和女友指指點點，對被告則大聲斥罵，雖然我聽不懂，但從語氣就猜得出來這名被告相當不受歡迎。

判決本身很新奇，最少對我來說很新奇。法院看起來像是紐倫堡審判（Nuremberg trials）中的一景，完全沒有陪審團，只有高高在上、都穿著鮮豔紅袍的三位法官；被告沒有辯護律師，但我也沒有。更奇怪的是，沒有任何一位法官能說或聽得懂英文，而我當然也不會說土耳其語，所以他們找了一名會講英文的廚師來當我的口譯員。凡此種種，都非常超現實。

我一說完證詞，法官就問我如何分辨攻擊者，畢竟案件發生在黑忽忽的凌晨三點。我於是向他們描述月光如何從窗戶照在我床邊，並在我和攻擊者爭鬥時照亮了他的臉；此外，在我們瘋狂的搏鬥之中，我大致感覺得到他的身材和體格，但我也說我沒辦法完全確定——坦白說，我大概永遠也不會知道這部分有沒有被翻譯出來。

廚師傳達了我的證詞之後，被告也提出他的抗辯，但無論他到底用土耳其文說了什麼，法官顯然並沒有因此被說服，就如原本的指控判決他有罪。過程簡單明快。

宣判之後，其中一位法官把我和口譯員帶到長椅處，告訴我們被告等一下就會被帶回來聆判，而且會在牢裡待上幾年。我不禁想，土耳其的正義可真是迅速有效率。在那趟旅程中，我看過許多缺了一隻手的老人，知道他們都是因為過去犯了偷竊罪才會有此下場，本來還覺得這樣的刑罰相當殘忍；但是，自己來到法院的那一天，即便缺少了正當程序，攻擊我的人會在監牢待上幾年的宣判卻宛如天籟。就如他們所說，正義何其甜美。

在波德倫經驗之前，暴力對我而言始終只是學術上的考量。在那之前，我能忍受一些微不足道的犯罪——搶案、偷竊和攻擊，但是，喉嚨被砍傷這種事真的可以改變一個人對世界的看法、或至少用不同的眼光看待自身。女友和我翌日就前往希臘了，但是當我在科斯島上的海灘上做日光浴時，我記得，那天的事還是會讓我突然升起滿腔怒火。那名可以輕易把我殺死的小偷差點就輕易逃脫了，他應該被痛打一頓，他的喉嚨也該被劃破，他應該下半輩子都無法安穩入睡，晚上隨隨便便一點細微的聲響，就可以把他嚇得歇斯底里。光坐牢幾年算哪門子的正義？坐幾年牢也許合情合理，但對我來說，尤其在那一刻，光坐牢是不夠的。

那一次經驗，對我有著強烈的影響力，刺穿了我外在的自由人道主義價值，且讓我接觸更深層、更原始「以眼還眼、以牙還牙」的正義感。從一名天生反對死刑的擁護者，我變成一個無法在美國陪審團中公正做決定的人。之後的許多年裡，一種來自演化的復仇本能在我心中萌芽、滋長。

於是，我開始用化身博士（Jekyll-and-Hyde）的態度面對犯罪的生物基礎研究工作。本書所要呈現的，便是研究所得到的結論之一——孩童成長歲月中的生物因素，像是缺乏營養、童年受虐留下的腦部創傷，以及超越個人掌控之外的基因遺傳等危險因子（risk factors），可以把他們推往成年後的暴力犯罪。那些因素一旦結合社會的不利條件，再加上社會缺乏發現和治療潛在犯罪份子的力量時，結果就是，這些先天不利的人都會變成犯罪份子。這意味著，我可能應該向我的攻擊者砍上幾刀。而且，如果我待過那家醫院的經驗值得參考的話，我確信，嚴峻的土耳其監獄應該不太可能改變他的犯罪行為。我們對罪犯公平嗎？我用傑柯博士（Dr. Jekyll）的自我對話和精神醫學來做這個科學研究。

但是，我心中那另一個聲音，根本不想管是什麼原因造成攻擊我的人變成暴力犯。海德先生（Mr. Hyde）反駁說，這個人幾乎要了我的命，所以他也應該嘗嘗這樣的滋味；管他什麼寬恕和偽科學的胡言亂語，或早期的生物危險因子所壓抑的自由意志。基於專業興趣，我理當再多調查一下這個特殊案例，但在那當下，我真的沒那個心思。我所知道的是，他在攻擊我之前，在那個夏天就已經犯下十九件竊盜案——他被捕後向警察坦白招供，確保之後不會再因那些案件而被起訴。受害者沒有一個受傷——所以我只能把我的歹運轉變成海德先生的胡言亂語：像他那樣的重刑犯不只應該被關起來，而且要終生都出不了監獄——我們需要保護自己，避免受到這些可怕惡人的傷害。

接下來的歲月中，我花了更多時間去反思我對那一次攻擊的反應。防禦侵略是先天就存在我們的基因中嗎?即便我受訓多年的心智告訴我這不是正確的反應,我的大腦仍然可以被牽引到激進反抗?且我又應該如何解釋,指認時對嫌犯的生理知覺,可能會誤導我錯認他是罪魁禍首?在旅館大廳的那一刻,當我凝視他的身形和臉時,我確實有看到具體的證據嗎?

身體的證據以及灑進房間內的銀色月光,讓我可以看見攻擊我的人,對我的研究而言,象徵著攻擊者的臉就有如清晨的第一線曙光,幫助我們辨認暴力的犯罪份子——還有他為何會如此的原因。我們對人們如何變成暴力罪犯的了解,近年來已發生了根本性的轉變;這樣的轉變,也就是本書問世的重要背景。

一直到二十世紀快要結束以前,犯罪行為的模式幾乎都還建立在社會和社會學的模式上,而我書中的主要論點,就是過度仰賴社會觀點有其根本上的缺陷。生物學對理解暴力也極為重要,透過解剖學的基礎,我們對社會暴力和犯罪就會有更深一層的認知。

時至今日,這個觀點已在大眾意識(public consciousness)中緩慢、穩定成長,大部分要歸功於最近的兩大科學發展。第一是「分子與行為遺傳學」(molecular and behavioral genetics)逐漸證明,許多行為多少都有基因的影響,生物功能也間接影響我們的思維、性格和行為——包括違法的習性。第二是腦造影技術的革命性進展,開拓了犯罪生物基礎的新視窗。這兩種科學進展,敦促我們重新定義所謂的自我,形成新的「神經犯罪學」(neurocriminology)領域——犯罪的神經基礎——應用神經科學的原則和技術來了解反社會行為的起源;而在了解暴力犯罪的起源後,我們就可以預防犯罪,減少暴力犯罪帶來的苦難和傷害。解析暴力不但包含朗布羅索所創立的犯罪學，還要把它發揚光大。

第三個重要的發展雖然和科學關係不大，卻是不可否認的史實。上個世紀的著重社會學理論，並沒有減低或解決暴力犯罪這個由來已久的問題。犯罪學上眾人皆知的事實，就是在一九七〇和八〇年代，因為犯罪率的激增，我們的社會基本上已經放棄了讓罪犯改過自新。美國監獄有如十九世紀初賓夕法尼亞州監獄協會所主張的，是死不悔改罪犯的居留處，而不是失落靈魂金盆洗手的地方。現在，這個狹隘的社會學理論已證明無用了。

從生物學的觀點來思考人類行為，已是現在的趨勢——今日，如果你有閱讀報章雜誌的習慣，就幾乎不可能不讀到基因和大腦如何塑造我們人格的新發現，或是如何影響我們的道德和財政決策、讓我們決定要不要去投票的文章。理論如鐘擺般緩慢的擺盪，帶領我們回到十九世紀朗布羅索說得有聲有色的直覺，強迫我們重溫因神經犯罪學取向而造成糾結的倫理困惑，以及社會對其法理化應用的恐懼。但是，只要考量過暴力各式各樣困擾我們的方式，你就不難發現，忽略以生物為基礎的犯罪及科學證據會讓你悔不當初。

我寫這本書主要有三個目的：第一，我想告知讀者，我和其他科學家近年來關注犯罪和暴力生物學基礎所獲知的各種有趣、新穎的科學研究；第二，我想要強調，社會因素本身及其與生物力量的交互作用，對造成犯罪都很重要，也直接造成一個人的暴力傾向；第三，我想要與你一起探索神經犯罪學新知。

本書既是為了對犯罪學有興趣的廣大讀者而寫，也希望能提供對犯罪學和暴力有興趣的大學生和研究生一本入門的書。我希望，任何有追根究柢個性、又對到底是什麼啟動了犯罪份子意念感到好奇的人，都能在本書的字裡行間發現有趣的事物。在《暴力犯罪的大腦檔案》一書中，我要揭露暴力犯罪的內在機制及與其交互作用並產生罪行的外在力量，也要鋪陳生物研究如何揭發犯罪的根本原因。這些深層的根本原因，正逐漸被神經科學挖掘出來，揭露引起暴力的生物元凶，綜觀殺人犯個案研究的腦造影圖像，以證明我的論點。

我更希望的是，本書不但能啟迪你的心智，讓你理解生物學研究為何能在暴力犯罪這個領域貢獻良多，還能進一步的了解它如何以有效且可接受的方法降低全世界的暴力。生物學並不等同宿命論，我們可以從最新的跨領域研究，融合生物社會學和公共衛生的觀點，產生解開犯罪原因的方法。

但是，我們需要以開放和誠實的對話來交換觀點，保證這個新知識對大家都有合理的用處，並發展進一步研究的架構，使我們能更有效地把神經犯罪學這個新知識運用在神經倫理的議題上。我將以科學家的角色，在犯案現場判斷誰是罪犯的關鍵時刻開啟我們的討論，並引導讀者臥遊神經犯罪學的漫長旅程。

第一章

天生我豺

暴力是怎麼演化出來的？

犯罪生物學的研究，開始於一八七一年十一月義大利東海岸一個寒冷、晦暗的早晨。首開先例的朗布羅索（Cesare Lombroso）原是義大利的軍醫，當時正在皮沙羅（Pesaro）鎮一家精神病院擔任精神科醫師；那家精神病院其實是座監獄，病患則是精神不正常的罪犯。那一天，在例行性的屍體解剖中，看到惡名昭彰的卡拉布里亞（Calabria）大盜維內拉（Giuseppe Villella）的大腦時，突然間，他感受到一個奇怪的、有如上帝顯靈般的體驗。這個體驗既改變了他的後半生，也改變了犯罪學的方向。他用下面的句子形容這個體驗：

> 我似乎突然看見犯罪本質的問題顯現在火紅的天空中，這名囚犯不但是原始的野蠻人，甚至比古老的肉食者更低級，是披著文明外衣的畜牲。

朗布羅索在維內拉的大腦中看到了什麼？他發現維內拉的小腦凹陷，這個發現使他走上「犯罪學之父」這條路，後來提出的理論大大震驚了歐洲大陸，產生很大的影響。

他的理論有兩個重點：人腦可以找出犯罪行為的根源，以及罪犯在演化上是比較低級的人種。他認為我們可以從生理上的特徵來判斷一個人是不是演化上不進反退的人種（譯註：一般說演化指的都是往前進化），如大的下顎、斜的額頭和通關掌（palmar crease，也就是中國人俗稱的「斷掌」），也從這些頭顱特徵的測量與鑑定中，得出一個演化的階層理論——猶太人和北義大利人在最高層，南義大利人（包括維內拉）、玻利維亞人（Bolivians）和祕魯人（Peruvians）在最下層。當時貧窮的南義大利農業區犯罪率比較高，被剛剛完成統一的義大利人認為是「南方的問題」（southern problem；譯註：就像東西德剛統一時，西德人看不起東德人，認為貧窮的東德會拖垮富足的西德），因此，朗布羅索把南義大利人放在演化的最低層或許並非巧合。

這個基於高爾（Franz Gall）顱相學（phrenology）理論的看法，立刻在十九世紀末葉的歐洲大為流行，不但風靡政府機關、國會，甚至成為大學裡的學科。朗布羅索是知名的學者，也是義大利社會黨的忠誠支持者，**他希望這方面的研究對社會的進步有實質助益，卻厭惡應報論（retribution），認為懲罰的重心應該擺在保護社會上，因此強烈支持罪犯的復健和再教育。然而，他卻也覺得罪犯是天生的**，用莎士比亞的話來說就是：「罪犯不但是魔鬼，還是天生的魔鬼，後天的教養永遠沒有辦法改變他的本性。」**所以他支持死刑。**

或許就是因為這些看法，犯罪學歷史年鑑上的朗布羅索才會落得聲名狼藉——二十世紀初的某些優生學支持者，就借用他的理論來迫害猶太人。墨索里尼一九三八年的種族條例不允許猶太人上公立學校、擁有財產，就是源自朗布羅索的理論以及其門徒的著作。墨索里尼以亞利安人（Aryans）取代猶太人的最上層位置，把猶太人放到最下層與非洲人並置，位階比南義大利人還低。很諷刺的是：朗布羅索就是個猶太人。

所以**二十世紀還沒結束，朗布羅索的想法就被人類行為——包括犯罪——的社會觀點所取代了，而且一直維持到現在。**你也不難從中看出，這個從生物學到社會學又盪回生物學的鐘擺現象。犯罪是個社會結構，被法律所定義，每個人都可能經由社會司法的程序而定罪、受刑，但法律既然會依時、空而改變，例如娼妓在某些國家是罪犯，其他國家則不犯法，犯罪又怎麼可能有生物和基因學上的成分呢？社會的因果關係才是犯罪的核心不是嗎？這是社會學家和社會心理學家對犯罪的主要論點，也的確很有說服力，很多年來都是社會控制和治療罪犯的基石。

我怎麼看待朗布羅索？我當然反對朗布羅索把北義大利人放上層、南義大利人放下層的演化階層（evolution scale）理論，因為我有一半義大利血統——我母親來自南義大利的阿皮諾（Arpino）——卻並沒有在演化上退化到比較原始的人種，然而我也不認同某些犯罪學家，因為我認為朗布羅索確實看到了犯罪的真諦。

我們來看看，現代的社會生物學家怎麼從基因和大腦的基礎——即暴力的生理結構（the anatomy of violence）——上來看犯罪。先探索犯罪的各種形式，從謀殺到殺嬰到強姦，再從人類學的觀點來看心理病態（psychopathy）。

捨人為己——欺騙遊戲

為什麼人類在出生那一天，被謀殺的機率大於他們以後每一天的幾百倍？為什麼人類被繼父謀殺的機率比生父高了五十倍？為什麼有些人不但強暴陌生人，還要強暴自己的太太？為什麼有些父母會殺掉親生兒女？

這些都是困擾社會，看來也不是社會學的觀點所能透視的問題，但其實找得到解答：它們全都來自演化歷史的黑暗面。**不管我們相不相信人性本善，當時機成熟時，自私的基因會用暴力和強姦的方式來確定他的基因有傳下去。**

從演化的角度來看，人類的反社會和暴力行為並不是偶然發生的，即使是早期原始人類，推理、溝通和合作的能力就已經發展出來了，**暴力則始終是個有效的欺騙策略**。大部分的犯罪行為，都可以視為直接或間接的掠奪別人的資源；男性的資源或地位越高越能吸引有生育能力的女性，所以，女性就會去尋找可以保護並提供她們扶養第二代資源的男性。

許多暴力罪行聽起來都很無厘頭，但是背後其實有非常原始的演化邏輯。為了搶一點零錢而殺人看起來好像很划不來，但是長遠來說，偷或搶都是個有利的策略，因為他得到物資；開車過街隨意掃射看似毫無意義，卻能建立這塊地盤老大的地位；為了撞球檯接下來輪到誰而在酒吧打得頭破血流，你可能認為完全不值得，但是你不知道的是，打架背後的理由根本和輪到誰撞球無關。

從強姦到搶劫到偷竊，演化使暴力和反社會行為成為有利於一小撮人的生活方式，而反社會的不良行為也可以從演化生物學看出，正是這個來自基因的差異，在演化的基本機制上形成了暴力的生理原因。

現在的我們，會認為攻擊性是適應不良和異常的行為，對暴力犯處以重刑以避免再犯，所以顯然

不認為那是適應後的表現。但在演化心理學家眼中，攻擊性可以從別人那兒奪取資源，而擁有資源就是演化競賽；有資源才活得下去，才能生殖、扶養下一代。因此，攻擊行為是有演化的根柢在內的，從學校中的霸凌、搶別的孩子的糖到搶銀行，都是演化的根柢在作祟，而攻擊——尤其是自衛性攻擊——更是擊退想要搶奪我們資源的人的一種方法。酒吧中的打架，說穿了就是在確定誰是老大、誰是老二這個啄食順序（pecking order），給想搶你要的女人的對手下馬威，同時也警告其他打算和你競爭這個交配權的人。對男性來說，取得交配權就是建立社會地位，「你是有攻擊性的流氓」這件事不但能增加你在社交圈中的地位，還會使你得到更多的資源，同時也使別人不敢惹你。不管是在操場上玩耍的孩子，或是關在監獄中的囚犯，道理都一模一樣。

人之所以會從胖嘟嘟的嬰兒長成滿臉橫肉的罪犯，就是生物學基因所預測的反社會行為的展現，也是成長過程都施行欺騙策略的結果。如果從孩提時代起你想要就拿，只在乎你自私的慾望能得到滿足，那麼，長大後的你就算已經忘掉曾經有過那樣一段無法無天的童年，當時所播下的種子，還是會使你徘徊在犯罪人生的門檻前。

文明的教養當然很快就會取而代之，父母、兄姊都會教訓你「不可以咬妹妹」、「不可以搶弟弟的玩具」，使得你還在演化的大腦開始慢慢學會世界上還有其他的人存在，而自私的行為在人生的長路上不是個好嚮導。當然了，你永遠不會放棄為你自己著想，因為這對你的存活下去很有利，但是至少你會開始考慮別人的感受，有時你的關懷是真心的，有時則是虛情假意，但總是慢慢被社會化了。

一九七六年，英國演化論學者道金斯（Richard Dawkins）就用《自私的基因》（*The Selfish Gene*，中譯本天下文化出版）這本著作，強烈挑戰了我們對自己及對演化歷史的看法。我永遠不會忘記這本書和它的作者，因為我當時是個大學生，一對一上過他的演化論，也就是這個演化和行為的理論，使我開始思索暴力和犯罪在演化上的意義。

這本影響深遠的著作，核心理論是「成功」的基因是不講道理、自私的，目的是努力存活下去，所以產生自私的行為。從這一點來說，人類和動物的身體不過就是個容器或說「存活的機器」，是目無法紀的叛亂基因的大軍；這部機器處心積慮要在這世界上成功，為達目的可以不擇手段。在這裡，**成功的定義是自己存活並把基因放到下一代的基因庫中，而且，「自私」的單位與其說是個體還不如說是基因——人終究會死亡，但自私的基因卻能從身體到身體，從這一代到下一代，從千年到萬世。**

這一切，最後都歸結到你有多能「適應」，但並不是說你可以跑馬拉松或舉起多重的槓鈴，而是你可以生出多少有你基因的小孩。擁有你基因的孩子越多，你的基因的複製品就能存入更多基因庫裡；也只有你能做到這種地步時，在基因世界的衡量標準中你才稱得上成功。你以為在學校功課好、出社會找到好工作或出過書就是「成功」嗎？事實是：那是你的基因機器要你這樣想，好讓你努力去爭取資源和地位，因此而得到交配機會，把基因遺傳下去了。是的，這只是個基因設下的騙局。

男性朋友可以用下列兩種方法之一，來達到你在演化上適應的最高點：第一，你可以把所有的蛋放在一個小籃子裡，然後投資你所有的精力和資源去保護兩個孩子，確保他們長大成人、結婚生子，把你的基因傳下去；第二，你也可以把所有的蛋——也就是精子——放在很多籃子裡，盡可能生出很多孩子，而不是把力氣放在好好照顧他們長大成人。

對男性來說，第二種策略——子女很多，花費的力氣卻很少——比較容易執行，只要能說善道，讓女性相信他很有資源，而且絕對願意跟她一起把孩子扶養長大，就會得到交配的機會，然後拍拍屁股走人，把責任丟給女方。一旦懷孕了，大多數女性都會負起照顧孩子的責任；而且，正因為這也關係到她自己的基因傳下去的機會，女性擇偶時都很注意男性的支持度與資源豐不豐富。

所以這個有機體把他的基因傳下去的能力——即所謂的適應——是所有行為演化的核心，而背後的驅力正是自私。動物會為了食物和交配權而打架，因此，我們很容易看出動物界演化出反社會和攻擊行為的原因。不管我們喜不喜歡，基本上，這方面人類也跟動物差不多，「欺騙」的誘惑——不論是不跟別人分享資源，或是過河拆橋、忘恩負義，還是藉操弄以奪取別人的東西——始終揮之不去。

話說回來，我們人類畢竟還是跟動物很不一樣，有社會合作、利他和無私的能量。互惠的利他主義的確是演化出來的，因為長期來講有好處；如果你去救一名陌生人，而他將來也會救你，這個行為對你就有好處。我們其實是生活在一個利他的互惠社會中的，不過，這種社會也同時提供了「欺騙」的良好環境；假如你接受了別人的幫助而沒有回饋，就是欺騙。我們的社會裡的確有欺騙的空間——老實說，每個人多多少少都欺騙過別人；但是少數人就騙很大了——我們就是在這群人中發現心理病態者。心理病態者的問題是紙包不住火，人們遲早會發現他們的真面目，不再幫忙他，也沒有女性要當他的朋友，選擇他成為她孩子的父親；在這情境之下，心理病態者的欺騙只會每況愈下。

但心理病態者也有優勢：在一個圈子裡混不下去後，可以移民到另一個新的圈子中繼續騙。這就是為什麼，總有那麼一小撮反社會的欺騙者能在大多是互惠利他的世界中生存到現在。

這些死不悔改的反社會行為者，就這麼從一個群體漂流到另一個群體；他們都是衝動、尋求感官刺激、無法遵循任何人生計畫的人，只會從一個工作換到另一個工作，從一個鄉鎮流浪到另一個鄉鎮。對這類人相當可靠的評估工具──「心理病態者量表」（Psychopathy Checklist）──就把他們只能作短期計畫、只有短期目標、四處流浪、不能安定下來的生存方式、常常中斷人際關係、是很不負責任的父母、吃軟飯、靠別人維生的寄生蟲生活方式條列為評估項目。

任何競賽都不會只有一種贏的策略，繁殖的競賽也不例外。互惠的利他策略對大多數人而言都是有利的，但是極少數心理病態者的欺騙策略也能成功，所以接下來我們就來看看，是什麼樣的環境條件會驅使整個社會走向利他或自私，以及心理病態者的行為是怎麼演化出來的。在某些特定環境下，所有的欺騙者都會演化，研究原始社會更能提供我們心理病態行為演化的有趣線索。

社會愈富足，愈容易促發心理病態？

世界上各個民族的生存環境差異極大，每一種史前行為都是為了適應特有的環境所演化出來的，所以，考古人類學家的研究才能讓我們看到為什麼整個社群會發展出反社會的特質。這種研究主要是比較不同文化中反社會行為的生態和環境因素，假如某一種生態環境和某一種特殊的行為有很大的關係，那麼，這個文化就會促發反社會心理病態的生活型態。

例如，人類學家比較非洲南部喀拉哈里沙漠（Kalahari）中的孔布希曼人（!Kung Bushmen）和亞馬遜盆地的蒙杜魯庫人（Mundurucú）時，就發現不同的生態環境使得前者演化出利他行為，後者演化出反社會行為。孔布希曼人住在環境相當不友善的沙漠中，謀生非常困難，所以必須合作才能生存下去：男人一起打獵、尋找食物，打到的獵物所有人一起分享；父母投資很多的心力在孩子身上，到哪裡都睜大眼睛盯著，生怕孩子走失而變成動物的晚餐。因為親職投資（parental investment）很高，所以生育率很低，而且只要父母中有一人死亡或出走，對孩子的存活率就是很大的威脅，因此**孔布希曼人發展出很好的打獵技巧、可信賴的互惠利他行為、慎選終身伴侶、高親職投資到孩子身上等等特質。這些人格特質很顯然的是利他的而不是欺騙的，很適合於生存在喀拉哈里沙漠中。**

相反的，生活在亞馬遜盆地的蒙杜魯庫人則是低密度的熱帶植物種植者，生態環境很富裕，怎麼種怎麼長，甚至不種也長，所以生存相對容易得多。在那個社會裡，女性負擔家計，男性遊手好閒，因為食物來得容易，男性就有很多時間去做同性間的競爭，所以精力都花在政治、戰爭和掠奪上。他們群聚八卦、空談、打架、爭取老大地位，並發展出很多的典禮儀式；偶爾也會去打獵，但目的是以獵物來換取與同村女人的性交配。男人跟男人睡在一間屋子裡，而不是跟女人睡；因為在他們看來，女人既不潔又危險。剛札部落（Gainj）——在新幾內亞（New Guinea）高原上以種植為生——的男性也是把跟女性交配視為危險之事，尤其在月經來的時候。

蒙杜魯庫的媽媽在孩子斷奶後就不怎麼費心照護他們，使得這些孩子必須很快學會保護自己。蒙杜魯庫的男人也很少照顧自己的孩子，他們的人格特質是很會做政治宣傳，無所畏懼，擅長以突襲戰術打家劫舍，藉虛張聲勢來避免戰爭，很會操弄、欺騙、吹牛來獲得他心中想要交配的女人，以得到最多的後代。此外，他們其實也沒那麼好騙，並不真的相信民間傳說——如果跟女性性交是危險的，女性是污染來源的話，他的基因就傳不下去了。

同樣的，為了自低親職投資的社會中得到更多資源，族中的女性也會騙男性說他是孩子的父親，反對資源較少、不利她們生存的一夫一妻制。男女爾虞我詐的結果，蒙杜魯庫的生活方式自然發展出欺騙、反社會的策略。圖1.1是這兩個社會的簡單比較，讀者不難從中看出顯著的對比。

蒙杜魯庫的社會環境，很顯著的有利於攻擊性的病態行為；要是你還知道蒙杜魯庫過去曾是兇狠的獵人頭民族，就更能理解這種心理病態的行為。很有趣的是，**蒙杜魯庫很多行為的特質跟工業社會中的心理病態者很相像，例如沒有良心、做壞事不會睡不著、能言善道、舉止迷人、雜交、不能維持長期的親密關係**。但這類行為在孔布希曼的社會環境中就很不利了，那個社會所要求的，是男性父親角色的投入、互惠利他的行為，以及一夫一妻制。

生活在巴西北部、委內瑞拉南部熱帶雨林中的亞諾瑪莫（Yanomamo）印地安人，民族文化也很

地點	孔布希曼族 喀拉哈里沙漠	蒙杜魯庫族 亞馬遜盆地
生態環境	艱苦	富足
親職投資	高	低
生育率	低	高
男性活動	集體打獵	競爭、掠奪
有利的特質	互惠利他 仔細選擇配偶 盡責的好父母	操弄、耍心機 無所畏懼 好戰

圖 1.1　塑造出不同人格特質的兩個社會的比對

類似蒙杜魯庫。亞諾瑪莫族總數大約二萬人，分布在九十到三百人不等的部落中，以種植維生，但一天只需工作三小時便可溫飽，所以也可說是住在生態豐富的環境中。專門研究亞諾瑪莫的人類學家謝儂（Napoleon Chagnon）記錄下很多該族文化的特質，例如，他們會因為對自己有利而犯法，看到喜歡的婦女便據為己有，自稱 waiteri，意為「兇猛」。他們也的確無所畏懼，男孩子很早就社會化成有攻擊性的人，日常遊戲包括對別人投鏢槍、射箭，一開始也會害怕這類暴力，但總是很快就陶醉在這種模仿真正戰爭所導致的腎上腺素大量湧出。

亞諾瑪莫族百分之三十的男性死於暴力，這是很驚人的比例。假如你認為美國是一個暴力充斥的社會，請看看這個事實：二十五歲以上的亞諾瑪莫印地安男人有百分之四十四殺過人，因為殺人才能得到「戰士」（unokai）的地位，有些男性殺的還不只一個人，最多甚至殺過十六個人。殺人的主要原因是嫉妒，因為從演化的觀點來看，搶奪女人、殺死競爭對方會增加自己基因傳下去的機會。他們也會組織十到二十個男人共同去劫掠別的部落，有時是為了復仇，有時則為資源。

從暴力演化的角度來看，亞諾瑪莫族最有趣的觀察重點，正是那些以殺戮搶奪別人資源的「戰士」得到了什麼：「戰士」平均有一・六三個太太，而沒殺過人的男性只有〇・六三個；「戰士」有四・九一個孩子，不殺人者只有一・五九個。就繁殖來說，兇狠的暴力者有兩個好處：第一，有很多子女；第二，有很多太太照顧子女，存活率就比較高。我們可以從中看出，為什麼在這種社會裡，有計畫的暴力侵犯和對殺人沒有悔恨的沒良心行為如此盛行——這種高報酬行為正和西方心理病態者的特質一樣，也是有攻擊性的暴力行為並且為奪取資源而殺人。

西方社會當然不允許這種暴力行為，對於殺人者，我們是不給掌聲、不給報酬的——但真的是這樣嗎？我們也會盛大歡迎、頒發勳章給戰場上英勇殺敵的士兵，為拳擊賽場上打倒別人的拳擊手瘋狂喝采，即使心知肚明那個倒下的人可能會有腦傷。我們也喜歡看功夫電影，在好人把壞人打得七葷八素時，齊聲叫好。

當我們文明的心智在為無意義的戰爭喝采時，原始的心靈是否也在為戰鼓狂跳？是不是因為如此之故，我們喜歡有競爭性的運動，想要看到最強的人爬上勝利的寶座？當我們看到奧運金牌得主站上獎台時，是不是都會為此而感到興奮？在美式足球賽中，為什麼單單一次暴力的撲倒對方就能得到那麼多觀眾的喝采？**我們已經文明化的心智編了故事來解釋我們的行為——因為我們喜歡運動，如此而**

己。但是，為什麼我們喜歡運動競賽呢？難道不是天擇的壓力使我們天生就有這種機制來仔細觀察誰是老大，讓我們都有同理心的機制，人人可以想像：如果贏的是我，我的感覺是什麼，帶來的光榮又是什麼，使得我們有效法這種成就的動機？

蒙杜魯庫的女人顯然會被殺過人的男人所吸引，你有沒有想過，為什麼看起來有理性、愛好和平的女性，會想和關在監獄中的連續殺人犯結婚？她們原始的心悸，是繫在連續殺人犯的警車的鳴笛上的；她們渴望與最強的男性在一起，即使當下的心智可能會很理智的反對這個想法。**其實我們每一個人對真實的犯罪都很感興趣，多少會受到暴力的吸引；這種演化的拉力，甚至可以用來解釋為什麼你會買這本書。**

當暴力在對的地方、對的時候顯現出來時，即使在今日社會中，這種吸引力都有可能是演化上的適應行為。過去的演化不但有些到現在都還殘留在我們身上，而且比我們以為的還多；所以，讓我們進一步來看看，為什麼在某個情境下攻擊是個適應性行為，又有哪些犯罪可以從演化的角度來解釋。

殺掉你的孩子

前面提過，人在出生那一天被謀殺的機率比以後的任何一天都高上幾百倍。即使以出生第一年為比較基準，孩子在誕生的那一天被謀殺的機率都高達一歲前任何一天的十八倍。這些個案中的孩子，百分之九十五不是在醫院出生，通常是媽媽不要的、預期之外的懷孕，可能是被打死（百分之三二・九）、因傷而死（百分之二八・一）、淹死（百分之四・三）、燒死（百分之二・三）、刺死（百分之二・一）或槍殺（百分之三）。沒錯，一旦跨過家的門檻，你就可以看到暴力的演化原因，例如，待在家裡的人被親戚所殺的機率就高過陌生人。乍看這太不合乎演化的觀點了吧？然而，加拿大麥克麥斯特大學（McMaster University）的演化心理學家戴利（Martin Daly）和威爾森（Margo Wilson）卻提出了很好的解釋。

他們發現，**基因上的相關性和謀殺案的被害者有逆相關，也就是說，基因上的相關越少越可能成為謀殺的對象**。例如美國邁阿密的兇殺案中，就有一成是謀殺配偶，當然，配偶通常跟自己不會有基因上的關聯。事實上，戴利和威爾森發現，所有兇殺案中的兇手和被害人只有百分之一・八有基因上的關係；所以，百分之九十八兇殺案的受害者都是跟兇手沒有血緣關係的人。

自私的基因都希望它在人類基因庫中的比例越多越好，所以誰都不想殺害跟他有基因關聯的人，正所謂「虎毒不食子」。但是，假如你跟一個與你沒有血緣關係的人住在一起時，你被那個跟你沒有基因關係的人謀殺的機率，就比跟你有基因關係的人高了十一倍。

因此，繼父母謀殺繼子女的故事就在各個民族的童話故事中出現了。還記得格林童話《糖果屋》裡的韓塞爾和葛麗特（Hansel and Gretel）的繼母，要他們的父親把他們丟到森林深處去餓死的故事嗎？或是睡美人邪惡的後母叫獵人帶她到樹林中殺掉？或是殘忍虐待灰姑娘的那個後母？事實上，這些故事反映的是真實世界發生的事，所以我們的童年才會充滿可怕的後母的想像。

你在長大的過程中有後母或繼父嗎？假如你有而你現在已長大成人了，那麼你很幸運。**英國只有百分之一的嬰兒跟繼父母住，卻有百分之五十三的嬰兒死亡率來自繼父母之手。美國的數據也差不多——孩子被繼父母虐待至死的機率比親生父母高了一百倍**。兒童受虐上也是如此，繼父母虐待二歲以下幼兒的機率比親生父母高了六倍。

這些數字讓人不禁要懷疑，那些被所謂「親生父母虐待致死」的案件中，兇手可能根本不是親生父母。大約有百分之十的案件，下手的「生父」其實與受虐兒沒有血緣關係（譯註：媽媽知道誰是她的孩子，因為「從己身所出」，爸爸就不同了，所以近年來申請基因檢測的案例增加很多倍）；從演化的觀點來看，虐待別人的孩子、驅出家門，都可以減少自身資源的耗費，相對增加用在跟自己有關係的人身上的資源，使自己的基因傳下去。

所以從演化的觀點，我們了解繼父母為什麼會去虐待別人的孩子。但有些父母還是會殺掉自己的親生孩子，這也有演化上的理由嗎？

請回想一下，你小時候，你的父母是不是辛苦賺錢把你養大？你是父母最大的投資，所以照顧你就是在照顧他們的基因；你活得越長，他們的投資就越多。但是，假如他們改變了主意，不想繼續在你身上投資了；那麼，是不是越早停止投資，越不會浪費資源和能量？事實正是如此。

從圖1.2可以看出，**假如**母親決定殺掉她的嬰兒，會在子女幾歲大時動手；這是一九七四到一九八

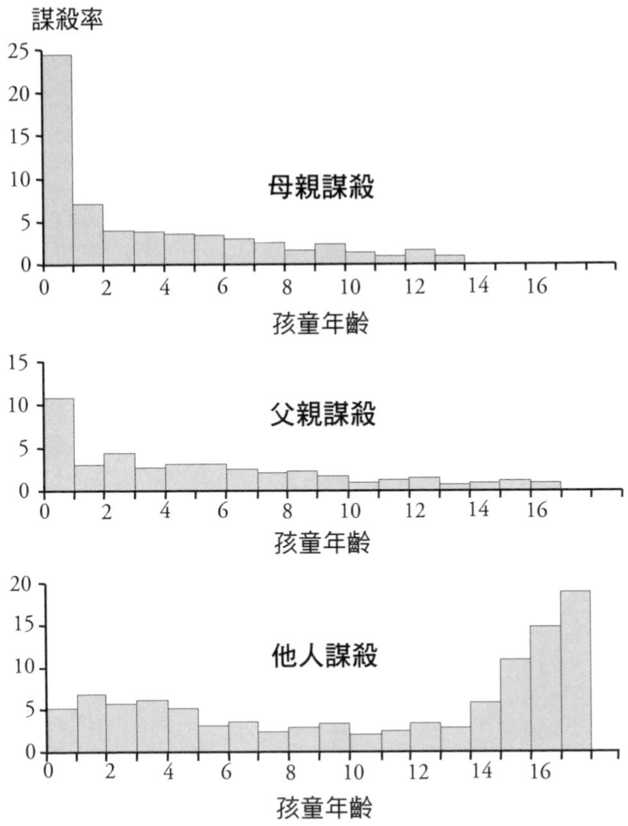

圖 1.2　加拿大孩童被他的父親、母親和其他人謀殺時的年齡

三年，加拿大每年、每一百萬個孩子被生母謀殺的數量和年齡。你會看到，**嬰兒出生的頭幾個月數字最高，一歲之後謀殺率便顯著下降，青春期時更完全沒有案例。**母親殺害嬰兒大多是環境使然：或許是嬰兒的父親棄她而去，她無法獨立扶養；或許她還年輕，帶著拖油瓶無法找到未來的伴侶；也或許她認為嬰兒是個累贅，影響她的前途。不管是什麼理由，強烈的年齡效應都很值得一探究竟。

我大概猜得到你的想法：這些母親患有產後憂鬱症，因為每一千個母親中的確就有一個染患產後憂鬱症，很容易陷入深沉的沮喪之中，才會由於絕望與憤怒而殺嬰。這個推論很有見地，因為的確大約有千分之一的母親深受產後憂鬱症的荼毒；但是，中間那張父親殺嬰的圖表中，你不是也看到了相同的曲線嗎？假如下手的是父親，也最常發生在孩子剛出生、他的投資還最少的頭一年。父親沒有生產，不會有產後憂鬱症，所以圖1.2的數據不能用母親有產後憂鬱症來解釋。

或許是因為初生兒會夜哭、要餵奶，父母疲憊不堪，所以殺嬰？這也不無可能。但是，假如你有孩子，請考量一下哪一個比較糟——是頭一年還天真無邪但會夜哭擾眠，還是長大成為青少年會對你頂嘴吼叫？要是你還不曾為人父母，那麼請回想一下，哪個年齡的你讓父母最辛苦？我認為是青春期的每一天，但從圖表來看，孩子長到青春期後就不太容易被殺了。不過，如果你正處於青春期，可別因此就得寸進尺，還是有青少年被父母殺害的案例。

對父母以外的其他人你也不要得意忘形，因為你會在圖1.2最下面那一欄中看到被非父母所殺的機率——出生時很低，到青春期時到最高點。為什麼？因為青春期的孩子總愛在街上遊蕩、尋找樂子，會遇到陌生人，發生事故。這個時期的孩子由於父母不會再因為怕孩子走失而緊迫盯人，沒有大人照管，危險的機率就升高了。

世界上有很多環境因素，都可能引發父母謀殺自己的孩子。有的時候是孩子畸形，降低了存活下去、散播基因的機會，或是孩子有慢性疾病，耗光了父母的資源；有時是因為碰上荒年，父母會把有限的資源分派給快要成年的大孩子而不會平均分配，以免讓小的佔掉大的的資源，最後同歸於盡。從演化的觀點來看，這些行為都很合理。

即使家裡沒有較大的孩子，殺嬰仍然有演化上的理由。以鳥類為例，如果原來是父母共同覓食來扶養下一代，但雙親中有一隻死亡了，那麼，倖存的那一隻就會放棄孵育，因為擔子太重，牠隻身挑不動，只好先顧好自己，來年再想辦法生育——留得青山在，不怕沒柴燒。我們在報紙上看到年輕的母親把嬰兒抱到育幼院門口棄養時，常會用社會學的眼光去解釋母親的行為，認為那是母親不成熟，或是未婚生子、有社會壓力，或是自己還是青少年，所以做出衝動的行為；其實這可能有更深層的原因：**母親要為自己的生殖成功做打算，現在冷血犧牲這個嬰兒，也許就能為自己換來將來很多成功的下一代**。追根究柢，還是自私的基因在作祟。

父母殺嬰還有另外一點很值得注意：母親殺嬰時的年齡。圖1.3上欄為南美洲愛約里奧（Ayoreo）印地安人母親的殺嬰率和下手時的年齡，母親小於二十歲時殺嬰率最高，隨著母親年齡的成長，殺嬰率也跟著下降。為什麼會這樣？因為越年輕的母親生育力越強——也越能吸引她想要的男伴。當她青春不再、魅力消退時，就會努力保護先前的投資，因為她沒有什麼希望再去生殖了。

不只南美洲的印地安人如此，圖1.3下欄的加拿大母親也有著相似的年紀和殺嬰曲線。當母親年輕時，她的生殖年齡才剛展開，可選擇的道路很多，要是嬰兒的父親拋棄了她，或者她有新出現的、可以提供更多資源的追求者……凡此種種，她的自私的基因都會要她拋掉現在這個包袱，去度假，去認

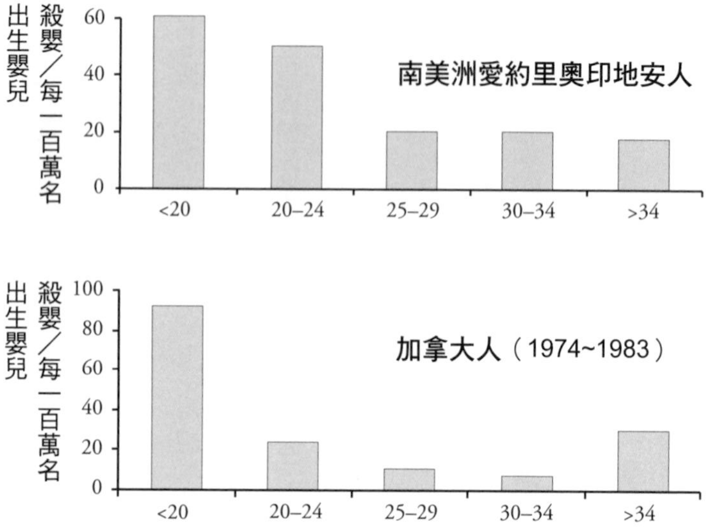

圖 1.3　母親殺害親生嬰兒時的年齡

識新的追求者，為將來的孩子鋪路。

綜合前面所述，**基因、適應新環境和親職投資都是一個人會殺害孩子的原因，我們也都可以用社會生物學的觀點去理解這種行為**。當然了，除了自私的基因，一定還有別的因素存在，但即使是在二十一世紀，不管我們知不知道原因，演化的力量依然深植我們的人性中，促生各種使我們基因的傳播達到最高點的方式，而在每一個家庭緊閉的大門裡，演化滋生的暴力可不會在謀殺你的孩子之後就銷聲匿跡。

強暴你的太太

強暴是仇恨的行為嗎？是父權社會裡因為男性想控制女性所做出來的邪惡和不當一回事的行為？還是這個暴力行為的某些層面可以用演化心

理學來解釋？

非親戚的強暴，可以看成演化上「基因欺騙」的策略。如果一名男性不想辛苦累積資源去吸引女性，再投資許多年光陰去扶養他的子女長大的話，他就可以走捷徑：只要強暴女人，就有機會把基因傳下去。男性隨時都有幾百萬個精子蓄勢待發，隨時都可以讓女性受孕，性行為不需要多少時間，更可以一完事就馬上走開，一輩子不再看到這名女性，因為他知道，女性一旦懷孕，就有很大的機率會好好照顧這個孩子，因為女性自己的基因也在裡面。

那麼，強暴導致懷孕的機率有多高呢？有一個研究問了四〇五名十二歲到四十五歲、曾經遭到強暴的女性，結果顯示，受孕率是百分之六・四二，比平常沒有戴保險套的夫妻性交受孕率百分之三・一高了一倍。要是去除戴了保險套的強暴案例不計，受孕率更高達百分之七・九八。但強暴致孕的機率都是估計值，因為沒有辦法拿到男方的ＤＮＡ，確認有多少女性其實是「捏造」強暴事件來為她的不慎懷孕找理由。即便如此，其他研究所得到的強暴懷孕率也都高於兩情相悅、非強暴的受孕率；如果我們接受這些研究結果，那麼，為什麼強暴比正常的夫妻敦倫更容易讓女性受孕？

一個不難想像的假設是：強暴者比較會去找年輕、有受孕能力的婦女射精。強暴者都會選擇下手的對象，會選擇年紀還在生育能力顛峰期的女性而不是老婦人。此外，相關研究也發現，在全世界各種不同的文化中，男性都更喜歡細腰、大臀的女性，而腰圍與臀圍的比例正好和身體健康情況、生育力有關（譯註：人到中年細腰難得一見）。所以，**理論上強暴犯無論有無意識，都至少會挑選表面上**

看起來比較有生育力的女性。

不過，也不是所有的強暴犯都只想強暴對他有吸引力的女性，有時甚至正好相反。我在英國監獄裡工作時，有一名強暴犯就曾告訴過我，他特別喜歡強暴沒有性魅力的女性。為什麼呢？他認為沒有性魅力的女性得不到足夠的性交機會，所以強暴她們沒關係，是滿足了她們的需要。這絕不只是單一個案，確實有很多男性相信女人其實很喜歡被強暴，而且會認定那是人生裡的一種體驗——極致的性幻想就此成真。

這種想法當然可能完全不是事實，但之所以會一直流傳，主要是的確有一些女性在被強暴時，雖然都拚命抵抗並且事後有嚴重的創傷，但當下還是得到了性高潮。這類的資料很難蒐集，更不要說研究了，因為遭強暴的受害者都不好意思承認自己在暴力的侵犯下得到性高潮。臨床上把這個機率定在百分之五或六，但是臨床醫師認為應該更高；這很可能，因為研究報告發現所有遭強暴的案例中，生理上的亢奮和陰道潤滑液的分泌有到百分之二十一。為什麼會這樣？因為有一半的強暴發生在約會強暴（date-rape），也就是這名女性本來就被這名作案的男性所吸引，所以才會答應約會。高潮及跟隨它而來的收縮會增加受孕的機會，因為收縮的子宮頸會有節奏地把精子送到子宮深處和卵子結合，但所能增加的機率應該還是很有限，因為性高潮只能增加精子存活時間的百分之五。

當然了，受精並不需要性高潮，所以我們不能把重點放在婦女被強暴時的生理亢奮。受暴的懷孕率會比較高，主因還是在於強暴者選擇生育力強的婦女犯案。這個選擇的策略，可以解釋為什麼強暴會增加懷孕率——會冒險去強暴女性的男人一定會找個生育力強的女人，使他的基因可以傳下去。

這裡所謂的冒險，指的是他可能會因為女性的抵抗而受傷，或者被逮到，被暴打。在人類的歷史上，強暴者的結局常常是被處死；在現代社會裡，即使不被處死也會被扔到監獄中，和心理病態者、謀殺犯關在一起，而在監獄中，性侵犯經常是挨打或被強暴（雞姦）的對象。所以演化的理論認為，這裡有一個潛意識的「成本效益分析」（cost-benefit analysis）在運作——考慮被抓到所付出的代價和產生一個後代的好處。那些有資源，在社會階層上端的人本來就有吸引女性的本錢，所以會冒險去強暴女人的，就比較可能是資源少得多、甚至不強暴就沒有機會交配的人。支持這個假設的人也的確發現，強暴者比非強暴者的社經地位低，比較早就學業中輟，沒有穩定的工作，從事的大多是不需要技術的工作。

演化的觀點解釋了為什麼任何年齡的女人都可能被強暴，但我們也發現，強暴犯大多還是盯上生育年齡的婦女；耐人尋味的是，相較於少女或年華老大的婦女，被強暴的生育年齡婦女更感覺到心理的痛苦和創傷。演化心理學家的解釋是，這些女性的學習機制把注意力放在避免會被強暴的情境，因為那會減低她們成功生育的機會（譯註：作者的意思是，被強暴過的女性比較不容易找到可以接納她的理想伴侶）。這方面，男性比女性輕鬆的是不必有感情的承諾，辦完事就可以拍拍屁股走人，不必理會後果，女性卻需要男伴共同扶養春風一度後可能有孩子的長期承諾，所以女性需要情緒方面的親密關係。最後，男性也很少殺害被他強暴的女人，雖然有可能會動手，但他們希望下一代存活下來。

願意報案的被強暴女性中，目前大約有百分之十到百分之二十六是在婚姻狀態中被先生所強暴，我們如何從演化的觀點來看這件事？

很多研究都發現，婚姻或同居關係狀態中的家暴或強暴主因是性嫉妒。不忠對男性和女性來說，都是壓力很大的事，但是男性和女性在引起這個壓力的來源上很不相同：嫉妒是丈夫殺太太的主要動機，佔殺妻案的百分之二十四，太太因先生外遇而殺夫的案子則只有百分之七・七。

現在請你想像一下，你正深愛著某個人；再想像一下，有一天你突然發現伴侶對別人有興趣。第一種想像是他對另一個人用情很深，但沒有發生性關係，第二種則是他喜歡和另一個人發生性關係，但對他卻沒有感情上的牽連。請問哪一種想像中的情境會使你最不愉快？

德州大學奧斯汀分校（University of Texas at Austin）的巴斯（David Buss）教授做了這個研究，發現男生認為情境二最令他不快——困擾他們的是性關係，而不是感情關係。女性正好相反，比起肉體的不忠，她們更受不了感情的背叛。這個性別差異不但美國如此，南韓、日本、德國和荷蘭也一樣；與此相關的是，雖然文化不同，但世界各地的男人都比女人容易發現對方出軌、不貞，也更常懷疑太太紅杏出牆。

為什麼會這樣？**因為男性會擔心很可能浪費寶貴的資源和精力去扶養別人的孩子，所以對女性的不貞非常在意。而女性之所以擔心先生的尋花問柳，是她們可能因此失去保護和情緒的支持，以及資源的提供。在兩種情境中，資源都是我們強烈情緒感覺背後的主要的驅力，只是方向稍有不同。**

這些嫉妒的發現，讓我們了解為什麼男性的性嫉妒會導致對配偶的家暴和強暴。研究發現，會強暴自己太太的男性通常有較高的性嫉妒，很可能就用暴力來阻止未來的不貞，使女性在紅杏出牆前，會多考慮一下值不值得冒自己會被打個半死的風險。

你可能會認為，先生因太太不貞而強暴她是為了復仇。但是在這個表層現象下，其實有更深的演化戰爭在影響著暴力和犯罪——精子戰爭。

假如配偶的確已經和別的男人發生性關係，從演化的觀點來看，先生就必須盡快在她體內射精，使自己的精子能夠和情敵的精子在太太體內競爭，看誰先到達卵子。此外，即使只是懷疑太太不貞，他也需要定期把他的精子送入太太的生殖器官中，以防止其他精子入侵；男性把三億精子射入太太的子宮頸時，雖有一半左右會流出陰道，但仍有一半在未來幾天之內可以到達卵子，戰勝別人的精子。

在這場基因的欺騙遊戲裡，男性的腳步永不停歇，女性當然因此備感威脅，不但可能被陌生人強暴，被朋友強暴，還會被自己的先生強暴。然而女性並不總是受害者，下面我們會看到，她們也有提升自己自私基因利益的詭計和妙方。

男人想贏，女人不想輸

我們都知道男性比女性暴力，而且不論文化，在世界上的任何一個角落都如此。亞諾瑪莫印地安男性絕非世上唯一殺人放火、搶劫別人部落的個案，但是**在人類的歷史上，從來沒有女性為了土地、資源、權力聚結在一起攻打別的部落。會做這種事的，都是男性；每十名殺人犯中，只會有一名女性殺人犯，男女比例高達九比一**。前後二十個研究同性謀殺所得的數據顯示，男性所佔比例更高達百分之九十七。男性是謀殺者。

演化學對這個現象的簡略解釋是：女人值得爭奪，因為女人會生孩子，會照顧孩子，以確定親職投資不會落空。動物世界也是如此：當某一性別提供最多的親職投資時，另外那個性別就會不惜以打鬥爭奪那個資源。演化學家認為窮人會鋌而走險，因為他們缺乏資源，社會學家的看法也一樣。殺人的同齡男性中，沒結婚的是已婚者的兩倍，因為他們有更大的傳宗接代的需求，所以更願意為性行為而冒險，甚至因此殺掉競爭者。對男性而言，暴力底下還潛藏著資源的爭奪，以及難以吸引女性、形成長久伴侶關係的壓力。

暴力也可用來控制、阻止配偶的不貞。就像從其他雄獅那裡接收母獅的獅子會殺掉年幼的小獅，並且馬上交配，增加母獅懷上自己小孩的機會，這個性別差異，在人類十七個月大的男孩身上就看得到。小男孩比小女孩有攻擊性的這個性別差異，顯然無法用社會化的理論來解釋，因為十七個月還太小；社會化理論會預期這個性別差異會越來越大，因為孩子越來越有機會接觸攻擊性的角色模範，受到媒體和教養方式的影響，但事實卻是，這種性別差異不但很早就顯現，更沒有隨著年齡的增加而改變：從童年期到青春期這方面的性別差異都存在。同時，**暴力隨著青少年的年齡增加而增加，到十九**

歲到達頂點。這跟前面談過的暴力與攻擊性和性選擇、競爭配偶有關，性選擇和配偶的競爭也是差不多在十九歲到達頂點。

女性也不是全無攻擊性，但是她們的作戰是祕密的，暗中進行的。演化心理學家認為女性必須非常小心用她們的攻擊性，因為女性能不能生存下來，相對於男性更加重要；如果母親死亡了，孩子通常也性命難保，母親的存活對孩子的成長是關鍵。實驗室的資料顯示，女性對攻擊性、挑釁的危險評估比男生高，對可能會引起身體受傷的情境恐懼度也比男生高，比較容易發展出對動物的恐懼症，也害怕看牙或看病。不過，雖然她們厭惡伴隨身體危險的感官刺激，卻不討厭不會導致身體受傷的感官刺激，比如探索音樂、藝術和旅行。女人也比男人更關心身體的健康，對健康的重要性評價很高，也比較常去看醫師。

害怕身體受傷是演化設定在女性大腦中的機制，讓她們比較不會死亡，幫助她們確保孩子得以存活。因為遠古時代沒有媽媽的孩子是活不長的，所以，全世界各個文化中女性之所以身體的攻擊性都比男生弱是有演化上的機制的。女性不喜歡身體的攻擊性，因為這會減少她們繁殖的成功率；那麼，假如我們降低身體受傷的風險時，會怎麼樣呢？

英國中央蘭開夏大學（University of Central Lancashire）的亞契（John Archer）教授發現，女性在身體受傷的危險不存在或最低的情況下，最有語言攻擊性（verbal aggression）或間接攻擊性（indirect aggression）。明尼蘇達大學的克里克（Nicki Crick）也發現，女性比男性喜歡間接的攻擊或關係的攻擊（relational aggression），即趁這個人不在場時散播這個人的謠言，講她閒話，破壞她的名譽。

比起直接的肢體暴力，女性寧可採用比較被動的攻擊策略，盡量用外表的誘人打敗對手，因為男性很在乎這一點——吸引力既是男性眼中生育力的指標，也就是女性找到最有資源的男性的好方法。巴斯認為女性比較喜歡說競爭者很醜，取笑她的外表，批評她的大腿太粗……也會用大談對手有很多男朋友、隨便跟人上床、人盡可夫等方式來破壞對手的名譽。男性不喜歡有這些缺點的女性，因為從演化的觀點來看，如果娶到這種女人，他很可能得替別的男性扶養子女。因此，這種語言攻擊的策略就很有效，既達到了搶配偶的目的，又沒有替自身惹來什麼身體上的傷害。

談到這裡，我們已經看到了暴力和攻擊性來自我們演化的過去，明白了雖然互惠利他是生存的原則，但反社會的欺騙也是一種生殖策略。本章中，我們說明了**偷竊**、**強暴**、**謀殺**、**殺嬰**、**家暴**、**殺配偶都有演化上的原因，不同的生態環境會發展出不同的生殖策略，有的用欺騙，有的用互惠利他**。男性演化出用肢體暴力來增加基因傳播的機會，女生演化出先求保護自己的身體，以利基因傳播；女性同時不採取直接攻擊，因為這會導致身體的受傷，所以她們大多用間接的策略達到同樣的目的。雖然演化學說不能解釋所有的暴力行為，卻至少提供了一個比較大的概念架構，給了我們某些程度的解釋能力。

罪惡的種子（seeds of sin）在我們的演化中深植，是從原始人類形成社會群體、開始塑造互助的常模的時候——我們看到有一小撮的人破壞了這個常模。基因是演化競賽的名字，後代的諸多行為都跟基因的傳播大有關係。反社會心理病態的行為有它演化上策略成功的意義，在自私自利、無法無天的情境下，強暴不只是男性表現權力、控制女性的方式，同時也是演化上的極端欺騙策略——先愛她再拋棄她（"love" them and leave them），盡量使最多的女性受孕，然後離開她，讓她去承擔扶養幼兒的責任，把你的基因傳下去。所以，下一章我們要從基因的層次來了解這種禽獸的行為，以及弄清楚是哪些基因在作祟。

第二章

罪惡的種子

犯罪的基因是如何遺傳的？

蘭崔根（Jeffrey Landrigan）從不知道他的父親是誰。他是在一九六二年三月十七日出生的，八個月大就被生母丟到托嬰中心，但是他很幸運，被奧克拉荷馬州一個道地的美國家庭所收養。他的養父尼克・蘭崔根（Nick Landrigan）是位地質學家，養母是位非常稱職的母親，把他和蘭崔根夫婦的親生女兒夏儂（Shannon）照顧得無微不至。這對夫婦受過良好的教育，正直，受到地方的尊重，也給了小蘭崔根一個完美的新開始。

但是，小蘭崔根的出身陰影始終籠罩著他，最後還決定了他的命運。兩歲時，他就會控制不住自己地大發脾氣，而且每每一發不可收拾；十歲開始酗酒，十一歲時第一次被逮捕，因為他潛入別人家想要打開保險箱偷竊，也開始逃學、吸毒、偷車，常在拘留所過夜；二十歲時，只因為與童年玩伴喝醉起爭執，就在朋友住的拖車外刺死了他。這位朋友本來是要小蘭崔根當他尚未出生孩子的教父的，可見兩人交情匪淺。一九八二年，他因這個案件入監服刑，刑期二十年。

令人難以置信的是，他竟然在一九八九年十一月十一日成功越獄，逃到亞利桑那州的鳳凰城。照說他可以在那裡開啟新的人生，但謀殺似乎已成了他的宿命，戴爾（Chester Dyer）在鳳凰城的漢堡王和他邂逅後不久，就被發現遭電線勒死，臉上、背上還留有刀傷，色情撲克牌撒在床上各處，紅心A則貼在死者背上。小蘭崔根的好運不再跟隨著他了，離開那間公寓時，他在地板上的糖粉中留下了腳印，隨後被捕，以殺人罪起訴，最後被判死刑。

這個判決，應該是蘭崔根戲劇性胡作非為一生的完結篇了吧？誰也想像不到，還有更奇怪的事發生。當蘭崔根在亞利桑那監獄的死囚房等著行刑日到來時，另一名死刑犯說，他在阿肯色監獄服刑時認得的希爾（Darrel Hill），不但長得跟蘭崔根幾乎一模一樣，也正在死囚牢中等候行刑。原來希爾正是蘭崔根從來沒有見過面的父親，而且不只是長得很像，蘭崔根根本就是希爾的翻版。

希爾的犯罪紀錄也是很早就開始了，染有毒癮，而且和蘭崔根一樣，不只殺過人而且是殺了兩個人，也曾經在坐牢時越獄過。蘭崔根從他父親身上遺傳到的，顯然不只是相貌而已，他們父子倆真是像得不能再像了。

這還不算，蘭崔根的祖父——希爾的父親——也是監獄的常客，最後在一九六一年因搶劫便利商店而在警車追逐戰中，中槍死亡。過世時，當時二十一歲的兒子離他只有幾公尺。

我們該如何看待這祖孫三代？或許希爾自己總結得最好，他說：

> 從這三代人的犯罪史裡，笨蛋也看得出其中有某些連結，某種模式（pattern）。

那麼，**真的有「殺手基因」**（killer gene）**嗎？如果不只是一個基因，那麼是很多個嗎？是基因本身，還是基因與環境複雜的交互作用，塑造了希爾和蘭崔根這樣的殺人犯？**蘭崔根被好家庭所收養，在安全又悉心照料的環境中長大，然而，雖然他的養父母給了他所有的愛，還是沒有辦法讓他遠離犯罪。這個令人著迷的大自然實驗——**即使把一名有暴力遺傳的嬰兒從貧窮和骯髒的環境中移植到充滿了愛和關心的家庭，最後他還是變成一名殺人犯——顯示了，暴力真的有基因上的關係。**

幾十年來，犯罪學家始終極力抵抗這個概念，但在本章中，我不只要說服你，還要告訴你為什麼社會科學家也願意敞開心胸，從這個不可思議、既神奇又重要的角度來看待犯罪。一開始，我會深入去看收養紀錄的研究，這些研究，會系統化地檢視蘭崔根這類的個案。這些研究的對象，都是生父是罪犯而被沒有犯罪紀錄家庭所收養的嬰兒。我們會看到，這種嬰兒長大後，都比那些生父不是罪犯的收養兒更容易成為犯罪者。

第二種研究則比較了同卵雙胞胎和異卵雙胞胎的行為，結果也是相同。同卵雙胞胎的所有基因都一樣，在犯罪、攻擊性上的相同性，也大於基因只有百分之五十相同的異卵雙胞胎。

第三種比較少見的研究，對象是一出生就被不同家庭收養的同卵雙胞胎；即使生長的環境差異很大，但最後的結果卻差不多——隔離長大後，反社會行為照樣非常相似。

這些針對雙胞胎的收養研究的確告訴我們，在攻擊性上基因佔了很大的成分，卻不能告訴我們究竟是哪一個基因該負責，所以最後我們轉向現在正慢慢揭開攻擊性基因面具的分子生物學研究。

一胎雙生，麻煩倍增

在所有人口中，雙胞胎大約只佔百分之二，而且大都是異卵雙胞胎，亦即只有百分之五十的基因相同；他們是兩個分別被不同的精子所授精的卵子，所以就像正常的兄弟姐妹一樣，只是出生的時間幾乎一樣而已。相對地，同卵雙胞胎就少多了——只有百分之八的雙胞胎是同卵；**同卵雙胞胎的基因百分之百相同，因為他們是從同一個精子—卵子中分裂出來的。行為遺傳學家便利用這種大自然的操弄，來看基因在攻擊性和反社會行為上的作用，也就是利用完美的大自然實驗，從中檢視基因在行為上、生理上和心理上的特質所扮演的角色。**

剛剛才強調過的，異卵雙胞胎只共享百分之五十基因這回事，這裡得稍加說明。事實上，你的基因有百分之九十九和我一樣，我們又和黑猩猩（chimpanzee）共享百分之九十八的基因；光看基因，比起大猩猩（gorilla），黑猩猩和我們更相近。別說猴子了，就算香蕉樹也有百分之六十的基因和我們相同，所以當我們說「異卵雙胞胎有百分之五十的基因相同」時，是指造成人類個個不同的那一點點基因裡的百分之五十。同樣的，同卵雙胞胎也不是百分之百相同，是在造成我們每個人個別差異的那個百分之一中有百分之九十九相同。

那麼，研究者怎麼設計同卵雙胞胎的研究呢？我在南加大（University of Southern California）時的同事貝克（Laura Baker）有一天在午餐時跟我腦力激盪，設計了一個我們可以合作的實驗。她認得很多雙胞胎，我則對兒童的反社會行為很有心得，所以她認為我們可以做一個兒童反社會行為的研究；在得到美國國家心理衛生研究院（National Institute of Mental Health, NIMH）的經費支持後，我們立刻付諸行動。我設立心理生理（psychophysiology）實驗室，貝克開始尋找雙胞胎，因為她和洛杉磯學區有些淵源，所以她發信給南加州所有九歲學童的父母，找到了一二一〇對雙胞胎來參加我們的實驗。

這些雙胞胎和照顧他們的大人一來到我們實驗室就是一整天，做各種不同的測驗——認知的、心理生理的、人格的、社會的和行為的測試。父母、小孩和老師都要填行為——包括反社會行為——的問卷：有沒有霸凌過其他的孩子？有偷過東西嗎？對動物殘忍嗎？有無虐待動物的行為？跟人打過架嗎？有用肢體攻擊別人嗎（拳打腳踢）？逃學過嗎？有沒有放過火燒房子嗎？這些都是不良少年的標記，也是未來犯罪者的雛形。就這樣，我們蒐集了一二一〇份反社會行為的資料。

我們從這些資料中找出九歲兒童反社會行為的基因成分，尋找同卵雙胞胎彼此的相似性，拿來和異卵雙胞胎的資料相比較。假如基因在反社會行為上有其角色，那麼同卵雙胞胎在反社會行為上的相似性應該會高於異卵雙胞胎。我們用先進的統計技術多變項基因分析（multivariate genetic analysis）看這個行為遺傳性的程度，和我們的結構方程模型（structural equation model）符合的程度得出估算值。

結果我們發現了什麼？遺傳性是從〇・四到〇・五，也就是說，我們的反社會行為中有百分之四十到五十的變異性是基因的關係。這跟誰評估孩子的行為沒有關係，假如評估的是老師，遺傳性是百分之四十；家長的話，遺傳性是百分之四十七；假如是孩子自己，遺傳性則剛好是百分之五十。所以不管誰作評估，我們都可以說，反社會行為中有一半是受基因控制的。我們之所以有些人有反社會行為、另外一些人沒有，原因有一半出在基因上。

當我們彙整兩人對反社會行為不同的測量結果時，這才發現，還有更驚人的地方。任何評量都不可能完全可靠，你也知道，父母、老師、孩子對很多事情都有不同的看法，那麼，我們怎麼找出反社會行為比較可靠的測量方法呢？我們的方法是把這三種不同來源問卷的結果平均起來，以得到一個「共同的看法」。哪知道，這卻讓我們發現，反社會行為的共同看法中基因竟然佔了百分之九十六的變異性，非共享的環境因素只佔了百分之四。一旦我們有了比較可信賴的測量方法，基因對反社會行為的影響馬上水漲船高。我們的確必須非常小心，不要高估遺傳因素的重要性，但是整個看來，反社會行為無疑有遺傳性，而且是顯著的遺傳性。

雙胞胎的研究，也告訴我們攻擊性和暴力有遺傳性。在這個研究中，我們同時測量了「主動式」（proactive）和「反應式」（reactive）攻擊性。所謂反應式攻擊性，指的是人家打你時你也還手，是為了保護你的疆土的自衛性或報復性攻擊；這種「人不犯我，我不犯人，人若犯我，我必還擊」的攻擊性，有百分之三十八的遺傳性。主動式攻擊性則是掠奪，以暴力強取豪奪，是卑鄙和殘忍的；這方面的遺傳性較高，百分之五十。我們再一次看到，這兩種攻擊性的環境因素影響都極少，男性甚至完全沒有。

幾十個其他有關雙胞胎的研究，不論對象是兒童、青少年或成人，也都得到同樣的結果——而且不分男女。事實上，有個團隊綜合一〇三個研究的後設分析（meta-analysis），比較了攻擊性行為與違規的、非攻擊性的行為，結果發現，非攻擊性反社會行為遺傳性是百分之四十八，而攻擊性反社會行為的遺傳性是百分之六十五。然而，研究也再度發現，共享的環境因素在非攻擊性的反社會行為中只佔百分之十八，而在攻擊性的社會行為中更只有百分之五，讓我們再一次看到環境因素的無作用，基因和非共享的環境因素才是攻擊性的根源。我們同時也知道，**對很早就有犯罪紀錄的人來說，基因是最強的影響，這個影響力不但在不同的情境都存在，而且持續久、很嚴重。他們冷酷、無動於衷、沒有情緒反應，例如不覺後悔或遺憾。這種反社會行為的表現，長大後就是成人暴力。**

把相同的豆子放進不同的豆莢

雙胞胎研究都有一個問題，就是所謂的「相同環境假設」（equal environments assumption）。和異卵雙胞胎相比，雙胞胎更可能受到父母、老師、同儕的同等看待，難怪有人會說，同卵雙胞胎在反社會行為上之所以比異卵雙胞胎更相像，是因為他們受到的待遇很相似，而不是因為他們的基因更相像——環境待遇更相像才是主因。

這個問題在不同家庭長大的同卵雙胞胎研究中就不存在了。現在已有一些有力的研究正在建立這個遺傳性，雖然相關案例很少，但最少有一個研究包含了三十二對甫出生就被不同家庭收養的同卵雙胞胎，結果發現反社會行為的遺傳性在兒童身上是百分之四十一，在成人則為百分之二十八，有統計上的顯著性。

這些大樣本的研究很令人吃驚，但是更令人震驚的是一個八對同卵雙胞胎一出生就分別在不同環境長大的個案研究。這八對雙胞胎的其中一個是有犯罪紀錄的，所以我們不免好奇：他們的同卵手足情況怎樣？答案是，另外八個裡有四個最少也有一次以上的犯罪紀錄，很清楚地表示出基因因素所扮演的角色。既然他們都是分開長大的，你就不能再說這是成長時受到同樣待遇的關係——你只能從基因上來解釋。

這四個也犯罪的雙胞胎中，有一對是墨西哥的女孩，九個月大時就被不同的家庭所收養，而且養父母個性完全不同，生長的環境也完全不同：一個在城裡長大，另一個在沙漠中長大。但是，就像被下了魔咒一樣，兩人長到青春期時都逃家在街頭遊蕩，成為少年犯，而且都數度因犯法而被關進不同的監獄。女性一再重犯者很少，在這個研究中，我們看到這兩個女孩所共享的基因如何像頭上的烏雲般籠罩著她們的一生。

這種在不同環境成長的同卵雙胞胎研究，對了解基因在犯罪上所扮演的角色非常重要。雖然只有八個案例，統計上不夠強，但還是讓我們看到了這種雙胞胎研究的有用性；如果再和三十二對同卵雙胞胎的研究放在一起看，就能明顯看出基因在犯罪和反社會行為上的重要性了。

難道環境就一點都不重要嗎？

假如你是後天論的支持者，這些基因的研究就會讓你非常不安；還好，下面有一些好消息：**基因研究既告訴了我們基因的影響力，也同時點出了環境的影響力。雙胞胎的研究顯示，百分之五十的反

社會行為變異性來自環境影響。基因和環境的競爭，目前打成平手。

但是從你自己的青少年經驗中，你知道環境的影響有很多種。那，哪一種環境更容易塑造出孩子的反社會行為？是來自家庭內部的影響，還是家庭之外？你認為家庭和父母對孩子的影響大一些呢，還是家庭之外的？

我們的發現是，父母沒有你想像的那麼重要。貝克和我檢視數據時，發現家庭只佔反社會行為整個變異性的百分之二十二；相反地，家庭之外的環境影響佔了百分之三十三。即使才九歲大，同儕的影響力——儘管父母從不鬆懈——就已經大過父母了。

這聽起來好像讓人很難相信，但不管是我們的研究，或其他一百多篇有關基因的反社會行為角色研究報告，這個結果在廣義的行為和人格測量上都看得到，所以它不是僅適用於反社會行為。的確，頂尖的行為遺傳學家、明尼蘇達大學的布查（Tom Bouchard）教授就說：「對成年人的人格來說，共享的環境影響可以說是零。」沒錯，零，一點影響力也沒有。

假如你像我一樣已為人父母，這個消息不啻是個當頭棒喝，使你馬上清醒過來。你要相信所有你對孩子的教誨都是白費的，它的效果幾乎等於零嗎？這是很大的認知失調，我們不願相信這個發現，無法接受所有我們對孩子的苦心都只會付諸東流。

這未免太讓人沮喪。父母親都希望孩子能克紹箕裘，所以花費很大力氣去扶養孩子；如果孩子不負父母期望，長大後果然成材，父母當然相信這是他們教養的功勞。但是，假如這只是基因上的關係呢？父母親無聲的、被動的貢獻出一半的基因給孩子，他們看不見DNA，也看不見DNA如何影響孩子，卻看得見自己社會化的努力，假如孩子成材了，他們會下結論說，父母的努力會幫助孩子更加成材。因為我們寧願相信父母的教養對孩子是有作用的，就很難接受父母沒有那麼重要的看法。

把上述的實驗結果綜合起來看時，雙胞胎研究的深度和廣度便開始改變犯罪學者對基因的看法；一艘又一艘，越來越多的海盜船出現在研究的海平面上，而且懸掛著的都是基因的骷髏黑旗。你可以忽略一艘船，但你不能忽略整個艦隊。然而，對社會科學家心智海面變化的解釋卻遠超過這些艦隊。

收養的研究——再探蘭崔根的個案

雙胞胎的研究可能低估了基因塑造反社會行為的程度，因為反社會行為的測量錯誤被算成非共享的環境因素。但是我們也看到，因為相同環境假設的破解，它也可能被高估了。所以，我們必須回到對的路徑上。

那麼，就讓我們離開環境的領域，重回基因的途徑吧。還記得希爾在他兒子蘭崔根一出生時，就拋棄了他嗎？但我們還是看到他們在成人暴力行為上的相似性，這個相似性令人毛骨悚然。現在，讓我們用幾百倍的放大鏡——同時研究幾百個蘭崔根——來檢視這個個案，用科學的方法來看這個父子的關係。我們要看的是，如果孩子從來沒有跟生身父母一起生活過，在一個完全不同的家庭、完全不

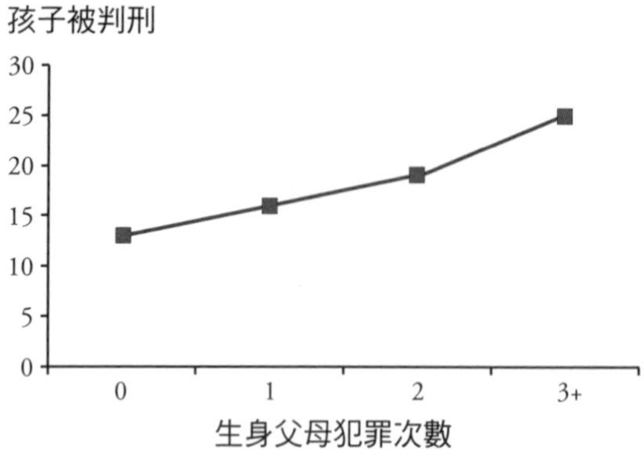

圖 2.1　生身父母的犯罪次數和被收養子女犯罪率之間的關係

同的環境下長大，這時，父子的相像關係是如何。

在收養的實驗中，我們的實驗組，都很早就與他們犯罪的生身父母分離、在完全不同的家庭中長大的孩子；控制組的孩子雖然也是出生不久就與生身父母分離，但是生身父母並沒有犯罪紀錄。假如父母有犯罪紀錄的孩子長大後，犯罪的機率高於那些沒有犯罪紀錄父母的孩子，那麼我們就可以說，生身父母的犯罪基因影響了這些被收養的孩子。

在一個具有里程碑意義的犯罪收養研究中，我的同事麥尼克（Sarnoff Mednick）發現結果正是如此。你可以在圖2.1中看到，**丹麥罪犯的孩子被領養後，長大的犯罪率高於非罪犯被領養的孩子**。

麥尼克用這些孩子生身父母犯罪的次數來分類，控制組當然是父母沒有犯過罪而被收養的孩子。有些孩子的父母犯過一次、二次或三次以上的罪，圖2.1橫軸是被收養的孩子生身父母犯罪的次數，縱軸是這些孩子自己犯罪的次數，你可以很清楚地看到，**生身父母犯罪的次數越多，孩子犯罪的次數也越多**。

這是一個非常清楚的證明，**而且幾乎每一個其他的犯罪領養研究都得到同樣的結果**；我說的「每一個」指的不是一個、兩個研究，而是十幾個這樣的研究；同樣的研究結果，已經一而再、再而三地在不同國家、不同的實驗室中重複發現。

這些結果當然不能說就毫無疑義了，例如，有些認養機構會把孩子送給和原生家庭相似的家庭去收養——這叫「選擇性的出養」（selective placement）。此外，每個孩子跟生母在一起的時間長短也不盡相似，假如母親有反社會傾向，忽略自己的親生孩子，那麼，這個負面的親子聯結（bonding）經驗——這是環境因素——可能會影響孩子後來的反社會行為。不過，麥尼克很仔細地控制了這些變項。他的發現不是來自選擇性的出養——把孩子交給社經地位近似原生家庭的收養家庭，也和孩子離開生母的年紀沒有直接關聯。其他的研究也用同樣的方法控制方法論上的混淆變項（confound），也都得到同樣結果。

當然了，就和所有其他的研究一樣，雙胞胎研究和收養研究也在方法上有其弱點。批評者常常鎖定這些弱點大肆攻擊，他們的反對，也好像讓這些結論站不住腳，但那是假警報（false alarm）。這些研究，用的是不同的對象、不同的時間、不同的地點、不同的測量法和不同的實驗設計，卻都得到了相同的結果，這是最強而有力的辯護，因為在實驗法上，殊途同歸是最有力的證據！

讓我們用目前的情境來對照這個原則。一百名以上反社會行為基因研究的參與者，年齡從一歲七個月到七十歲，生涯從美國經濟大恐慌時期一直到現在，來自不同的西方國家，包括澳洲、荷蘭、挪威、瑞典、英國和美國。測量反社會行為的方法有許多種，實驗的設計從同卵雙胞胎、收養的孩子到兄弟姊妹都有，受試者來自一般民眾，統計方法則是非常先進的量化模型技術（quantitative modeling technique）。這些研究，囊括了過去五十年來的成果，所以總的來說，**這些研究輻輳到一個簡單的真相——即使最強烈的批評者也無法否認，對於為什麼我們有些人是罪犯、有些人不是的問題，基因給了我們一半的答案。**

粉刺與ＸＹＹ基因

那麼，哪些是犯罪的特定種子？這是個大哉問，也一直都是爭論中心。過去的看法是，暴力和基因最戲劇化的連接是ＸＹＹ基因。

一般來說，我們每一個人都有二十三對染色體，每一個染色體上都有很多基因；染色體裡頭有一個是性染色體——Ｘ或Ｙ，父母會各自給孩子一個性染色體，決定了我們是ＸＹ（男性）或ＸＸ（女性）。但在極少數的情況下，大自然出錯了，讓兩個Ｙ跟一個Ｘ配對，結果就是男性但多了一個Ｙ染色體，成了ＸＹＹ。

一九六一年ＸＹＹ第一次被發現後，很快就和暴力扯上關係。一九六五年，有著崇高地位的《科學》（*Science*）期刊刊登了一篇研究，是蘇格蘭受刑人在高警戒度精神病院的抽血報告，顯示了百分之四的人有ＸＹＹ基因。由於ＸＹＹ在一般的人口中非常稀少，機率是一千個人中只有一個，所以百分之四的受刑人有ＸＹＹ，那就是一般人的四十倍了。

一年後的一九六六年七月，當整個英國正在為世界盃足球賽瘋狂時，一個名叫史培克（Richard Speck）的人在芝加哥的護士宿舍中殺了八名護士。他先用刀尖恐嚇她們不得離開宿舍，然後一個接一個叫出去強姦後勒斃；但有一個護士阿穆拉（Corazon Amurao）躲到床底下，因此逃過一劫。史培克以為他姦殺完了所有的護士，被捕後阿穆拉出來指認他，讓他被判處死刑。

這時，史培克被發現帶有ＸＹＹ基因。別的不說，他的外表就讓人有理由懷疑他是ＸＹＹ基因，因為ＸＹＹ基因者一般來說都很高，平均一米八，都有學習障礙，智商比一般人低；此外，ＸＹＹ者會長粉刺。嚴重的粉刺被認為是ＸＹＹ者的特徵——該隱的標記。

史培克身高一八三公分，不很聰明，從他算不清房間裡有多少護士，就可以知道他在學習上有困難；八年級時留級了，而且重讀一次也沒幫上他什麼忙，十六歲時便學業中輟。由於史培克臉上都是粉刺留下的疤，因此，開庭前就有人說他是ＸＹＹ；這則新聞發生前不久，塔爾佛（Mary Telfer）就在《科學》期刊發表過一篇文章，她在文章中說，美國賓州監獄中男性罪犯的ＸＹＹ比例比一般人口高得多。除了《科學》這份有名的期刊外，也有好幾篇關於ＸＹＹ基因和犯罪的關係的論文發表，引起廣大公眾的注意。

其實，史培克根本不是ＸＹＹ基因者，他的臉的確凹凸不平，如圖2.2所示，但是在開庭之前，當

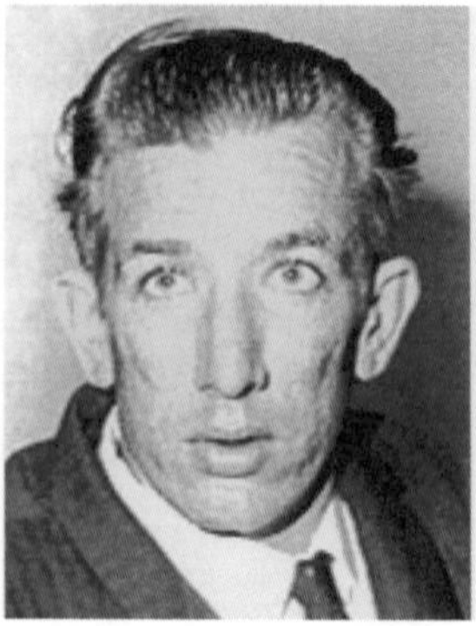

圖 2.2　連續殺人犯史培克

時在美國范德比爾大學（Vanderbilt University）任教的瑞士神經內分泌學家（neuroendocrinologist）恩琪（Eric Engel），就已經分析了史培克的染色體，發現他是完全正常的XY染色體男性。但是人們不喜歡聽真相，這則錯誤的新聞已經使人們相信，他的XYY基因就是他犯罪的原因，最後幾乎變成了尋常百姓堅信不移的民間傳說。

XYY基因和暴力的關係，麥尼克和同事在《科學》期刊上發表了一篇明確的研究後終於被破解了。他們從二八八八四名丹麥哥本哈根出生的男性中，找到身高超過一米八的四一三九名男性，抽血檢驗他們的性染色體，找出十二個XYY者，然後與正常XY基因的男性比對犯罪紀錄，結果發現XYY的犯罪率果然比較高——這十二個人是百分之四一・七，控制組只有百分之九・三。至於暴力犯罪率，XYY組是百分之八・四，控制組只有百分之一・八——XYY是XY的五倍。不過，雖然對比非常高，但因為樣本太小，並不具有統計上的顯著意義。

社會科學家欣然接受這個發現，犯罪學的教科書卻用這個研究來證明暴力和基因沒有關係；有的教科書甚至錯誤的引用這個發現，來打壓犯罪有基因上關係的觀點。但是，事實還需要稍加釐清。

雖然以統計學的標準來說，XYY症候群仍稱不上是導致暴力的證據，但這並不影響犯罪有遺傳性的看法。我會這麼說有四個原因：第一，**雖然XYY男性並沒有比控制組犯下更多的暴力罪，偷竊罪卻比控制組多**；第二，雖然XYY症候群是基因上的不正常，很多犯罪學家卻誤解了這個不正常，**XYY是染色體在受精時突變所造成的情況，本身不是一種會遺傳的基因**，不會從父親遺傳給孩子，**所以XYY的研究與犯罪和暴力是否有遺傳性毫無關係**；第三，就算XYY症候群是可以遺傳的基因病變，也和犯罪沒有關係，這個沒有關係也不能抹消許多同卵雙胞胎和收養研究上所發現的遺傳與犯罪的顯著關係；第四，**最近大樣本群的研究顯示，有XYY基因的男孩的確比控制組有較高的攻擊性及犯罪行為**。我們下面會看到，除了Y染色體外，還有很多基因與犯罪行為關係匪淺。

酶酶壞壞

對社會科學家而言，犯罪的基因基礎就像九頭女妖（Hydra）醜陋的頭一樣，早就被成功斬除，永遠埋掉了。但就像神話傳說一樣，她被砍掉一個頭後就會馬上再長出幾顆頭；這個「暴力有沒有基因上關係」的學術戰爭才在熱身階段，好戲還沒有上場。

布魯納（Han Brunner）是荷蘭奈梅根（Nijmegen）大學醫院的醫生。一九七八年的某一天，有名婦女來掛號，希望問他一些基因上的問題。她家族中的男性似乎都有行為上的問題，而她覺得，問題就出在他們的眼睛——他們看你的樣子顯現出攻擊性，非常令人害怕。她才十歲的兒子已經開始出現行為問題，她想知道，另外的兩個女兒會不會也有基因上的缺陷，使她們出現攻擊性行為？

布魯納系統化地調查了這件事，跑遍荷蘭各地去追查這個家族四代成員的行為。他的研究非常仔細，甚至到遊民收容所探訪這個女人的親戚。他跟每名找得到的家族成員面談，並抽血作基因分析，十五年之後，布魯納和他的同事在《科學》期刊上發表了他們的研究成果。他們的發現不但令人嘖嘖驚奇，甚至會讓你毛骨悚然。

這名女性的十四名男性親戚都有暴力和衝動型攻擊性的歷史，幾乎就是蘭崔根——希爾三代關係的翻版。但在布魯納畫出的四代家族樹裡，只有女性所生的男性有這個問題；這表示，不管是什麼樣的基因缺陷，都是X染色體的關係——因為是透過女性而遺傳的。布魯納畫出這個家族的基因圖時，也發現男生都有單胺氧化酶A（monoamine oxidase A, MAOA）基因的缺陷。這個基因的功用是製造單胺氧化酶。他找出這個基因的序列，分析時發現是其中一個基因產生突變，使MAOA沒有作用。所有這名女性的男性親屬，全都有MAOA 基因突變的型態。

MAOA 負責代謝好幾種神經傳導物質（neurotransmitters），包括多巴胺（dopamine）、正腎上腺素（norepinephrine）和血清素（serotonin），這些神經傳導物質就控制著我們的衝動、注意力和其他認知功能。正常的MAOA 突變就會產生不正常的MAOA 分泌。在這名女性的男性親屬身上，MAOA 不是稀少，而是根本沒有。完全沒有MAOA 會有嚴重的後果：干擾其他神經傳導物質的正常運作，造成各種各樣的病變——包括注意力缺失／過動症（attention deficit/hyperactivity, ADHD）、酗酒、吸毒、衝動和其他冒險行為。布魯納還發現，沒有MAOA會導致低智商，而我們已經知道，低智商是犯罪和暴力的危險因子。把低智商和衝動、不注意、吸毒、酗酒放在一起，你就不難發現，為什麼他們的衝動型攻擊行為不會令你太驚奇。

二〇一一年時，我在阿姆斯特丹的一個研討會上見到了布魯納。自從在《科學》期刊上發表了研究成果後，他的看法變得很有趣；他很了解這個議題的爭議性，也很清楚有人會誤用這份醫學基因研究，所以在發表研究成果時，布魯納就對用字遣詞非常小心，比如他會用「不正常行為」（abnormal behavior）而不是「攻擊行為」（aggression），用「關係」（association）而不是「因果」（causes）。雖然如此，**媒體還是拿他的研究報告來大作文章，宣稱他找到新的犯罪基因。布魯納很痛苦的一再說明犯罪不是單一基因造成的，因為他發現的基因不正常是非常少見的情形，環境還是很重要。**但儘管他一再強調，社會科學家卻仍然故意偏頗解讀他的發現，因為他們蓄意抹黑他，好使他的研究失去信任度，而媒體需要煽動性的新聞。雖然一再遭到批評和砍殺，無論如何，九頭女妖還是又馬上長出許多頭來，重回戰場來說服社會科學家基因爭論的潛力。

戰士基因再上征途

布魯納一九九三年的新發現，一九九五年時又因陳景虹（Jean Chen Shih）的發現而注入一劑強心針，再度引發熱烈反應。陳景虹是我在南加大時的同事，她的研究團隊剔除小鼠的 MAOA 基因後，觀察這個基因的表現——你可以用一段（人造的）DNA序列去取代真的，這樣就剔除了或使這個基因不活動了。自此之後，陳景虹的研究團隊早上進入實驗室時，便偶爾會發現有老鼠被咬死了；很快地研究人員就發現，MAOA 基因被剔除的老鼠會變得非常兇猛，不但會找別的老鼠打架，甚至打到脫皮掉毛、血肉模糊仍不停止。陳景虹團隊發現的這個跟攻擊性有關的基因，正好是布魯納在那個荷蘭家族裡發現的同一個不正常基因。

基因與犯罪有關的第三顆女妖魔頭，則要到二十一世紀初才出現。但它不但是基因和犯罪關係的轉捩點，也是幾乎所有值得一提的遺傳學研究的轉捩點。

由兩位研究者——美國杜克大學的莫菲特（Terrie Moffitt）和卡斯匹（Avshalom Caspi）——聯合署名，二〇〇二年在《科學》期刊發表的一篇論文，被這個領域的學者公認為最重要的研究論文。他們發現，**基因與生物因素會和社會因素交互作用，使這個人日後趨向反社會和暴力的行為。所以，是的，個人的基因是很重要——但得在某個特定的社會情境之下**。

我在托斯卡尼（Tuscany）的會議上認識莫菲特時，她還只是個研究生，剛剛要在紐西蘭但尼丁（Dunedin）從事一個大型、長期的反社會行為研究。一八六一年時但尼丁地區發現了金礦，隨後的淘金潮當時把但尼丁變成紐西蘭的第一大城，現在還是南島的第二大城。卡斯匹是莫菲特的先生，他在但尼丁的數據裡淘出了黃金，因為他用非常聰明的基因分析法找到了調節 MAOA 酵素的基因，以及這個基因如何與受虐經驗一起製造出反社會行為。

雖然我們有很多基因是相同的，但還是有很多基因有些變異性，這些DNA在不同的區段有著不同的排序。這種遺傳多樣性（genetic polymorphism）正是我們不會完全相同的原因——例如不同的血型、藍眼睛或棕眼睛、直髮或捲髮。我們都有一個多樣性基因調控MAOA的濃度。找到一個人的基因型態早已不是難事，以前得抽血，現在只要取唾液樣本即可。百分之七十的人MAOA濃度都很正常，但也有大約百分之三十的人有著MAOA基因的變異，使他們體內MAOA酵素的濃度很低，引起神經傳導物質濃度的干擾。卡斯匹和莫菲特重複測試但尼丁一千名以上的孩童，追蹤觀察他們從三歲一直到二十一歲的反社會行為；同時也仔細詢問，看看哪些孩子從三歲到十一歲都沒有受過虐待，哪些孩子有過一些，哪些孩子曾經嚴重受虐。他們發現，MAOA濃度過低與以後的反社會行為和暴力有關，尤其是那些曾經嚴重受虐的孩子。

這是一個關鍵性的發現，因為它讓我們看到基因和反社會及暴力行為的生物基礎，其實是一種很複雜的關係——後面會再談。紐西蘭的發現，也給早期的荷蘭人類研究及美國的動物研究更多必須承擔的壓力。不同的研究法開始輻輳到相同的結論——**在某些層面上，低MAOA與反社會和暴力行為有關。**

然而，新的分子生物學的遺傳研究卻使基因的發現——例如但尼丁的研究數據——有如一記晴空閃電。這些數據後來有再被重複測驗、檢視嗎？一般來說，有的。在卡斯匹和莫菲特的發現後四年，有一個綜合五個研究的後設分析研究證實了原始的發現，從此以後，基因就被連結到反社會人格障礙症（antisocial personality disorder）上了。

當這些研究顯示低MAOA基因與有受虐歷史者的反社會行為有特殊關係時，其他研究也開始讓這個基因和反社會人格的特質連上直接的關係——不論這個人有無受虐，這直接的關係都存在。無論男女，只要有低MAOA基因就都有較高的攻擊性紀錄，有些人由於罕見的MAOA基因不正常使得MAOA酵素濃度非常低，甚至出現比控制組高二倍的嚴重青少年犯罪和成人的暴力行為。此外，低MAOA基因也在實驗室環境中顯示出較高的攻擊性行為。犯罪或暴力並不源於單一基因，但是初始研究的確突顯了這個基因所扮演的角色。

二〇〇六年八月，另一顆九頭女妖的頭又出現在紐西蘭，但是，這一場戰役更醜陋，也更有爭議性。有份研究報告指出，毛利人（Maori）的MAOA濃度只有紐西蘭白人（Caucasian）的一半。這個消息馬上被報紙大登特登，例如下面這段報導：

> 對解釋毛利人的一些問題大有助益。顯然的，這表示他們比較具攻擊性、比較暴力、比較可能從事冒險的行為，例如賭博。

「毛利人的暴力是基因作祟」的標題，立刻引起很多人的憤怒，科學家、政客、新聞記者，幾乎每一個人都投入這場有敵意的激烈辯論中。

這項研究的學者反駁說，那是記者誤會了他的意思，他說：

> 新聞記者和政客無限上綱，負面的扭曲這個非醫學上的反社會議題，例如犯罪；這些人的說法既無科學證據也無須理會。

然而，他們卻也說低 MAOA 基因型態（這時已被稱作「戰士基因」〔Warrior gene〕）是基於猴子攻擊性的研究，是毛利人天擇正面的證據。他們假設毛利人一般被認為是勇敢無所懼的戰士，歷史上他們坐著獨木舟，從老家波里尼西亞（Polynesia）一路移民到紐西蘭來，也是與其他島上民族戰爭後的倖存者。從這個「戰士基因」假設出發，他們認為演化可能使毛利人的 MAOA 基因成為目前這個樣子，換句話說，這個基因很可能給予「令人畏懼的倖存者」（survival of the fearsome）一個好處，使得他們得以佔有紐西蘭目前人口的百分之十五。

有些人認為，這個說法傷害了毛利人；另外一些人則認為，這種看法有倫理道德上的問題，把大家的注意力轉離毛利人所處的較貧窮的社會和經濟情況。這個戰士基因假說的作者則認為，忽略毛利人基因上的差異才是既不合倫理又不科學，因為這個基因上的差異很可能對疾病的了解和治療有重大的意義。

無疑的，在解釋不同種族基因上的差別時，我們都必須非常、非常的小心，尤其是這基因可能導致犯罪和暴力的話。在此同時，演化的說帖也不是全然不可能，雖然低 MAOA 基因的基準線是白人百分之三十四，毛利人百分之五十六，但是中國人是百分之七十七（以上皆指男性），而中國的謀殺率是十萬人中才二・一人，比美國低——中國人可從來不是以無懼、好戰聞名的。後面我們會再回到這個暴力的生物基礎上來談倫理問題，現在且讓我們離開毛利人暴力和基因的爭辯，看看和種族差異無關又比較受肯定的科學證據上。

首先，得先想想我們所謂的攻擊型態可能會造成什麼差異。**MAOA 戰士基因對熱血、衝動、情緒化的攻擊型態可能有推波助瀾的作用，但不適合冷血、事先計畫好的攻擊型態。**布魯納所記錄到的那個荷蘭家族，展現出來的通常是衝動型的攻擊，大多是對憤怒、恐懼或挫折的反應。跟這個解釋一致的是洛杉磯所做的一個實驗，研究者發現，在加州大學洛杉磯校區中，MAOA 基因低的大學生不但有較強的攻擊性人格，同時對人際關係更敏感——感情比較容易受傷害。他們對不被社會接納也有比較激烈的大腦反應，表示他們的確比較容易被別人的輕蔑所激怒。

有戰士基因的人會對別人的批評超級敏感，導致衝動性的攻擊。澳洲有這種戰士基因的人不但有較高的反社會人格，處理情緒刺激的大腦反應也不正常。我絕對不是說，這是因為澳洲人都是早在十八、十九世紀就被英國運到澳洲去做苦工的十六萬罪犯的後裔；我認為，這表示低 MAOA 基因的確和犯罪極有關聯，總的來說更涉及文化。

「保險絲吉米」——爆炸性的大腦化學

到現在為止，我只說了一個基因——「戰士基因」，因為它在反社會和攻擊行為上都有很強的科學證據，但牽涉其中的還有別的基因，包括 5HTT 基因、DRD2 基因、DAT 基因和 DRD4 基因都與反社會行為和暴力有關係，這些基因做些什麼事呢？它們調節兩種重要的大腦神經傳導物質：血清素和多巴胺。

在進入討論之前，先從另一個角度來看暴力的生理機制。從大腦的基因結構到暴力的化學作用僅有一步之遙，我們前面提過的分子基因學研究——找出某個與某種犯罪行為有關的特定基因——就是想知道，哪個基因控制著哪一種神經傳導物質。神經傳導物質是大腦中對功能運作非常重要的化學物質，而我們的大腦中有一百多種神經傳導物質，幫助神經元傳導訊息，使能相互溝通。**改變這些神經傳導物質的濃度，就改變了大腦的認知、情緒和行為，所以，影響這些神經傳導物質功能的基因，就會改變一個人的攻擊性思想、感覺和行為。**

例如多巴胺。**多巴胺使我們產生驅力和動機，對謀取獎賞的行為有關鍵性的作用。**攻擊性行為可以是獎賞，動物的多巴胺感受體（receptor）就同時也登錄攻擊性的獎賞。在實驗室中，當動物的多巴胺增加時攻擊性也增加，減少多巴胺則可以降低攻擊性。你不妨把它想成車子的加速器（油門），它使我們往前移動，得到我們想要的東西。

血清素就是另一回事了。血清素轉運子基因（serotonin transporter gene）是心理學、精神醫學和神經科學中，被研究得最透徹的一個基因。這個基因有兩個版本——短的和長的對偶基因。大約有百分之十六的人有短的對偶基因版本，會使大腦對情緒刺激過度反應，在過度被激怒時會爆發。

血清素對偶基因的課題，始於一九七九年一個對美國軍方人員的研究。主持研究的古德文（Fred Goodwin）是美國國家心理衛生研究院院長，也是一位傑出的科學家。他先詢問軍方人員的參與者：你們在軍中打過多少次架，攻擊過多少人？然後就讓他們在實驗室中睡上一晚，不准進食。到了第二天早上，參與者以為餓了一晚，應該有早飯吃了，想不到出現的不是早餐而是實驗者來抽脊髓液。古德文想知道的，就是這些腦脊髓液中血清素的濃度。

他們的發現非常戲劇化，更在暴力的生物基礎研究領域裡創造了一個分水嶺——研究結果顯示，休息狀態的血清素濃度可以解釋百分之八十五的軍人攻擊行為。這個關聯性實在太高了，高到讓人不敢置信，果然，後來的研究便發現血清素和攻擊性並沒有像古德文宣稱的那麼高——大概只能解釋百分之十的攻擊性，但這樣的關聯性已經夠強了，而且在成人的後續研究中都一再被證實，尤其是針對衝動型暴力犯的研究。

為什麼低血清素會導致暴力？血清素是情緒的穩定者，在大腦中的功能是抑制，是衝動、不經大腦思考行為的生物剎車，會刺激——或潤滑——額葉皮質；我們會在下面一章看到，在調節控制攻擊性上額葉有多麼重要。**你大腦中的血清素越少，就越會衝動去做一些以後會後悔的事。**大腦造影的研究發現，如果給受測者服用一些會減少血清素的藥物，去除大腦中的色胺酸（tryptophan；譯註：色胺酸是人體不能合成的胺基酸，乃血清素的前身，必須從食物中獲得），使血清素無法形成時，這個人在受到不平等待遇或賭博被騙時就會報復，沒有血清素的人被惹惱時比較會大發脾氣。如果你有低血清素體質又碰上不舒服的不公平情境，你的情緒保險絲就隨時可能燒斷。

這可能可以解釋費力亞吉（James Filiaggi）為什麼會有「保險絲吉米」的外號。費力亞吉是義大利裔，家庭教育良好——跟我或朗布羅索沒什麼差別。事實上，他也跟我一樣曾經是個會計師，但是他的脾氣不好，常會暴怒，所以被稱作保險絲吉米。小時候他就咬掉過哥哥東尼（Tony）的手指，也傷過學校老師的手、攻擊過修女，所以，一點不讓人意外的，他被學校退學了。但是他同時是個非常聰明的孩子，後來還以優異成績畢業，並且進入金融界服務。有一天晚上，他與失合已久的妻子大吵了一架，受到驚嚇的太太拿起電話撥九一一報警，他便一槍打爆了她的頭。

費力亞吉的律師知道他有可能被判死刑，所以找了另一個義大利人，科卡洛（Emil Coccaro）——世界頂尖的血清素和攻擊行為的專家——來幫忙。科卡洛從費力亞吉身上抽取脊髓液，發現他的血清素濃度非常、非常的低。

這還不是全部的問題，科卡洛發現費力亞吉的多巴胺濃度非常之高，而多巴胺是提升追求獎賞的神經傳導物質，也跟毒品上癮有關。**費力亞吉身上有兩個世界的最壞特質——追求獎賞和沒有抑制機制兩者的綜合體，就好像他的腳為了追求獎賞而猛踩油門，卻沒有抑制車速的剎車。**導致費力亞吉殺了他並不想失去的妻子的，似乎就是這種化學雞尾酒。我們大部分人都有生化的剎車來控制我們的行為，費力亞吉沒有。

那麼，當費力亞吉面對死刑的時候，我們可以用神經傳導物質的不正常來說服陪審員，因為生物上的結構缺失是他所不能控制的，所以他才有暴力和攻擊的傾向嗎？不能，費力亞吉的下場是毒劑注射死刑。後面的章節中，我們會談到這種減刑應不應該或能不能發生，但是現在請想像一下：如果你是陪審員的話，你會怎麼看？

大腦的化學反應始終和暴力行為有很複雜的關係，就像費力亞吉的例子所示；但我們也別因此忘記，環境的影響也很重要。費力亞吉的低血清素只讓他傾向攻擊性，但一個巴掌拍不響，同時還要有激怒他的社會情境，才會使他在盛怒之下不顧一切。跟短的血清素對偶基因版相反的，則是長的對偶基因版，如同我以前的研究生格倫（Andrea Glenn）所說，它和冷血、有預謀的心理病態行為有關。

在了解神經化學與暴力的關係方面，我們還有很長的路要走，而且並不只是安撫血清素即可，還有個追求獎賞的多巴胺要費心思。最近有一些具挑釁性的新發現，比如說有一個研究看到多巴胺的轉運子 DAT1 基因與你有多少個性伴侶有關係，而我們一向以為 DAT1 只和暴力有關。上一章提到過，從演化的觀點來看，暴力在很多方面都是自我傷害，但也可能有讓自己的基因繁殖下去的好處；在神經傳導物質的層次上，有一個普遍的基因機制連結了重度性行為和激烈暴力（heated violence），在下個十年裡，我們一定會發現更多神經化學化合物與暴力的生理機制的關係。

應該謙虛以對，但也值得驕傲

在了解某個特定基因會產生暴力行為方面，科學的探索僅是剛剛抓搔了表皮而已，我們不知道的還多得多。我們有理由對目前的結論心懷謙遜，卻不妨為一路以來的披荊斬棘感到驕傲。二十年前，基因分子生物學還是個剛剛萌芽的研究領域，現在已是主流，提供了我們很多基因結構和功能上的新知。首開先例的主要功臣「人類基因組計畫」（Human Genome Project, HGP），是當代最重要的國際研究計畫之一，開始於一九九〇年，到二〇〇〇年時研究者已經得出人類基因組序列工作框架圖。我們這才知道，人類的基因數量比原來以為的少得多——大約二萬一千個，跟老鼠差不了多少。雖然人類基因體解碼了，只要上網就可以查得到，但是還是有很多東西我們還不知道，例如百分之九十八的DNA是沒有作用的垃圾DNA（junk DNA），可我們也只知道它沒有登錄蛋白質順序，還不知道這些垃圾DNA究竟是幹什麼用的。

這可不能掉以輕心。我前面給過你的一些基因和暴力的基本資料，未來還可能出現很多變化，然而，基本的訊息——基因對我們的行為有很大的影響力——卻不會有所不同。我們正站在解開從未為人所知的基因之謎的臨界點上，這些知識除了會對醫療帶來幫助，也會迫使我們沉思知識背後的倫理道德議題。**行為基因學是個暗影幢幢的黑盒子，因為它雖然告訴我們某個行為有多少是基因決定的，卻沒有告訴我們哪個基因與暴力傾向有關係。分子生物基因學的目標就是打開這個黑盒子，照亮暴力**

這個黑暗的東西。當研究者發現垃圾DNA扮演著轉譯蛋白質編碼序列的某種角色，而且還與調控基因的展現有關係時，我們就會打開更多關於基因和暴力關係的門，得到更多寶貴的知識。這裡的關鍵點，是找出環境的影響與何種基因會產生犯罪——這個新發展，最後會使以前從不相信犯罪與基因有關係的社會科學家興奮起來。

在這一章裡，我們走到了開始的終點（the end of beginning）。科學上，人類基因組計畫已經完成了建立「基因—行為」舞台的任務，所以我們現在要朝更精緻的問題前進：哪些基因塑造了犯罪和暴力；同時，這也是我們調查罪惡的種子這個基因與暴力關係初始旅程的終點。但在結束本章之前，讓我們快速回顧一下本章的起點。希爾在死囚牢裡簡潔地作了個總結，他說：

> 我想任何人都不可能懷疑他（蘭崔根）是在完成命運的安排……我認為在他剛成為胎兒的那一刹那，我當時是什麼德性，他後來就是那個德性。我最後一次看到他時，他還只是個躺在嬰兒床上的小嬰兒，而我在那張床墊下藏了一把點三八的手槍和嗎啡類麻醉藥配西汀（Demerol）。他就睡在武器和毒品上面。

把槍和毒品放在他小兒子枕頭下已預示了未來，有其父必有其子——不論是暴力、毒品或酒精。蘭崔根的誕生，似乎只是為了重演生父的罪惡人生。

第三章

謀殺之心

大腦出錯時有多暴力？

克雷夫特（Randy Kraft）是個有著謀殺之心的人，但是你跟他見面時卻絕對看不出來。他是個電腦顧問，智商有一二九，跟我差不多，在離我以前教書的南加大不遠的南加州長大，也和我一樣擁有勤奮努力、備受尊敬的父母，同樣是家中的老么，上面有三個姊姊。克雷夫特在中產階級家庭長大，住在觀念保守的社區，家庭生活平淡無奇，全都與我很像。因為他很聰明，所以就學時曾經跳級，我也是；高中念的是西敏高中（Westminster High School），大學讀的是以人文學科聞名的克雷曼男子學院（Claremont Men's College）經濟系，看起來前途無量。

你可以從他的個人網頁看到他的童年回憶。他的早年生活，幾乎可以說就是一九五〇和六〇年代那個「蘋果派與雪佛蘭汽車」（Apple Pie and Chevrolet）美好時代的翻版，他在網頁上以充滿感情的筆調談論的家庭生活，全都是快樂的回憶：跟父親去打保齡球，跟媽媽在廚房做草莓和奶昔，十三歲時第一次與女孩跳舞的經驗，他有多喜歡幫爸爸在後院焚燒落葉……。他描繪出來的，是一個色香味俱全、多彩多姿的快樂童年：

> 直到今天回想起來，我仍然可以聞到那濕草堆燃燒時獨特的味道，聽到火焰爆裂的劈啪聲，看到白色煙霧裊裊飄向藍天。我爸爸穿著舊式的汗衫和寬鬆的長褲，用叉子挑起草、堆到火上，我在一旁幫忙。

這也很可能是你或我的家庭生活寫照，只是你不會聞到血腥味，不會聽到受害者臨死的哀嚎，也不會看到他們被扯下內衣、拉掉內褲，或在兇暴地強姦他們時心中燃起的火焰。你不會看到你的受害者被你勒頸時發白的臉色，或是他們死後因為膀胱肌肉鬆弛而流出的一灘尿液。

所有你不會經歷的這一切，克雷夫特卻一犯再犯。這些場景和克雷夫特在個人網頁上的描述天差地遠，他也因自一九七一年九月到一九八三年五月謀殺了六十四個人，正在聖昆亭（San Quentin）監獄的死囚牢裡等著被處死。

長相非常討人喜歡的克雷夫特，會在晚上跟他的謀殺對象——男人或男孩——一起喝啤酒，帶他們出去兜風，然後在啤酒中下藥使他們無力反抗，再虐待、強暴、殺害他們，最後把他們的屍體扔出窗外，所以被稱為「高速公路殺手」（Freeway Killer）。他有時是勒死受害者，有時射殺他們，受害者全都是青少年或年輕男性。

假如不是一九八三年五月十四日發生了那一件事的話，克雷夫特現在可能還在殺人。那時是凌晨一點鐘，他喝了一、兩杯酒，正在享受他的人生，在州際五號公路——俗稱聖地牙哥高速公路——洛杉磯以南一點的豐田車上，雖然他的車速才剛過七十公里，沒有超速，但因為非法變換車道，被警察攔了下來，從此告別犯罪生涯。

一路跟隨著他的公路警車閃燈、用擴音器攔要他停車，克雷夫特立刻停到路邊，卻不像一般人那樣坐在車內等警察走過來，而是主動下車走向警察。走出車外時，手裡還拿著一罐麋鹿頭牌啤酒。

他坦承那天晚上他有喝一些啤酒，但並沒有喝醉；不過，警察還是做了酒測。這是他有生以來第一次沒有通過檢測，所以警察賞了他一張酒駕的罰單。

這也就意謂著，他的汽車必須被拖到停車場去，所以換成郝沃德（Michael Howard）警官走向克雷夫特的車子。直到此時，他才覺得事情有點不對勁——副駕駛座上躺著一個人。這方面，你得說美國警察很有人情味：如果車上還有清醒的乘客，那麼他會准許這個清醒的乘客開車，好讓車主第二天不必再付高額的拖吊費。所以他上前去看座位上這個人是否清醒，可不可以開車。

郝沃德警官以為副駕駛座上的那人睡著了，所以他先是客氣地輕敲窗戶，因為乘客沒有反應，他才打開門、想要搖醒乘客，但乘客還是沒有反應；他想或許他也醉了，便拎起乘客蓋在腿上的夾克，這才發現這個人的褲子被褪下，陰莖直挺，手腕有綑綁的痕跡。

救護車很快就來到現場，但還是不夠快。死者是甘比瑞（Terry Gambrel），一名二十五歲的美國海軍陸戰隊員，雖然喝了兩罐啤酒，吃了些鎮靜劑安定文（Ativan），但這不會致他於死，他的死因是克雷夫特的勒殺。

克雷夫特終於玩完了。這個說話輕聲細語，態度溫和，工作勤勉的電腦顧問不是別人，正是高速公路殺手，後來又被稱為「記分卡殺手」（Scorecard Killer），因為警方在他的後車廂中搜出一個記帳本，上面寫有諸如「英國」（England）、「天使」（Angel）、切腹（Hari Kari）等代號；這是他殺人的紀錄，就像我自己在做會計師的時候一樣，克雷夫特也喜歡井井有條地把每件事編號。代號後有時是「2 in 1 Hitch」，有時是「2 in 1 Beach」——可能是一次殺了兩個搭便車者或在海灘一次殺了兩個。大部分的代碼都猜得出來，例如 Euclid 指的是他在這個公路出口丟下了被害人休斯（Scott Hughes），EDM 指的是另一個受害者愛德華・丹尼爾・摩爾（Edward Daniel Moore）的姓名縮寫，「Jail Out」則是指剛從監獄中釋放出來就被克雷夫特殺掉的羅蘭・楊（Roland Young）。

克雷夫特在與他的被害人性交後，都會留下紀錄；根據他自己的紀錄，克雷夫特總共殺了六十四個人，但直到一九八三年五月十四日的那個晚上之前，二十一年間竟然都沒有被人發現。一名充滿了謀殺心智的罪犯，卻只因為一個小小的失誤導致了世紀大破案。接下來，我們要來檢視他的大腦和心智，藉以了解暴力的神經解剖學。

不像克雷夫特，大部分的謀殺犯都只殺過一個人，例如巴士坦曼提（Antonio Bustamante）。不同的殺人犯有不同的背景，巴士坦曼提生在墨西哥，十四歲來到美國，就像大多數的墨西哥裔美國人一樣，他也有很強的家庭聯結，雖然家裡很窮，卻是一個守法的好孩子、好公民。

不幸的是，他染上了毒癮，只好靠偷竊來滿足他的毒癮，一變而為衝動、愛爭吵、常打架的監獄常客，在後來的二十年裡，進進出出監獄。染上了海洛英，也表示他永遠處在缺錢的狀態中。

一九八六年九月，也就是克雷夫特被捕三年後，巴士坦曼提潛入一戶人家偷竊，沒有找到現金，只搜出一些旅行支票；但也正在此時，八十歲的屋主從超市買東西回來了。巴士坦曼提身高一八八公分，體重九十六公斤，可想而知可以從容地從八十歲老翁的眼皮下逃走，但是巴士坦曼提的大腦作了錯誤的決定，選擇迎戰而不是逃走。他不但徒手打死了老人家，根據檢察官的起訴書所述，公寓中還濺得到處都是血。

巴士坦曼提是名心思雜亂、沒有條理的殺手。他在犯罪現場留下一大堆血手印和指紋，甚至沒有換衣服，只清洗掉身上的血漬就去銀行兌換旅行支票。這些帶著血跡的旅行支票當然令銀行起疑，他也就穿著殺人時的那一身血衣被警察逮捕。

這是殺人犯兩種非常不同的典型：克雷夫特異常冷靜、精於計算，巴士坦曼提魯莽又笨拙。**在不同的成長背景、不同的種族、不同的犯罪手法與不同數目的受害人背後，假如窺視得到他們的心智，你覺得你會看到什麼？殺人犯的大腦掃描會像什麼？跟你我的相同嗎？若是不同，什麼地方不同？**克雷夫特的大腦，真的會跟巴士坦曼提很不一樣嗎？我們之中的任何人——應該從來都沒有殺過人——又是怎麼樣的圖像呢？

不久以前，這種問題就已經是很多電影的材料了。在電影《沉默的羔羊》（*Silence of the Lambs*）中，連續殺人犯漢尼拔（Hannibal Lecter）斥責美國聯邦調查局探員史特林（Clarice Starling），竟然試圖用紙筆問卷來分析他；他認為，那是個「笨拙無用的小玩意」（blunt little tool）。但是，今天的大腦造影技術已經給了我們檢視暴力生理結構相當鋒利的工具了，提供我們視覺的證據，讓我們看到這些殺人犯的大腦哪裡不對勁；不但提供了未來研究的基礎，還提出了什麼叫自由意志、罪與罰的衡量等等令人深思的重要問題。

但是在進入複雜的支流之前，且讓我們先來看一下犯罪心智的科學證據；如今的我們，已經可以研究他們的大腦功能來檢驗犯罪事實。

謀殺犯的大腦影像

在了解大腦上，我們走了很長遠的路。亞里斯多德以為大腦只是使血液涼下來的散熱器，笛卡兒認為它是使心智能夠和肉體溝通的天線，顱相學者高爾認為大腦凸起來的地方代表著這個人的人格；現在，我們知道這三磅重的灰質是我們所有行為──看、聽、摸、動、說、嚐、感覺、思考，當然還有閱讀──背後的原因。**如果所有的動作和行為都來自大腦，為什麼暴力行為不是？為什麼殺人行為不是？**

在一九九四年以前，不只我從來沒有做過殺人犯的大腦影像研究，其他人也都沒有。由於徵召受刑人來做實驗手續很繁複，所以沒人研究罪犯的腦也就一點都不奇怪了。

不過，我之所以會在一九八七年從英國移民到美國加州，除了加州天氣好之外，另一個原因就是有很多殺人犯可以供我做研究。我的研究夥伴布契邦（Monte Buchsbaum）在加州大學爾灣校區（UC Irvine）任教，離我所在的南加大不遠，他負責找受試者，我負責掃描大腦。受刑人的來源是透過被告律師的轉介，因為加州有死刑，除非能找到減輕罪行的理由──比如大腦功能失調，他們的當事人可能會被處死。經由此一管道，我們逐漸累積了像樣的研究樣本。

四十一名受試者全都帶著腳鐐手銬，外加戒護地進入掃描室，聲勢浩大，令人望而生畏，但事實上他們十分合作，我們只是一時忘記，他們的生活其實有百分之九十九都跟你我沒有兩樣；這就是為什麼，殺人犯總是看起來和你的鄰居沒啥差別。某個剎那的悲劇發生後，殺人犯和我們才走上不同的道路；接下來你會看到，他們的大腦扮演了區隔你我他的角色。

我們採用了正子斷層掃描（positron-emission tomography, PET）這項科技，來看他們大腦不同區域的新陳代謝，包括前額葉皮質區——大腦最前面的部分，在你的眼睛上面，額頭後面。我們用連續表現作業（continuous performance task）來活化或「挑戰」前額葉皮質：受試者每一次看到「o」出現在電腦螢幕時就要按鍵。不瞞你說，這樣持續三十二分鐘真是非常無聊，但這個作業需要持久的注意力，而前額葉皮質在維持警覺性上扮演著重要的角色——就是大腦的這個地方有活化，你才能看這本書到現在。正子斷層掃描儀可以測知受測者在做這個作業時大腦葡萄糖的代謝，代謝程度越高，表示這個大腦部位越有在做這個認知作業。除了謀殺犯外，我們也掃描了四十一名以性別、年齡配對的控制組。

請看圖3.1，正常的控制組大腦圖在左邊，謀殺犯的在右邊。掃描的方式是好像你從上方鳥瞰這個人的大腦，所以前額葉在上邊，枕葉皮質（occipital cortex）在這個大腦的後端，視覺所在地在下端。暖色系——紅色和黃色——代表新陳代謝較高，藍、綠等冷色系則代表大腦功能較低。

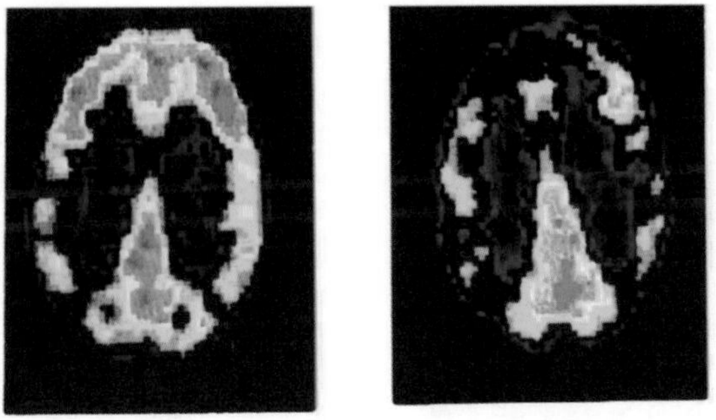

圖 3.1　俯視（bird's eye view）正子斷層掃描顯示，謀殺犯與控制組相比較時，右前額葉皮質活化情況偏低。紅色和黃色表示比較高的大腦功能。

你應該看到了，左邊的控制組前額葉有大量的活化，枕葉也有。至於右邊的謀殺犯圖，枕葉也和左邊的正常人一樣有大量活化，因為他們的視覺沒有問題，跟正常人一樣，但是他們的前額葉皮質就沒有什麼活化。整個來說，這四十一名謀殺犯前額葉皮質的葡萄糖代謝比控制組低了很多。

為什麼前額葉皮質的不良反應會讓人有暴力傾向呢？我們如何在壞腦和壞行為中間架起一座橋梁？前額葉受損，又會有什麼後果呢？這些問題將從不同的觀念層次來回答。

1. **情緒層次**：前額葉皮質是最後演化出來的大腦部件，讓我們得以控制情緒。前額葉皮質的低功能，會失去對演化上比較原始的大腦部件——如產生比較原始、粗糙的情緒（例如憤怒）的邊緣系統（limbic system）——的控制。

2. **行為層次**：我們從大腦病變的病人研究得知，前額葉皮質受損會有尋求冒險、不負責任、破壞規則等行為出現，而這些行為和暴力行為只有一步之遙。

3. **人格層次**：前額葉受損會導致很大的人格改變，包括衝動、失去自我控制、無法調控行為，不當行為出現時也無法抑制。你可以在暴力犯身上看到這些人格特質。

4. **社交層次**：前額葉受損的人行為幼稚、不成熟、不含蓄、粗魯、無禮，對社會情境的判斷不準確。從這裡我們可以想像得到，缺乏社交技術的人當然會在社交場合舉止不恰當，在與人交際時得罪人，所以交不到朋友。

5. **認知層次**：前額葉受損會失去認知彈性，以致無法解決問題。這種認知的無彈性，會導致在學校學習失敗、失業，在經濟上處於劣勢地位；這些求學、求職的不順利，容易驅使一個人走向犯罪和暴力的人生道路。

所以**它不只是一層的分析，而是五層——五個讓我們預期前額葉功能不良者會出現暴力行為的理由**。因此，前額葉功能是反社會和暴力行為的最佳預測者這個正相關一再被證實，也就不足為奇了。

這是事實還是假象？前額葉功能究竟是真的和謀殺有關係，還是研究方法製造出的統計假象？我們認為是真的。這個大腦中的群體差異，無法用年齡、性別、左右手利、頭傷病歷、服藥或在掃描前服用禁藥等群體差異來解釋。此外，謀殺犯可以做完這個測試表示他們的前額葉與控制組一樣健全；謀殺犯枕葉的活化甚至好過控制組，因為謀殺犯很可能需要視覺皮質來補償前額葉皮質功能的不足。謀殺犯前額葉功能不足是事實，不是假象。

從守法公民突然變成暴力慣犯？

我們的大腦影像實驗是第一個顯示大樣本群謀殺犯腦功能和一般人不同的實驗。不過我們一定要很小心，因為暴力非常複雜，前額葉皮質的失功能並不適用所有的謀殺犯。

要想清楚解釋這一點，就得回到克雷夫特和巴士坦曼提的例子，深入探索他們的謀殺之心。你應該還記得，巴士坦曼提是個衝動型的罪犯，一路向下墮落到谷底，殺了一名沒有自衛能力的老人。檢察官認為他很邪惡，受到貪婪的鼓舞用了不需要的暴力，因而求處死刑。

在這樁殺人案之前，巴士坦曼提曾被警察逮捕過二十多次，犯過的罪包括偷竊、闖空門、吸毒、武裝搶劫，以及非法逃避起訴。他的背景、犯罪型態一如許多慣犯，堪稱典型的流氓。

但也有很令人好奇的地方。仔細看過他的犯罪紀錄後，我這才發現，直到二十二歲前他都還是個守法的好公民；這一點跟其他重複的暴力犯很不相同，他們的反社會行為很早就出現，通常在童年，至少到青春期就一定出現了，但青春期的巴士坦曼提卻是個好少年。怎麼回事呢？

他的辯護律師發現，巴士坦曼提二十歲時前腦曾被鐵撬所傷，從那以後，巴士坦曼提的人格大大改變，從一名有禮貌的年輕人變成無所畏懼、衝動、情緒不穩定、離經叛道的大壞蛋。律師認為這個頭傷的事件很重要，促使巴士坦曼提接受大腦的掃描主其事者，就是布契邦這位世界著名的思覺失調症（schizophrenia，過去譯為精神分裂症）專家和大腦造影的研究者。後來他在法庭上作證，巴士坦

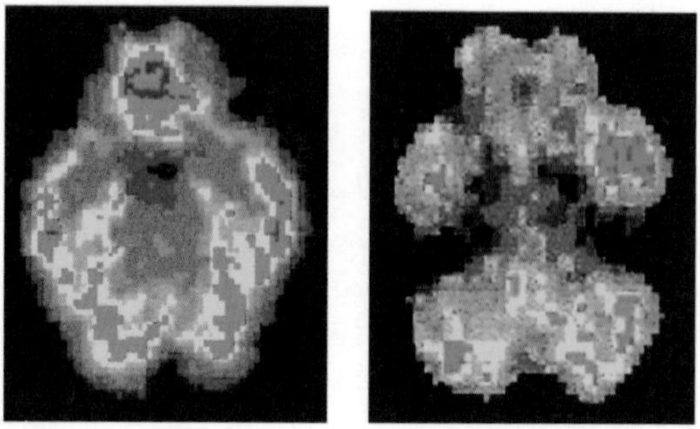

圖 3.2　俯視正子斷層掃描顯示，與正常控制組相比，衝動型殺人犯巴士坦曼提眼眶皮質的活化量偏低。

曼提的前額葉皮質確實因傷而功能失調。

巴士坦曼提是受測的四十一名謀殺犯之中一，他的大腦在說故事。假如你是陪審員，你會怎麼想？你願不願意接受神經學上的證據，相信二十歲時的腦傷讓巴士坦曼提變成了一頭野獸或怪物，不能控制他的情緒和行為，使他做出錯誤的判斷？

仔細看圖3.2，你就會看到證據。相較於控制組的紅色，巴士坦曼提的眼眶皮質區是綠色的，顯示他的大腦不正常，至少陪審員們相信了，沒讓巴士坦曼提被判死刑。

不過大腦影像並不代表因果關係，只是相關，還可能有許多其他的解釋。最少我們就不知道，巴士坦曼提的大腦在謀殺案發生前一天是什麼樣子，也永遠不知道，他的眼眶皮質失功能是否導致他從一名天主教的聖壇男孩變成兇手。

連續謀殺犯的大腦

克雷夫特的罪行跟巴士坦曼提完全不同，那麼，克雷夫特

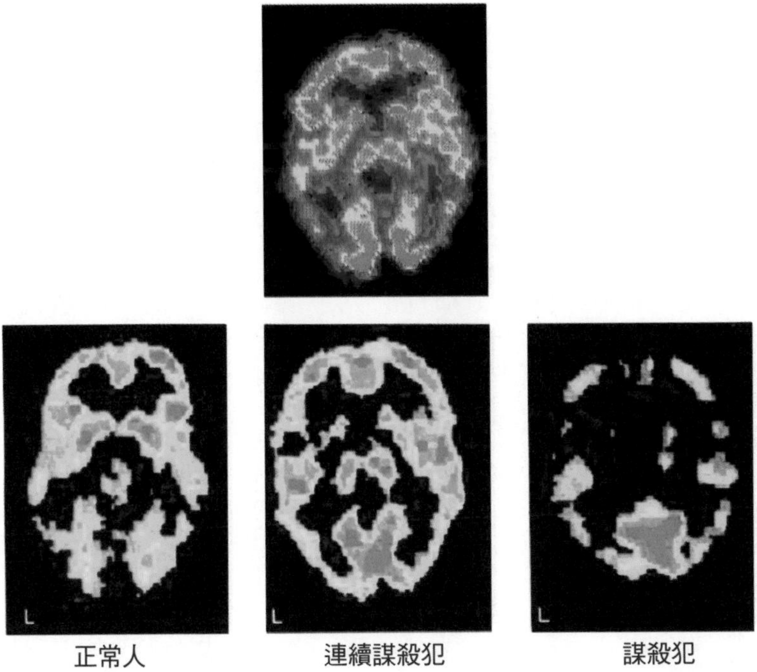

圖 3.3　俯視正子斷層掃描顯示正常控制組（左下）、連續殺人犯克雷夫特（中間）和單次衝動型殺人犯（右下）大腦功能的情況，最上面那張圖是作者的大腦。

也會有前額葉失功能的問題嗎？請仔細看圖3.3，左邊是我們的控制組，右邊是單一殺人犯，中間就是克雷夫特的大腦；請先比較中間的和右邊的（即連續殺人犯和單一衝動型殺人犯），你應該能很清楚地看到，克雷夫特的前額葉皮質不但沒有功能失調，還像聖誕樹一樣亮。

對我來說，克雷夫特正好是個證明這個規則的例外——要在二十年間殺六十四個人而不被發現，前額葉皮質的功能就得很完善。他有超高明的計畫能力，能調控自己的行為，考慮其他的可行方案，維持注意力在既定的目標上；他的大腦掃描圖也說明了，為什麼比起其他謀殺犯他是個例外。也就是說，**克雷夫特證明了前額葉功能缺失就會導致計畫能力缺失的這個規則，也證明了調節控制情緒會使這個人不但能殺人，還能事先提防不被逮到。**

讓我們更深入一點來看克雷夫特的心智，探索一下，為什麼他能殺這麼多人而不被逮到，其他人卻犯了案就很快被捕。首先，他就和巴士坦曼提正好相反，巴士坦曼提成為殺人犯之前已有二十八次前科，而克雷夫特則幾乎沒有任何不良紀錄。光是這一點，就值得我們深入去探討了。且讓我詳細說明。

故事開始在一九六六年，這一年的夏天屬於史培克——他一口氣殺了芝加哥的八名護士；但我之所以難忘這一年，也因為那是足球史上第一次英格蘭贏得世界盃冠軍。當時我十二歲，克雷夫特二十一歲；他也不會忘記那個夏天，因為那是他第一次被警察逮捕。

克雷夫特在南加州的杭丁頓海灘（Huntington beach）散步時搭訕了一名男孩，不巧的是，那個男孩是個便衣警察，所以他被控「猥褻行為」（lewd conduct）。但就像許多初犯者一樣，警察只告誡他「不許再犯」就放他回家了。

我猜這件事對克雷夫特來說有雙重意義：第一，小心，警察無所不在；第二，舉止合宜，你就可以瞞過警察。這個發生在他第一次殺人前五年的事件，使克雷夫特變聰明、不留線索，表示他功能完善的前額葉可以登錄、學習，永不犯第二次錯。不好的額葉功能會導致不好的社會判斷，失去自我控制和不能調控恰當的行為。他良好的額葉幫助他從錯誤中學習，調整不小心的行為，一朝被蛇咬，十年怕草繩。

但克雷夫特還是有性需求，怎麼辦呢？從成年男性轉向青少年是個可行的因應策略。除了更容易得手，專找青少年也不容易再上便衣警察的當。

接下來的四年裡，到底有多少青少年遭到毒手我們不得而知，只知道他的被害人中，唯一活著說出故事的是芬契（Joey Fancher）。一九七〇年三月時的芬契，還只是個十三歲的男孩，逃學在杭丁頓海灘騎腳踏車。克雷夫特看上了芬契，給他香菸，問他有沒有跟女人的性經驗，芬契說沒有，那他想試一下嗎？當然。芬契就這麼坐上克雷夫特的摩托車，去了他的公寓。

一進公寓克雷夫特就拿出一些大麻給芬契抽，這孩子不曾抽過大麻，吸了以後覺得昏昏沉沉的，於是克雷夫特就給芬契四顆紅色膠囊，叫他和著西班牙紅酒（Spanish Sangria；譯註：把新鮮水果如橘子、鳳梨、蘋果、梨等切片泡在酒中的一種宴會時的水果酒）吞下去；現在，這孩子完全在克雷夫特的擺佈之下了。他先強迫芬契口交，芬契很想抗拒，但正如多年後芬契告訴陪審員的話：「我像個破布娃娃，一點反抗力也沒有。」

口交後，克雷夫特又把芬契帶進臥室雞姦他、打他、再雞姦他，在藥物的作用下，芬契時而昏迷時而醒來。多年後，他還記得肛門痛，因生理和心理的虐待而哭泣，嘔吐不止，把酒和藥物都吐了出來。最後，克雷夫特終於去了浴室，出來後面無表情的告訴芬契他去上班了——好像啥事也沒發生，然後就極其冷靜地走出了公寓。

克雷夫特走後，芬契跌跌撞撞出了公寓，過馬路時還差一點被車子撞到。他到一家酒吧求救，一位客人替他打電話報警，很快地，芬契就被帶到醫院去洗胃。兩名警察跟著芬契和他的家人到了克雷夫特的公寓，找到七十六張黃色照片，多半是男性在各樣性高潮的階段所拍的猥褻相片。

你一定以為這下子克雷夫特跑不掉了，事實卻非如此。就像很多其他被性侵害的孩子，芬契羞愧到無法把發生在他身上的凌辱告訴父母和警察。也因為警察沒拿到搜索票就進入克雷夫特的公寓，當然更不可能起訴克雷夫特。事後來看，如果當年起訴了克雷夫特，把他關起來，後面的六十四條人命就不會枉死了。

芬契一回家就被祖父痛打一頓，用的還是釘板，使得他整整兩週都無法坐下。這個身體的痛加上肛門撕裂流血的痛，使芬契永遠不敢告訴人家他被強姦過。

至於克雷夫特，我想，除了慶幸自己逃過一劫，前額葉也馬上告訴他必須更小心，所以之後再也沒有留下活口。前額葉皮質的特殊功能就是從經驗中學到教訓，依過去經驗做出更精細的決策，讓自己不再犯下同樣的錯。死人不會說話，從此以後，他不再留下任何目擊證人，而且據我們所知，隔年他就犯下了第一件殺人案。

回頭細看圖3.3的克雷夫特大腦，再與正常人比較，你會看到中間的視丘（thalamus）非常活化，就和他枕葉、顳葉的活化一樣高。但在控制組和單一謀殺犯的圖上，你就看不到這樣的活化。

不過，我們的確有看到別人的大腦活化得跟克雷夫特一樣。請看圖3.3上面那張大腦圖，並和下面三張相比較，你大概會覺得，它和中間克雷夫特那張還比較相似。請注意，上面那張圖的前額葉非常活化，兩側的視丘、枕葉和顳葉也都有活化。

重點在於，上面那張是我的大腦掃描圖。你應該還記得，前面我提到過克雷夫特和我成長背景的相似性；我們兩人都有扁平足，都很喜歡打網球，克雷夫特念高中時更是網球排名前四的種子球員，我打得沒那麼好，卻也曾經是牛津大學網球隊的隊長。

克雷夫特有個姊姊是小學老師，我也是——成長過程也都深受姊姊的影響。念大學時，我其實很想做小學老師，也接受過學士後的教書訓練；我特別想教八歲的孩子，因為在大學時，我曾利用假期參加慈善基金會，帶過八歲的孩子們。克雷夫特也想成為小學老師，花了一學期當教師助手，帶過三年級的八、九歲小朋友。我們兩人都沒有跟著計畫走，也都在南加州被警察抓到酒醉駕駛，雖然情況很不一樣（譯註：克雷夫特就是因為酒駕才被發現犯了滔天大罪），我們兩人都有相似的大腦功能。

我是連續殺人犯嗎？當然不是。我只在二〇〇〇年時因為從上海偷帶月餅進澳洲，在墨爾本被抓到而罰了一百七十五美元（譯註：作者的太太是中國人，所以會偷帶月餅）。那麼，我是否有成為連續謀殺犯的大腦傾向呢？可能有。這個相似的大腦圖是否就表示了大腦圖**不能**做為診斷之用？我希望如此。

毫無疑問，**「正常」如我——或者也如你——都可能有「不正常」的大腦掃描圖像；反過來說，**

也很可能有「不正常」的暴徒卻有著正常的大腦功能。我們不能光拿大腦影像圖這種高科技工具，就說誰正常，誰殺過一次人，誰又是連續殺人犯。事情沒有那麼簡單，不過，我們的確可以從中得到重要的線索，藉以得知大腦什麼地方失功能時可能會引發暴力。

所以我們要好好研究這三個人，克雷夫特、巴士坦曼提和我，我們三個明顯不同，卻不知為何有著相似背景和大腦。我們看出前額葉皮質是關鍵，因為謀殺犯的這個地方都有失功能的現象，但克雷夫特的例外現象卻提醒我們必須暫停下來想一想。雖然這樣的案例只有一個，研究上沒有什麼分量，但是我們下面會看到，這個案例得出很多等著被驗證的假設。

反應式和主動式攻擊

分析克雷夫特的大腦，令我們反思暴力研究對反應式（reactive）和主動式（proactive）攻擊的重要區別。這個差別是由杜克大學的道奇（Ken Dodge）和聖地牙哥的美洛（Reid Meloy）提出來的，基本的觀念是**有些掠奪成性的人——即主動式攻擊犯——會用暴力去取得他所要的東西**。

克雷夫特就是這樣的攻擊者，他詳細計畫每一步行動，迷昏他的受害者，性侵，然後冷漠地殺人滅口。就像電腦專家，他的方法有邏輯性，精算過，是個善於找出、解決問題的專家。主動式攻擊型的孩子會霸凌別人，以取得金錢、電玩遊戲和糖果，霸凌是到達目的的手段。主動型暴力者會事先計畫，調控情緒、做案方式，不達目的絕不罷休，也會為達目的而不擇手段；他們同時也是冷血殺手，下手時從不遲疑。很多連續殺人犯都符合這個模式——如英國的施卜曼（Harold Shipman），估計他殺了二百八十四個人，大多數是年老的婦女；炸彈客卡辛斯基（Ted Kaczynski，譯註：麻省理工學院的數學天才，曾是加州大學柏克萊校區的教授）；北英格蘭的沙特克利夫（Peter Sutcliffe），前後殺了十三個女人；以及邦笛（Ted Bundy），他殺了三十五名年輕的婦女，大部分是女大學生。

把這個銅板翻過來看，和克雷夫特正好相反的就是「反應式」攻擊者。他們是衝動型的人，氣起來什麼都不顧，如果有人侮辱他、用三字經罵他，他就會捲起袖子上前動手；這種人也會慷慨借錢給別人而不要求寫借據，當然了，這些錢都是肉包子打狗，有去無回。

以東倫敦這對同卵雙胞胎隆・克雷和瑞吉・克雷（Ron & Reggie Kray）為例，他們成長的時期和克雷夫特一樣，都是一九六〇年代。瑞吉殺害綽號「帽子」（the Hat）的麥克維第（Jack McVitie），就是一個反應式攻擊的例子。

麥克維第做了什麼？他說了有思覺失調症的瑞吉的弟弟隆的壞話。沒錯，隆喜歡吃東西，是的，他樂於探索同類的性愛，但是除了可以用比較不刺耳的方式來表達這些事實而不必說隆是「死同性戀肥仔」，傑克同時也還欠這對雙胞胎一百英鎊，所以新仇舊恨加加起來，一天夜晚，瑞吉走出中國餐館時正好碰到麥克維第，麥克維第竟然還向他嗆聲：「就算賠上一條命，老子也要他媽的殺了你。」這種話就更刺耳了。

瑞吉決定先下手為強，夜深時分，在壓抑已久的怨氣之下連捅了麥克維第九刀，把他殺了。原本的打算是槍殺，但是他的點三二手槍兩度卡彈，只好換成用刀。反應式攻擊非常情緒化，不可理喻，所以在這種情境之下，雖然他們都是謀殺犯，但是克雷夫特和克雷就像蘋果和橘子，雖然都是水果，卻是很不一樣的水果。

既然目前已有反應式和主動式的分類法，我決定把這四十一名殺人犯分成主動式、掠奪型殺人犯和反應式、情緒型殺人犯這兩種。掃描之前，我們已經蒐集了所有找得到的資料——律師的紀錄，調查庭的文字檔，法院開庭時的敘事檔，全國性和地方報紙的報導，心理學家、精神科醫生和社工人員的面談報告；當然了，還有警察局的報案紀錄（rap sheet，警察移送罪犯到檢察署時所附的相片、身高、體重、犯案案由等紀錄）。甚至面談了檢察官和被告律師，以獲得更多的資訊。

最後，我們界定出二十四名謀殺犯為反應式殺人，十五名為主動式殺人。有些案子因為同時包含上述兩種情況，無法分類，例如同樣是報仇殺人，有些人雖然是因為被侮辱而非常憤怒，但會仔細設計報仇計畫以討回公道，起因是反應式沒錯，但這種是先計畫再復仇，並且完全按照計畫執行來得到復仇的滿足；這種滿足是心理上的報酬、獎賞，和恐怖份子為社會政治、理想主義所仔細計畫的攻擊沒有兩樣。

圖3.4就是反應式和主動式兩種罪犯大腦掃描的對照。可以看到在前額葉腹側（ventral prefrontal，ventral 即下面的意思），**衝動型、反應式的罪犯前額葉腹側區域的活化很小，冷血、掠奪型的主動式**

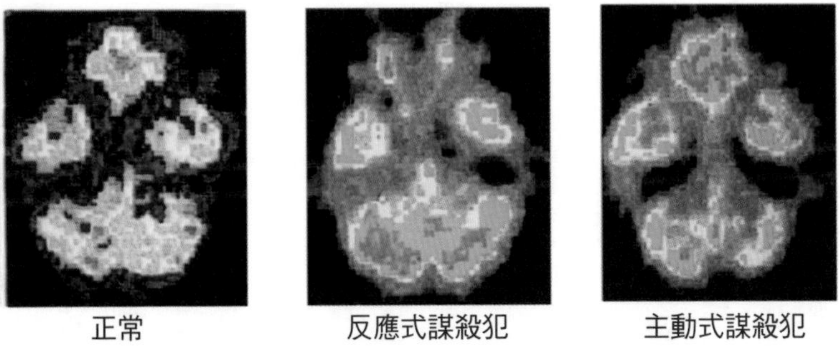

圖 3.4　俯視圖顯示，反應式謀殺犯（中）、主動式謀殺犯（右）和正常控制組（左）在正子斷層掃描圖中，前額葉皮質活化程度的差異。紅色和黃色代表高的大腦功能。

殺人犯的前額葉活化的程度就跟正常人一樣。就像克雷夫特，這種人很能執行冷血、盤算過的殺害計畫。相反地，熱血衝動性的殺人犯調控行為的前額葉皮質就沒有這麼「熱」。

由此我們可以看出——即使只是圖像層次——謀殺犯大腦細微的差異。是的，暴力有大腦皮質的基礎；我們也敢說，前額葉皮質就是罪魁禍首；但是，就算只看這相對來說極少數的殺人犯，他們的大腦還是有差別的。我們所檢測的掠奪式、主動型殺人犯都像克雷夫特，有調控行為的能力；犯罪者的大腦解剖圖可以透過色彩編碼來觀察，依反應型和主動型的分類，他們大腦活化的顏色在攻擊性的頻譜上也各自不同。

前額葉控制抵不過邊緣系統的活化

等一下，假如這些掠奪型的冷血殺手的前額葉功能相當正常，那麼，他們又為什麼會變成殺手？

讓我們再深入一點地探討殺人犯的心智。大腦深處，文明化的前額葉皮質下面是邊緣系統，這是情緒和一些比較原始的神經部件所在地，在這裡，杏仁核（amygdala）活化起來時，就會激發掠奪性和情緒性的攻擊；負責控制和調節攻擊反應的海馬迴（hippocampus）受到刺激時，也會做出掠奪性的攻擊；視丘是個中途站，是情緒的邊緣系統與控制的皮質區的橋梁。當中腦（midbrain）被刺激時，就會做出完全情緒性的攻擊。

把這些地方的活化綜合起來看反應式、主動式及控制組的大腦時，我們發現，兩組殺人犯皮質下的反應都大於控制組，尤其是比較情緒的右半球。在看起來就像是鄰家男孩的表象底下，許多冷血殺手皮質下深處正沸騰著呢，只是表面上看不出來而已。

我們可以把邊緣系統這個跟情緒有關的地方看成攻擊和暴怒的主要來源。就這一點而言，兩組殺人犯是一樣的，差異只在冷血的殺手有足夠資源去調配他的前額葉，仔細思考、周詳計畫後才發動攻擊；他們雖然也會像一般人那樣感到憤怒，但不會生氣，只會報復。相反的，脾氣暴躁、血氣方剛的人生起氣來時，就沒有足夠的前額葉資源來控制和調整怒氣的表達，一旦被激怒，他就會生氣、暴怒了，在你還沒反應過來之前，就已經遭到毒手了。

好幾個主動殺人犯都有這種看似矛盾的現象：他們很能控制前額葉，冷靜不被激怒，但是邊緣系統情緒的活化卻增強了。以邦迪為例，他很可能殺了一百名以上的女性，大多數是大學女生，動手前都經過詳細的計畫：手臂吊著繃帶三角巾，好讓自己看起來很脆弱，不會傷人，很禮貌的請一名年輕的女性幫他把東西搬到車上，再利用他英俊的外表、迷人的詞藻、溫文爾雅的風度，把她騙到一個安全的地方（如他的公寓），到那裡後才顯現魔鬼般的憤怒，咬她、凌虐她，最後殺掉她。雖然每次作案前都能冷靜地詳細計畫，可就像潛行的獅子，一旦掌握了獵物就會釋放出所有的憤怒，痛下殺手，掌管情緒的邊緣系統就像炸開的壓力鍋，變成不可控制的殺戮狂。

我和布契邦一起做的實驗所得到的初步成果，就像所有的實驗一樣必須重複檢驗以確定結果的可靠性，所以我又以十一名衝動型的謀殺犯為對象再做一次；在同樣的實驗作業下，果然又看到了前額葉活化的減低。但是，因為這種實驗難度很高，所以並沒有任何其他的研究團體複製我們的實驗結果（譯註：這是事實，我們想在臺灣做連續性侵犯前額葉抑制功能的研究，花了三年功夫，換了三任法務部長——從王清峰、曾勇夫到羅雪瑩——都沒有辦法得到基層人員的協助，讓我們進監獄做實驗，上令不能下達，讓我們徒呼負負，只能眼見不該被假釋出來的人，繼續性侵女學生）。對很多學者來說，從大腦到謀殺這座橋太巨大了，他們覺得不可能跨越。

我把主動式殺人犯的研究當成連續殺人犯的典型，因為我們對這種人的了解太少了。**假如能夠掃描特定群組連續殺人犯的大腦，我可能會得到與主動式暴力殺人犯相似的大腦剖面圖，證明他們的前額葉功能良好，使他們可以仔細計畫殺人行為，邊緣系統卻像一鍋滾燙冒泡的岩漿，使他們做出殘忍的殺戮行為。**但是，就算是在這一群連續殺人犯中，還是不可避免的存在行為發生原因的灰色地帶。也就是說，一種病態行為的發生有很多原因，大腦方面是一個可能性，但不能因此而遽下因果關係的結論。

謀殺犯心智的功能性神經解剖圖

前面我們已經看到，前額葉皮質在調節和控制情緒和行為上處於關鍵地位；我們也看到，過多的皮質下活動可以對已經高昂的情緒產生火上加油的作用，導致暴力犯行為的出現。既然我們已經看到最重要的原因，似乎可以就此停止我們對謀殺犯心智的追尋了，但是，我在前面也說過，科學研究最怕的就是過度簡化真相（譯註：化約法是科學研究最基本的一個做法，把一個複雜的現象切割成基本的元素，從小到大，最後綜合起來看，所以生物的研究有從細胞的層次做起，從細胞到系統，最後到行為）。所有這方面的研究，最後都必須回到謀殺、心理病態和犯罪行為的複雜性上，而任何想從功能性神經解剖圖取得對這些行為的了解和解釋的企圖，都絕對是個大工程，複雜性無法避免。下面，我會給你看一個目前在我們研究謀殺犯心智中所發現的、令人興奮的大腦新證據。

我們從眾目所矚的前腦，移駕到比較少人注意的後面一點的地方，以角迴（angular gyrus）——德國解剖學家布羅德曼（Korbinian Brodmann）在一九〇九年所製定的大腦地圖的第三十九區——為起點。角迴位在頂葉下端，上顳葉皮質（superior temporal cortex）上端，視覺皮質的前面，可以說處於大腦的重要戰略位置上，因為它在三個重要腦葉（頂葉、顳葉和枕葉）的交會處，整合視覺、聽覺、體感與前庭半規管送過來的訊息，使我們能做出複雜的行為。角迴位在大腦的表層（即非皮質下），你可以用手指找到你耳朵的上端，再往上移五公分，在那一點後面三・八公分的地方，就是你的角迴所在地了。

我們掃描這些殺人犯的角迴後發現，他們葡萄糖的代謝遠低於控制組的角迴；瑞典的研究者，也在衝動型暴力犯的角迴處發現大腦血流量減低。其他研究者也有人認為，暴力犯的角迴是失功能的。

為什麼角迴的失功能會引起暴力和犯罪？角迴是大腦最晚發展出來的地方之一，所以它掌管的是複雜的和精細的事務也就不奇怪了。角迴不像視覺皮質那樣一生下來就開始運作，因為它掌管的是閱讀和算術，這要到童年的後期才發展出來，所以左邊角迴的新陳代謝過低和語言能力不足有關係，這個地方的受傷更會帶來閱讀和算術上的困難，因為這兩項都得整合不同領域的資訊。角迴也對寫字能力小有影響，例如拼字時會漏失或重複字母，或字母的間距拉得很大，沒有標點符號，句子開頭忘記大寫等等。

角迴的功能不健全，孩子的讀、算、寫都會受到影響，而這三個R（reading, writing and arithmetic）正是學業表現的基本能力。這跟暴力犯有什麼關係？這會讓他們功課不好，而假如你在學校功課不好，你就找不到好工作，賺不到你想要的那麼多錢，就比較可能以暴力取得想要的東西。根源在大腦裡，但是通往暴力的路卻來自學業和就業的失敗——這是一個社會／教育的歷程。

海馬迴和它周邊區域——副海馬迴（parahippocampal gyrus）——**是另一個犯罪者和我們不一樣的地方**。海馬迴在杏仁核的後面，形狀就像海馬，所以被稱為海馬迴；前面已約略提過，海馬迴與謀殺犯有些關係，其他的研究者也發現，罪犯的這個地方大多有失功能的現象。倫敦一個針對反社會、有偏差行為男孩的研究便發現，處理注意力作業時，他們的海馬迴血流量很低；瑞典的神經科學家索德史壯（Henrik Soderstrom）也發現，在心理病態問卷上得分低的暴力犯，海馬迴的功能也很弱；美國的基爾（Ken Kiehl）則認為，副海馬迴與反社會行為和心理病態行為有關。此外，由慕勒（Jürgen Müller）領導的德國研究團隊，在成年精神病患身上看到副海馬迴的功能較低；加州的阿曼（Daniel Amen），也在衝動型的謀殺犯身上看到同樣的情形。

所以我們必須追問，為什麼海馬迴的失功能會使人比較容易成為罪犯。海馬迴是邊緣系統這個情緒中心的一份子，因此精神病患和反社會行為者都有不正常的情緒反應。海馬迴同時也是處理社會行為相關資訊的神經迴路系統中的一份子，和辨識及評估物體有關；這個系統的失功能，也和在社交場合做出不合宜的行為有關，而一些暴力犯就常顯現這種現象：在社交場合誤判情勢、誤認一些模稜兩可的刺激而導致暴力反應。

海馬迴與記憶和學習有關鍵上的重要性，是阿茲海默症患者第一個損壞的地方。我曾經和我的老同事李柏夫婦（Rolf and Magda Loeber）在匹茲堡研究小學男生記憶語文資料和非語文、視覺和空間資訊上的差別，結果呢?從六歲起到十六歲為止都有反社會行為的男生，就在需要動用海馬迴的記憶作業上表現得比控制組差（這個反社會行為是由父母和老師來評分的）。

我們同時也已知道，海馬迴在恐懼制約（fear conditioning）上扮演著重要角色，後面你會看到，反社會和心理病態者在這方面的學習有缺陷。心理病態者和暴力犯一樣無所恐懼，值得一提的是，義大利和芬蘭的研究者都在這些人的海馬迴上發現結構上的缺陷；這個缺陷，可能導致他們在恐懼制約和情緒反應上的不正常。

但是，**除了記憶和學業能力之外，海馬迴更在調控情緒行為的邊緣系統神經迴路上扮演關鍵性的角色，不管是對動物或人類的實驗，都得到了它與攻擊性、反社會行為有關的結論。**對動物來說，海馬迴透過它與大腦中間深層結構——如兩側的下視丘（lateral hypothalamus）和所謂的環腦導水管灰質（periaqueductal gray）——的連接，調控攻擊行為。這兩個地方都與控制防衛性憤怒攻擊（defensive rage attack）和侵略性攻擊（predatory attack）有關。所以，如果海馬迴的功能不彰，對吵架時容易暴怒、情緒失控的罪犯或處心積慮要報仇的人都很不利。

另一個與罪犯大腦失功能有關的地方是後扣帶迴（posterior cingulate），它藏在大腦中間深處、靠近後腦的地方。研究發現，心理病態者、行為偏差的青少年和有攻擊性的病人的這個地方都功能不彰，因為這個地方也與情緒記憶的提取和情緒經驗有關。後扣帶迴受損會導致情緒困擾，包括引起憤怒。我們也已經知道，後扣帶迴與自我反思（self-referential thinking）及了解自己行為對別人的影響有關，這正是精神病患無法了解他的行為會傷害別人的原因，也是為什麼他會很自私，不替別人著想，既有反社會行為又不能接受因而產生的後果，因為他無法做這方面的反思。

家暴者的新藉口？

謀殺是一回事，摑你太太耳光是另外一回事。謀殺犯研究最困難的地方，就是殺人案並不常見；那麼，比較常見的嚴重暴力行為，例如毆打配偶，又和我們的大腦有何關聯呢？

當然，我絕不是說家暴是小事，只是說比謀殺案普遍得多。家暴者的大腦和謀殺犯有什麼不一樣的地方嗎？或是說，我們能否在這些比較普通的暴力犯大腦中看到相似的型態？為了尋找這個答案，我們要先到香港走一趟。

香港是個非常迷人的地方，當我在休假年去香港大學教書時，也把我的家人帶去了。香港人非常友善，有禮貌，我到了香港後的第一個早上，就帶我兩個兒子——安德魯和菲力浦——去上維多莉亞幼稚園，路上有個年輕女性攔住我們，問她可不可以牽孩子的手。當然可以，不是嗎？所以我們四個人手牽手地往前走，一直走到學校門口，她才向我們道謝並道別，消失在人群中。

很奇怪的一件事，不是嗎？或許你會覺得她有神經病，但我並不這麼認為。她的衣著非常整齊，像個上班族，對她來說，我兩歲的兒子大概非常可愛，穿著學校的紅色外套、灰色褲子、揹著書包，有著亞洲人和白人混血的面孔。大部分的香港人，都很習慣這樣的家庭和孩子。

但是在表面的文明禮儀之下，香港其實有非常嚴重的家暴情況。我曾對六百二十二名香港大學的學生做過一個調查，他們並非全都是有錢人家的孩子，但確實大多來自特權階級（privileged class）家庭（譯註：香港大學在那個時候是香港最好的大學，要進去非常不容易），所以你大概不認為成長時期會有什麼壞事發生在他們的家庭中，但是，當我問到「十一歲以前你們的父母如何處理衝突」時（我之所以選十一歲，是因為這時他們還沒變成不可理喻的青少年），竟然有百分之六十二的學生說父母會辱罵他們，更有百分之六十五學生說，父母會故意做或說一些貶低他們自尊心的事，百分之四十八的人甚至還會挨打。

假如你還記得小時候也挨打過的話，你可能會說，這沒什麼大不了，即使是最祥和的家庭，父母也會修理小屁孩。但是，挨打過的學生裡有百分之五十一說，他們的父母會用東西打他們，百分之四十的人曾被拳打腳踢，還有百分之六的人曾被父母掐喉，百分之五的人更被父母故意燙傷或燒傷，百分之七的人受過父母的刀槍威脅，這一切，都是親生父母的所作所為。想一想，在你十一歲之前，你的父母掐過你幾次喉嚨？拿香菸燙過你或用火燒你？手握刀槍威脅你？

即使是在這些接受高等教育、算起來家境比較好的學生家庭中，嚴重的暴力行為也很普遍。真實的比例應該還更高，因為大部分的人在事情發生十年後都會忘記真正發生了什麼事。更別說很多人都不願意承認，即使是對你自己，你的父母親竟也是個殘暴、有虐待狂的人。有些孩子常常挨打，而且打得很嚴重，但還算沒有那麼不幸——只有老天才知道，貧苦家庭的孩子會一而再、再而三地遭受何等殘酷的家暴。

會打孩子的人，當然也會把太太揍得鼻青眼腫。現在講起來也許難以置信，但是在一九八〇年以前，家暴是沒有人會拿出來講的，在那個時候，男人打太太並不被認為是種犯罪，先生打太太更被視為婚姻生活的一部分。即使我們都已經把家暴訂為犯罪行為了，打太太仍是司空見慣的現象。美國每一年的家暴案約佔百分之十三，估計有二百萬到四百萬的受害者，被謀殺的女性裡半數緣於家暴，也是胎兒流產最主要的原因。家暴是令人震驚、令人感到羞恥的犯罪行為，卻也因為太常見而讓許多女性能忍則忍。

讓我們挺身而出，面對家暴這個問題吧！**假如我們能穿透家暴者的眼睛，看到他們的大腦，會不會看到家暴犯也有著失功能的大腦皮質呢？是因為「腦殘」才使他們做出這種不文明的行為來嗎？**

李湄珍教授（Tatia Lee）是香港大學非常有創意的臨床神經科學家，勇於探索未知的水域，最早用大腦掃描去研究測謊的就是她。二〇〇五年我到香港大學教書時，她的辦公室只跟我隔了兩道門，所以我們一起做了些家暴的研究，找來二十三名警察詢問登記有案的家暴犯；我們主要的假設是，這些家暴事件可能是對情緒刺激的過度反應，所以測量了他們反應式和主動式攻擊性的強度，也要他們做兩個語文和視覺情緒的作業。

語文的作業叫做「情緒史初普作業」（emotional Stroop task），受試者先看一個顏色的名字，如「藍」，然後看一個帶有負面情緒的字，如「殺」（kill）。但「殺」這個字有時是藍色，有時是別的顏色，受試者要判斷「殺」這個字的顏色。控制組是用同樣顏色寫中性的字，如「改變」（change）。我們要測量的，是受試者的反應時間。那些對情緒性的字（如殺）反應比較慢的人，就表示他對負面情緒的字有認知偏見（cognitive bias），表示這個字的負面情緒劫持了大腦的注意力，使他們的反應慢了下來。

在視覺的作業上，我們是給受試者看一張中性的圖片，如椅子；或是一張挑釁的圖片，如一個人抓著另一個人，用槍抵住他的頭在搶劫；或是一個人從後面勒住一個女人的脖子，用刀橫在她的喉嚨前面。當家暴者在做語文和視覺的作業時，我們同時用功能性核磁共振（fMRI）掃描他們的大腦，得到了四個結果。

第一，**家暴者有強烈的反應式攻擊性格——被激怒時會有侵略性的反應**。相反的，一旦我們控制了這一點，這些家暴者就不會顯現出預謀型、主動性的攻擊。他們的攻擊並非事先計畫、精心操作的行為。

第二，在情緒史初普作業上，家暴者對情緒的字反應較慢，**比起正常人，負面情緒的字更能抓住他們的注意力**。

第三，家暴者在做情緒史初普作業時，大腦情緒中心的**杏仁核對負面情緒的字反應較強，活化較多，調控情緒的前額葉皮質則活化較小**。

第四，**家暴者看到威脅性的圖片時，整個大腦——從枕葉、顳葉到頂葉這一大片地方——的活化都比一般人高**，這些地方對物體的辨識和空間知覺非常敏感，表示這些家暴者在看到威脅的刺激時，視覺區活化得比較厲害。

把這四個發現放在一起，一個有害的型態就展現出來了：家暴者有著反應式的攻擊性人格，使他們在被激怒時容易出手狠揍。情緒的字眼之所以會反常地抓住他們的注意力，正是因為他們比較難以抑制情緒字眼所帶來的干擾，使得認知作業失常，受到攻擊性的刺激時，大腦在情緒的層次上過度反應，卻又在認知控制的層次上反應不足。家暴者的大腦，的確與一般人不同。

這些認知神經上的特性，很可能是家暴行為的起因之一。有些研究者發現，家暴者不聽理性的訴說，只會對情境作出情緒的反應。即使只是皺個眉頭或一聲斥責，也會馬上做出過度的情緒反應，使他經常誤判社交互動，這種判斷帶來極端的思想、不合理的行為及越來越升高的負面情緒，最後成為家暴者。

據我所知，這是第一個檢視家暴者大腦對情緒刺激反應的研究，也是第一個顯示他們對威脅性的刺激有過度反應的研究。我們的發現既挑戰了社會對家暴的看法，也指出了從神經生物學去預測家暴者的方法。過去，臨床上總認為家暴是有意識的、故意的、預謀的控制對方，藉以滿足私慾的手段，我和李湄珍則提出另一個看法，認為家暴有顯著的大腦原因，家暴者是屬於反應式攻擊性的人。

這個發現，是替家暴者脫罪的新藉口嗎？我並沒有說這些打老婆的人沒有錯，也不是說所有的家暴者都是這樣，我只是認為家暴有比過去傳統看法更深的意含；女性主義者認為家暴的原因在父權社會重男輕女，使男性用身體力量去控制女性，我們則認為還有神經生物學上的原因使得一些人在家中過度反應，必須從大腦中去了解家暴。為什麼呢？因為傳統用女性觀點去治療家暴者的方法無效，假如我們真心想要清除這個完全不可接受的男性對待女性的不合理方法，就必須在治療中加入神經生物學的觀點。

大腦會騙人

截至目前為止，我們談論的都是被媒體型塑成殘忍、獸性、沒有人性和惡魔似的人，所討論的也都是他們卑鄙汙濁的行為，例如謀殺、強姦兒童、毆打太太等。但說不定你一直不帶感情地在想，這些壞男人之所以如此對待太太，會不會是他們的另一半做錯了什麼？

你自己呢？哪種情形會使你做出反社會的行為？噢，你不是會有反社會行為的人？真的不是？好吧，或許你的所作所為都不是前面討論過的那種程度的反社會行為，但在看過下述兩個你平日生活比較熟悉的場景之後，說不定你就不會再覺得自己有想像中那麼完美了。

先看說謊。拜託你，千萬別愈描愈黑了，馬克吐溫早就說過：「每一個人都說謊——每一天、每一個小時，醒著、睡著、在夢中，悲傷時、快樂時，人都在說謊。」你有說謊——你真的有。那麼，我們是怎麼窺探出你反社會心智的？什麼樣的工具可以用來偵測誰在說謊？

「噢，史特林探員，你認為你可以用那個笨拙無用的小玩意兒來分析我嗎？」漢尼拔在經典恐怖片《沉默的羔羊》中說的話不無道理，身為美國聯邦調查局探員，史特林在跟他面談時更應該想到或料到這一點。對這種連續殺人犯「食人魔」漢尼拔而言，紙筆問卷這種傳統工具真的沒用，根本無法測知謀殺者如漢尼拔的心智。畢竟我們都知道這種心理變態的人會說謊，所以，你怎會相信他們會在這種簡單的問卷中實話實說？我們必須找到比筆和紙這種問卷方式更厲害的工具，才能突破他們的心防，弄清楚他們在想什麼。

利用一塊六十噸笨重磁鐵的核磁共振造影（MRI）聽起來好像不是很厲害，但是它絕對不遲鈍，分辨真話和謊話時就跟剃刀一樣鋒利。我在香港大學的朋友李湄珍、英國薛費爾大學（University of Sheffield）的史班賽（Sean Spence），以及賓州大學的蘭格班（Dan Langleben）等，都是這個領域的先鋒學者，各自的研究都已發現，前額葉皮質與人類的說謊行為有重大的關係。

李湄珍教授的檢測對象是像你我一樣的正常人，她先請他們躺進核磁共振儀中，然後要求他們說謊。有時他們要自己騙自己，比如真實生活中我們常找藉口——也就是說謊——好躲過不想參加的聚會。所以受試者要回答一些問題，例如「你是在達林頓（Darlington）出生的嗎？」「是的。」我會這樣說。「不是。」你會這樣說。我們兩人說的都是真話；這時的李教授會蒐集大腦的資料，然後要受測者反過來回答，「你是在達林頓出生的嗎？」這時我要說「不是」，而你要說「是」。這是個自傳型的謊話，就像有時你會騙你朋友今晚有事，所以不能跟他見面一樣。

在另一項作業上，受試者要記住一個簡單的三位數，如七一四，然後馬上出現七一四或另外不同的三個數字，受試者要說出第二個數字跟第一個是否相同。有時，實驗者要受試者說實話，有時要他們說謊話，假裝記不得了——就像有些人假裝在車禍中受傷以騙取醫療保險一樣。

不管是哪個作業，李教授都發現說謊和前額葉皮質與頂葉某些地方的活化增加有關。就在李教授在香港大學做這個實驗的同時，史班賽在英國、蘭格班在美國也都在實驗中得出相同的結果。跨越三個洲和三種文化，得出的結果卻完全相同無疑很令人驚奇，而且，三個不同國家的受試者說實話時，大腦的血流量也都沒有增加。

這是什麼意思？原來**說謊這個反社會行為是個非常複雜的執行功能**（executive function）**，需要動用很多前額葉的資源來處理，而說實話就很輕鬆簡單**。說謊其實需要動用「心智理論」（theory of mind），當我騙你一月二十七日星期三晚上八點我在哪裡時，我必須先知道你對我的了解有多少，以及你所不知道關於我的事情。我真的跟家人一起慶祝我的生日嗎？我必須知道你認為哪部分可能，哪些不可能（譯註：假如你知道我是一個不過生日的人，那麼這個藉口就不恰當；反之，如果我每年都跟家人一起慶生，那麼你就很可能會接受這個謊言）。**因為要閱讀別人的心智，所以我們必須徵召大腦很多的區域來幫忙，形成前額葉皮質到顳葉和頂葉之間神經的連接**。

昨天我們還在用紙筆測驗，今天已經是大腦掃描的影像了。結合大腦造影技術和機器學習的新統計技術後，蘭格班和格爾（Ruben Gur）已經在賓州大學做到正確率百分之八十八的測謊。唯一令人不安的是：我們說謊的心智還可以保持多久的隱私權而不被這個最新的測謊工具所侵入？目前這個基於大腦的測謊技術還沒有準確到可以用在法庭上，但是未來一定會改變。接下來，我們要轉向另外一個經常讓我們陷入反社會矛盾的行為——道德判斷（moral decision）。

你的道德大腦和反社會大腦哪裡不一樣？

你知道吸大麻違法，但你還是吸了。你知道不應該從網路下載電影，可你還是沒辦法收手。報稅時，你是不是也曾想過，要不要在慈善捐款的數字後面多加一個零？

我們每個人都有這種天人交戰的時刻。天使和魔鬼在你心中做拉鋸戰，但是你從來沒有懷疑過，那個當下你的大腦在忙些什麼。但社會科學家和哲學家可沒閒著，十多年來，他們始終思索著這個問題；現在，我們終於有了清楚的答案了。

我們的做法，是把你推進大腦掃描器中，再給你看一系列道德兩難的問題。我們會先從「個人」的道德兩難開始，使用的問題可說是直接從蓋吉（Phineas Gage）的生活中取出來的（你會在後面的章節中讀到他的故事）：你站在電車軌道的一條空橋上，俯視著底下的軌道，旁邊站著一名大胖子男生。你往下看時，正好看到一節車廂剎車鬆掉了，而且就朝著正在鐵軌上工作的五名工人衝過去。

假如你什麼都不做，這五名工人就會被電車壓死，要是你把你身旁那個大胖子推下去，他的體重無疑可以擋住電車。你可以救五個人，但前提是必須犧牲一條無辜的人命。你會怎麼做？

你自己跳下去阻擋電車前進不是選項，因為你的塊頭不夠大，擋不住火車；你再怎麼喊叫也沒用，因為他們聽不見。

請暫且放下本書，想一想你的決定——你是什麼都不做，還是把那個胖子推下去？

這很難，對不對？我們的心會在做或不做之間拉鋸——你真的可以眼睜睜地看著五個無辜的人死亡嗎？那個胖子反正會早死，因為他那麼胖，遲早死於心臟病，為何不莊嚴地犧牲他去換取五個人的生命呢？

但是，把胖子推下去不就是殺人嗎？你可以殺人嗎？但這是殺一救五，你能忽略這個比例嗎？五條命的價值一定大於一條命，不是嗎？這個兩難真的很難，不但是非常個人的決定，裡頭還充滿了矛盾和衝突。

哈佛大學的重量級哲學家兼神經科學家格林（Josh Greene），是第一個從神經層次看這類個人道德兩難問題的人。相較於其他比較「非個人化」的道德兩難問題，這個問題會讓你的大腦前額葉皮質內側（medial prefrontal cortex）、角迴、扣帶迴的後端和杏仁核都大量活化起來；這些地方的活化是有道理的，因為大腦的這幾個地方都與複雜的思考有關，也和跳脫你自己、從大的社會角度來評估狀況有關。

我們還是得回頭看看你會如何處理這個兩難的問題。但是，**比起你做了哪個決定，我更想知道你的感覺**。你會不會覺得很不舒服，很不自在？你甚至可能像我班上一名大學部的學生似的，在椅子上扭動，這個時候，你的杏仁核和邊緣系統的活化加入了，**在這個道德的決策中，加進了情緒的、良知**

的部分，與你前額葉皮質下面的地方一起影響你的決定。

你做了什麼決定並不是完全不重要。根據一份大型的調查，大約有百分之八十五的人無法動手把那個胖子推下去，但有百分之十五的人願意犧牲他。相反的，如果你去問前額葉皮質腹側受損的病人——我們後面會看到他們比一般人沒有同理心，更冷漠，比較像心理病態者——願意把胖子推下去的機率就升高到百分之四十五。

假如這些前額葉皮質腹側受傷的病人和其他村民一起躲在地窖中，逃避地面上敵軍的搜索，萬一懷中的嬰兒突然哭出聲來，他們悶死自家寶寶以避免敵軍發現而殺死每一個人的機率，是正常人的三倍。這是一個高衝突的兩難，而他們所做的是一個功利（utilitarian）——對大多數好就好——的道德決定。

假如你的決定是把那個人推下去或悶死你的寶寶，請不要太憂慮。最少，十七世紀的英國哲學家邊沁（Jeremy Bentham），也就是功利主義（utilitarianism）的創始者，會很以你為傲。這並不是說你的前腦受損了，或者你是心理病態——這只是說你的思考方式和別人有些不一樣罷了。

格林在二〇〇一年做他這個電車兩難的實驗時，還不知道前額葉皮質腹側的作用，但是許多其他的研究複製並且延伸了格林的發現，他們的實驗都顯現了這個地方在做道德兩難作業時的活化。前額葉皮質的腹側區域在做「合宜」（appropriate）道德決定上是個關鍵區域——所謂合宜，則是指最少也要以不傷害任何人為目的的被動決定。

道德的判斷待會兒再說，這裡我想再重複一下我們對謀殺犯心智的看法。我們已經說過，**暴力犯的前額葉皮質和邊緣系統的活化不一致**（misfiring），**也已發現謀殺犯的角迴功能不健全；其他反社會人格的研究也發現，扣帶迴後端、杏仁核、海馬迴都有異常。至於暴力犯、心理病態者和反社會行為的人，則是上顳葉迴**（superior temporal gyrus）**不正常**。

我們現在就來比較一下，反社會人格者在做道德的兩難作業時，大腦活化的地方與正常人做同樣作業時有什麼不同。我們在做道德判斷時，大腦的哪些地方會最活化？不同的研究、不同的受試者都顯示，活化較強的包括額葉端／前額葉皮質內側（polar/medial prefrontal cortex）、前額葉皮質腹側、角迴、扣帶迴後端及杏仁核。

讓我用實際的影像為你做重點說明。圖3.5是把反社會行為的大腦和道德的大腦疊放在一起比較，以得出道德和反社會行為的神經模式。最上面那張圖是由前到後把大腦從中間切開，所以你鼻子在左邊；中間那張圖是從正面來看大腦，最底下那張則是從上往下俯視大腦。反社會行為者和一般人在做道德判斷時都有活化的地區是用黃色來表示，只有反社會行為者才顯現不正常活化的地方用紅色來表示，只有在做道德判斷作業時才活化的地方用綠色來表示。

你可以看到反社會行為／心理病態行為者在做道德判斷時，有很多同時活化的地方——包括前額葉皮質腹側、前額葉皮質內側、杏仁核、角迴及上顳葉迴後端。

當然並不一模一樣，但是可以看出端倪。此外，一般人在做道德判斷作業時扣帶迴後端會活化起

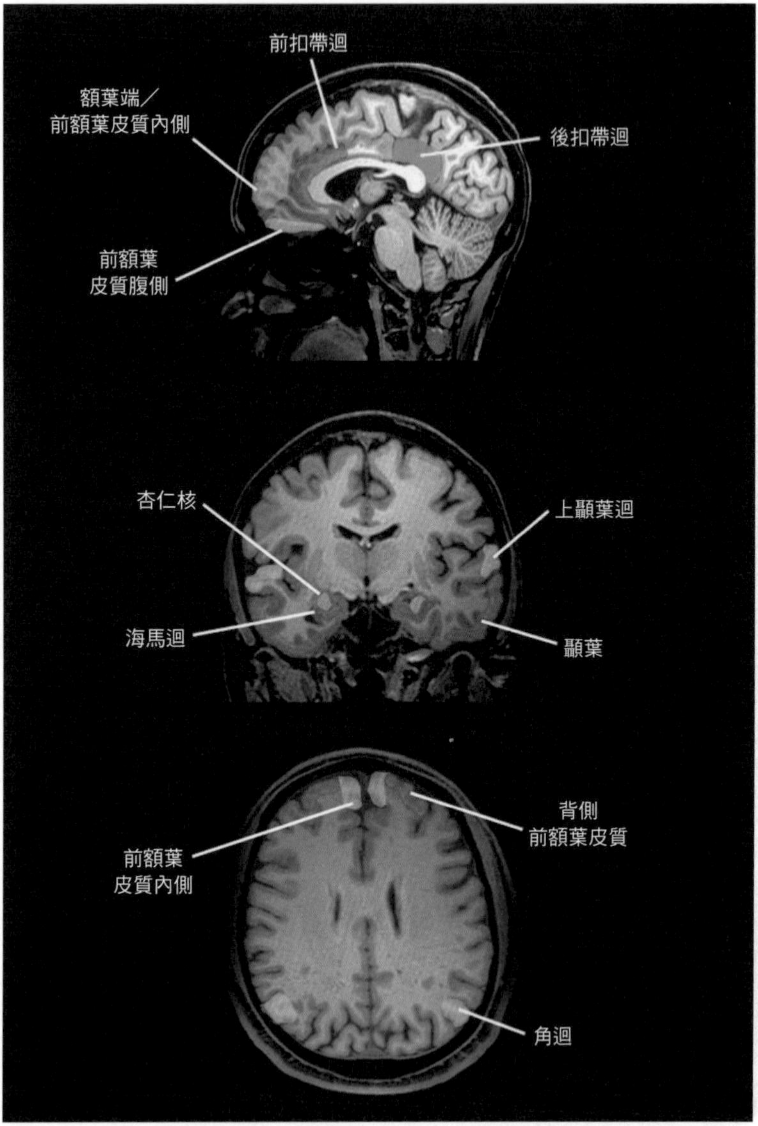

圖 3.5　核磁共振儀（MRI）**所顯示的大腦功能圖，上圖為左右側視圖**（side view）**，中間是前後正視圖**（head-on view）**，下圖是俯視圖**（dird's eye view）**，綠色部分為道德判斷區域，紅色部分為暴力區域，黃色為與暴力、道德判斷都有關的區域。**

來，但從截至目前為止的研究來看，反社會行為者的這個地方卻沒有很活化；不過，研究的確發現，心理病態者和衝動型攻擊性的病人、家暴者的這個地方都異於常人，所以我們不能忽略這個共同區域——這些罪犯的大腦，做道德判斷的關鍵區的確運作得不夠健全。

「快樂的珍」的色慾大腦

我們已經看到，正常人做道德判斷時大腦的什麼地方會活化起來，那麼，心理病態者做道德判斷時，會活化起來的又是什麼地方呢？

過去，心理病態者一直被認為是「道德上瘋狂」（morally insane）。外表上他們不只正常，甚至可以說溫文儒雅、討人喜歡；連續殺人犯邦迪就是個好例子，所以他才能誘使許多女學生走進他設下的死亡陷阱，但是在談到道德感時，心理病態者就好像少了些什麼。現在，我們就從一個真實世界的案子來看看，所謂的「道德上瘋狂」是什麼意思。在道德的層次上，他們的大腦是什麼地方壞掉了？

我妹妹蘿瑪（Roma）是個護士，我太太江紅（Jianghong）是個護士，我的表妹海德（Heather）也是個護士，所以請允許我用護士來做這個道德大腦功能失常的例子。從一八九五年到一九〇一年，「快樂」（Jolly）珍・塔班（Jane Toppan）至少在美國麻州殺了三十一個人，就像克雷夫特一樣，這幾年間她也從未被捕；醫院裡的人之所以都叫她「快樂的珍」（Jolly Jane），就是因為她個性開朗、笑口常開，是劍橋最成功的私人護士之一。

快樂的珍希望生活能盡量充實，所以就像許多連續殺人犯一樣，她也喜歡實驗各種不同的作案手法，在別人身上享受掌握生死大權的愉悅；如同許多現代的女罪犯，她特別鍾情於試驗藥物，最喜歡的一件事，便是看到她所照顧的病人慢慢走向死亡。她會先為他們注射過量的嗎啡，然後耐心地坐在病人旁邊，就像凝視愛人般地看著他們的眼睛，觀察她的病人瞳孔收縮、呼吸變淺，到了他們即將昏迷時，她就再注射阿托平（atropine）——一種從顛茄（deadly nightshade）中提取出來的生物鹼，會阻擋迷走神經（vagus nerve）的活化——讓已經收縮的瞳孔放大、心跳加快，使身體發熱進而抽搐，最後終於死亡。珍就從觀察病人瞳孔放大、身體扭曲中，在病人死亡前達到她的性高潮。

也和克雷夫特一樣，我們得以探知珍在謀殺病人時心中想些什麼，是來自唯一沒有被她殺死的病人的證詞。一八八七年時菲妮（Amelia Phinney）是個三十六歲的婦女，因為子宮內膜潰瘍而住院。「快樂的珍」就像南丁格爾，非常小心地照顧她。但有一天，她讓菲妮喝一種本來是要減輕痛苦的藥水時，菲妮覺得藥水很苦，喝下去後喉嚨很乾、身體麻木沒有感覺、眼皮重到睜不開來，感覺自己陷入了深沉的睡眠中。

就在這個時候，她察覺到了不對勁——珍竟然拉開被單，鑽入床中跟她一起睡，撫摸她的頭髮、吻她的臉、抱著她。經過一陣子的肉體擁抱後，珍才起身跪坐床上，觀察她瞳孔的收縮，然後再餵菲妮喝一杯藥水——應該是阿托平——來逆轉先前嗎啡的作用。就在這個時候，珍卻突然匆忙跑出病房

——也許是因為她聽到有人走近的聲音。

所以菲妮才能活下來說出這個故事。不過不是馬上，因為對病人來講，這個經驗實在太離奇了，就連當事人的她都不敢相信，以為那一定是一場夢，所以正如克雷夫特的受害者芬契，他也是被性侵害了很久以後才說得出口。一直要到十四年以後，當珍在一九〇一年被逮捕時，她才知道那場經驗原來不是夢。和所有的連續殺人犯一樣，珍也深陷其中無法自拔，但夜路走多了終究會碰到鬼，最後也和克雷夫特一樣難逃法網。

珍不像其他的女性連續殺人犯，犯案的標的不是錢，並沒有從受害者身上得到好處，謀殺帶給她的是她所說的「肉慾的愉悅」（voluptuous delight）——這是十九世紀時才出現的名詞，意思是激起性慾。今天的她，則會被稱為肉慾的連續謀殺犯——這種女性連續殺人犯非常少見。當性慾的需要啟動時，做為一名護士，難道她沒有別的取得這個很普遍的快樂的方式嗎？她的道德觀，究竟是怎麼說服她自己這種行為是正當的、合乎公義的？畢竟，她獲得愉悅的代價是一條無辜的生命不是嗎？

表面上看起來，這幾乎可以說是沒有動機的惡行，沒辦法以道德來解釋。但事件的本質，正如珍的自白書所言：

當我回頭去看這些事時，我對自己說：「我毒死了我最好的朋友米妮•吉伯斯（Minnie Gibbs），我毒死了高登太太（Mrs. Gordon），我毒死了戴維斯先生和太太。」但我怎麼說並沒有任何意義。我也曾努力感受她們的孩子的處境及所有的可能後果，卻始終感受不到這有多麼可怕。為什麼我不覺得抱歉或難過？因為我根本感受不到。

珍永遠不會了解自己，認得她的人也不能。她才剛被逮捕，為她申辯的信件就如雪片般飛來，人人急著證明她是個熱情、有愛心、敬業的護士，不可能犯下這些可怕的罪行。看到圖3.6這張照片時，從她的眼神裡，你是不是也看到了一位溫和、仁慈，像母親一樣的護士？

珍也曾搜索自己的心智，想要找出犯罪的原因。為了滿足性慾，她可以長時間凝視瀕死受害者的眼睛；她知道自己在做什麼，也知道那是謀殺，所以珍在一九〇二年的審判庭上聽到法官宣判她無罪——理由是瘋狂（insanity）——時，神情顯得非常困惑。她可不覺得自己哪裡瘋狂，因為她很清楚自己在做什麼，真的無法了解為什麼是這種結果。

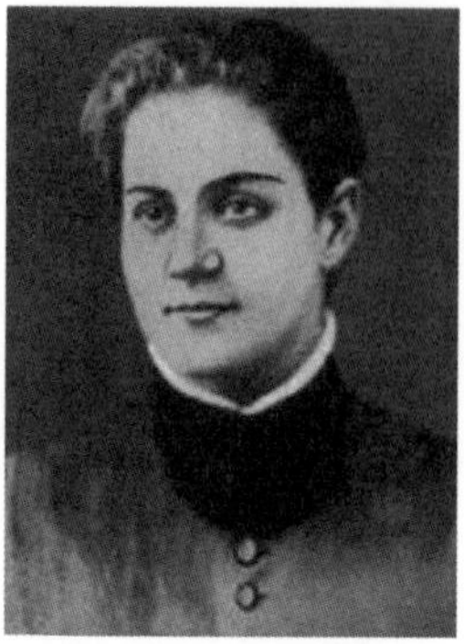
圖3.6　連續謀殺犯
珍・塔班（快樂的珍）

但我覺得我可以，而且一如字面，我是真的覺得（feel）我可以。認知上，珍知道什麼是道德的行為，什麼不是，當然她會思考，認知的層次也分得出對和錯。但是**她沒有道德的感覺**（feeling）**，無法在情緒上體會那些被她害死的人的痛苦；她沒有同理心，無法為她的受害者感到難過、傷心或甚至些許歉意**。也因為她缺乏道德的感覺，我強烈懷疑她的杏仁核和前額葉腹側區都有缺陷。

道德的感覺是在杏仁核和前額葉皮質上，這裡是情緒的引擎，把不合道德的行為轉譯成行為的抑制，就算一部分的你想要得到色慾的愉悅，也能使你不去做不道德的事。我認為，**在心理病態者——如快樂的珍——這種人身上，不道德的情緒剎車功能不彰**。

珍可以目不轉睛地望著她的受害者承受痛苦而不為所動，卻沒有辦法看到她自己大腦功能的掃描圖。如果可以，我相信她會看到使她去殺人的不道德的大腦情緒的線路上有毛病。珍一直活到第二次大戰爆發前夕才死，活了八十一歲，當然了，我無法拿她的大腦來測試我的理論，然而，假如我們回頭去看珍的人生，至少可以看到一名心理病態者人格上留下的許多社會和心理的痕跡。

珍出生在一個極度貧窮的愛爾蘭移民家庭，一歲時母親就去世了。她顯然沒有親子聯結，也沒有母親的呵護，這種情境，經常出現在心理病態者的背景中。雪上加霜的是，她的父親不但窮困還精神失常，所以不能照顧自己的孩子；祖母一樣貧困，也無法施以援手。因此五歲以前的珍都住在孤兒院裡，因為深以身為愛爾蘭人為恥，還假裝自己是義大利來的孤兒。後來她雖被一個家庭「收養」，事實上卻被當作奴僕。在這樣的早期環境中長大，心理病態的種子茁長得特別快。

年輕時代的珍，果然展現出心理病態者迷人、樂群、好交友的人格特質，成為派對中的靈魂人物和眾所矚目的焦點。她的病態說謊和欺騙很早就顯現出來：告訴人家她的父親在中國，姊姊嫁給英國的爵士，俄國的沙皇請她去做特別護士。她到處尋找刺激，也偷過護士、病人的錢，哄騙、操弄醫院的上司。她的受害者中，還包括她同父異母的妹妹和妹夫。她其實是個膚淺的人，以表面的開朗樂觀隱藏深層的人格變態。

這些行徑都是心理病態者的特徵，心理病態則給予連續殺人犯肥沃的土壤。當珍對三十一件殺人案自白時，她說：「我其實至少殺了一百人。」除非你像克雷夫特那樣用張計分卡來記錄實際人數，要不然，還真是很容易就記錯數目呢。

珍的心理病態大腦出了什麼毛病？

珍的確是名心理病態者，但她的大腦功能可以用來解釋她的道德瘋狂嗎？雖然我們已經無法掃描她的大腦了，卻可以掃描現代像她這樣心理病態者的大腦，看看他們在做道德的兩難問題時，大腦活化的情況與正常人有何不同。

這正是我那非常有天分的研究生格倫（Andrea Glenn）所做的實驗。我們早就發現，臨時工裡心理病態者的比例特別高（第四章會詳細討論），就像格林，格倫也給受試者看個人的、情緒的，以及傷害他人權益的道德兩難問題：你應該悶死你的寶寶來避免你自己和全鎮的人民被敵軍發現嗎？我們同時也給受試者看比較不情緒化、非個人的兩難問題：如果你撿到皮夾，你應該拿走裡面的現金嗎？

格倫發現，有高心理病態分數的人在做情緒的、個人的道德兩難決策時，杏仁核的活化會減低，因為杏仁核是情緒的中心，正常人在碰到這種帶有大量情緒化的道德問題時，杏仁核都會大大活化起來，而心理病態者的杏仁核卻像微弱的燭光，幾乎沒有活化。

這個發現顯示**在做道德判斷時，心理病態者的杏仁核是失功能的，而且似乎正是主要的原因**。沒有杏仁核的活化，人們就根本不會覺得欺騙、操弄別人有什麼不對。就像珍一樣，他們很快樂地過著他們不道德的人生，完全感覺不到罪惡感或悔恨。所以當珍操弄別人、偷他們的東西或隨隨便便就計畫殺人時，她的杏仁核沒有以活化提醒她不要做——她完全沒有羞恥心。

的確，珍的情感幾乎毫無生氣，就像病態的刺激追求者，天生情感抽離殆盡，必須走到極端才感受得到「肉慾的愉悅」；以她謀殺妯娌伊莉莎白為例，她便故意推遲她的死亡，好讓自己觀察得到更多的受苦，「我把她抱在懷裡，開心地看著她喘氣求活。」抱著伊莉莎白、在她瀕死時擠進床上摸觸她，是珍唯一感受得到快樂的方法，而她也不斷在人生裡努力讓自己體驗那種感受。

我們知道杏仁核是偵測別人苦難的中心，所以能夠引導人們棄絕反社會的行為。研究心理病態的專家布萊爾（James Blair）告訴我們，心理病態者不太能辨識別人臉上的負面情緒——包括恐懼和悲傷。因此，有著失功能杏仁核的珍之所以會注視受害者的眼睛，觸摸他們的身體，我猜就是想從中探知被害者的感覺。她的病人正在經歷的是害怕嗎？悲傷？或者其實是快樂？珍的情緒大腦和杏仁核拚命的在摸索，想要找出頭緒。這個偷窺的經驗激起了她的好奇心，與此同時，她天生情感的泯滅也使她沒有辦法對所作所為有道德上的關心。

格倫發現，心理病態者做道德判斷時，前額葉皮質內側、扣帶迴後端和角迴也都異常活化，而這些地方與心理病態者跟人互動的特質——如表面上的彬彬有禮、說謊、欺騙、自我中心和喜歡操弄別人——尤其有關。大腦的這些區域同時是肩負道德判斷的神經路線的一部分，主要功能在自我反思，換位思考（perspective-taking），以及把情緒整合成社交思維（social thinking）。所以我們可以說，珍的社交思維極不正常，沒辦法用情感的角度來看待受害者。雖然非常努力，她還是沒辦法帶有情感地反思和了解自己的行為——她無法把情感整合到社交思維中。這多少解釋了她複雜的心理病態行為。從心理病態者大腦的掃描圖看來，珍的異常行為可以用她道德判斷神經機制有基本的缺陷來解釋；我相信，這是珍的大腦最凸槌的地方。

沒「良心」才會殺人如麻

本章中我們看到了**暴力犯的大腦跟你我的都很不一樣，如果只能指出一個最不一樣的地方的話，那就是前額葉皮質**。如前所述，衝動、反應式的攻擊行為來自缺乏前額葉皮質的調節和抑制，也的確在反應式的衝動殺人犯巴士坦曼提身上看到它失功能的結果。主動式的暴力殺人犯比較能調節和控制情緒，前額葉皮質失功能的程度沒有衝動型那麼厲害，但邊緣系統卻活化得像口沸騰的鍋，不斷冒著熱氣泡，湧到整個大腦到處都是，使得他們不但仔細計畫殺人行為，還火上添油地用上最暴力、最殘忍的方式。

我們同時也看到，不是只有一個地方，而是大腦裡的很多地方失功能才會讓人變成暴力犯。暴力犯不只背側和腹側的前額葉皮質失功能，杏仁核、海馬迴、角迴和顳葉也都有問題；未來的研究，更一定會顯示這些問題其實比現在已知的更複雜。**反社會行為的大腦是由許多失功能的神經系統湊合而成的，**我們只是剛剛跨過門檻，開始組合這些失功能的零件，以求更清楚的了解。

我們已經明白，大腦功能不良並不局限於少數罕見的暴力犯罪，因為在很多暴力犯罪中，我們都看到額葉──邊緣系統的不平衡，比如家暴──這是杏仁核的過度活化，配上不夠活化的額葉皮質，以致無法達成調節的功能。如今，腦功能造影的研究已經慢慢滲入個人生活的領域了，我們已經看過日常生活中作決策時有關道德決定的大腦區塊──這些地方如果沒有正常的功能，就會導致「道德瘋狂」，塑造出珍那樣的心理病態連續殺人犯。**這些人都缺少「什麼是道德」的感覺，正是他們所以做出令人無法解釋、無法猜透的過分行為的原因之一。**

話說回頭，我們真的了解克雷夫特犯下那麼多恐怖命案的原因了嗎？我們看到的他，是個工於計算、很能控制和調節情緒的電腦顧問，一定有足夠的前額葉控制來使他的肉慾不踰越。他是個沒良心的冷血殺手──我是真的說他沒「良心」，而不只是形容詞；下一章我們要離開大腦，進入暴力解剖圖的心臟──到心血管和自主神經系統探究暴力的成因。

第四章

「冷血」殺手

暴力犯的自主神經系統

想像你犯了一個害人利己的滔天大罪，比如說刺死每天打你的可惡丈夫、勒死你萬惡的老闆、晚上潛入別人家偷東西、白天公然打家劫舍、報復搶了你女友的情敵、盜用百萬美元公款……甚至一而再、再而三地綁架、凌虐、強姦、殺害無數的陌生人。

用力想，想到彷如身歷其境：你在夜深的校園裡喝酒，喝到你的情慾、你的心智都不受控制時，女友似乎對你感到厭倦了，開始跟別人眉來眼去，然後給你一個很爛的藉口就站起來走人。你本來計畫好了當晚要跟她好好纏綿一番的，她卻當場就甩了你，讓你心中充滿挫折，非常憤怒。

你走回宿舍時，夜更深了，卻突然在不遠的前方看到一名漂亮的女學生，於是你加快腳步向前，小心保持距離，放輕腳步到讓她完全聽不見。當你走上遠離大樓的小路進入樹叢時，在確定四下無人後，便猛一個箭步一把從背後抓住她，用另一隻手摀住她的嘴巴，使她不能出聲，就這麼把她拖到樹叢裡，亮出尖刀，威脅她如不服從就要她的命。然後你強姦了她，過程中你聽到她恐懼的心跳就像打雷那樣大聲，這使你更加興奮，最後還把刀子用力插入她的心臟，緊盯著她萬分驚恐的眼神，感受她身體的抽搐，傾聽她急促的呼吸。

犯罪之後，你還記得努力湮滅證據，但隔天警察就找上門來，你必須舉出不在場的人證，而且不論他們如何盤問你，都要堅持你的謊言。你努力牢記講過的謊話，因為你很清楚，只要說錯一句話就會進入死囚籠中。

犯案時，你的身體起了哪些變化？本章中，我要你看到你和真正的殺人犯差別在哪裡。開始計畫怎麼強暴那名女孩時，或被警察審訊時，你都會額頭冒汗、心跳加快，甚至只不過因為我要你用力想像，你就已經感到輕微的反胃、想吐，即使只是假裝有這個念頭，都會使你產生負面的情緒，例如厭惡。但是，許多暴力謀殺犯當真犯罪時——不管這個罪行有多無法無天——頂多出點冷汗。

光是想到犯那個罪，你的良心就刺痛你了，更不要說當真姦殺女性。但別人不是你，你有良心，別人可不一定有。從我的觀點，你的良心代表著你的自主神經系統（autonomic nervous system）功能良好；因為它在情緒中所扮演的關鍵角色，這個自主神經系統有時又被稱作「內臟」（visceral）神經系統。**暴力生理研究最具突破意義的一個發現，就是這些罪犯的神經系統不像我們那樣「神經質」。顯現在外的，便是他們敢冒險、無所懼、沒有良心的人格，導致犯罪的、暴力的，甚至心理病態的行為。**光是生理上，他們就和我們不一樣；既然有沒有良心與暴力息息相關，這一章我們也就先得從心臟談起。

若說拆彈專家和炸彈客卡辛斯基（Theodore [Ted] Kaczynski）應該有些共同的地方，大概誰都不會反對。卡辛斯基人稱「大學炸彈客」（Unabomber），原本是加州大學柏克萊校區的數學教授，從一九七八年到一九九五年，他以郵寄炸彈前後炸死了三個人，炸傷二十三人。他的第一個目標是西北大學，然後是猶他大學，再到范德比爾大學、加州大學柏克萊校區、密西根大學和耶魯大學。他也曾把炸彈放在美國航空公司（American Airline）的飛機上，並寄炸彈給聯合航空（United Airline）的總裁。他曾是美國十大要犯之一，更曾是聯邦調查局有史以來花了最多錢卻一直無法逮捕歸案的人。

他最大的失誤，是強迫《紐約時報》和《華盛頓郵報》刊登一篇長達三萬五千字的宣言；因為他威脅兩大報，如果不刊登他就再殺人，聯邦調查局和美國檢察總長只好默許。這個宣言向工業社會、左派分子、科學家咆哮詛咒，說他們控制社會、妨礙自由。他的親弟弟看到報紙上的文章時，認出了幾個冷僻、很少人用的字眼，比如「冷靜的邏輯家」（cool-headed logicians），這些句子曾經出現在他哥哥寫給他的信中，於是警察拿了搜索票去搜索他在蒙大拿州林肯市郊的小木屋；然而，就算到了那個時候，很多聯邦調查局的專家還不相信他就是大學炸彈客宣言的作者，直到一九九六年聯邦調查局探員在他家的桌上看到一枚做好的炸彈及宣言的草稿時，才不得不相信。

那麼，除了明顯都和炸彈扯得上關係，卡辛斯基和拆彈專家還有什麼相同的地方？最重要的是這個人格特質：做這兩種危險工作的人，都需要鋼鐵般的神經和一定程度的無所畏懼。一位在波士尼亞（Bosnia）工作的英國陸軍拆彈專家這樣形容他的工作：「聽起來非常危險，但是……我從來沒有在任何情境中感受到危險過。」他能夠把恐懼放在一旁。此外，拆彈專家和連續殺人犯都必須很聰明，卡辛斯基是個數學天才，十六歲就進入哈佛大學就讀，從密西根大學拿到數學博士學位就到加州大學柏克萊校區教書，智商遠在天才之上——十一歲時就已經高達一六七。雖然他的行為很卑鄙，卻是個非常理性的人。

但是，如果再深究下去，就會發現他跟其他犯罪人相同的地方了——他的靜止心跳率（resting

heart rate）很慢。有些我們稱之為「冷血」殺手的人都有這個特質，但這種形容詞究竟只是比喻呢，還是真的一如字面所示？

心跳率與反社會行為有關係？

在暴力的解析中，心是中央機關，指揮著反社會和暴力行為。就像上生物課時那樣，這裡我們不妨也從動物談起，比如兔子。強勢的、勇猛有攻擊性的兔子的靜止心跳率，就比溫馴的、沒有攻擊性的兔子來得低；此外，當研究者故意把一隻兔子塑造成強勢的兔王時，牠的心跳就跟著慢下來了。不只兔子，在動物世界中，狒狒、獼猴、樹獺和老鼠的心跳率也都會隨著地位的上升而下降。

即便如此，低心跳率會增加一個人變成反社會者或暴力犯的可能性這個說法，大概還是會讓你覺得不可思議。在有新進科技又有敏感的功能性腦造影儀器的現代，這種把暴力行為連結到生物指標（biomarker）上的作法不會太粗糙嗎？因為這未免太簡單、太容易測量了，經得起科學的檢驗嗎？

我在英國約克大學（York University）讀博士時所做的第一個研究，就在學童身上發現低心跳率是反社會行為學童的一個特徵，到諾丁罕大學（Nottingham University）時，又得到了相同的結論。這會不會只是個巧合？所以當我到南加大教書時，就又和同事做了一個後設分析，統計、分析了靜止心跳率和反社會行為相關的論文，包括所有找得到的對兒童與青少年的研究。我們總共找到測試了五八六八名學童的四十篇論文，綜合所有的資料讓我們更有機會看到全貌。

結果我們發現，**反社會行為孩童的靜止心跳率真的比較低**。我們同時也檢視他們在壓力下——例如等待身體檢查時——的心跳情形。在實驗室裡，我們要求這些學生做一個困難的心算問題，例如從一〇〇〇開始，一次減七倒著數，也就是一〇〇〇、九九三、九八六……假如你不認為這很難的話，你可以自己試一試。因為這個作業有壓力，整個差異就變得更大了。

在我們的後設分析中，靜止心跳率大概只能解釋百分之五的差異（譯註：即有反社會行為的學生和沒有反社會行為的學生比起來，有百分之五可以歸因到心跳率的差別）。這對你來講好像沒什麼了不起，但是在醫學情境中這種關係是很強的，比抽菸與肺癌的關係，或吃阿斯匹靈（aspirin）來減少心臟病的發作率，或抗高血壓藥物和中風之間的關係都還大。在醫學界，上述每一個關係都是重要的關係，而它們都比心跳率與反社會行為的關係低。

事實上，要得到像「心跳率—反社會」那麼高的相關，你只能拿尼古丁片與戒菸，大學入學考試（SAT）成績與後來大學的學業成績平均點數（GPA）的相關相提並論；假如我們現在從一個正在壓力下的人的靜止心跳率來看，這個原本看起來不怎麼樣的生物標記，便馬上可以解釋我們反社會行為百分之十二的變異性。這個相關強到像乳房攝影（mammograms）可以偵測乳癌、用家用驗孕試劑驗孕、安眠藥對長期失眠一樣。如果你接受這些醫學上的相關，就不能忽略心跳率和反社會行為有臨床上的意義和顯著相關。

低心跳率並不只出現在某一組反社會行為孩子之中，小一點的和大一點的孩子都適用，而且沒有男孩、女孩之分。低心跳率男孩的反社會行為比高心跳率男孩多；同樣地，低心跳率女孩的反社會行為也比高心跳率女孩多。

無論如何，心跳率可以解釋部分反社會行為的性別差異。你不妨用手錶測心跳，看自己一分鐘跳多少次，然後跟你的異性兄弟姐妹或配偶相比較一下；假如你是女性，那麼，你的心跳會比同樣條件的男性每分鐘快上幾下。一般來說，男性的心跳率都比女性低一點，而且是個很顯著的現象，不需要精密儀器就能輕鬆驗證。反社會行為者的心跳率也同樣有性別上的差異，而且大約在三歲時就可以看到這個差異——男童的心跳每分鐘比女童低了六．一下；這個心跳率的性別差異，大概比反社會行為的性別差異早一點點出現，這種顯著而且很容易重複驗證的性別差異，提供了為什麼男性犯罪率比女性高的解釋——因為他們的心跳率比較低。

讓我們把注意力從性別的比較轉到世代的比較。同卵雙胞胎的研究已經一再發現靜止心跳率有遺傳上的關係，也發現罪犯的子女靜止心跳率比較低；既然童年期的攻擊性和長大後的反社會行為都有顯著的遺傳性，反社會行為又可以從父母傳給孩子，那麼，**低心跳率很可能就是反社會行為之所以世代傳遞的原因之一**。

很多這方面的研究都會同時檢測心跳率和反社會行為，但是，比較強有力的實驗設計應該是在生命的初期就測量心跳率，長大後再查看反社會行為出現的機率。這種實驗法叫做「前瞻性長期設計」

（prospective longitudinal design），目前為止，五個在英格蘭、紐西蘭及模里西斯（Mauritius）所做的這種研究都已經證明，**童年低心跳率——即便才只有三歲大——就預示了後來會成為流氓、罪犯和暴力行為者。**

很重要的一點是，這些研究並沒有顯示出因果關係。我們還不能斬釘截鐵地說，因為這個孩子的心跳率比較低，長大後就會變成不良少年。心跳率是一個因子，只有長期追蹤這個孩子，剔除掉追蹤期間所有可能的因子後，我們才有可能更進一步說，早期的低心跳率增加了這個孩子以後變成罪犯的機率（譯註：臺灣媒體常有這類聳動標題：找到某種疾病治癒方法，某病剋星，其實，一個科學的研究，尤其牽涉到因果關係都要非常小心，不能給病人錯誤的希望）。

那麼，有沒有可能是社會因素引起犯罪和低心跳率呢？英國劍橋大學的犯罪學家法林頓（David Farrington）仔細檢驗這個說法後，發現在四十八個有預測性的因素（家庭、社經地位、教育程度、人格——從低社會地位到低智商到衝動性）之中，只有兩個是獨立於其他危險因素而直接與犯罪有關——低靜止心跳率和注意力不集中。的確，比起父母親是罪犯，低心跳率與犯罪的相關還更高，而有犯罪的父母本是孩子後來犯不犯罪最好的社會預測因素。這些發現，使得法林頓下結論說：「低心跳率可能是暴力犯罪最重要的解釋因素。」

現在，讓我們再從另外一個角度來看這個關係。當低心跳率提升某人未來的反社會機率時，高心跳率也相對地減低未來犯罪的機率。我曾在英國做過一個實驗，找出十五歲時有反社會行為，但到二十九歲時並沒有變成罪犯的英國男孩，然後拿他們來跟十七名二十九歲時變成罪犯，以及十七名沒有反社會行為也沒有犯罪紀錄的控制組相比較，那些可以抵抗犯罪念頭的潔身自愛者，果然有比較高的靜止心跳率，顯示高心跳率保護他們成年後沒有犯罪。

從治療的角度來看，興奮劑之類的藥物可以加快心跳，減少犯罪的反社會行為。許多研究也都發現，心跳率可以預測哪些孩子更能受到治療的好處——以及對哪些人沒用。德國的一個研究發現，低心跳率的孩童對行為治療法反應較差。行為治療法之所以對高或正常心跳率的反社會行為孩童比較有效，或許是因為他們反社會行為的起因大多是環境因素而非基因上的關係。**對孩童靜止心跳率的理解不但可以預測哪些孩子長大後犯罪機率較高，同時也可以告訴我們治療方式對哪些孩子較有效。**

醫療方面的另一個大問題，是在精神疾病的診斷上幾乎找不到可以指認某種精神疾病的單獨生物標記。例如憂鬱症，雖然有很多個生物標記都與它相關，但是焦慮症和其他精神疾病也會出現這些生物標記。低心跳—反社會行為是一個難得的，而且是重要的診斷指標，其他的精神疾病，如酗酒、憂鬱症、思覺失調症、焦慮症等，都與較高的靜止心跳率有關，只有行為規範障礙症（conduct disorder）——即反社會行為和攻擊性行為——與低靜止心跳率有關。

上面的研究，幾乎都聚焦在暴力犯、心理病態者和行為偏差的孩子身上，但是心跳率究竟要低到什麼程度，你才可以說他將來會做犯法的事呢？

我利用休假年去香港大學教書的那一年，一直思考著這個問題。在香港，即使路上沒車，你也很少看到行人闖紅燈過馬路；當然了，一定也有一些人會不管法律的規範，隨意穿越馬路，每次我帶孩子去公園玩時，都會看到一、兩個不遵守交通規則的大人。我的孩子會指著他們，嘴裡喊著：「不乖的企鵝（naughty penguins）！」——這隻不聽話的企鵝來自電視卡通節目《企鵝家族》（*Pingu*）。所以我不禁要想：不守規矩的企鵝是否靜止心跳率也比較低？

我找了八名香港大學大學部的學生，幫我收集了六百二十二個同學的心跳，同時也記錄他們的生活習慣，包括闖紅燈過馬路的次數。我們發現確實有差別，只不過差別不大，較愛闖紅燈者的心跳一分鐘大約只比別人少二下，但已經達到統計上的顯著性。這些不乖的企鵝心跳次數真的有比別人低！雖然闖紅燈只是反社會行為中很不受重視的違規行為之一，卻也顯示了，即使是在這麼小的違規行為上，低心跳率都是顯著而且普遍的指標。

綜合上述，我們無法不承認低心跳率確實與暴力之間有一個真實且很容易被展現的關係存在。當某個假設有一個科學證據來支持它時，這個假設只能說有說服力；但如果很多不同的實驗都得到相同的證據來支持某個假設時，這個假設就很有力量，不容忽視了（譯註：科學上最有力的證據是「殊途同歸」）。

上述的實驗證據，都**使低心跳率成為診斷行為規範障礙症最有力的生物標記**。目前，行為規範障礙症和幾乎所有的臨床精神疾病，如思覺失調症，都不是用生物機制來界定，而是用面談時所蒐集的症狀來界定；臨床上，行為規範障礙的症狀包括說謊、偷竊、打架、虐待動物。這些本質都是行為上的，而且是依孩童的照顧者的口頭報告來界定。臨床心理疾病的診斷之所以不納入生物標記，通常有兩個好理由：第一，這些生物標記也在別的疾病上發現，不是只有在診斷這個疾病上；第二，醫生很難在日常門診時掃描每一個病人的大腦功能——更別提掃描很昂貴，會增加病人財務上很大的負擔。

心跳率就沒有這兩種缺點，既有診斷上的獨特性，很便宜，也很容易做。你可以自己想一想，到醫院或診所時，你會先做什麼？沒錯，護士會先幫你量血壓和記錄心跳。能為每個主觀的診斷找到一個客觀的生物標記，是很多精神科醫生、臨床心理師夢寐以求的聖杯（holy grail）。當然，不是每一個心跳慢的人都會變成罪犯。二十多歲時，我的心跳率是每分鐘四十八下，有些讀者應該也有這麼低的心跳率，但是我們都不是罪犯。雖然稱不上完美，低心跳率卻仍然是一個罪犯的警示指標。

為什麼生物標記可以預測反社會行為？

看起來，低靜止心跳率的確是最容易複製、最容易測量、最有前途的反社會行為和暴力攻擊行為的生物標記。但**為什麼它可以預測一個人的反社會行為？究竟心跳率要低到什麼程度才會產生反社會行為？**這兩個問題都非常複雜，所以我們先來看看幾個檯面上的說法。

無懼理論（fearlessness theory）認為，低心跳率是不害怕的表徵。雖然我們研究測量的都是「休息狀態中的」靜止心跳率，但這種說法其實有誤導之嫌。做研究時，受試者都是被帶到一個陌生的環境，實驗者都是陌生人，頭上貼的電極片更極少有人實際接觸過，實在不像「休息」的情境，反而更像正在經驗一些小壓力，個性比較膽怯、容易焦慮的孩子心跳會加快，不怎麼害怕的孩子心跳率會比較低。

本章前面提過，拆彈專家之類的人特別無懼無畏，心跳率特別低；畢竟，拆除炸彈這種行業需要的是鋼鐵般的膽識，但他們能夠完全融入社會，社會也不能沒有這些專家。同樣的，有反社會和暴力行為的人也需要某種程度的膽識：假如一個男孩不太會感到害怕，就比較可能逞兇鬥狠，因為他不怕痛；同樣的，對很多暴力犯罪者來說，關在大牢裡也不會讓他們心生害怕，所以才會一犯再犯。

無懼理論的支持，來自一些嬰兒和童年期無法控制的發脾氣和心跳率低的研究，以及在就學前脾氣越是無法控制的孩子長大後越有攻擊性的長期追蹤研究。心跳率低的青少年比較能忍受壓力，對社會情境的壓力——包括社會化的懲罰，如被同儕排斥——也較不敏感。

另一個可以解釋低心跳率與反社會行為關係的理論是同理心（empathy）。低心跳率的孩子比高心跳率的沒有同理心，比較感覺不到別人的痛苦，不大會設身處地替別人想，不能體會被霸凌或被人毆打的感覺。沒有同理心的孩子比較有攻擊性，因為不知道被打的人有多痛，當然也就比較有反社會行為和攻擊性。

第三個可以用來解釋低心跳率和反社會和攻擊行為的理論，是刺激尋求理論（stimulation-seeking theory）。這個理論認為，低覺識（low arousal）代表身體的不舒服，所以會去以反社會行為來尋求刺激，提升身體的覺識度（譯註：arousal 這個字中文裡沒有相對應的字，很難譯得恰如其分，因為它介於「警覺」和「意識」之間）。我們每個人都有自己的最佳覺識程度（optimal arousal level），身體在這個程度運作得最有效率也最舒服。我想你一定曾經有過這種經驗：回家後覺得需要一些刺激——所以你會打開電視、煮一壺咖啡、放張CD、打電話找朋友或出門找樂子；你覺得很無聊，需要刺激來提升生活的動力。但是，某些日子你回到家後，卻會不開電視、關掉手機，退避到個人的空間裡，不要任何人或任何聲音來打擾你；你今天工作得太累了，已經過度興奮，需要的反而是安靜下來。

那些天生興奮程度低的孩子就跟你一樣，需要尋找刺激。幼稚園中心跳率低的孩子不但比較好動，愛招惹同學，同時也喜歡看強調暴力、憤怒的錄影帶。在我的研究中，三歲兒童的靜止心跳率便與同年齡尋求刺激及十一歲時的攻擊行為有直接的關係。這些心跳率低的孩子，會用打人、到商店偷東西、加入黑社會或販毒來提升身體的興奮感，認為挑戰權威、違法亂紀是好玩的事情；在他們看來，犯規很讓人興奮，才算是生活，不犯規的日子根本就是一灘死水。**或許正因為如此，我們的靜止心跳率才會在青春期最低，因為青少年最喜歡尋求刺激；或者我們也可以說，反社會行為在青春期最高實在不足為奇。**

假如你像我一樣小時候就有追求刺激的慾望，那你一定有過「不知如何是好」的感覺。你會經驗到強烈的不安感，覺得很空虛，很想胡亂發頓脾氣；如果有人那時問你話，你很可能就會惡言相向，因為你覺得，一定要找個方式去發洩那個筆墨難以形容、卻好像隨時就要爆發的壓力，我現在就感覺得到，你很想起來走走，找些事做。一旦找到可以改變心情的事來做，就不會再那麼不知所措了。

這個感覺正是很多連續殺人犯在殺人之前的感覺。他們強烈地感到心神不寧（restlessness），坐也不是、站也不是，身體裡有股無法排除的強大壓力，不得不出去找受害者，用誘騙、凌虐、強暴、最後殺害的過程來解除緊張，讓心情趨於平靜。

為什麼會這樣？我懷疑半是生理不夠覺識、半是由於人格上是尋求刺激的類型。我很想傳導一個簡單的醫學上的事實：低心跳率是反社會行為顯著的危險因子，當然它不是自主神經系統中唯一出毛病的生理歷程，我們需要走一趟模里西斯，從社會情境中真正了解這句話的意義。

相近的早年氣質，分歧的成年行為

模里西斯是世界上最美的熱帶群島之一，是尋求安靜、和平、天人一致的度假好地方，卻是很糟糕的研究場所——我很清楚，因為過去二十五年中我去了三十九次。你當然可以在底特律做暴力研究，可我還是比較喜歡模里西斯，就像從機場到我下榻的海邊旅館這一路上廣告牌所告訴你的，太陽、棕櫚樹、海灘、火山、熱情優雅的人民共同打造了這個「美味極了」（It's so delicious）的度假天堂。

模里西斯是印度洋中的一個島國，靠近南回歸線，在馬達加斯加（Madagascar）的東邊，南北長六十一公里，東西寬四十七公里，是非洲大陸的一部分，多種族的民主國家，一九六八年從英國獨立出來，一九九二年成為大英國協的一員，二〇〇九年七月時有一二八萬人口，是地球上人口密度第三高的國家。當我們在一九七二年開始這個長期追蹤研究時，模里西斯還是個發展中國家，但現在不但是已開發國家，還是非洲國家的模範。

模里西斯也是個文化大融爐，民族緊張之低舉世聞名。既然如此，為什麼我還要到模里西斯去做暴力犯罪的研究呢？

一九六七年，世界衛生組織（World Health Organization, WHO）想要知道更多有關精神疾病的早年危險因子時，有人建議這個實驗應該找個發展中國家，從三歲兒童身上去找出後來會發展成精神疾病的危險因子。一開始，世衛組織鎖定的是印度，但是模里西斯的一位醫生成功的說服了世衛組織的官員，把研究中心放到模里西斯——模里西斯既是個小島，人口流失率又低，受試者可以重複回來做檢驗，適合長期追蹤式的研究。

模里西斯的研究於是就在一九七二年正式開始，由英國約克大學的范納保（Peter Venables）和美國南加大的麥尼克共同主持。五年後我進入約克大學讀博士時，范納保正是我的指導教授，而麥尼克則是十一年後把我從英國挖到南加大去教書的人；也因為范納保教授在一九八七年退休，我才成為這個研究的主持人。這個研究的樣本群，是多達一七九五名的三歲兒童，全都來自島嶼中部而且交通便捷的兩個城鎮。

我們先請母親帶著三歲的孩子來到堆滿了新奇玩具的實驗室，觀察孩子會不會離開母親去探索。

緊黏著母親不放的孩子，我們稱之為「逃避刺激者」（stimulation-avoider）；有一些是只敢在母親周邊探索，一有風吹草動就馬上回到母親的懷中；另一些孩子則會自由走動，把玩新的玩具和探索新的環境，我們稱之為「刺激追求者」（stimulation-seeker）或探險者（explorer）。我們也會帶這些孩子到沙坑去玩，觀察他們與別的孩子的互動；他們與實驗者的互動和有多願意跟實驗者說話，也會被登錄下來計分。這一切，就累積成每名孩童尋求刺激的分數。

八年後，也就是這些孩子十一歲時，父母再依量表來評估孩子的不良行為——項目包括「跟別人打架」、「攻擊別人」、「威脅別人」。我發現，三歲時刺激尋求分數高——位於量表的前百分之十五——的孩子，十一歲時也比較有攻擊行為。當然，不是所有追求刺激的孩子都有攻擊性，但是就某個程度來說，孩子早期的行為可以預測後來的攻擊性。模里西斯可能是天堂，但是就像所有的地方一樣，也依然有魔鬼遊蕩其中。我們研究中的兩個孩子便告訴我們，除了生理興奮程度和氣質可以預測攻擊性，還得考量背後其他複雜的因素。小男孩叫做拉吉（Raj），小女孩叫做居樂（Joëlle），是所有受測的孩子中心跳率最低、刺激追求分數最高、最不害怕的孩子，各項測量總分排名都各在男、女的前百分之六。

拉吉長大後，不但仍然是個刺激的追求者，更變成邪惡的心理病態者。他會騎摩托車橫衝直撞，驚嚇人們，最糟的是喜歡操弄別人。他也是我們樣本群九百名男孩中心理最病態的一個，從偷竊到攻擊到搶劫，犯罪紀錄一長串。談到人際關係時，他承認：「許多人看到我就怕，我是號危險人物。」

拉吉很喜歡人們畏懼他，看到他就馬上感到不舒服，所以他常故意挑釁旁人；就像大多數的心理病態者，很驕傲自己有能力控制別人的喜怒哀樂。他喜歡從別人的恐懼中得到快樂，尤其是因為暴力和攻擊性而在同儕中享有權力和地位這一點，更令他沾沾自喜。在談到他怎麼交朋友時，他說：「我要我的朋友怕我，為了怕我而不得不當我的朋友。」當一個人這樣說時，你就不難明白這是一個「不知害怕為何物」的人，然而那卻是他的渴望，因為他能從朋友的畏懼中得到樂趣。

從三歲到二十八歲，不知懼怕不斷加強他的攻擊性行為，這些行為也使他從怕他的人那裡得到地位的回報。這種增強的回饋，強到變成他的作案手法。當我們問到他的女朋友時，他沉思了一會，然後笑著說：「是啊……我想她也怕我！」我們就像和一名硬心腸的冷血人說話一樣，而這正是典型的心理病態。前面談過，心理病態者可以是一個成功的操弄者，他會欺騙、使用包括暴力的各種方法控制別人，搶奪資源以供自己享用，使他在演化上是個更能成功把基因傳下去的人。

拉吉用欺騙和暴力的方法來控制別人，即使最親密的女友也不例外。他使人害怕的能力，無疑增加了他與女友性交時的快感，一如病態的強暴犯，從受害人的恐懼中得到高潮的滿足。

但是，他真的什麼都不怕嗎？至少在某些時候，他一定會害怕某些東西。假如他遇到一個像他這樣的人，他會怕嗎？

沒有任何東西會使我害怕，他們想和我打上一架嗎？我揍扁他們——就這樣，沒啥好說的。你懂我的意思嗎？我會割花他們的臉，這你總懂吧？

他真的沒有一點恐懼感，也不關心別人。因為他沒有可以感受別人傷痛的同理心，也沒有使他不去割花別人的臉的同理心，他是心理病態的極端案例——極端的不知恐懼為何物。

他偶爾會替受害者感到難過嗎？他有良心嗎？拉吉的回答是：「從來沒有，因為這都是他們自找的。」心理病態者向來都把責任推到別人身上，以怪罪別人來為他的行為找理由，用「活該」之類的說詞來為他們的滔天大罪找理由——是**他們**先做某個行為，所以他們活該。這給了拉吉一張通行證去做任何他想做的事。拉吉之類的心理病態者就像參與法國的電視競賽節目《遊戲無國界》（*jeux sans frontiers*），只懂得成天追求生活的刺激和興奮，這種心態很可怕，會造成冷漠、無感情、沒良心、冷血、不顧一切、無可抵擋的心理病態者，而這一切都來自生理亢奮不足、無所懼、尋求刺激的童年。

當年的小女孩居樂，長大後也成為無所畏懼、追求刺激的人，卻和拉吉很不一樣。她當選了模里西斯小姐，從大不同於拉吉的方向求得生命中的興奮，來滿足她的刺激追求。

居樂長大後對自己童年的記憶是，她是個想嘗試每一件事、去探索世界、去發現未知的孩子，求知若渴，她說：「我對生命充滿了好奇，想弄清楚每一件事。對我來說，人生最重要的事就是表達我自己。」她也想與環境互動，但方式完全不同於拉吉。這種想要發現世界、發展大無畏探險潛能的慾望，並不一定會讓人變成罪犯；雖然同樣有著反社會生活型態的生物標記和氣質傾向（temperamental predisposition），居樂小姐卻有著充實、沒有攻擊性的人生。她是一位仁慈、大方和敏感的人，有其他因素保護她不走向心理病態的路——說不定是因為當地文化對女性的規範，使她和拉吉的人生分道揚鑣。

整體來說，拉吉和居樂的差異很像炸彈客卡辛斯基與拆彈專家的差別。生物標記不是命運，同樣的生物標記可以得出非常不同的結果。與此同時，早期生物警告（early biological warning）可以讓我們看見前面的路障而加以防避。**從自主神經系統來了解暴力，我們怎麼看待良心的確是關鍵。**

良心可以戰勝犯罪

你有過殺人的念頭嗎？沒有嗎？那麼，你是個假裝清高的人（Goody Two-shoes）。百分之七十六的「正常」男人，都有過至少一次的殺人念頭。正常女性則是百分之六十二。你想殺誰呢？男人想殺他的同事，女人想殺她的家人，尤其是繼父繼母。後者非常符合演化的謀殺理由——殺掉基因上跟你無關的人。為什麼你會想殺人？最常見的理由是情人吵架，但是，也有百分之三的人只是想嚐嚐殺人的滋味。

驚悚大師希區考克（Alfred Hitchcock）很能掌握美國社會的暴力念頭。在他執導的電影《火車怪客》（*Strangers on a Train*）中有一個雞尾酒會的場景，裡面一位女士在想像殺人：

> 我想這真是一個好主意，我可以載我先生去一個罕無人跡的地方，用鐵鎚敲他的頭，再倒一加侖的汽油到他身上和車子上，然後點火燃燒。

然後她就笑了。

我希望我永遠不要碰到你們之中的這種人，但就算你是這種人，我也相信你還沒有殺過人。為什麼？因為當你真的當一回事去想時，當你真的讓自己面臨那種情境時，你就是會懸崖勒馬——有個誰在後面拉著你。我知道不管我有多想殺掉批評我文章的人，我就是下不了手。那個拉住我們、叫做「良心」的東西，一部分是由自主神經系統，一部分是所謂的「腸胃感覺」（gut feeling；譯註：即某件事不太妥當時，我們的腸胃會覺得不適，也就是英文說的「胃裡有隻蝴蝶在翻攪」，讓人覺得不安），這種感覺會超越心跳率，使我們躊躇再三。用專業一點的話來說，就是古典制約（classic conditioning）行為和自主神經反應一起合作，使我們做或不做反社會行為。

怎麼測量一個這麼抽象的「良心」呢?流汗是一個不錯的起始點——古典制約的實驗就是測量膚電反應（skin conductance）。讓我們快速地從實驗室到廚房，再回到實驗室來。

在實驗室時，我們要先用小電極來測量膚電反應，把電極貼在大拇指和食指尖上，然後送出很微弱——微弱到你幾乎不感覺到——的電流，你越是流汗，電流就傳導得越多，而放大這個微小的電流改變後，就可以用電腦的軟體來測量，並以圖形呈現。

如果讓受試者頭戴耳機，並對聲音的頻率做出反應，那麼我們也可以從流汗程度看出，他究竟花了多少大腦資源來處理這個聲音。當你傾聽一個聲音時，前額葉皮質、杏仁核、海馬迴和下視丘都會活化起來。這些「低」皮質下的區域——如下視丘和腦幹（brain stem）——會刺激流汗，所以我們在想事情或聆聽某個聲音時都比較會流汗。雖然這個流汗反應是周邊自主神經（peripheral autonomic）的測量，卻也是中央神經系統處理歷程一個強有力的測量。膚電反應越大，大腦的注意力處理越大。

現在，我們可以回到如何量化「良心」這個惱人的議題了。讓我區分是非對錯的究竟是什麼？我認為答案就在生物社會理論（biosocial theory）之中，而我們可以把良心想像成古典制約中的情緒反應。**罪犯和心理病態者的恐懼制約反應很差——一部分原因是他們天生就是不夠覺識，因為恐懼制約不足，所以他們的良心發展不完全，這個沒有完全發展的良心——即知道什麼是對，什麼是錯——便是他們如今成為這個樣子的原因。**

生物社會理論是這樣說的：古典制約是學習兩個事件在時間上的關係，當一個中性事件（制約刺激）後面緊接著一個厭惡的事件（非制約刺激〔unconditional stimulus〕）時，這個原本中性的刺激會發展出那個厭惡刺激的特性，使你也討厭它。在經典的「巴夫洛夫的狗」（Pavlov's dogs）案例中，鈴聲跟稍後出現的食物連結在一起——鈴聲一響，食物就出現。對一隻飢餓的狗來說，食物會自動引發流口水這個非制約的反應，像這樣配對很多次後，鈴聲一響，狗就流口水了，因為這隻狗學會了鈴聲和食物的關係；我們則說，這隻狗被成功的制約了。（譯註：我們自己做這個實驗時有發現，狗雖然一樣流口水，但口水中的消化酶和牠真正吃到食物時的消化酶濃度不同。也就是說，狗的生理機制並沒有被鈴聲所騙，還是要等食物進入嘴巴才會大量分泌消化酶，鈴聲所引發的口水是分泌消化酶的前奏曲而已。不知中國俗諺所謂「望梅止渴」時，口水中的消化酶是否也是如此？）

現在，我們該從實驗室轉到廚房了。小孩其實和巴夫洛夫的狗差不多，你不妨想像一下小孩偷吃餅乾被父母懲罰的情景。責罵或挨打會引發非制約的反應——罵了會哭、打了會痛，經過幾次這種連結學習後，小孩一看到餅乾或想到偷吃餅乾，就會引發不舒服的感覺——這就是制約的反應。這種不舒服的感覺，以後就會使得孩子不去偷吃餅乾。**在我們生命的初期，類似這種「制約的情緒反應」**（conditioned emotional responses）**就會發展出來、形成我們的良心，也就是這個良知使你不去殺人。**

在這理論中，個人一旦社會化了，就會在想到偷東西或打人時發展出不舒服的感覺——因為這種念頭會引發非制約的懲罰記憶。雖然這個懲罰發生在很早以前，而且犯的錯是很輕微的，但是這個制約的感覺已深烙腦中。難道你從來沒在跟朋友談到犯罪時說出「我從來沒有想過去做這種事情」嗎？現在，你知道為什麼你會這麼說的一部分的原因了。你之所以從來沒有或很少想過這種事，是因為一有這個念頭就會引發先前制約的情緒反應，使你感到不舒服了。所以犯罪的思想不會在你的認知概念中，它們被清除於你的雷達網之外了。

這個理論，還有我覺得也很有趣的另一面。有一些犯罪行為不會引起你不舒服的感覺，因為你覺得這些事不算犯罪；例如申報所得稅時，你也許就會覺得，把一百美元的捐款寫成二百美元應該不算

「犯罪」，你會想：我的確捐了一百美元呀，我不是一個壞人呀。你為什麼會這樣做呢？畢竟，你的父母從來沒有因為你在童年時漏稅而懲罰過你吧？他們都是不准你偷東西或打人，正因如此，我們就沒有發展出不可逃稅的良心。或許這就是為什麼白領階級的罪犯裡，很多都是社會上看起來道貌岸然的人，也是為什麼你不覺得逃稅有其他犯罪行為那樣嚴重的原因。

抄襲（或剽竊）是另一個例子。這種行為，在學生中很普遍。我在香港大學教書時，曾經做過一個自陳的調查，結果顯示，有百分之六十七的學生把別人的作業拿來抄，或乾脆當作自己的交上去。雖然學校嚴厲禁止剽竊和抄襲，學生還是照做不誤。你或許覺得百分之六十七沒什麼了不起，因為你自己做學生時也幹過同樣的事；那麼，要是百分之八十八・三的人買盜版軟體或光碟，百分之九十四・二的人非法下載音樂或電影呢？這些行為也不曾有童年的懲罰記憶，所以你良心上不會感到不安。父母常在幫助孩子做家庭作業時，告訴孩子應該怎麼做，幾天後再看到這份家庭作業時，卻往往忘了那是你的主意，可能就稱讚他「能想出這點子真不簡單」，無意之間，就養成了孩子白領階級反社會行為的習慣了。

看看證據吧。若把所有成人犯罪、心理病態及青少年反社會行為的研究集中起來作系統化的檢驗時，最顯著的，便是這些人的恐懼制約都很弱。然而，這很可能是因為他們過的是犯罪的生活，所以恐懼制約才很弱，而不是因為恐懼制約弱才犯罪。所以，雖然有幾十個研究都發現恐懼制約薄弱與犯罪和心理病態有關係，卻沒有一個檢驗過是否可以從早期薄弱的恐懼制約預測成年後的犯罪行為。我們非常需要一個前瞻性長期研究，來確定兩者的方向關係。

今日無畏無懼的小兒，明日無法無天的大盜

高瑜（Yu Gao）是北京師範大學的學生，二〇〇三年到美國南加大跟我念博士。在一個跨越三個學術世代的研究中，她找到了弱制約恐懼可以預測長大後犯罪的證據。

我自己的博士學位導師范納保也曾經在模里西斯尋找過恐懼制約和犯罪的關係，但他的結論是沒有關係。我相信了范納保的話，畢竟他是世界上心理生理（psychophysiology）的權威。你不太可能質疑自己的指導教授，對嗎？

高瑜不像我那麼容易輕信人言，也比較有膽量；你也可以說她初生之犢不畏虎，年輕的人沒有包袱，可以從新的觀點去看事情。我們得到世界恐懼制約權威道森（Mike Dawson）的幫助，而高瑜的統計很好，很快就從資料中發現三歲的孩子就有恐懼制約，范納保太悲觀了，他的制約典範其實是有成效的。

當然了，就像生活中的每一件事一樣，我們的恐懼制約也有程度上的不同。有些人會被制約，有些不會，高瑜馬上就看到了這一點。記得模里西斯的研究中，母親帶著三歲的孩子來實驗室的情景嗎？我們一共找來一七九五名兒童，把小電極貼在孩子的小手指上，測量他們從耳機中聽到聲音時的膚

電反應；那時的他們都坐在母親大腿上，母親的手環抱著他們，情境是很有安全感的。而且，我們也會在確定他們都很舒適後才開始做制約的實驗。

在有些情境中，我們會先給孩子一個低頻聲，十秒後再讓他聽到很大的噪音；另一個做法，則是先給他們一個高頻率的聲音，但是後面沒有噪音跟隨。實驗者並沒有告訴孩子低頻率的聲音之後會有噪音出現，但是只要這麼連結三次，孩子的大腦便知道了；所有的孩子，在聽到低頻率的聲音時膚電反應都比高頻聲來得大。他們很快就被制約了，在聽到低頻率的聲音後，因為預期噪音的出現而顯得害怕。

蒐集這些資料後，我們耐心地等了二十年，直到他們二十三歲，這才搜尋模里西斯法院資料，看看有沒有哪個孩子長大後變成了罪犯；結果是，在一七九五名兒童中，有一三七名留下了犯罪紀錄，高瑜各找了另外兩名同樣年齡、同性別、同種族和同樣社會經濟地位、但沒有犯罪的人，也就是一共二七四人來比對。這個流行病學上的「個案控制設計」（case-control design），是為了確保任何群體的差異不是來自人口或環境的因素。緊跟著，高瑜檢視了這兩個群體二十年前——也就是他們三歲時——的恐懼制約情形。

結果非常讓人震驚。還記得對低頻音的高膚電反應表示大的恐懼制約嗎？圖4.1說明了這個發現。正常的控制組有顯著的恐懼制約，對低頻聲音（CS+）的流汗反應遠大於對高頻的聲音（CS-）；然而，後來成為罪犯的這些孩子卻沒有顯示任何制約，他們的線條是平的——整體來說，他們沒有顯現

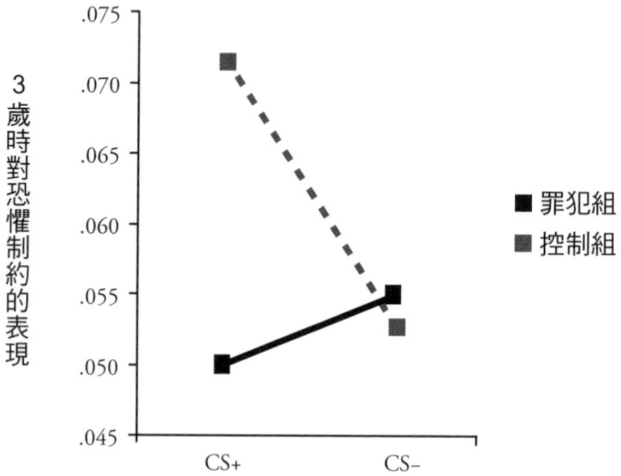

圖 4.1　3 歲時的恐懼制約與 23 歲時的犯罪關係，CS+ 為對恐懼制約的刺激反應大，CS- 為對恐懼制約的反應小。

任何的恐懼反應。高瑜的這個發現讓我們第一次看到，早期的自主神經系統恐懼制約失常可以預測成年後的犯罪傾向。

高瑜的研究把這個領域大大往前推展，因為她記錄到，缺乏良心這個通常會給我們罪惡感、使我們對憤怒行為踩剎車的東西，根源是在很小的時候，遠在童年的行為不端、青少年犯罪和成年暴力之前就已經有跡可循了。**沒良心也是社會環境不顯著的副產品，所以，它很可能是在神經發展過程中，自主神經系統反應過低的結果——這些人的大腦沒有正常的發展。**大腦中，哪一部分對恐懼制約有關鍵性的關係？答案是杏仁核。上一章已經提到過，在無所懼的心理病態者大腦中，杏仁核是沒有活化的。

手指尖是身體結構的最外圍了，但是我們居然可以從這裡測到大腦內部的工作情形，以及引起不法行為的部分神經生物學上的原因。沒有人天生是壞孩子，但是不易被制約的孩子可能發展偏歪了，因而變成了罪犯。

然而，生命永遠不是簡單的事。就暴力的生理原因來說，生物的扭曲、擠壓造成最後的我們，但正如前述的拉吉和居樂，雖然有著相同的生理反應和氣質，卻走上完全不同的生命道路。也像我們在上一章中看到的克雷夫特和巴斯塔曼提，不同的原因造成兩個不同的人有著相同的下場，都是被判了死刑的殺人犯。殊途同歸，是他們最恰當的寫照。

我們對這個暴力的生物機制，目前可以說還一無所知。為什麼低心跳率的人並沒有都變成暴力犯或心理病態者？成人心理病態是否有兩種類型？我認為可能有。有些心理病態者不但沒有低弱的恐懼反應，自主神經和大腦功能反而還比別人好。你身邊也可能就有這樣的人，甚至還跟他有人際關係；更糟的是，那個人可能就是你！讓我們仔細看下去。

另一種畜牲——成功的心理病態者

在討論過演化上的欺騙和「快樂的珍」護士殺人案後，你可能已經對心理病態有點概念了。他們是不知何為恐懼的刺激追求者，自私、有魅力、愛說大話、舉止浮誇。就如海爾（Robert Hare）這位世界著名的心理病態研究者在《沒有良心》（*Without Conscience*）這本書中以「海爾心理病態問卷」（Hare Psychopathy Checklist）所得到的結論，這些人是「沒有良心」的。沒了良心，你就會顯現一些心理病態的人格特質，但是我不相信，所有的心理病態者都額葉功能不良、自主神經興奮低弱。**成功的心理病態者——那些沒有被逮到、被判刑的——可能跟我們前面看到的不一樣，是另一種畜牲。**

我開始對沒有被逮到的心理病態者產生興趣，可以追溯到我還在當會計師的時候。當英國航空公司提供我到牛津大學這個眾人羨慕的學術殿堂念會計的機會時，我心靈上很富足，口袋卻空空如也，所以第一年的暑假我便回到倫敦找了家臨時工作介紹所去賺錢，就在那裡遇到第一個成功的心理病態者。當時的我，很幸運地找到一個查帳的工作，就在那家公司裡遇見麥克（他也是來打零工的）。因為常跟他在下班後去喝幾杯，我們慢慢變得熟稔。他是一個機智風趣、很有魅力的人，很快就讓公司裡上上下下的員工都喜歡他。這個專業的年輕人有著令人著迷的生命故事，渴望冒險。相識沒多久他就告訴我，他會在工作時順手牽羊，不但偷他自己工作用的東西，也偷別的工作用的器物，我覺得，他告訴我的目的是想對誰透露一丁點他的反社會行為生活方式。

除了這些，我對麥克就沒有什麼印象了，只知道他和幾名其他的臨時工都一直過著這種社會邊緣的生活，直到多年後在洛杉磯教書時，我因為做了死刑犯的研究，便不禁要想：不知道那些沒有被抓到的犯罪者，生理上是不是跟關在大牢裡的罪犯一樣。但是，我去哪裡找這些「放養」的犯罪者呢？這時，麥克的影像突然出現在我的眼前，提醒我去臨時工作介紹所一定找得到。

聽起來有點不切實際，但是不試怎麼知道呢？我在英國時，就曾經做過英國監獄中的心理病態者研究，很清楚怎麼做最好，便去附近的臨時工作介紹所找了幾個人來我實驗室工作三天。做些什麼呢？我的團隊會問他們「最近有沒有犯過什麼罪」，聽起來很天真是吧——誰會告訴你真話？但是很奇怪的，不久之後，他們就像金絲雀唱起歌來那般，原原本本把他們搶劫、強姦甚至殺人的事蹟都明白交代出來了。我對麥克的記憶帶來了豐收。所以，我們很快就找了更多的臨時工來實驗室做實驗、蒐集資料了。

我把先前獲得的資訊放入研究的情境中：反社會人格症者約佔男性人口的百分之三（我用「症」〔disorder〕是因為他們是累犯），而臨時工樣本群中，有反社會人格症的高達百分之二四・一，比整個國家的平均率高上八倍。此外，有百分之四二・九——幾乎一半樣本群——的人符合成人反社會人格症的門檻。既然找到了臨時工介紹所這個反社會的金礦，我們就開始深掘。

這些有「反社會人格症」的人所犯下的罪行，可比我小時候的不聽話嚴重多多。百分之四十三的人犯過強姦罪，百分之五十三的人攻擊過陌生人，程度嚴重從瘀青到流血。百分之二十九的人持武器搶劫，百分之三十八的人犯過槍擊案，百分之二十九的人殺人未遂或殺死人。我發現，跟我在洛杉磯臨時工介紹所找來的人比起來，麥克不過是隻小貓，那些人才真的是老虎啊！

你可能會懷疑，為什麼這些臨時工願意告訴我們犯罪經歷呢？這有好幾個原因。最重要的是，我們從衛生部（Secretary of Health）那兒拿到了保密的許可證，使我們不受美國司法單位傳票的拘束，更不可以被迫洩露資料。事實上，假如洩密，我反而犯了罪，成了別人犯罪研究中的受試者。所有參加這個實驗的人，都受到法律的保護。此外，他們在一所頗有名譽的專業大學中接受專業訪談，研究助理都很值得信任的；或許這是他們一生中，第一次可以暢談所犯的罪而不必擔心外洩或因而被抓——甚至敢於透露強姦和謀殺案。

他們有可能吹牛嗎？我不認為。他們幾乎沒有說謊的動機，說謊也對他們沒有任何好處。雖然不能因此就排除心理病態者喜歡說謊的天性，但是我們認為，這些受測者比較是反社會人格的罪犯。讓我這樣說吧，假如他們講的是實話，那麼他們一定是反社會行為者；假如他們講的是謊言，那麼他們是心理病態的說謊者，還有反社會人格症。事實上，我們認為這些犯罪者和反社會人格症的比例是低估了。在人群中，這個比例是過低而不是過高。

我們用心理病態量表所得出的心理病態人格出乎意料的高。有百分之一三・五的男性得分在三十以上——這個分數是許多監獄研究用來界定心理病態的門檻分數；有百分之三〇・三的人在一般研究所界定的分割點的二十五分以上。也就是說，我們研究中的男性有三分之一是心理病態。

臨時工作介紹所裡為什麼會有這麼多的心理病態者？因為它是心理病態者避難的天堂——說是繁殖場所也不過分。心理病態者就是榨取別人來過活的，表面功夫都很強，很有俗世的魅力，使他們容易找到宿主，寄生到他們身上；他們的確都會被識破，卻也都能一被驅逐就很快找到下一名受害者，繼續吸血吸到乾。臨時工作介紹所提供的，正是這種自由移動的機會。一方面，臨時工作介紹所對申請者的背景調查不像全職人員那麼嚴謹；二方面，心理病態者很衝動、不可靠，幾乎沒有辦法去做永久性的工作，相對的也減少被老闆看出苗頭不對的機會，大多是老闆才開始懷疑，他就已經辭職不幹了，因此比較不會被發現。他們同時喜歡尋找刺激，體驗新的經驗，臨時工作介紹所恰恰給了他們這個自由，甚至可以藉此從一個城市移到另一個城市。當然了，這可不是說所有臨時工作介紹所推薦的人都是心理病態，畢竟我也曾經是裡面的一員；但是整個來說，會在那裡找到這麼多的心理病態者我們也一點都不意外。

找到這些心理病態者之後，我們緊跟著就搜尋法庭資料，看看有沒有哪些人曾經被法院定過罪。被定了罪的，是「不成功」的心理病態者；還從來沒被抓到的，就是「成功的」心理病態者了。我們找到的不算多——只有十六名不成功的心理病態者，十三名成功的心理病態者，以及二十六名控制組。不過，這總是個好的開始。

直到現在為止，還沒有人對這些人做過任何實證的研究，比較接近的，只有魏登（Cathy Widom）在一九七四年十一月到一九七五年七月所做的一個開創性、很有啟發意義的研究。在上述時段，她在一家「反文化」的波士頓報紙刊登了如下的廣告：

徵求：有魅力、有進取心、不拘束、很自在、很會處理人際關係，但又衝動、不負責任，很會為自己打算的人。

她用神經心理學的測量，發現應徵她廣告、沒有住院的這些心理病態者，並沒有像我們以為的前額葉的缺失。她也發現，心理病態者和正常人之間自主神經上的差異，只限於被關起來的不成功的心理病態者。不久後，魏登又與威斯康辛大學麥迪遜校區的心理病態研究者紐曼（Joe Newman）合作，重複她的實驗以求更進一步地找出頭緒。她原始的實驗是有些缺點的，比如說沒有控制組、百分之四六・四的參與者曾經坐過牢，所以不能算作「成功」的心理病態者。此外，也沒有心理生理的數據來支持她的假設。

但現在的我們就不同了。我們有心理生理實驗室，可以驗證魏登和紐曼的想法；首先，我們讓受試者嘗試一種社會壓力的情境。他們坐進心理生理的實驗室後，手指尖戴著電極來測膚電反應，手臂上也有電極測量他們的心跳；我們要受測者處在休息狀態，也就是在安靜坐著的狀態下，測量他們自主神經活動的情形。

然後，我們告訴他，兩分鐘後他要發表一次兩分鐘的演說，全盤托出他最壞的缺點，因為我們會錄影，所以他得趕緊準備；如果到時他講不出來或猶豫，房間內的研究助理就會逼他趕快講，增加他的壓力。前面還未開始的兩分鐘有著「預期的恐懼」（anticipatory fear）或是海爾所謂的「準制約」（quasi-conditioning），就如在恐懼制約中的一樣，我們想觀察的，是這些心理病態者在預期的恐懼和真正開始講的時候的自主神經反應。

實驗結果請看圖4.2。控制組的表現一如預期，從頭到尾靜止心跳率和流汗率都增加。不成功的心理病態者表現也很接近預期，根據先前監獄研究中心理病態者的實驗，我們知道他們的自主神經反應在緊張的情境是不敏感的，只比休息時的基本率高出一點而已。成功的心理病態者的反應型態就完全

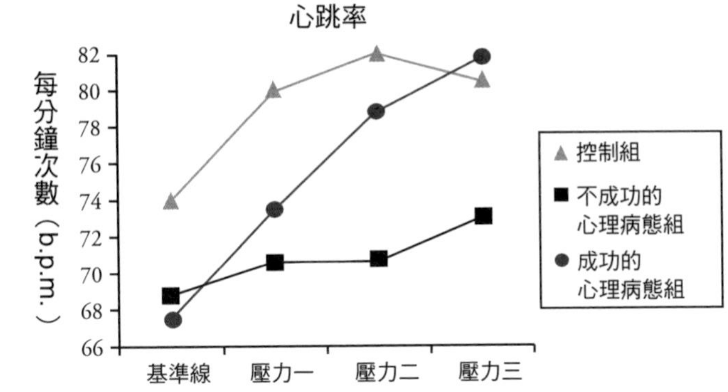

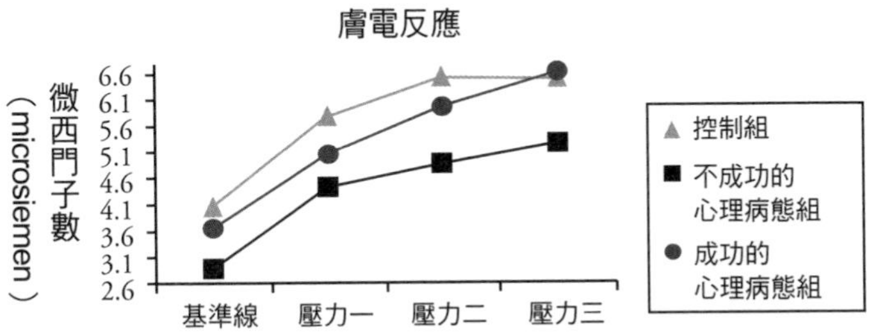

圖 4.2　控制組、不成功的心理病態組和成功的心理病態組，自主神經系統的壓力反應比較。

不同了，心跳率和流汗率都顯著增加。也就是說，成功的心理病態者和控制組沒有差別。魏登二十三年前的假設，在這場實驗裡得到了初步的支持。

我們同時也測試他們的執行功能：一位成功的業務主管必須擁有的認知功能，包括計畫、注意力、認知彈性，以及隨機修改策略以適應當下情境的能力。這三組受試者的表現如何呢？請看圖4.3。控制組的表現顯著比不成功的心理病態組強，這是本來就預期得到的結果；但是，請看一下成功的心理病態組的表現，他們不但比不成功的心理病態組好，也比控制組顯著的好。

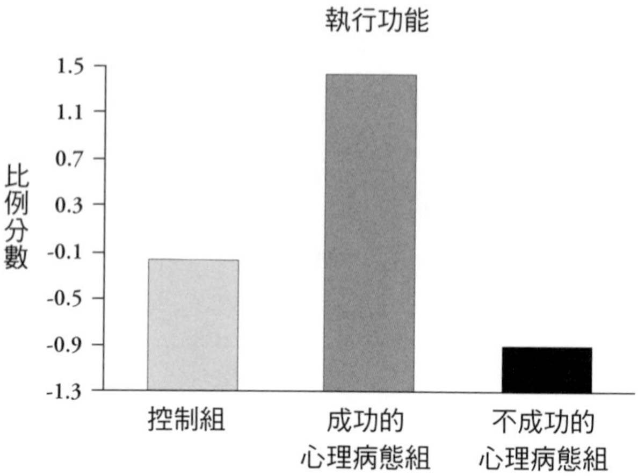

圖 4.3　成功的心理病態組在執行功能上的優異表現

我們該怎麼解釋成功的心理病態組超出預期的好表現？要回答這個問題，就必須先離開暴力的生理領域，進入策略制定的生理領域。狄馬吉奧（Antonio Damasio）在他開創性的著作《笛卡兒的錯誤》（*Descartes' Error*）中，第一次提出「身體標記」（somatic marker）的假設，把做出好決策的情緒和認知結合起來。他認為笛卡兒犯了一個基本的錯誤，也就是他廣為流傳的那句**我思故我在**（cogito ergo sum），認為心智和身體是分開的。

相反的，**狄馬吉奧認為心智和身體有緊密的連接。好的心智才能做出好的決定，而要有好的心智則必須仰賴身體製造好的身體標記。**所謂身體標記，是當你在想一個危險的行動或一個困難的決定時，你身體的自主神經系統給你的不舒服的感覺——如心跳加快、冷汗直流等。這些身體標記會找出過去負面的結果，儲存在身體感覺皮質（somatosensory cortex）中。這些訊息會被送到前額葉皮質，在那裡，大腦會做更多的評估和決策。

假如目前的情況與過去負面的結果有過任何的連結，過去的身體標記甚至會警告——警鈴大作——大腦的決策區不可付諸行動。這個歷程可以是意識的或潛意識的，也可以視為減少決策選擇範圍的助力，就很像古典制約中的預期恐懼，使你不去做出和過去被懲罰有關的反社會行為來。

我們過去都認為，要做出好的決定，就必須與情緒分割——必須冷靜、把持自己，不動肝火才能做出好決定。但是狄馬吉奧在認知和情意神經科學上的研究帶來了革命性的看法。現在我們知道，**情緒扮演了非常重要的角色，引導我們做出好的決策。如果沒有情緒和身體標記的話，我們無法做出好決策。**

現在，讓我們回頭看看不成功的心理病態者。這類人情緒遲鈍、缺少適當的自主神經壓力反應，我們可以想成減弱的身體標記——身體和心智的斷連。狄馬吉奧認為心智二元論（mind-body dualism）會帶來不好的決策，而吃過牢飯的人都做過很多不好的決策。

再看成功的心理病態者，他們的自主神經壓力反應正常，也能預期恐懼，身心連結正常，因此身體標記可以幫他們做出好的決策，執行功能特別強。我認為，這正是成功的心理病態者之所以成功的主因。

你應該還記得，我們定義成功的方式是看他們有沒有被警察抓到，有沒有吃過牢飯。想像這些成功的心理病態者走在街上時，心中起了搶劫便利商店的念頭，而他的大腦——意識和潛意識——開始處理這個歷程。他會有意識地看看前後左右，確認路上有沒有行人、街角有沒有監視器；他的潛意識也在形成整個情景，把意識界送進來的訊息整合到情境中。他正準備好要動手了，卻在最後一分鐘停止，因為整個情況不大對勁，他不喜歡眼前所見的一切，雖然還不確定究竟是哪裡不對勁，但他就是知道不能做，感覺到了危險。

他的身體標記的警鈴響起，警告他上次就是這種情況害他差一點被抓到。或許是這個時間不對，或許是店裡有上次看過他的人；更可能是他剛剛喝了兩杯酒，或許是喝酒、視覺和身體的線索使得他的警鈴響起。他高度的自主神經反應，使他勝過那些不成功的心理病態者；那些人聽到的不是身體的警告訊息，而是警車的警報器。

也就是說，那些失敗的心理病態者的自主神經反應太低了，偵測不到危險，導致他們失風被逮。成功的心理病態者有著相對來說比較好的自主神經功能，所以比較能成功逃過警察的追捕，同時執行功能也比較強。但是，假如成功的心理病態者並沒有像失敗的心理病態者那樣自主神經系統失功能，使他們變成心理病態者的又是什麼？

我們最初的研究提供了兩個線索：第一，回頭再看圖4.2，你會看到成功和不成功的心理病態組在接受壓力（兩分鐘的演說）之前的休息心跳率都比較低，成功的心理病態者每分鐘心跳比控制組低了六下，也比不成功的心理病態組稍低，而我們已經知道，低心跳率者喜歡追求刺激；第二，成功的心理病態者有一個心理社會（psychosocial）的失功能是另外兩組沒有的，他們不是在自己家庭長大，而是被生身父母以外的人扶養長大，或是在寄養家庭、孤兒院長大的，缺少父母親的愛和關心可能使他們無法與社會形成緊密的連結，而這正是心理病態者難以和別人形成深度親密關係，只能維持表面上膚淺關係的特徵。

這個原始的研究指出了一條未來研究的線索。毫無疑問，心理病態者的「成功」——避免被發現——相對來說很稀少，而且我們的發現也許不能和那些大商人、政客、學者或恐怖份子所謂的成功相提並論。不過，這是第一次我們對心理病態者的成因有些線索，社會上這種人很多，甚至生活在我們周邊，而我們長久以來都對他們一無所知。

「熱血」的連續殺人犯

我們在成功的心理病態者身上的發現，可能帶給了我們一些啟示，讓我們更能了解連續殺人犯。「什麼因素使這個人成為連續殺人犯」不只是一個沒有答案的問題，更是一個沒有人研究的問題，因為我們幾乎不可能蒐集得到系統化的實驗數據。除了一些非常基本的事實之外——他們多半是白人、男性、專找陌生人下手、不常用槍——我們對他們可以說是一無所知。

大部分人都會認為，連續殺人犯是「冷血動物」。但是，他們的冷血作為會不會來自「熱血」的身體呢？我認為，有些連續殺人犯的確有著成功的心理病態者的特質；一名謀殺犯就曾經告訴我說，第一次殺人沒有那麼簡單，但是一旦你跨過了那個界線，接下來就簡單了。

假如你第一次殺人就能不被抓到，那可是跨過一個大大的門檻，會讓你想要再找個人來殺。根據第一次殺人中學到的經驗，你會調整你的行為，讓自己變得更有效率，這正是我們在成功的心理病態者執行功能上的發現。你知道該在什麼時候下手——反之，什麼時候應該控制住自己，不要輕舉妄動。這個能力是怎麼來的？我們前面談過，他有一個很有效的自主神經系統，提供他身體標記——身體的警鈴，讓他知道什麼時候下手，什麼時候快逃。

但或許這裡也存在一個矛盾。我在前面說過，低心跳率是一個可以被重複驗證的反社會行為標記——至少休息時的心跳率是如此。假如你剛剛殺完一個人，你的心跳會怎麼樣？我希望你會說，你的心跳會跟一隻受到驚嚇的兔子一樣快。你會因為自己剛剛做過的事而感到很害怕嗎？很可能。那麼你認為，剛剛殺過一個人的連續殺人犯又會有什麼感覺？我想你會說，他的心跳不會有多快——他可是冷血動物。然而，羅斯（Michael Ross）卻告訴我們未必如此。

羅斯是個很聰明的連續殺人犯，在他從康乃爾大學（Cornell University）畢業以前，他在紐約州和康乃狄克州連續強姦和謀殺了八名年輕女子，他說，殺過人後他會感到三件事：

我記得，第一個感覺是心在狂跳，簡直都要跳出喉嚨來了。第二個感覺是手在痛，因為我是用手去勒死她們的。第三個感覺我想是恐懼，事實擺在眼前，我不得不正視：我的面前有具死屍。

別以為羅斯是個例外。光是想像殺人這種事就很令人厭惡了，要是你真的用手去勒死一個人，整個過程更會噁心到使你嘔吐；你認為連續殺人犯不會這樣嗎？你錯了。

某些連續殺人犯的感覺，都和羅斯如出一轍。我目前在新加坡的監獄做研究，每次走過樟宜監獄執行死刑的地方時，我都會想起史克力普斯（John Scripps）——第一個因為犯下好幾起殺人罪而在新加坡被吊死的西方人。史克力普斯可以說集所有冷血心理病態者的大成。他在把完全無害於他的陌生人羅宜（Gerard Lowe）打到沒有意識後，又切下他的頭：

就像殺豬一樣，幾乎沒有差別，從喉嚨插入，繞著頸子轉一圈；假如你做得對，就不會弄得亂七八糟。

史克力普斯可以說是完全沒有心肝的人——但他還是嘔吐了。他的被害者知道發生了什麼事嗎？他的回答是：

他尿在身上，搞得自己臭得要命。他自己的尿，嗯，對，臭到我都吐了出來。他是真的尿了自己一身，但那也怪不得他，不是嗎？

這個嘔吐的反應講起來頗令人驚訝，因為謀殺者毫無良心，殘酷，而且貌似冷血。一個基於十二樁謀殺案的研究報告認為，謀殺有時會過度刺激情緒的邊緣系統，這使得自主神經系統太過活化，導致噁心、嘔吐、大量流汗、失禁或甚至暈眩。這個邊緣系統的過度活化假設還沒被證實，所以解釋上要小心。不過至少我們已看到，史克力普斯並不是完全不會恐懼的人。他比較像我們定義下的成功的心理病態者——差別只在他最後還是被抓到了。

這也就是說，你和連續殺人犯的差別可能沒有你自己想像的那麼大。羅斯的例子告訴我們，成功的心理病態者有自主神經系統在壓力下不夠活化的問題，心臟血管的回饋強化了情緒的覺識，造成身體標記，提供前額葉皮質當下社會情境的警覺；因此，就像我們檢視過的成功心理病態者，壓力情境下的羅斯顯示出預期的恐懼。他良好的執行功能和決策能力使他可以仔細計畫、跟蹤他的受害者，也確保作案時的社會情境正合所需。就像成功的心理病態者一樣，他帶有不知懊悔與自我中心這兩個心理病態者的主要特質；他來自破碎的家庭，這也是我們在成功的心理病態者身上發現過的一個特質——他跟你我的不同之處，或許就在這裡。

因此，羅斯的心臟在他殺人時和二〇〇五年五月十三日在康乃狄克州被處死時都跳得比較快。但不同於史克力普斯的是，他的心跳得比較快不只因為害怕，也因為處死時注射的氯化鉀（potassium chloride）本來就會加快心跳——很諷刺的結局不是嗎？他的心跳終於加快了，但這個快卻是要終結他的生命。**死刑是處理社會問題的一個方法，但我們有時不免要想：有沒有更有效的方法，讓我們在生命的初期就能處理會使孩子走上不歸路的自主神經系統**；因此，我們會在後面的章節陳述如何改變青少年反社會行為的低覺識程度，好在不必使用氯化鉀的情況下讓他們的生命轉向正途。

是無懼，還是有勇？

我們還沒弄清楚人為什麼要殺人，也不知道為什麼有人殺一個就停手、有人殺個不停。我們只能說，自主神經系統的失功能是原因之一，靜止心跳率低是反社會和暴力行為的原因之一，會讓人更可能成為冷血殺手。卡辛斯基是冷血暴力犯的集大成者，靜止心跳率一分鐘才五十四下，使他落在臨時工作介紹所樣本群的後面百分之三，而這個樣本群的平均心跳率本來就偏低了。他的低靜止心跳率和無懼感一如拆彈專家，卻走上了天壤之別的路途。

我曾經在紐約《六十分鐘》（*60 Minutes*）的攝影棚裡討論謀殺與基因的關係時，和美國哥倫比亞廣播公司（CBS）晚間新聞主播丹．拉瑟（Dan Rather）談過低心跳率這個假設；當時他非常同意低心跳率和無畏互有關聯，因為他也是個低心跳率者，很小的時候就去學拳擊。他很清楚自己不只「無懼」，而且「有勇」，這個特質或許已經在他訪談美國總統時勇猛無懼地提出犀利問題中表露無遺，也因為那種提問方式受到嚴厲的批評。雖然他有暴力的生物標記，卻能像模里西斯小姐居樂一樣，為先天體質找到不同的出路，以清晰的口齒、犀利的言語把長處放在追蹤事情的真相上，而不是身體的暴力。

大學炸彈客及其同類的謎團相當複雜，遠遠不是心跳率低這個變項所能解釋，但是我們有一些線索。卡辛斯基有思覺失調型人格障礙症，也有妄想型人格障礙症（paranoid personality disorder）——

最顯著的症狀就是會有很奇怪的念頭，覺得每個人都要害他，沒有親密的朋友，自我中心，情感遲鈍；好幾位精神科醫生都當過他的辯護人，包括賓州大學講座教授格爾（Raquel Gur），而且一致認為卡辛斯基有妄想型思覺失調症（paranoid schizophrenia）。甚至檢方的精神科醫生都承認他有思覺失調症和孤僻型人格障礙症（schizoid personality disorder）。下面我們會看到，這種有生物機制（即有基因或大腦裡原因）的臨床症狀，本身就是反社會和暴力行為的危險因子。此外，根據他的母親所言，卡辛斯基九個月大時曾因住院而與她和家人隔離，這使得他後來退縮，對情感沒有反應，恐懼與人分離。耐人尋味的是，分離焦慮症（separation anxiety disorder）會導致疏離、孤獨，讓人很難發展出親密人際關係——這些都是卡辛斯基的人格特徵。我們下面會看到，**發展的關鍵期因為住院被隔離而中斷了親子聯結，會影響大腦及其他的生物危險因子，觸發暴力**。這一點，是我們對炸彈客之謎的一部分解釋。

更大的謎團，或許在理解心理病態和國家英雄之間的界線——為什麼有些低覺識率、個性無懼的人會變成殺人的惡魔，而有些同樣體質的人卻變成無私、勇敢、救人的英雄。湯姆・漢克斯（Tom Hanks）在《搶救雷恩大兵》（*Saving Private Ryan*）這部電影中，扮演了非常勇敢的英雄，在戰爭火線拯救雷恩大兵，但是我們也看到，諾曼地登陸日進攻奧馬哈海灘（Omaha Beach）時的他內心卻充滿恐懼。這就是差別所在，他很勇敢——雖然深感懼怕，卻仍能無私地做出捨己為人的英雄行為。

在電影《危機倒數》（*The Hurt Locker*）中飾演詹姆士（William James）士官長的傑瑞米・雷納（

Jeremy Renner），則模糊了這個勇敢和無懼的界線。做為巴格達（Baghdad）拆彈小組的領導，他究竟是刺激的追求者，具有不斷犯規的心理病態人格的人呢？還是一位了不起的專業英雄，為了拯救美國人和伊拉克人地獄都敢闖，冒著自己生命的危險，不顧一切？就像許多心理病態者一樣，詹姆士與前妻和孩子很難有情感上的連結；也像很多暴力犯，他是一個很複雜、無法用單一框子界定的人。

我們看到，這些人——不管是電影中的拆彈部隊或真實世界的炸彈客——都有暴力的生理要件，我們會在後面的章節再回頭來談這個關鍵主題。不同的生物、心理和社會的危險因子會交互作用，塑造出暴力犯或自我犧牲的英雄。**暴力和恐怖活動不只緣於低生理覺識，卻肯定是主要因素之一**，再結合其他因素來看時，我們就會更加了解卡辛斯基這樣的謀殺犯。

上一章節的主題，是大腦功能不彰會使人傾向暴力；這一章，則把我們的注意力從中央神經系統移到了比較周邊的自主神經系統。在暴力犯的生理解剖上，我們看到破碎的心會導致令人心碎的暴力行為，所以我們又要再回到大腦，檢視它的生理結構。朗布羅索認為，他從竊視大盜維內拉的大腦找到了犯罪的原因——大腦中結構的不正常；他是瘋了嗎？還是真的有看到一些東西？為什麼自主神經系統和中央神經系統會不好好運作而弄出毛病來？這些暴力犯，大腦真的都有問題嗎？

第五章

頭殼壞去？

暴力的神經剖析

你會不會覺得有時耶誕節有點難捱？整個假期大家窩在家裡大眼瞪小眼，到最後變得看誰都不順眼，肚子塞滿了耶誕布丁（Christmas Pudding）和火雞，電視不停的在播球賽，宿醉的頭痛和不新鮮的空氣（因為冬天，門窗都關緊），收到的是不想要的禮物（你知道你得想辦法在別人生日時，把它轉送出去），還有每年新年時所做的、你心知肚明不可能完成的「今年的承諾」。我們每個人都知道聖誕有多「快樂」，有時候，我們真的很同情狄更斯筆下的小氣財神史古基（Ebenezer Scrooge）。

六十五歲的廣告業鉅子魏斯坦（Herbert Weinstein）也不例外。當一九九一年一月七日「耶誕節的十二天」（The twelve days of Christmas；編按：由來已不可考的民謠，歌詞中有各式各樣關於基督教寓意的禮物）一過，他就跟太太芭芭拉（Barbara）在曼哈頓公寓的十二層樓大吵了一架。這個婚姻對他們兩人來說都是梅開二度，很清楚這種婚姻有多難維持，又有多容易互相指責對方的孩子不成材；吵得太兇時，魏斯坦先生通常會從戰場撤退、躲到書房去，留太太一個就吵不起來了，但是這個做法有一點危險——對方可能會更生氣。這一回，芭芭拉就追上去抓了他的臉。

這個舉動觸動了魏斯坦心中的某一根弦，導致他緊抓太太的喉嚨，掐死了她。芭芭拉倒在地上動也不動後，魏斯坦先生打開窗戶，把她從窗戶中扔了出去。芭芭拉自由落體了十二層樓，掉在東72街的人行道上。魏斯坦先生原本認為這看起來像個意外，但是仔細一想似乎還有點不太對勁，便偷偷溜出大樓，但還是很快就被警察逮到，被控二級謀殺（second degree murder）。

這可不妙，但魏斯坦先生是個有錢人，請得起好律師；由於他並沒有前科也沒有暴力紀錄，律師懷疑他的大腦可能有些不對勁，便送他去照了核磁共振（MRI），再去照正子斷層掃描（PET）。如果你有機會看到他的片子，就算你不是世界一流的神經學家，也能看出他的大腦有病變——前額葉皮質居然缺了一大塊；這是怎麼一回事？別人不知道，連魏斯坦自己也不知道，他的左額葉皮質竟然長了個蛛網膜下腔囊腫（subarachnoid cyst），這個囊腫一直擴大，吃光了額葉和顳葉的細胞。

律師諮詢了著名的神經學家狄馬吉奧，想知道魏斯坦有沒有能力思考和控制他的情緒。狄馬吉奧認為，膚電反應和大腦影像的數據，都顯示魏斯坦先生調節情緒和作出合理判斷的能力都已受損，於是，律師便要求「心智失常」（insanity）免責。法官被狄馬吉奧的說詞和腦造影專家的證詞說服了，所以檢方和被告同意以「過失殺人」（manslaughter）的罪名起訴。這個罪最重不過七年，而不是原來高達二十五年徒刑的二級謀殺。

這是一個具有里程碑意義的判決，在此之前，沒有任何一個刑事法庭採用正子斷層掃描的證據。**有史以來第一次，大腦影像的資料在正式開庭前的偵察庭上，用來替被告減罪、減刑。**

魏斯坦的案子，讓我們看到大腦在人類暴力傾向上的重要性；更重要的是，這個案子還顯示**左前額葉皮質結構上的缺陷會導致大腦功能上的失常，最後導致暴力**。我們還不了解魏斯坦的這種囊腫怎麼來的，但已知道它可以長很久而不被發覺，也可能是良性的；但是這個案子的專家作證說，魏斯坦大腦中的囊腫確實使他的大腦失功能，不能做出理性的思考，加強了他「心智失常」成立的證據。

你應該還記得我們在第三章中提到過，額葉皮質的失功能特別跟反應式的攻擊性有關。重看命案發生那晚的報告，就會發現魏斯坦的暴力是反應式的本質：攻擊發生前先有吵架，然後他的太太抓了他的臉；就是這些攻擊性的言語和實際動手的刺激，才觸發了魏斯坦的暴力反應。我們前面講過，家暴常因前額葉皮質無法調控邊緣系統的反應，所以一面對觸發情緒的刺激就會引發反應式攻擊行為。因為魏斯坦從來沒有任何攻擊性或反社會行為的前科，所以他的這個暴力行為，應該就是他的大腦恰好在這時候被破壞到臨界點，使他出現反應式暴力行為。

本章中，我們要潛入更深的暴力大腦神經解剖圖，來看這些犯罪者的大腦和我們比起來是不是有**生理上的異常**。因此，我們要從四個方面來看魏斯坦這個案子：

第一，魏斯坦大腦的缺陷已明顯到每一個人都可以看出來，可我必須在此強調，其他的暴力犯的大腦異常可能不像魏思坦那麼顯著，有些人甚至細微到連有經驗的神經放射學家（neuroradiologist）都不一定看得出來。但是，如果用上腦造影儀器和最新的分析工具，就可以看得到了。

第二，雖然魏斯坦的大腦很可能是在他成年以後才不正常，我還是認為，大部分的暴力犯很小的時候大腦發育就不正常了。我會提出一個犯罪和暴力的神經發展理論，說明犯罪的種子是在孩子很早的時候就種下了。

第三，我們會轉向因果關係來看暴力的起因。魏斯坦的案子告訴我們，生命後期的大腦疾病還是會引起大腦失功能，那麼，年輕一點的罪犯又如何呢？我們在第三章和第四章都看到過，暴力犯一有大腦功能上的失常，就會像你的車子發不動、電腦突然跑得很慢，你知道它有什麼地方不對勁了。目前為止，我們都是從軟體的角度來看它，或許出生時遭逢難產，就可能影響他以後的大腦發展，或許營養不良使大腦不正常；接下來我要討論的則是，它也可能是**硬體出了差錯**，也就是說，這些罪犯可能是大腦壞了——根本在結構上就和我們正常人不一樣。

讀過十九世紀朗布羅索的那本《犯罪者》（*Criminal Man*）後，我要說，這位世界上最早的犯罪學家認為**罪犯有大腦結構上的不正常才使他們有暴力傾向是完全正確的**。他可能在小腦皮質的位置上有錯誤，或是沒有完全弄對犯罪特性的種族遺傳，但是他在說該隱（Cain）大腦結構不同常人時是完全正確的。乍看之下，這好像讓我們又回到了罪犯都是「天生的壞胚子」（born criminal）、基因決定人生的這種宿命論；**雖然我的確一直堅持暴力的確有很大一部分是基因上的關係，但我同時也要說，環境在引起犯罪者大腦結構不正常上扮演著關鍵性的重要角色**。

第四，魏斯坦的案子是嚴重暴力，但是難道大腦結構不正常所引發的就只限於攻擊性行為？我認為不是。它的影響深及反社會行為與非暴力的犯罪，包括詐欺及白領犯罪。我們這段旅程的起點，是洛杉磯的臨時工介紹所。

像切培根一樣切大腦

還記得克雷夫特和巴士塔曼提吧？一九九四年時布契邦和我以及我的同事勒卡斯（Lori LaCasse）

的實驗，顯示謀殺犯的前額葉皮質功能不佳，杏仁核與海馬迴也都有問題；首度清楚展現這些殺人犯的大腦功能不正常的我們，那時都非常的興奮。

然而，興奮很快就被懷疑所澆熄。樣本群不但都是罪犯，還全都是辯護律師介紹來的——因為這些律師懷疑他們的當事人大腦有毛病；我們的發現，可以類化到一般人身上嗎？另一件事是他們都是謀殺犯——我們的發現可以應用到比較廣的反社會行為上嗎？此外，我們證實的是大腦功能不正常，但是我們並沒有真的驗證過朗布羅索的大腦結構不正常的假設，又如何克服這個實驗法上的挑戰？

這些答案，後來全都在臨時工介紹所找到了。第四章中，我在加州的臨時工介紹所挖到金礦，找到心理病態及反社會人格者來做實驗。在你讀這本書的當下，這些人也許正在社區中犯下強姦、搶劫或謀殺案。舒格（Robert Schug）是我的博士班學生，法醫技術一級棒，能跟我們的受試者做深度訪談，找出哪些人是心理病態者，再讓我們用解剖核磁共振（anatomical magnetic resonance imaging, aMRI）去掃描他們的大腦。aMRI 和 fMRI 不同，可以讓我們清楚看到大腦結構，正合我們當時的需要。

受試者只要躺在 aMRI 中四分鐘，我們就可以得到很多他大腦結構的圖片；接下來的工作，才是真正困難的地方：我們要用複雜精密的電腦軟體，外加我們對大腦結構的知識，找出掃描片子中的地標，確定眼眶皮質和杏仁核所在地。我們不但要像切培根一樣一片一片地切大腦，而且每片只能有一毫米那麼厚，才能產生幾百張片子。我們的切法是從前腦往後切，之所以能切得這麼薄，是因為我們有很好的空間解析度——可以看到一立方毫米的細胞。就像你的電視或數位相機一樣，像素（pixel）

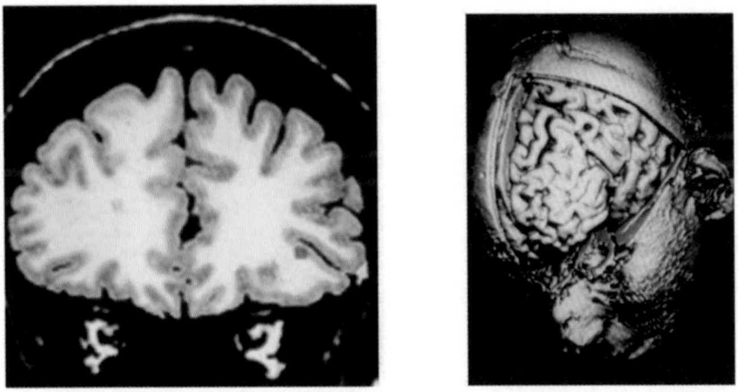

圖 5.1　右圖為結構性核磁共振所顯示的前額葉皮質，左圖為從正面角度觀看的前額葉皮質正視圖，所顯現的是綠色的灰質和白色的白質之間的關係。

越多解析度越清楚，影像越清晰。

然後，就得辛苦地找出每一張切片上我們有興趣的大腦結構，這要利用我們對大腦地標的知識去定位。請看圖5.1：左邊那張圖是前額葉皮質的切片；右邊那張圖是把受試者頭殼切開四分之一，顯露頭殼下大腦情形的三度空間圖。切培根時有瘦肉和肥肉，我們的切片也包含了兩種細胞。左邊那張圖中的灰質——也就是培根的瘦肉——以綠色表現之，就把神經細胞和白質——那個白色的油——區分開來了；這一來我們就可以計算，這一區中有多少神經細胞。把所有切片的灰質加起來，就有了我們想要的答案——我們有興趣區域的大腦皮質的體積。

那麼，我們在前額葉皮質發現了什麼？那些被診斷為反社會人格的人——有一生持續性反社會行為的人——前額葉皮質灰質的體積比別人少了百分之十一，但白質體積是正常的。反社會行為者的培根有很多油，白白的，但紅色的肉不夠多，也就是神經元不足。第三章已提過，前額葉皮質對認知、情緒、行為功能有關鍵性的作用，當它失功能時，反社會和暴力行為的機率就增加了。

我們找來的反社會人格的受試者白質體積和正常人沒有差別，所以缺陷是特定在前額葉皮質區。但是引發反社會行為的也可能不是大腦的缺陷，畢竟，反社會行為者總是酗酒、嗑藥，或許這才是他們前額葉皮質神經細胞減少的原因。我們因此找了個控制組——沒有反社會行為，但都酗酒、嗑藥——然後比較這兩組人的大腦切片，結果呢？反社會行為組前額葉皮質灰質的量，比酗酒、嗑藥但沒有反社會行為組少了百分之十四，大於前述的百分之十一（正常人和反社會人格）。

所以嗑藥不是大腦結構缺陷的原因，但是我們的問題仍未解決。其他精神病患者也有前額葉皮質結構缺陷的問題，我們又知道，反社會人格者有其他精神疾病的機率比較高，包括思覺失調症、自戀和憂鬱症。這個大腦的失功能，會不會和反社會人格無關、而跟這些他們也有的精神疾病有關呢？

為了釐清這一點，我們又找了一個精神疾病患者的控制組——沒有反社會行為，但是其他部分和反社會人格組的精神疾病一樣。我們再一次發現，反社會人格組灰質的量比精神疾病組少了百分之十四；也就是說，我們的發現不能用精神疾病這個變項來解釋。

那麼，會不會是家庭的因素呢？我們不認為。我們控制了所有犯罪的社會因素，包括社會階級、離婚、童年受虐，但是前額葉皮質—反社會人格的關係仍然存在。而且不像魏斯坦那樣，這些人的大腦中，並沒有肉眼可看見的傷來解釋他們灰質的減少。

我們只剩下一個可能性，也就是這個結構的失功能來自早年的輕微傷害，不管什麼理由——環境也好，基因也好——都使得大腦在嬰兒期、童年期和青少年期沒有正常的發展。不過，這個「神經發展」的理論我們要留待稍後再談。

魏斯坦核磁共振的片子，顯示了肉眼可見的大的結構失常。但是假如你比較反社會人格者和正常人的核磁共振影像，你不會發現他們的灰質有百分之十一的減少。這個減少，只有圖5.1綠色的皮質外圍的半毫米厚度，不要說你看不出來，就是世界上訓練得最好的神經放射學家也看不出來。沒錯，神經放射學的專家會判斷反社會人格者的大腦掃描是正常的，但其實並不正常。

我們知道它不正常，因為我們不是在做臨床判斷。醫生要找的是腫瘤，我們不是，由於花了很多時間計算前額葉皮質灰質的體積，所以我們才能找出在臨床上有重要意義的微小差異。魏斯坦是大腦失功能罪犯那個森林中最高的一棵樹，而這棵顯著的大樹下還有很多暴力犯，他們的前額葉皮質一樣有失功能，只是不那麼顯著；然而在臨床上，這種大鯊魚竟然可以絲毫不被注意地逍遙法外。

我們的研究雖是發現反社會人格者有大腦不正常的先聲，但是或許那是個假象，所以我們把所有相關研究的大腦結構掃描研究——總共十二個——集中在一起，再用後設分析法檢視，結果發現，所有反社會暴力犯者的大腦這個地方都有結構上的不正常。在這個後設分析之後，還有很多研究也都發現暴力犯有前額葉皮質結構上的不正常。所以這個發現不是假象，它真實存在。

為了更清楚地的解釋我們的發現，也為了更了解大腦結構不正常的意義，我們去了一趟狄馬吉奧在愛荷華的診所。讀者還記得，他就是魏斯坦案中被諮詢的那位神經學家。

先前我已簡短介紹過狄馬吉奧，他當時在愛荷華大學任教，後來換到南加大來，成為我以前的同事。他在大腦的研究上有許多開創性的貢獻，我們對大腦功能的了解，更有不少都來自他對腦傷病人的研究；從科學的觀點來看，他最大的貢獻是綜合臨床上腦傷病人在同一地點受損的資料，再與不同部位受損的病人行為相比較，得出那個部位的關鍵功能。他的太太漢娜（Hanna）更是一位傑出的神經學家，在他們和同事的努力下，歸納和演繹出前額葉皮質一些地方的特殊功能及這些地方與大腦其他部位的關係，尤其是杏仁核。

其中的一組病人，受傷的是前額葉皮質腹側。腹側是額葉皮質的下面部位，包括了眼眶皮質（位在你的眼睛上方）和腹內側前額葉皮質（ventromedial prefrontal cortex，與你的鼻子部位平行）。這些病人在認知、情緒和行為上都明顯不同於常人，也和同樣腦傷但不同部位的病人不同。

第一，在情緒的層次上，雖然他們皮膚導電系統正常，可以有反應，但這些前額葉皮質腹側受傷的病人在看到災難和被凌遲虐待過的屍體時，卻不會像正常人一樣產生膚電反應（起雞皮疙瘩）。前額葉皮質腹側和登錄社會─情緒（social-emotional）事件有關，與邊緣系統相連，當然也和大腦其他地方有連接，所以可以產生社會情境的恰當情緒反應。這部分要測量的是他的流汗反應，如果這個神經系統沒有到位，此人便是感覺遲鈍；前面已提過，心理病態和反社會人格的人都有感覺遲鈍、缺少同理心的特性，對別人的受苦無動於衷。

第二，在認知的層次上，這些大腦受傷的病人都不能做出好的決定。有一個心理學的測驗叫做「

愛荷華賭博作業」（Iowa gambling task, IGT），是神經學家貝卡拉（Antoine Bechara）發展出來的，受試者要從面前的四堆卡片裡每次抽出一張；原則上，每抽一張就可以贏點錢，但偶爾也會有懲罰，即輸錢，遊戲的目的，則是贏越多越好。分成ABCD的這四堆卡片，每堆的輸贏率不同：如果選A堆和B堆，贏的錢數目比較大，但相對的，抽到罰錢的卡片時，罰金的數目也很大；C和D堆獎金比較少，但罰金也比較低。在一百次的遊戲中，正常人大約玩到一半就會發現選A和B堆划不來，獎金雖多罰金更多，就會不抽A和B堆的卡片而選擇C和D堆，因為積少成多最划算。也就是說，他們在獎懲之間做出了最好的選擇。前額葉皮質腹側受損的病人就不是這樣了，會一直做出不好的決定，以致輸掉最多的錢。

更有趣的是，正常的受試者玩遊戲時手心會出汗，玩到一半時他們會發現哪些堆卡片對他不利，哪些堆有利，不過在還沒發現之前，他們仍會考慮從贏面差的牌堆裡抽卡片。但是貝卡拉從膚電反應這個身體標記上看到，我們的身體在自己意識到之前便已送出警告的訊號，告訴你那是一個危險的動作。（譯註：我們在實驗上看到，才抽十次卡，大腦便知道哪個好、哪個壞，但我們還是要到四十、五十次以後才意識得到。葛詹尼加〔Michael Gazzaniga〕曾寫過一本《大腦比你先知道》〔*The Mind's Past*，中譯本遠哲基金會出版〕，把這些情形講得很清楚，舉了很多有趣的例子，教人要聽從自己的潛意識、良知，有興趣的讀者可以去看，對作決策很有幫助。）也就是說，潛意識中身體已經知道大事不妙了，繼續這樣反應會出事——但意識的大腦還不知道。在身體標記的警鈴響起後，正常的受試者就會改變策略，轉而去抽有利於己的那兩堆——然後才在認知上知道哪些是好堆；前額葉皮質腹側受損的病人的這種警鈴卻不會響起，因此繼續選不利的卡片堆。

不過這並不令人驚奇，因為心理病態者向來就一直做出壞決策，把自己的生活和周邊親友的生活搞得一塌糊塗。正如第四章已說過的，缺乏自主神經主導的情緒反應會使人無法做出合理性的決策，在危機的情況下因策略錯誤而失利，導致他們做出衝動、冒險、犯法、不負責任的行為來，造成反社會人格七個特質中的四個特質。我們也由此得知，前額葉皮質結構上的不正常會在後來促成反社會人格——正是上一章中那些自主神經功能失常行為的起因。

這些病人第三個令人震驚的特質，是在行為的層次上展現出心理病態者的行為。一個經典案例是一百五十年前發生在蓋吉（Phineas Gage）身上的悲劇；在神經科學圈中，這個不尋常的故事早已人人耳熟能詳，但是它的奇特性仍然值得我們再說一次。

蓋吉的奇特個案

蓋吉是大西部鐵路公司（Great Western Railway）的工頭，備受尊敬、人緣很好、勤勉負責；一八四八年九月十三日那一天，他要去炸掉一塊擋在鐵路預定路線上的大石頭，手下在石頭上鑿出一個小洞、填進火藥和泥土時，是下午的四點半。

下一步本來是等工人再在火藥上覆上一層泥土後，蓋吉才會用他那根從不離手、一一〇公分長、直徑六公厘的鐵棍把泥土和炸藥塞緊，然後點爆。但那天蓋吉站在一旁等工人再覆上一層泥土時，因聽工人講話分了神，轉身回來時以為工人已經填了泥土，但其實還沒有，鐵棍一戳便引爆了炸藥，爆炸力使那根鐵棍從他面頰直插入他的大腦，從頭頂穿出。

圖5.2顯示的，是鐵棍對蓋吉所造成的傷害；力道之大，讓鐵棍像火箭一樣衝上天空，落在二．五公尺之外。

大家都以為蓋吉死定了，想不到兩分鐘後他竟開始扭動、呻吟；大夥才七手八腳把他推上牛車，拉到附近的小鎮去找醫生。在十九世紀偏僻的鄉下，醫生怎麼治療鐵棍造成的腦傷？用大黃（rhubarb）和蓖麻油（castor oil）。

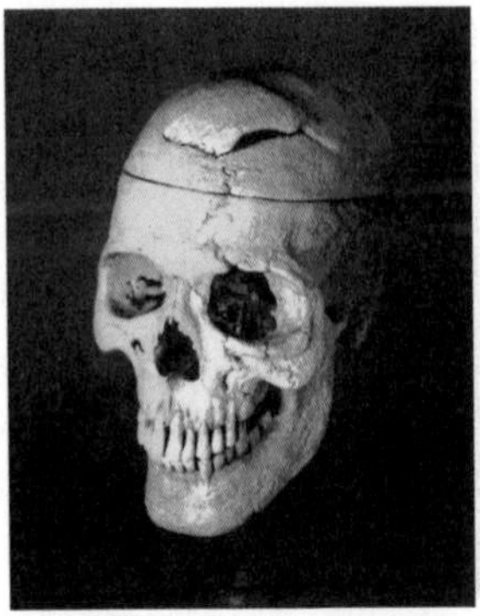

圖 5.2　蓋吉的頭顱

你大概會想，大黃和蓖麻油再怎麼神奇，也不大可能救得了蓋吉的命，但是他居然活了下來。他的確失去了左眼，因為鐵棍是從左頰穿入的，但才不過三週以後，他居然就可以下床走動，不到一個月就在鎮上走動交新朋友了。然而，過去認得他的人卻都說：「他不再是蓋吉了。」

他行為粗魯、滿嘴髒話，不管別人的感受、不聽別人的勸告，既不能做決定，也不能把一件事做到完。但是他以前不是這樣。不過短短的幾個月之間，他就賠光了鐵路公司給他的退休金和療養費，因為他想當老闆，但總是才剛成立公司轉頭就放棄了，又去成立另一家公司。他的智力變得只有孩子的程度，卻有著動物的慾望和成人的強壯體魄。受傷以前的他雖然也沒讀過什麼書，卻有敏銳平衡的心智，熟識他的人都認為他是個精明能幹的商人，不但活力充沛，而且可以堅持到底。兩相對照，無怪乎他的朋友會說「他不再是蓋吉了」。

我們很清楚地看到，蓋吉從一位自我控制良好、深受尊敬的鐵路工頭，轉變成偽心理病態者（pseudo-psychopath）——有著心理病態人格的人。就像許多額葉受傷的病人，他變得容易衝動、不負責任、酗酒、性濫交，鐵路公司先是歡迎他再回去，後來卻不得不開除他；之後他換了很多工作，但都沒有辦法持久。最後他只好加入馬戲團巡迴表演，帶著他的鐵棍給人看，並在紐約由巴納姆（Phineas Barnum）創辦的美國博物館（American Museum）中留下了圖5.3的照片。在那許多工作中，他曾在一八五一年到新罕布什

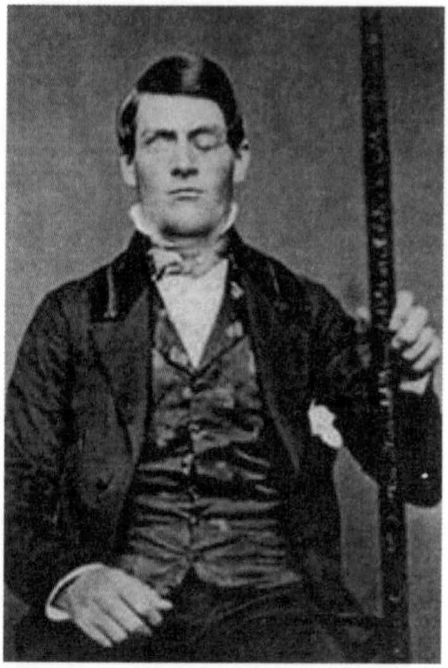

圖 5.3　蓋吉在巴納姆的美國博物館中留影，他手中握著的就是破壞他大腦前額葉皮質的那根鐵棍。

爾州漢諾威（Hanover）的一家旅館中照顧馬匹，也去智利當過好幾年驛馬車夫，才又回到加州的農場做工，直到一八六〇年五月二十一日因連續的癲癇抽搐而過世。雖然他從這個幾乎致命的受傷中恢復得很好，但這根不離身的鐵棍最後還是要了他的命。

這個故事實在太令人驚奇，所以很多醫生都不相信有人可以從這樣的腦傷中活下來，只把這個故事當笑話看，認為它是捏造的。故事當然是真的，但是，前額葉受損真的可以把一個人從正常守法的好公民轉換成一如心理病態那樣任性的反社會人格者嗎？

狄馬吉奧和其他神經學家的實驗室，都早已有了肯定的答案。已有很多證據顯示，**前額葉皮質受損——尤其是腹側下方——的確會讓人出現不可抑制、衝動、不符合社會期待的反社會行為**。

但是你可能會說，大人是因為大腦已經定型了，孩子的大腦不是還在發展，有很大的彈性嗎？孩童如果前額葉受損，也會導致反社會行為嗎？絕大部分的研究都發現，孩童大腦受傷會導致行為規範障礙症及外在的行為問題，也有孩子產生內在的行為問題，如焦慮症和憂鬱症。整個來說，孩子的大腦受傷會使他們傾向於做出衝動、失控的行為。

但是，假如這個前額葉的受損是發生在嬰兒期，也就是生命初始的時候呢？那時大腦正在發展，應該有充分的彈性來補救失去的功能，讓孩子回歸正常。臨床上這種個案很少，但早期的前額葉受損終究還是會導致後來的反社會和攻擊性行為。狄馬吉奧的實驗室報告過兩個個案——一個男生，一個女生——都在生命的最初十六個月前額葉皮質受到傷害，也都在孩提時期就顯現反社會行為，而且在青少年期時成為不良少年、成年後變成罪犯，更都有衝動型的攻擊性和非攻擊型的反社會行為。這一男一女都有自主神經系統上的缺陷，決策能力很差，也無法從錯誤中學習。再一次，我們從這兩個人身上看到貝卡拉和狄馬吉奧所記錄的成年後前額葉受損病人的特質——心理病態行為、自主神經系統的缺陷，以及減弱的身體標記。

我知道你在想什麼——這只是兩個個案而已，只比蓋吉的個案多一個，不能因此就遽下結論。但是，別的實驗室確實有九個十歲前就前額葉受傷孩子的案例，而且這九個孩子受傷後都顯現出行為上的問題，其中七個發展出行為規範障礙症。其他兩個孩子也常有衝動、不可控制的行為。

把這些個案綜合起來看，我們就能說，**前額葉皮質受傷會直接導致反社會和攻擊性的行為**。這個觀點很重要，因為大腦影像的研究顯示謀殺犯和反社會人格者都有前額葉皮質的不正常，表示二者之間有一個關係存在；但是，究竟是前額葉皮質結構和功能的不正常導致犯罪和暴力，還是暴力引起大腦失常？

暴力犯常打架，所以容易會有腦傷——腦殼雖然沒被打破，但是大腦確實受傷。這當然是有可能的，然而神經學上的研究顯示，不管是嬰兒期、青少年期或成年期，前額葉受損都會演變出反社會、攻擊性和像心理病態者一樣的行為出來。這提供了因果解釋，應該是「從前額葉受損到不受抑制的人格到暴力」很強的支持。

罪魁禍首——深掘前額葉皮質

核磁共振的研究，讓我們看到反社會行為者有大腦結構上的失常；而從臨床個案裡，我們也看到頭部受傷引起前額葉結構受損的病人同樣發展出反社會行為及失去身體標記，導致不良的決定和不恰當的社會行為；在反社會人格臨時工身上看到的，又類似狄馬吉奧和他的同事臨床所見。我們為這些相似性感到興奮，希望能更深入地了解這兩者的相似性時，發現裡頭有兩個顯著的議題。

第一，狄馬吉奧和貝卡拉頭傷病人的自主神經、情緒失常所引起的問題，反社會人格臨時工是否也有身體標記的失常？這個假設我們驗證過了。你應該還記得，第四章中我們曾經讓受試者在壓力的情境下說出他們最壞的缺點；狄馬吉奧指出，這是驗證身體標記最好的作業，因為實驗情境引發第二級的情緒——窘迫、羞恥、罪惡感，而這些都歸前額葉皮質腹側管轄。

我們發現，這些**反社會人格、心理病態的受試者不但前額葉皮質的灰質數量減少了很多，在社會壓力的情境下，他們的膚電反應和心跳率反應同步減弱，缺少身體標記**，都和狄馬吉奧的病人一樣。此外，當我們把反社會人格的受試者分成二組——一組是灰質特別少，另一組是比正常人少一點——時，我們發現前者——即前額葉皮質結構上不正常——身體標記的缺陷特別明顯。我們看到了殊途同歸的現象：前額葉皮質結構的缺陷、身體標記的失功能及反社會行為等，都跟狄馬吉奧和貝卡拉的病人極為相似。

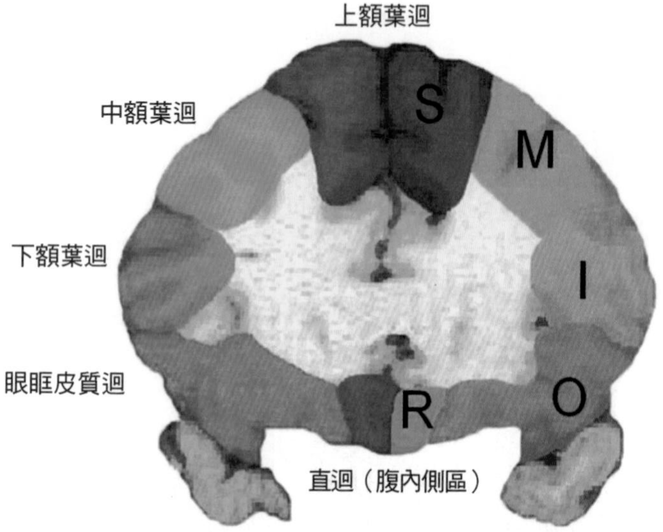

圖 5.4　大腦前額葉皮質的前方正視圖，依不同腦迴部位區分，以計算有反社會人格症者的大腦容積。

第二，有關結構不正常的位置。灰質體積究竟是在前額葉皮質的哪裡變小？狄馬吉奧曾經對我們最初的發現寫過一篇「編輯的話」，認為未來研究的方向應該是找出缺陷的部位，而他認為，可能是在前額葉皮質的眼眶和內側區域。還記得吧，蓋吉的鐵棍是從左頰進去、穿過他的左眼，幾乎垂直地從他的前額葉穿出頭頂。漢娜重建蓋吉當年受傷的部位，結果是在前額葉皮質的腹側和眼眶皮質的部分——正在前額葉皮質下面——以及前額葉皮質的內側部分。假如我們把反社會人格臨時工的資料拿來更仔細的分析灰質減少的位置，我們會找到什麼？

切割前額葉皮質其實是非常繁瑣的工作，花了我們好幾年時光，圖5.4就是我們辛苦的成績。這是一名我們的反社會行為受試者的正視圖，我們是從上到下切額葉，即從十二點移向六點鐘，切割的部位包括上額葉迴（superior frontal gyrus）、中額葉迴（middle frontal gyrus）、下額葉迴（inferior frontal gyrus）、眼眶皮質迴（orbito-frontal gyrus）及腹內側區；那麼，我們是在反社會人格者的哪一個部位看到灰質顯著的減少呢？

這五個區域有三個地方中獎，誠如狄馬吉奧的預測，反社會人格者眼眶皮質迴兩側（左右腦）有百分之九的減少，右腹內側的前額葉皮質有百分之十六的減少；對前額葉皮質腹側來說，這裡的結構不正常與反社會人格、心理病態行為尤其有關──沒錯，就是一八四八年蓋吉被鐵棍所戳傷的地方。

第三個地方提供了我們不同但互補的觀點。我們的反社會人格臨時工右中額葉皮質有百分之二十的灰質減少。上一章我們就說過了，神經心理學的研究發現這些反社會人格和心理病態者的執行功能很差──無法計畫未來、調控自己的行為、作恰當的決定。與執行能力有關的大腦部位，是在前額葉皮質背側（dorsolateral prefrontal cortex），dorso 是頂，lateral 是側，dorsolateral 就是上面、旁邊的意思（譯註：因為 dorso 的相反詞是 ventral，而 ventral 翻作「腹」，腹的相反詞是背，所以 dorsolateral 就翻成「背側」了）。如圖5.4 所示，那正是中額葉皮質的地方；假如我們再深究大腦這個地方的功能，反社會人格失功能的地方和他們的行為就很契合了。

我們就來看看中額葉皮質區的正常功能。第一，中額葉皮質區相當於布羅德曼大腦地圖的第九、第十和第四十六區，是恐懼制約神經迴路的一部分，而我們已經知道，罪犯和心理病態者的恐懼制約很差。第二，它在抑制行為反應上扮演重要角色，而犯罪者常常有不能抑制的衝動行為。中額葉皮質也與道德的決策有關，犯罪者的道德判斷一旦失功能就會跨越道德的邊界；這個地方也和延宕的滿足有關，而我們知道這些罪犯要的是立即回饋，不能忍受延宕。中額葉皮質也跟疼痛刺激所引發的同理心有關，而這些反社會人格者最缺乏的就是同理心。當我們內省、評估自己的思想和感覺時，中額葉皮質會活化起來，犯罪者的特質之一就是缺少反思能力，不能了解身邊的人因他所受的傷害。

很顯然的，**中額葉迴與認知、情緒關係匪淺；反社會人格者的這個地方都有顯著的缺陷，造成了他們反社會的行為傾向**。說到這裡，我們也完成了從大腦結構到功能缺陷，再到反社會行為的這個循環。

同樣的，前額葉皮質腹側也不只管轄決策的制定而已，還和控制、校正與懲罰有關的行為有很大的關係，也是神經心理學家稱為「持續重複動作」（response perseveration）的地方，即不停的說同一個字、同一句話，做同一個動作，像唱片跳針那樣轉不出來，在原地繞圈子；也因此我們會說，所謂的累犯就是「一直進出監獄旋轉門」的人——即使一再受懲罰、進監獄，還是不斷做同樣的行為。恐懼制約是另一個前額葉皮質腹側掌控的項目，先前我們已經看到，罪犯在這裡有缺陷。腹側也與同情心、關心別人、對別人的痛苦敏感有關，而我們都知道，罪犯和心理病態者可不是天下最關心別人的人。腹側也跟中額葉迴一樣，負責洞悉力和行為的抑制，所以罪犯不能抑制他的行為，心理病態者缺少自我洞悉的能力。很有趣的是，親子互動時腹側皮質也能幫助減少負面情緒，罪犯小時候常常在父母面前大發脾氣，在地上打滾哭鬧；情緒的調控是另一個腹側的功能，而不能調控情緒則是衝動型攻擊性者的特徵之一。

當我們同時關注前額葉皮質腹側和背側時，就有很好的理由相信，結構的不正常是這些有反社會人格和行為的人認知、社交和情緒不正常的原因。腹側和中額葉皮質區不正常，是這些人沒有洞悉力和反思能力、不太容易被恐懼制約、不能抑制行為這些危險因素出現的原因。這也告訴我們，反社會行為可能是前額葉皮質這兩個地方都出了毛病的結果。

到現在為止，我們已經深入前額葉皮質，發現它的腹側和中額葉迴是犯罪的罪魁禍首。但是這兩個地方的罪過可不只這一樁，下一步我們是要探索的，是前額葉皮質另一個重要的社交問題——為什麼男生比女生暴力？

男性的大腦——犯罪的心智

我們不能逃避這個事實：男生比女生卑鄙。但你知道為什麼嗎？傳統上，我們都把性別差異歸因到社會化的關係——假如你有個女兒，你會買洋娃娃給她玩；假如你有個兒子，買給他的就變成了玩具槍。男生和女生的社會化是不同的，所以男生都比女生粗魯野蠻，看起來好像很簡單，但真的是這樣嗎？

答案可能就隱藏在前額葉皮質裡。先前我並沒有告訴你，我們在臨時工的研究中也曾測試女生，但是很快就放棄了搜尋女性重罪者的意圖，樣本群裡是有十七名女性，卻不能給我們什麼犯罪和暴力的資料，加上經費並不寬裕，所以我們就放棄了搜尋女性而集中精力去尋找男性的反社會人格者。回想起來確實不妥，不過，我們仍然有足夠的人數來測試這個帶有爭議性的社會化假設：犯罪上是否有性別差異。如果有，可不可能是男性女性大腦本來就有差異？

比較了前額葉皮質的體積後，我們發現男性眼眶皮質灰質——在前額葉皮質下方——的體積比女性少了百分之一二・六。前面已經提過，腹側灰質少的男性比腹側灰質正常的男性更容易有反社會人格，可新發現卻告訴我們女性也一樣，腹側灰質比較少的女性比灰質正常的女性更具反社會人格。另外，我們在女性身上也得到同樣的大腦效應。現在，請先把這個發現擺在你前額葉皮質的工作記憶中一會兒。

當然了，男性比女性更反社會、更愛犯罪已經是全世界一致的發現，沒什麼了不起。但是，假如我們控制灰質的體積後再來看犯罪的性別差異，結果會是什麼樣？一旦用統計的方法使男性和女性的灰質體積均等，我們就減少了百分之七十七犯罪上的性別差異，也就是說，**男性和女性在犯罪上的差異，有一半以上是因為大腦結構有所不同**。

我不是說，男女性別在犯罪上的差異都可以歸因到大腦；更不是說，我們應該忽略社會化上的差異及其他社會和父母的影響。我要說的是，男女性有基本的神經生物學上的差異，這個差異可以幫忙解釋性別在犯罪上的不同。我們也很詫異**這個性別差異就在額葉，與造成反社會行為的地方一模一樣**

——男性和女性在與犯罪無關的項目上，前額葉皮質都沒發現有差別。

這些發現，可不是憑空而降的。有好幾個核磁共振的研究者都證實，男女性前額葉皮質的灰質有差別。有一個研究發現男性眼眶皮質的灰質比女性少了百分之十六·七，其他三個研究也發現同樣的性別差異，包括一個總共檢測了四六五名正常人的大型研究。也有研究發現，男性在從事各種認知和情緒作業時，眼眶皮質的活化比女性低，這些作業包括口語流利作業（verbal fluency；譯註：比如在一分鐘之內，說出所有你知道的S開頭或F開頭……的英文字）、工作記憶作業，以及處理帶有威脅的刺激和在負面情緒的情境下工作記憶的表現。男性的大腦就是和女性不同，沒有掩蓋或忽略這些基本性別差異的必要。

三個要小心的個案

目前為止，我們的立場如下：我們用後設分析的方式綜合了四十三個大腦影像的研究，包括一二六二名有著前額葉皮質結構上和功能上缺陷的犯罪者，發現犯罪者的前額葉皮質有失功能，結構不正常。這結構上的失功能解釋了一部分的犯罪性別差異。所以我們無法不下這個結論：不論是環境上或基因上或兩者都有，這些因素造成了反社會人格、不可抑制、衝動的生活型態。

但是，在繼續往前走之前，還是得請你先了解一個重要的事實：我們沒有提出任何一個原因——

不論是社會的還是神經生物學上的——說它一定造成犯罪和暴力。雖然一八四八年蓋吉的不幸事件支持了心理病態和反社會行為來自前額葉皮質失功能的假設，但仍有三個臨床個案提醒我們要小心，不可把這個理論引申得太遠。

西班牙的蓋吉

第一個引人注目的個案，發生在巴塞隆那的二十一歲大學生身上；他的遭遇使他被稱為ＳＰＧ，也就是「西班牙的蓋吉」（Spanish Phineas Gage）。一九三七年時，西班牙內戰正打得如火如荼，而在戰爭中沒有人是安全的；有一天，ＳＰＧ被內戰的對方追到一棟房子的二樓，眼看前無去路、後有追兵，他只好從窗戶爬出，想利用排水管逃到地面。沒想到排水管十分老舊，立刻撐不住他的體重而斷裂，使得他摔落到金屬門的尖矛上，這根尖矛穿過他的左眼，從他右邊的額頭穿了出來，就好像蓋吉的鐵棍一樣，在他的頭上鑿了一個洞，也不偏不倚地傷害了他的前額葉皮質。

獲救時的ＳＰＧ全程始終清醒，甚至可以幫助來救他的人，好讓自己從尖矛上脫身。他很快就被送到醫院，雖然活了下來，但是不只前額葉損壞了很大一片，他也失去了左眼；同樣的，不久後他就能下床走動，開始新的生活，一切的一切都和前面那位「美國的蓋吉」非常相似。果不其然，他也變得非常不耐煩，動來動去無法安靜下來，很衝動，還沒做完一件事就又開始做第二件事，到頭來沒有一件事能當真完成。

但是，西班牙的蓋吉和美國的有一點很不相同：他並沒有發展出反社會人格、心理病態。為什麼？答案至少有一部分和環境有關。這場不幸事件發生時，SPG正和他青梅竹馬的情人訂婚，正如「愛情可以克服一切」（amore vincit omnia）這句羅馬古諺，SPG的情人不離不棄，三年後他們結婚了。光是有太太支持這一點，SPG就和蓋吉很不一樣，更別說他的支持系統還不僅於此——終其一生，他都能在同一地方工作，不像蓋吉飄來盪去，沒有個家。

你大概會想，這怎麼可能呢？你已經知道，前額葉皮質受損會使注意力不集中，沒有辦法好好完成一件事，更別說計畫未來了。SPG確實如此，受傷後執行功能變得很差，但是環境再一次造成了不同：他的父母親很富有，擁有一座農場，所以SPG可以在農場裡工作一輩子。他也的確不是一個稱職的工作者，不但只能做些體力勞動之類的事，還需要時時有人在旁監督和提醒，但那畢竟還是一份工作，他也從這份工作得到安全感和職業上的肯定。

幸運女神真的很眷顧SPG。他不但有位支持他的好太太、提供他生活安全感的富有雙親，還有兩個孩子，幫助他在社會心理上的復健。下面是他女兒的話：

我從小就知道，我父親是一個「被保護」的人；再大一點後，更看得出來父親的「問題」是什麼，雖然我始終都沒辦法很確定。一到十七歲，我就變成這個保護系統的一部分，到現在為止都還是。

ＳＰＧ能把他破碎的頭抬得高高的，因為他能辛苦工作一整天來提供家庭的生活費，他有職能功能（occupational functioning），有家庭功能（family functioning），人生中處處有人愛他；假如你仔細想一下自己的生活，就真的會發現愛可以克服巨大的不幸。對我來說，這個個案顯示了社會心理保護機制的重要性，它可以在前額葉遭受巨大傷害後保護這個人不犯罪，使他有正常的生活。

下面這第二個個案也提醒我們要小心，只不過他和ＳＰＧ、蓋吉都不同，沒有受傷前就已經是個有著反社會人格的人，而前後兩個蓋吉在沒有受傷前這方面都很正常。

自己玩俄羅斯輪盤的猶他小屁孩

第二個個案，發生在二〇〇〇年一名十三歲猶他州男孩身上。這孩子不但品行壞，根本就是所謂的「壞透了」（rotten to the core），行為規範障礙症的歷史又臭又長，包括冒險、過動、注意力缺失等等。很悲哀的是，父母早就不要他了，所以他是在寄養家庭長大的。他是很壞沒錯，但是請記住，造成他現在這個樣子的是基因和早期的負面家庭環境。

有一天，這個寂寞的孩子竟然自個兒玩起俄羅斯輪盤（Russian roulette；譯註：左輪手槍的彈匣裡只裝進一顆子彈，用力旋轉彈匣後再對著自己或別人的太陽穴扣扳機，賭的是六分之一的送命機率），在一把點二二口徑的手槍中裝了一發子彈來賭運氣。猶他州風景雖然優美，但對一名過動、尋求刺激、品行不端的男孩來說，他能做些什麼來娛樂自己呢？他把手槍頂著下巴，槍口垂直向上扣了扳機。子彈匣在轉，賭盤動了，他的運氣不好，子彈發射了，把自己的前額葉皮質打出了一個洞。

這孩子奇蹟似地活了下來，電腦斷層掃描（CT scan）顯示子彈在他大腦裡鑽出了一個很乾淨的洞，不偏不倚地破壞了前額葉皮質的正中間，近似蓋吉被鐵棍戳的那個洞；假如他是特意要在前額葉皮質的正中間打個洞的話，誰也沒辦法做得比他更好了。

這個個案最特殊的地方，就在於「啥事也沒發生」；我是說，受傷之後的他幾乎毫無改變。雖然他賭輸給俄羅斯輪盤，卻也沒有比以前更壞，社工人員、寄養家庭的父母、心理學家及所有處理過他案子的法律人員都同意，他完全沒有因為腦傷而有任何改變，還是和以前一樣，只是個不守規矩、品行不端的小混混，沒有更壞，也沒有顯現出任何更多的認知上的缺陷。

報告這個個案的神經心理學家畢格勒（Erin Bigler）說，這個孩子所打掉的，正好是本來就已經失功能的前額葉皮質內側，所以行為沒有因此改變。這個個案顯示，如果傷者本來就不正常，就不會像美國或西班牙的蓋吉那樣，因為前額葉皮質受損而完全變成另一個人。

費城的弓箭手

我們的第三個個案，又把這個原則帶到了另外一個層次，重點是：前額葉受傷可能會有很不同的結果。這是另一個類似蓋吉的意外，和猶他州的俄羅斯輪盤小子一樣，這個孩子也是本來就有反社會行為的，但是在意外發生後，行為卻產生了很大的改變。

主角是費城一個三十三歲的男人，受傷前經常有反社會和攻擊行為，是個病態的攻擊者，也有憂鬱症，事實上是非常的憂鬱，所以決定去自殺。但是，他用了一個非常不尋常的方式——把十字弓放在下巴下面，箭則對準他的頭然後射出去。

就像西班牙的蓋吉，這支箭筆直射進他的前額葉皮質，箭頭留在他的大腦內，正巧被送到我任教的賓州大學醫院來。醫生取出嵌在大腦中的箭頭時發現，他受傷的位置一如蓋吉和俄羅斯輪盤小子，是前額葉皮質的內側。這三個個案的「彈道」都非常相似，從頭的下方進入，往頭殼的前端出去。

但這一回，「同途」卻「殊歸」了。就像蓋吉，費城弓箭手的行為馬上有了改變，但改變的是另一個方向。蓋吉是從正常人轉變成心理病態者，費城弓箭手則是從易怒、愛打人、情緒不穩定的反社會者，一變而為安靜、溫馴、易滿足的人。

他病態的攻擊性，就這麼在一夜之間消失了，憂鬱症也煙消雲散，不啻是個奇蹟。沒錯，這次腦傷所留下的唯一神經精神病（neuropsychiatric）症狀是他「異常的快樂」，快樂過了頭，就連不該快樂時也快樂。

費城人的個案彰顯了大腦和行為的複雜性，誰也想像不到，同樣的前額葉受傷竟然會有這麼不同的結果。這個原本憂鬱沮喪、行為失控的人，意外發生後卻變成快樂的好人；但是，你也不必太驚訝——前額葉皮質受損，本來就會有一個我們稱之為「幼稚的快樂」（puerile jocularity）的、神經學上的症狀，我們看到的費城人正是這樣。說起來，這也是西班牙蓋吉的一個特徵，受傷後的他會花很多時間講同樣的笑話，很能自得其樂。所以，下次你在工作上碰到某人會不可抑制地講很爛的笑話，只有他自己笑得樂不可支時，你不妨暗自猜想，此人的大腦可能被尖頭矛或者十字弓的箭矢刺穿過——也或許這人本來就有額葉的毛病。

所以，我們必須小心看待額葉失功能的犯罪理論。前額葉皮質受損不是一定會造成反社會行為，但是不要忘記，整個來說，前額葉皮質結構和暴力之間是有關係的，這是根據核磁共振和神經學上的研究，所以我們也必須同樣小心，不要忘記前額葉皮質受損會引起暴力這個假設。

讓我們從發展的觀點再往前邁一大步。神經學的研究既然已經告訴我們，童年期和成年後的大腦受傷都會增加暴力的機率，現在，我們就要用結構性核磁共振來掃描大腦，更仔細地找出，在大腦發育的哪個時段什麼樣的傷害會造成遺憾——甚至必須回到出生之前。

天生的拳擊手？

我在前言中說過，朗布羅索對犯罪者是否有天生的大腦差異很感興趣，雖然沒有罪犯是「天生壞種」（born bad），我還是認為他們中間有一些人的「神經發展」（neurodevelopmental）不正常——大腦的發育沒有依循正常的途徑。

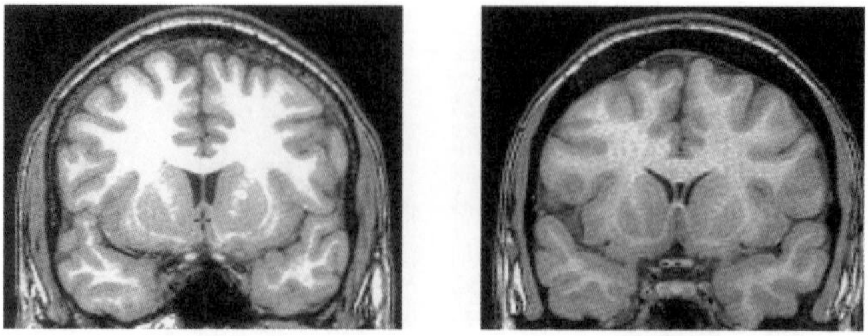

正常的大腦　　透明隔腔

圖 5.5

神經學上有一種叫做「透明隔腔」（cavum septum pellucidum）的狀況，這是說本來每個人都有兩片像葉子一樣、中間合起來的灰質白質組織，叫透明隔，把兩側腦室（lateral ventricles）分隔開來。腦室在大腦中間，是個充滿脊髓液的地方。你可以在圖5.5中看到，正常大腦中白色的透明隔分隔黑色的腦室，在胎兒發展的時候，兩片葉子中間有個小小的洞，裡面是脊髓液，比如圖5.5右邊那張，你就可以看到兩片葉子中間還有一個黑色的小洞；懷孕四到六個月時，大腦快速發展，邊緣系統及中腦的一些結構——如海馬迴、杏仁核、隔膜和胼胝體（corpus callosum）——就會壓縮這兩片葉子，直到它們併攏起來。大約在出生後三到六個月，這個洞更就完全封閉，不存在了。但是，如果邊緣系統的發展不正常，兩片葉子中間的洞就還會繼續存在，也才有「透明隔腔」這個名詞。

掃描臨時工介紹所的受試者時，我們發現其中十九人有這個透明隔腔——就像圖5.5右圖所示，我們叫這組人「洞人」（cavum，是cave「洞」的意思）。這是肉眼可見的、非常早期的大腦發展不正常，**和正常人的腦比較之後發現，洞人在心理病態和反社會人格的量表上有著顯著**

性的高分，也比控制組的人有更多犯罪行為。

這種「生物學上高風險」（biological high risk）的研究設計，比較少有人用，是拿有神經學上不正常的人來跟沒有不正常的人相比；但是也可以用其他的方法，例如比較心理病態者與沒有反社會人格者透明隔腔的密合程度。胚胎發展階段，透明隔腔是從後面密合到前面，有點像牛仔褲的拉鍊，如果拉鍊沒有拉到頂，就會留下一段空白；而我們要測量的，就是這個透明隔「拉鍊」的拉上程度。

我們發現，心理病態者的透明隔明顯尚未密合，反映出大腦的發育被干擾了。不只有反社會人格的人如此，被定過罪或被起訴過的罪犯也一樣。這種現象，在整個反社會行為的向度上都看得見。

看了這個古典臨床設計——比較有和沒有病症的人——之後，我們再拿這個結果來跟生物學上高危險設計所得出的結果相比較，得到殊途同歸的支持。不同研究法得到相同的結果是最有力的證據，我們看到，有些嬰兒還未出生前，犯罪的基礎就已經在大腦中顯現了。時至今日，這方面的證據越來越多，雖然傳統犯罪學家和社會學家不願承認朗布羅索是對的，至少後繼的研究者已證明有一部分是對的，犯罪的心理病態的確具有神經發展上的關係。

我們不知道可以用什麼因素來解釋邊緣系統的不正常發展，導致透明隔沒有密合而留下了那個小洞。但是我們知道，這和母親懷孕時的酗酒有關係。所以雖然神經發展不正常聽起來像基因決定論，其實環境因素——如母親酗酒——也是一樣重要。

透明隔腔和犯罪之間的關係，有一個很有趣的轉折。我們在研究中發現，大腦的不正常發展特別與反社會人格者一生的反社會行為有關，例如不顧自己和別人的安全做出危險的行為、沒有罪惡感、不知悔改、攻擊性強等等。很有趣的是，拳擊手比一般人更有透明隔腔，這到底是在拳擊台上一直挨拳頭所造成的？還是反過來，因為透明隔腔他們才成為拳擊手？

研究者認為，有透明隔腔的人是「天生的拳擊手」（born to box），因為透明隔腔驅使這個人發展出攻擊性的人格。喜歡攻擊人的多半喜歡打拳，以發揮他們天生的攻擊性；但是，創傷和頭傷有可能使我們的臨時工變成透明隔腔者嗎？我們控制了這個變項，以及其他精神醫學上的混淆變項後，結果仍然不變。也就是說，光是透明隔腔本身，就足以使人發展出反社會人格、心理病態及攻擊性。

所以，**對有些人來說，大腦早期發展上的不正常會使邊緣系統失衡，驅使他們走上犯罪之路。如果再加上額葉失功能，他們就完全失去了天生本能**（basic instinct）**的控制——不論是性還是攻擊，或者兩者皆是。**

蝦米攏不驚的杏仁核

我們必須一再強調，大腦的複雜度就和犯罪原因沒有兩樣。過去幾十年來，我們的神經生物學知識越豐富，就越覺得大腦的好幾個系統都脫不了關係。至今為止，我們已經從前額葉皮質的表層一路深挖到大腦最深的洞穴——透明隔腔；要想知道更多的暴力知識，就得從大腦的最中心移駕到邊緣系

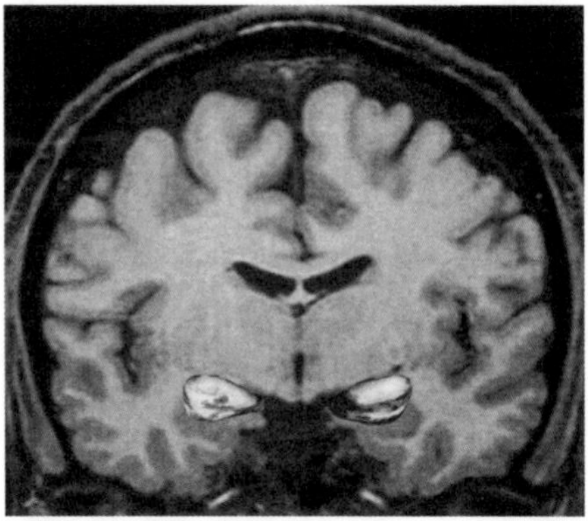

圖5.6　冠狀切面（coronal slice）**掃描所顯示出的左側和右側杏仁核，位在大腦的底層。**

統，因為心理病態似乎與它的發展不完全有關。我們認為，大惡人就是這個系統中的杏仁核。

顧名思義，杏仁核的形狀就像杏仁，藏在顳葉的內表層（medial surface）中，兩邊腦半球各有一個。圖5.6顯示的就是它的位置。杏仁核是情緒產生最重要的地方，對研究情緒的神經科學家來說，沒有任何一個地方能比杏仁核更重要，前面提到過，心理病態者一個非常顯著的特徵便是缺乏情意和情緒的深度，把這臨床上顯著的現象和杏仁核在恐懼上所扮演的角色合起來看，你就會得到一個出奇簡單的假設——心理病態者的杏仁核結構不正常。

雖然假設看起來很簡單，但是直到我們的團隊掃描過心理病態者的大腦，仔細分析左右杏仁核之前，竟然沒有任何人測試過這個假設的正當性。我與加州大學洛杉磯校區的杜佳（Art Toga）和納爾（Katherine Narr）一起合作，用目前最先進的映像技術（mapping techniques）來看正常人和心理病態者大腦形狀的差別。杜佳和他的實驗室發展出一種技術，可以逐個像素地比較杏仁核，描繪出群體差異。在此之前，幾乎所有的功能性影像研究都把杏仁核當作一個整體的結構來討論——主要是它活化的型態很廣，似乎並不局限於某個特定區域。但是我從臺灣來的研究生楊雅玲（Yaling Yang）卻認為杏仁核其實是由十三個小的次結構——或說神經核（nuclei）——所組成，每一個核都有它自己的功能。心理病態者的杏仁核有不正常嗎？假如有，它的哪一個神經核出了問題？

楊雅玲的發現是，心理病態者左邊和右邊的杏仁核都有毛病——不過右邊的毛病比較大。整個來說，心理病態者的杏仁核比正常人小了百分之十八；楊雅玲更進一步找出相關的神經核，發現十三個中**有三個特別不正常——中央神經核**（central nuclei）**、底側**（basolateral）**和皮質神經核**（cortical nuclei）。圖5.6中，黑色陰影區就是不正常的部分。那麼，這三個神經核本身的功能是什麼呢？

中央神經核與控制自主神經系統的功能有關，也與注意力和警戒力有關，難怪會在古典制約中扮演關鍵性的角色。前面說過，恐懼制約是良心或良知的鑰匙，那些心理病態者和罪犯都有恐懼制約的問題，也都有注意力缺失的問題。底側神經核則與逃避（avoidance）的學習有關——學習不要去做會招來懲罰的行為。那些進出監獄旋轉門的受刑人就是無法學習不要去做會被關的行為，所以才一直被關。皮質神經核與做個好父母有關，我們已經知道，心理病態者是很差勁的父母親。總結杏仁核這三個神經核的功能便不難發現，這三個神經核結構不正常時，心理病態者在它們所掌管的功能上就出問題了。

我們認為這是在胚胎發展時所造成的缺陷，也就是說，我們懷疑大腦結構是在發展階段發生了什麼事，才會造成這種情形。可能是早期健康危害（health insults），如尼古丁或酒精，我們下面會談到；或是其他造成畸形的因素干擾了邊緣系統的正常發展，就像我們在透明隔腔中看到的那樣，可能是環境因素造成的。

但是，它也可能是基因上的關係。因為杏仁核是深藏在大腦中間，不像額葉端（frontal pole，大腦的最前端）或前額葉皮質腹側很容易因為環境所造成的頭傷而受損壞，杏仁核不太容易受到環境的傷害，因此，我們無法忽略基因在結構不正常上所可能扮演的角色。

除此之外，杏仁核的不正常有可能是犯罪和心理病態所造成的嗎？冷漠、麻木、無動於衷、沒有情緒會使杏仁核縮小嗎？畢竟成人的大腦影像只能指出相關性，不能說明因果關係。在這裡，我們需要長期的腦造影追蹤研究，最好是從生命初期掃描追蹤到成年，來看杏仁核的失功能是否發生在童年末期反社會行為出現之前。

可惜的是，這種實驗還沒有人做過。小朋友很難躺在核磁共振儀中不動，技術也還沒進步到可以從不正常杏仁核上的一小點陰影預測成人的暴力和犯罪。然而，成人心理病態者的杏仁核分析已經為這個想法鋪路了，杏仁核的失功能會導致那個人後來發展出反社會人格和心理病態的行為來，而不是反過來導致杏仁核萎縮。

不良的恐懼制約是杏仁核功能不佳的標記。我們在前面第四章看到，高瑜找到了童年時杏仁核功能和成年後犯罪的關係，可以從三歲時不良的恐懼制約預測這個人二十年後會不會成為罪犯。雖然我們還不敢說是因果關係，但關係上、時間上的順序已被清楚的切割了。知道不良的恐懼制約是遠在犯罪之前，其實就和因果關係一樣好，正是高瑜的實驗結果，才使得楊雅玲努力尋找心理病態者杏仁核結構上的缺陷——很可能引發出冷漠、麻木、無動於衷的行為。臺灣和大陸的學生一起合作向暴力宣戰，更深入了解犯罪的大腦機制。

巡邏情緒危險海域的海馬迴

從額葉控制區一路移動到深層的情緒區，我們不斷看到，犯罪者的大腦結構與正常人有很基礎上的差異。而且，結構上的不同還不僅限於大腦的這些區域，假如我們往杏仁核後面再移動一點，就會看到海馬迴——形狀像隻海馬，與記憶和空間能力有重大關係。我們也會在這裡看到心理病態者的不同於常人，但這個不正常卻並不尋常。

前面說過，犯罪者的海馬迴功能有缺失，許多實驗也都觀察到，這個缺失來自結構的不正常。我們自己研究的心理病態組，右邊的海馬迴比左邊明顯大了許多；這個不對稱，我們也曾在正常人身上看到過，只是不像心理病態者這麼顯著。更有趣的是，我們在謀殺犯身上也發現了這個不對稱，只不過是功能上的不對稱。

這個不正常怎麼來的沒有人知道，不過有些有趣的線索。舉例來說，如果老鼠從小時候起就不斷搬家，海馬迴的不對稱性就會特別大——右邊比左邊大很多。我們在面談心理病態者時也發現，他們都在十一歲以前不停的換寄養家庭——比起控制組的平均三個，心理病態者平均換過七個以上不同的家庭。

另一個因素是胎兒暴露在酒精中。掃描那些有「胎兒酒精症候群」（fetal alcohol syndrome）孩子的大腦時我們就發現，他們海馬迴的不對稱性比正常人大了百分之八十。假如你曾經讀過殺人犯的個案報告的話，就會發現搬家和酒精這兩個線索很熟悉：都來自破碎的家庭，母親吸毒嗑藥、情緒不穩定，沒有辦法好好照顧孩子。這些因素的綜合體，很可能就是心理病態者海馬迴不正常的環境因素。

其他的研究者也在暴力酗酒者身上看到，海馬迴的體積整體來說比正常人小；專就心理病態者來說，結構萎縮的部分在海馬迴管理自主神經反應和恐懼制約的地方。大陸的報告則發現，謀殺犯的海馬迴有變小。

除了記憶和空間能力之外，海馬迴還有什麼功能？海馬迴巡邏情緒的危險水域，在連接與懲罰相關的地方扮演關鍵角色，也就是幫助恐懼制約。你的海馬迴會幫你記住災難發生時你在哪裡，所以就像杏仁核一樣，它在恐懼制約上和其他建構成我們良知的學習上，扮演著關鍵性的角色（譯註：我們會避開上次發生車禍的路段或不再行經被搶過的街巷等，都是海馬迴的作用）。**海馬迴可以說是正常人的守護天使，不讓我們犯第二次錯，但是，罪犯的這個地方就有顯著的缺陷了。**海馬迴也是邊緣系統迴路上調節情緒行為的重要結構，從動物研究得知，海馬迴會透過投射到中腦（midbrain）的環腦導水管灰質（periaqueductal gray）和穹窿周圍兩側下視丘（perifornical lateral hypothalamus）來調節攻擊性行為，這些結構都深藏在大腦中間的皮質下，與調節防衛和反應式攻擊、獵物式攻擊（predatory attack）行為都有重大關係；例如，一出生海馬迴就受損的老鼠，長大後會有顯著性增加的攻擊行為。這些海馬迴的不正常，都與前面談過的透明隔腔的不正常有關係。因為透明隔腔是海馬中隔（septo-hippocampal）系統的一部分，研究者紐曼（Joe Newman）認為，這個迴路在心理病態的成因中扮演重要角色。

海馬迴也和杏仁核一樣位於顳葉皮質裡面，但不是在大腦的正中央。在大腦正中的是胼胝體，由二百萬以上的神經纖維所組成，連接二個腦半球，從大腦正中央輻射到皮質，連接許多不同的大腦區域。我們測量胼胝體的體積時就曾發現，心理病態、有反社會人格的人胼胝體比正常人大得多，神經纖維比較長也比較細。一個長細的白質是什麼意思呢？就好像兩個腦半球之間有太多的來往、太多的連接。

雖然我們一般認為心理病態者是反社會的壞蛋，有很多負面的特質，其實他們是很有趣的人，也有很多正向的特質，尤其是在表面功夫上。許多心理病態者都很有瞎扯的天分，可以把小小一件事說得天花亂墜，很會矇騙、討好別人。海爾（Robert Hare）是舉世公認的心理病態權威，曾經用「雙聽」（dichotic listening；譯註：即兩邊耳朵同步進來不同的訊息）的實驗方式，發現心理病態者語言比較不像正常人那麼「側化」（lateralized），我們在未成年的心理病態者身上也看到同樣的情形；這是什麼意思呢？對大部分的人來說，語言在左腦處理——也就是說強烈地側化到左半球，心理病態者卻是左、右腦都有在處理語言，可能就是因為這樣，他們才這麼能舌燦蓮花，白的可以說成黑的，死的可以說成活的。在做語言的處理時，他們的兩個腦半球都在工作，不是一個；不過，也可能是因為他們有著比較大、比較好溝通的胼胝體。

我們必須切記，**心理病態者是很特別的一種罪犯，也許不能事事都拿來和暴力犯相提並論；但不管從哪個角度來看，心理病態者在大腦的連線（wired）方面就是和我們不一樣。**

證據到手！

就大腦解剖來說，我們已從表層的皮質移動到較深層的皮質下；接下來，就讓我們繼續深入地下的旅程，到另一個大腦深處的結構——紋狀體（striatum）——走一遭。就演化來說，這是大腦的古老部分，負責的是所有動物都有的功能——尋求報酬的行為。很長一段時間裡，我的實驗室都認為心理病態者對報酬特別敏感，一有得到好處的機會就似乎會不計一切代價去奪取，即使帶來負面的結果也在所不惜。

從諾丁罕搬到洛杉磯後，我所做的第一個實驗便是測試這個想法。那時的我還只是個助理教授，而助理教授在學術界是相當辛苦的，當時我在英國和模里西斯都有研究正在進行，學校卻仍然認為我應該在洛杉磯建立實驗室，以獨力研究來證明我是可造之材——升等時，與別人合作的論文在計分會差一些。

說起來容易做起來難，才剛到洛杉磯時我簡直一籌莫展，因為我沒有任何研究經費，所以只能做很便宜的研究。很幸運的是，我有兩位願意在暑假裡和我共體時艱的研究生，外加另一位教授的研究生瑪莉・奧白朗（Mary O'Brien），因為她對兒童的反社會行為有興趣。

我第二個好運道，是有一群不良少年就住在離我不遠的鷹岩區（Eagle Rock），而且加州高等法院准許我研究他們。對這些青少年來說，既然都已經住進感化院了（不然就得入監），參加實驗、每天跟加州大學年輕的女學生在一起也很有意思，所以這四十三名少年犯中就有四十名願意來做實驗。

第三個好運是，當我必須省下早餐柳橙汁的錢來付房子的頭期款時，我手上還有一副現成的卡片及一些塑膠籌碼；於是，我就這麼開始了我在洛杉磯的第一個實驗。

我們讓這些孩子玩的卡片每一張上都有一個號碼，選到其中一半時可以得到一枚籌碼——所以那張卡片就是獎賞卡；反之，抽到另外一半的卡片就會損失籌碼——也就是處罰卡。受試者可以隨意決定碰或不碰哪張卡，碰就是要，不碰就是不要。遊戲的目標是盡量從這六十四張卡片提供的機會中贏得最多的籌碼，所以他們必須學會判斷哪些卡片才是獎賞卡。我們先根據感化院戒護人員的評分來界定裡頭誰是心理病態者，再拿他們來和其他不是心理病態者的少年犯相比較。

我的研究生史卡帕（Angela Scarpa）發現，心理病態者果然比非心理病態者更能判斷出獎賞卡。他們對報酬的著迷，確認了過去對成年心理病態者的研究結果，而且這些年輕的心理病態者學得更好更快；這表示心理病態者可以學習——只要你用報酬的方式來塑造他的行為。這是有聲譽的期刊首次發表青少年心理病態者的研究，在那之前，沒有人願意相信青少年心理病態者可能是天生的。

二十年過去了，我們還在思考這個發現：這個行為上的差異，可以轉譯到他們大腦的差異嗎？我的研究生格倫用臨時工受試者測試了這個想法。紋狀體是大腦中與尋求報酬及衝動行為關係最密切的地方，過去的研究都顯示，它跟尋求刺激、堅持重複與報酬有關的某個動作，以及強化與報酬有關刺激的學習都有關鍵性的主導地位。聽起來很像心理病態行為，不是嗎？接受我們檢測的心理病態者，紋狀體的體積比控制組大了百分之十。這個結果，雖然無法用年齡、性別、人種、有無酗酒、嗑藥、整個腦的大小或甚至社經地位來解釋，卻似乎是個很確定的實驗結果。

我們的看法是，紋狀體體積的擴大可能來自心理病態者對報酬敏感度的增加，也因此導致他們無止盡尋求報酬的行為。當然，心理病態者並不是唯一這樣的人，你我也都深受報酬的驅力；我們每一個人都想得到想要的東西，都希望有很多錢、住大房子、吃精緻的食物、有份好工作、交上有趣的朋友——以及絕佳的性伴侶。但我們和心理病態者有個很大的差別：懂得向誘惑說「不」。**心理病態者就不是了，他們不但要，還是「現在、馬上」就要，對他們來說，報酬就像毒品一樣難以拒絕，也推著他們走上墮落和邪惡的不歸路。**

我們不是唯一發現青少年心理病態者有擴大的紋狀體的人。其他的研究也已發現，從反社會人格者、暴力酗酒者到攻擊性的青少年，紋狀體都有變大的情形。此外，我們在二〇一〇年發表研究的兩個月後，另一個實驗室也以功能性核磁共振得出同樣的結果：衝動量表、反社會人格量表上分數高的人都對報酬特別敏感。這一回，大腦中還有一個地方也活化起來了——隔核（nucleus accumbens）。這個地方和多巴胺——第二章中有談到——報酬迴路很有關係，反社會人格的人比我們一般人更容易被他喜歡的東西所吸引。

犯罪者非常在乎報酬，對他們來說，金錢不只是會說話，還會罵粗話，對他們非常有吸引力；所以，心理病態者為錢犯罪的比例高達百分之四十五。研究也顯示，他們會比一般正常人更容易因為很少的錢就去做違反道德原則的事；更糟的是，那些具攻擊性的青少年在看到別人痛苦時，紋狀體的活化還會大量增加。這些孩子似乎覺得看別人受苦很享受，非常之病態，會和前幾章談過的連續殺人犯一樣虐待、凌遲處死受害者。綜合來看這些和額葉失功能及它引發的不可抑制行為，你就會搖出一杯暴力犯罪的雞尾酒。

不論我們怎麼解釋杏仁核、海馬迴、胼胝體和紋狀體結構的缺失，有一點始終突出，即這些結構的不正常不可能是因為疾病或腦傷，因為如果是的話，應該是整個體積的減少，而我們的發現比簡單的減少複雜多了。右邊的海馬迴比左邊大、紋狀體比較大、胼胝體也特大，而且神經纖維既長又細，看起來都像是神經發展上的問題。紋狀體和它相關的結構——尾狀核（caudate）、豆狀核（lenticular nuclei）——都變大而不是縮小。**這些大腦結構，早在心理病態者嬰兒期和童年期時就發育不正常了**。所以，我們要再一次回到心理病態和反社會人格者的神經發展理論去解釋這個現象。**他們是天生的**

罪犯嗎？不是，但是嬰兒的大腦若在發育時受過傷害會使他變成一個罪犯嗎？很有可能。

白質越多，越會說謊？

我想延伸我的神經發展理論到那些利用大腦的結構不正常獲利、得到好處的人身上，而不只針對承受結構不正常壞處的人（譯註：一個理論若想成立，就必須能解釋正和反的行為）。我想提出的核心問題是：暴力犯和心理病態者的大腦結構有不正常的這種現象，對其他犯罪者來說也是如此嗎？你在對我說謊時，大腦是什麼樣？這些比較不嚴重的罪行，也有大腦上的關係嗎？

謊言到處都是，就某個層次來說，大多數人的大部分時間都在說謊。我們什麼時候最會說謊？研究調查顯示，是第一次跟陌生人約會時。這就給了我們一個為什麼要說這麼多謊的線索——因為我們想令對方有好印象。假如我們隨時隨地說真話，恐怕永遠也得不到第一個吻，還可能會讓身邊的每個人都過得不愉快。你真的想要我告訴你，你新剪的髮型有多糟糕嗎？你那件新衣服俗不可耐？你的新男朋友沒有家教？不，你不會想聽的。所以我們用白色謊言（white lies）來使每天的社交生活過得平順。「你的新髮型真適合你！」「這件衣服帶出了你的人格特質！」「你的朋友跟你是絕配！」既能贏得別人的友誼，這些白色謊言很多時候也比說真話更有利而無害。我們沒有一個人是聖人，不過，我們也不是心理病態的罪人就是了。

大部分的我們不是。某些人的謊言確實說得過頭，**心理病態者的二十個特質中，有一個就是病態的謊言和欺騙。他們左騙、右騙，連中間也騙；有的時候有好理由，有的時候根本沒有理由。**在與心理病態者進行面談之前，我通常會先看他們的資料，因為我是在最嚴密、安全規格最高的監獄和受刑人面談，也因為我的受試者都是重刑犯，檔案資料很齊全，他們的生活、行為與人格資訊，都給了我預測這個人是不是病態的說謊者很好的機會。當一個人說的事與你所知相衝突時，你拆穿他謊言的機會就很大。你會更容易知道，他回答你的話是不是有道理，有可能，或者根本就是在糊弄你。

心理病態者的問題是，他們真的是很高明的說謊者。明明你已經抓住他的小辮子了，他還是有辦法一個轉身就逃脫你的掌握，給你一個非常令人信服的理由，說謊時更是氣不喘臉不紅。相信我，他們就是有本事讓你在走出面談室時，認為你搞錯了事實；必須重讀他的檔案、問過他的教誨師，你才會發現你被他玩弄了。你真的必須親身經歷，才會相信我的話。

你可能會覺得驚訝，即使我花了四年時間在監獄裡的這些人身上，外加三十年的學術研究經驗，我還是完全不知道誰是誰又不是心理病態者，這方面我不是很靈光。假如只見過你一次，談了一個小時，我不太可能知道你是不是一名心理病態者——後面再回頭來談為什麼。不過也不是只有我這樣，不管你喜不喜歡，你也會跟我一樣，完全看不出這個人是不是在對你說謊。

請不要覺得我看扁了你，因為大家都一樣，不是只有你和我，就連警察、海關人員、聯邦調查局探員和假釋官，這方面都不見得強過大學部的學生。這些執法人員是真的相信他們很能察覺謊言，但事實是他們甚至不知道自己錯在哪裡。醫生也不知道哪些假症狀是你在騙他，因為你想要他給你開你想要的藥。

為什麼我們這麼難分辨謊言？這是因為，所有我們猜想是說謊的徵狀都跟察覺說謊無關。如果沒有任何背景證據或情境來告訴你某人在說謊，只能從這個人說話時的態度和反應來判斷，我敢打賭，你的判斷基準一定是這個人的眼光是否閃爍不定，說話是否結結巴巴、很猶疑，腳是不是動來扭去，是否動不動就脫離主題去講一些不重要的細節。事實上，那些完全稱不上說謊的徵狀，都是假線索，而我們總是會因而被誤導。

我們對看穿孩子的謊言就比較在行嗎？

這個嘛，並沒有。有一個這方面的實驗，是拍攝一群不同年齡的小朋友坐在房間裡，他們後面有個很有趣的玩具；實驗者告訴孩子他必須離開房間幾分鐘，叫孩子不可以偷看後面的玩具。實驗者離開一下後就回來了，在這期間，有些孩子偷看了，有些沒有，實驗者一個個問小朋友有沒有偷看。說沒有偷看的孩子中，有些說的是真話，有些說的是謊話；實驗者於是把影片——包括百分之五十孩子在說謊、另外百分之五十說真話的畫面——播放給很多不同的人看，讓他們從問答中判斷哪些孩子在說謊。

讓大學部的學生看錄影帶、找出誰說謊，應該比期中考或期末考容易吧？結果正確率只有百分之五十一，猜對的機率並沒有比猜錯的高多少。

讓我們來看一下，海關的官員在看這支影片時有沒有好一點——畢竟這些人都有很多抓走私的經驗。結果是，他們的成績只有百分之四十九，比大學生還低。

接下來上場的是警察，他們應該最有街頭智慧，最能知道誰是心理病態的說謊者。很遺憾，警察的正確率只有百分之四十四，既比平均機率低，也明顯比大學部學生和海關人員差。下次警察把你攔下來，說你違反交通規則，你說你沒有而他不相信你時，不妨說說這個實驗給他聽。

或許十一歲的孩子已經是經驗老到的說謊者了，所以在判斷十一歲的孩子有無說謊時，整體來說只有百分之三十七的正確率。但是，對於判斷四歲小孩有無說謊，我們的表現應該好一點了吧？畢竟他們才四歲，涉世未深，應該很難騙得過我們。不幸的是，我們看出四歲兒童說謊的能力也不行，正確率只有百分之四十；對判斷五歲兒童有無說謊的正確率是百分之四十七，六歲是百分之四十三。**父母們總認為「我知道孩子在搞什麼鬼」，其實根本不曉得還在學步的孩子在玩什麼花樣。抱歉，你真的跟我一樣，對找出誰是心理病態的說謊者一點辦法也沒有。**

但是我們還有一線希望。我家裡有兩隻十歲的猴子，總是趁我不注意時搗蛋。是的，安得魯和菲利浦都是聰明且很有技巧的說謊者——就跟所有的孩子一樣，當我想知道誰做了什麼時，就告訴他們誠實很重要，他們應該承諾說實話。研究顯示，如果你先和你的孩子談道德問題，再叫他們承諾要說實話，最後才說出你的問題，就比較有機會得到誠實的答案——會把測謊的正確率從百分之四十提升到百分之六十。

這個針對孩子的研究，使我和我的實驗室很想知道為什麼心理病態者的說謊本事比較高。人類或許是差勁的說謊偵察者，但有了機器的協助，應該比較能穿透馬基維利主義者（Machiavellian）的心智。心理病態者也許可以面對面地對我們說謊，但說不定儀器可以偵測得出，心理病態者說謊的特性是在大腦內部，表層之下；也就是說，或許他們只是擁有生理上的優勢？

我們在評估反社會人格者的精神疾病，就順便蒐集了這方面的資料，看他們有沒有說謊成性的歷史，之後再用問卷測量他們的說謊歷史，希望這樣的交叉比對更能幫我們找出真相。

例如有一天，我們的研究助理注意到某人用腳尖走路，問他為什麼時，他說了一個既詳細又令人信服的故事：他騎摩托車出了車禍，腳跟受傷了，所以只好用腳尖走路。可隔天他要去另一層樓見另一名助理時，走路卻是正常的；兩個助理比較紀錄時，他就原形畢露了。這是一個典型的心理病態謊言：動不動就騙人，但是沒有任何的動機或從中得到任何好處。

我們就用這種方法，找到了十二名心理病態的說謊者，不但個個都符合所有門檻條件，而且自己承認以前是在說謊。你可能會問，我們怎麼知道這個人是真的坦承說謊？答案是——沒騙你——我們始終無法確定，這些心理病態的說謊者是真的在承認他們是重複性的騙子，一輩子都在欺騙或操弄別人。但是我們可以確定：假如他們說的是真話，就是真的病態說謊者；假如他們對自己說過的謊說謊，更真的、真的一定是病態的說謊者，所以，我們便不管三七二十一地掃描了他們的大腦。

我們有兩個控制組：一組是二十一名正常人，沒有反社會人格，也沒有說謊（至少他們宣稱沒有

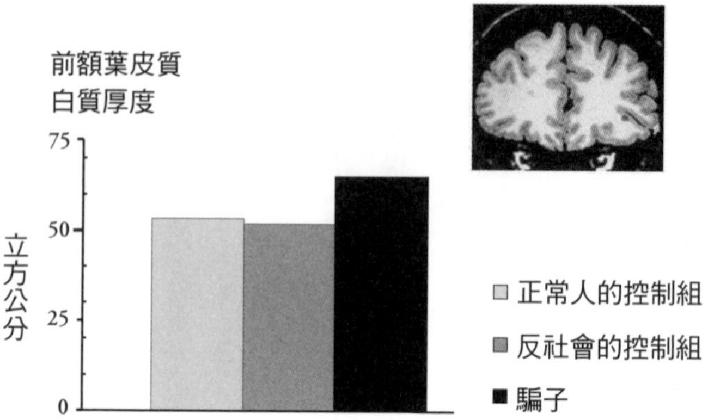

圖 5.7　圖表顯示騙子和控制組前額葉皮質白質的厚度，右上角是前額葉皮質冠狀切面掃描所顯示的白質情形。

），算是「正常人」的控制組。另一組有十六個人，和病態說謊者犯了同樣的欺瞞之罪，卻不是病態說謊者，屬於「反社會」的控制組。我們就用這兩組控制組，來和病態說謊組相比對。

我必須把這個不尋常的發現歸功於這個研究的主要負責人楊雅玲。你在圖5.7上可以看到，病態說謊者前額葉皮質的白質比兩個控制組的人都大：和正常人相比，多了百分之二十二的體積；跟反社會控制組相比，體積更多了百分之二十六。白質增加最多的地方在前額葉皮質腹側，因此說不定你也看得出來，這些說謊者的語言智商比其他兩個控制組的人都高得多；但是，這還是無法解釋大腦結構上的差異。說謊研究專家史賓士（Sean Spence）在這個研究裡所寫的編輯評論上說，白質的增加非常不尋常，因為沒有任何一個臨床疾病和這個白質不正常有關聯。

想要理解這個發現，就得回到第三章。當時我們就討論過，說謊是一個非常複雜的執行功能，需要非常多的額葉處理。說真話比較容易，說假話就困難多了，需要很多處理的資源。**我們認為前額葉白質的增加是為了提供說謊所需要的認知功能，因為白質連接前額葉皮質和其他大腦區域**。我們得再進一步，考量說謊的本質。

說謊與心智理論（theory of mind）有關係。當我騙你一月七日星期三晚上十一點我在哪裡時，我得先了解你已經知道了什麼，還不知道什麼。我必須知道你認為什麼是可能的，什麼是不可能。啟動這個「讀心術」（mind reading）時，我們得同時讓顳葉和頂葉皮質下的區域連接到前額葉皮質。先前我們已經討論過不利說謊的行為線索，現在有更多的研究顯示，人們在說謊時會壓抑不必要的身體動作；當我告訴你一月七日晚上我在哪裡的真話時，因為我沒有東西要隱藏，所以我會用手勢表達我的情緒，會讓眉目上揚來配合我的故事，也會抬頭望天花板一秒或兩秒。

說謊的人不會這樣，他們會坐著不動，壓抑身體的動作，因為他們必須聚焦在其所說的故事上，需要運用所有的資源來支持認知運作，也就是說，當下所有的處理資源必須統統用在說謊這件事上。壓抑需要動用前額葉皮質去調控運動和身體感覺區，因為它們控制身體的動作，而增多白質連接可以加速這項作業。說謊者忙著編故事時，還得留意不能顯現出緊張，這又得動用壓抑邊緣情緒區，包括杏仁核。所以，前額葉—邊緣的連接很重要，白質越多，這些功能的表現才會越好。

我們相信，病態說謊者白質體積**增加**的原因還是在神經發展上。從神經發展的角度來看，人類的整個童年期大腦都會不斷擴張，到十至十二歲之間，大腦的重量已經到達成人的地步；這段期間裡，白質也會急劇增加，所以我們也知道，這段期間——大約十歲——的孩子會變得很會說謊。**很有趣的是，孩子大腦白質的增長與說謊能力的增長是同步的，這表示我們在病態說謊者身上所看到的白質增長，的確有助於他們說謊的能力**，從這個觀點來看，我們認為成人病態說謊者是因為前額葉皮質白質的增加，才導致他們後來成為說謊和欺騙者。

所以，白質的增加可能會引起病態的說謊；但是，這因果關係有可能是倒過來的嗎？記得小時候聽過的《木偶奇遇記》（*Pinocchio*）吧？這是十九世紀末期的義大利童話故事，每說一次謊，小木偶皮諾的鼻子就增長一點，這會不會是因為，病態說謊者的謊言使得前額葉皮質的白質增加了呢？

這個「皮諾丘的鼻子」（Pinocchio's nose）假設，可沒有聽起來這麼童話。這個觀念來自大腦的可塑性：鋼琴家越是練琴白質就越大，尤其是在童年的時候。童年時如果一直練習說謊，就有可能加強前額葉皮質的白質；即使已經成年，大量的練習也會改變大腦的結構。倫敦的計程車司機必須經過三年的密集訓練，才會熟悉倫敦兩萬五千條不規則的街道；核磁共振發現，這些司機海馬迴後端管空間能力的地方比控制組大了許多，也比才開六個月、還沒有很多經驗的新手司機大。就像你去健身房練習可以擴張二頭肌，心智練習也可以改變大腦。

在病態說謊者的個案中，看起來好像犯罪的生活型態造成犯罪的腦。這跟十九世紀義大利的朗布羅索的故事有點不一樣。朗布羅索是認為大腦失功能造成犯罪，不過，我們目前還不能排除這個環境的解釋，即說謊引起大腦改變。

白領罪犯的大腦比較優秀？

我們已經看到，說謊確實和大腦有關係，接下來要看的，則是比較不那麼極端、不含暴力在內的反社會行為，如白領階級的犯罪。白領階級的罪犯，大多不會像藍領那樣把手弄髒；犯罪學者對白領罪犯的看法，也非常不同於其他的罪犯。我們應該都會同意，貧窮、居家環境欠佳、教育失敗和失業是導致藍領階級犯罪的危險因素，那麼，我們該怎麼看待銀行家、大老闆和政客的犯罪呢？在這些個案中，罪犯的手通常不是伸向個人而是機構——機構提供了犯罪的環境，機構的次文化培養出不法的員工。對傳統的犯罪學者來說，白領罪犯就跟你我一樣，只是他的道德判斷被職務上所提供的做壞事機會所引誘。

但是，搞出「龐氏騙局」的馬多夫（Ponzi-schemer Bernie Madoff）真的只是腐敗公司中不幸做出錯誤判斷的無辜被害者嗎？還是說，他這樣的罪犯本來就和我們不一樣，就像我們和街頭藍領罪犯不一樣？

前那斯達克證交所主席馬多夫捲走了許許多多投資者的錢——估計六四八億美元，使許多人一生的儲蓄轉眼成空。他是很有經驗的投資顧問，騙起錢來可說輕而易舉，他鼓勵新的投資者投資在某種證券上，再給他們很好的紅利；但他之所以能給出很好的紅利，主要是因為他不斷吸收新的投資者，然後用新增的投資付紅利；他就這麼以錢滾錢了好一陣子，直到有一天才有人發現，這麼大的一家財務公司居然只用一名會計來處理龐雜的事務，假如你也像我一樣曾經當過會計師，就一定知道這是不可能的。

白領階級犯罪林林總總，從龐氏騙局這個極端到一般常見的挪用公款、貪汙——基本上，只要發生在工作場所的罪都算。或許比較讓人驚訝的是，學術界至今沒有可以解釋白領犯罪的生物學上或心理學上的任何理論；既沒有以「個別差異」理論來解釋為什麼，甚至也沒有社會層次的理論來解釋這些白領罪犯跟我們有什麼不一樣。名犯罪學家沙德蘭（Edwin Sutherland）在一九三九年提出白領犯罪這個概念，認為社會或個人因素都無法解釋這種犯罪行為——他相信，這基本上是學習如何抓住機會往上爬升的歷程。

他的看法和美國商場那種勾心鬥角、你死我活的職場生態沒什麼兩樣，基本上就是獲利。假如你必須送紅包走後門，那又怎樣？這可不是搶劫，你沒有傷害或威脅任何人。好處是你永遠不必面對受害人，也就不會因為你的所作所為產生罪惡感；對聰明到懂得怎麼往上爬的人來說，這種犯罪自是游刃有餘。

從頭讀到這裡，你應該已經了解我對犯罪的看法了。不論領子有多雪白，白領罪犯也不可能白玉無瑕；從社會的大觀點來看，機構至少要負一些責任，因為不是每一個上班族都會犯罪。

我很幸運，由於和在賓州大學華頓商學院（Wharton School）教授法律和職場道德的勞佛教授（William Laufer）熟識，很快從他那兒補充了白領犯罪這方面的知識。從一些社區志工（譯註：可能是因為輕罪而以社區服務時數代替刑責，因此作者才會看到他們的紀錄）自陳的犯罪紀錄，我可以明顯看出，他們之中的某些人已經到了白領犯罪的地步，罪行則是詐欺商家或政府機關以得利（譯註：浮報是最常見的一種），不法使用電腦賺錢，偷拿公家機關的文具或其他財產回家，說謊來請病假。我並不是說，勞佛教授和我的工作團隊就像馬多夫的投資人那樣好騙，只是每個組織多少會有濫用權利的同事，主管嚴格就不會發生，主管不嚴弊病就免不了，只是這些常見的弊病都已走到白領犯罪的門檻。因此，勞佛和我便開啟了一個全新的研究領域。

我們找了二十一名白領犯罪者，配上二十一名自認有罪，但不屬於白領犯罪的受測者。這個很重要，因為我們的白領犯罪者也會在工作場所以外的地方犯罪，這在白領犯罪是很普遍的現象，所以我們需有個控制組。我們的這兩組受試者犯罪程度都很相近，年齡、性別、種族也都很相似，唯一的差別就是有和沒有犯下白領的罪。楊雅玲也加入團隊，和我們一起比較了這兩組在神經生物學上的各種測量，得到了一些很有趣的組間差距。

第一，這些犯罪者在「威斯康辛卡片分類作業」（Wisconsin card-sorting task）上的表現都非常好。這個作業，是用來測量專注力、計畫、組織、轉換策略彈性以達目的、工作記憶，以及抑制衝動反應的能力，或許我們不應該感到驚訝——我們的白領犯罪者的確顯現出他們有做一個很成功的職場執行長的技能。

第二，他們對中性語音刺激和類似刺激的膚電反應都很強，不但對刺激一開始的反應很強——這表示他們的注意力很強——對重複出現的刺激反應也很強，能夠始終保持注意力。這個隨時在問「這是什麼？」的注意力表現，反映出前額葉皮質腹內側區、顳葉內側及顳葉—頂葉交會處這些大腦區域的功能很強，前面我們已經看到過，暴力犯罪者的這些地方是失功能的。

第三——大概也是最有趣的一點——**白領犯罪者的大腦和控制組不一樣，好幾個重要地方的皮質都比較厚，前額葉皮質腹內側**（即BA11）**處的灰質也比較多**。比控制組厚的地方，還包括右腦前額葉皮質的BA44處即下額葉迴，右邊運動皮質區（前中央迴BA6處），右邊的身體感覺皮質（中央迴後，BA1, 2, 3），右邊上顳葉迴後端（posterior superior temporal gyrus），這裡是顳葉和頂葉交會的地方（即BA22, 41, 42）以及右顳—頂葉交會處（頂葉下面的地方，即BA）。

白領犯罪大腦的優越性，代表著什麼意義？這幾個地方之所以很有趣有幾個原因。首先，下額葉迴與執行功能有關，包括：整合與內在產生目標有關的思緒和行動；依作業的需求改變策略和反應；抑制不當的反應行為；從一個作業轉換到另一個作業；在相互衝突的理由中作出選擇。這些工作大多在右腦執行，而我們正好在右腦看到最大的群體差異；如果**把執行功能比較好、皮質與認知彈性及調節控制有關的區域比較厚合起來看，就能認定這些都是白領犯罪者大腦比別人強的地方**。

其次，腹內側區與好的決策、對行為帶來的後果敏感、產生膚電反應有關。這個結構也與好的執行能力、膚電反應的方向、覺識和注意力有關，再一次，白領犯罪者的這個地方強過了控制組，也符合他們表現出來的行為。更有趣的是，腹內側區還和監控刺激的報酬價值有關，也與學習和記住生命中哪些東西會帶來報酬有關，所以當我們看到白領犯罪者腹內側區前端大得多時，都覺得很有趣。功能性核磁共振的影像顯示，這個前端區域與抽象的報酬刺激特別有關，尤其是金錢。相反的，比較不抽象，比較基本的報酬，如味道，就在腹內側區的後端處理，這個地方兩組之間就沒有差別。所以，前額葉皮質腹內側前區皮質厚度的增加，正顯示了白領犯罪者特別受到如金錢等抽象報酬的驅使。

第三，前運動皮質區不只與我們監控表現、作決策、計畫、預備動作的執行，以及依情境抑制動作的出現都有相關，還包括了解別人動作背後的意圖和社會知覺。所以，這個結構的強化也很符合白領罪犯超強的執行功能和他們掌控得特別好的社會認知。

第四，身體感覺皮質的強化很符合他們身體標記較好的特色。身體標記是好的身體感覺皮質和前額葉皮質腹側功能良好的前提，因為身體標記都儲存在身體感覺皮質中，而前額葉皮質腹側是處理這些身體標記的地方。我們在白領犯罪者大腦中看到的這些地方，都是被強化過的。一般罪犯的身體標記有缺陷，決策的制定也不好，白領罪犯就不一樣了，他們的特質之一就是擁有更好的決策技巧。

第五，右邊的顳葉—頂葉會合處在社會認知和方向上很重要，所謂社會認知，包括處理社會訊息的能力和了解別人觀點的能力。顳葉—頂葉會合處還處理注意力的方向，加速我們對事件的反應。因為布羅德曼大腦地圖第四十一和第四十二區同時也是主要的聽覺皮質區，皮質的厚度增加會使人對聽覺刺激的反應良好，一聽到聲音就能馬上把注意力轉到聲音的來源，白領犯罪者正是有這個能力的發現，更足以支持一個假設：白領罪犯有較好的社會觀點和閱讀別人心智的能力，而這些能力也幫助他們在職場上犯罪。

如果把這些神經學上的發現綜合起來看，我們就可以說：白領犯罪者有較強的執行功能，比較會做好的決定，比較會注意身體周遭所發生的事、別人說了些什麼等等，注意力也能維持的得比較久。他們有優異的社會敏感度，知道怎麼讀出別人的心意，看重報酬，尤其是抽象的報酬，如金錢，錢是他們的動機和驅力。他們懂得判斷社會情境，知道什麼時候該出手，什麼時候要按兵不動，可以仔細計算做或不做的成本和獲利。他們之所以能成為白領罪犯，可能真的有神經生物學上的助力。

第三章中，我們已經闡述了暴力犯的大腦功能缺陷，本章——從魏斯坦的故事開始——則看到大腦結構出問題會影響罪犯的大腦功能。這個硬體的缺陷多半在額葉皮質，影響行為的抑制；也和杏仁核有關，影響著情緒的控制。

在大腦的失功能上，環境的因素——尤其是頭傷——扮演著重要的角色。然而，我們也看到不尋常的大腦胼胝體、紋狀體和海馬迴體積不正常——變大而不是縮小——的地方。把這些犯罪者透明膈腔放在一起看，體積的不正常就得出一個假設：這些人之所以成為犯罪者，可能是童年期或更早期的神經發展不正常所造成的。我們也看到，這些不正常並不只發生在嚴重的暴力犯身上，也可能與非暴力的反社會行為有關。

犯罪者的大腦的確有毛病，實質上就和我們有所不同，這個差異已經明顯到不容忽視。這也許會打認定罪犯就是「天生壞種」的基因決定論者一記耳光，的確，在前面的章節中，**我一直支持生物學和遺傳學上基因對暴力的影響**，但是在這一章中，**我同時也談到環境在塑造大腦結構上的重要性**——我們發現，母親在懷孕期的不當行為會危害胎兒大腦的發育。

但是，即使已包含了這麼多觀點，我們的模式還是太簡單了。**暴力並不是加總一些神經生物學上的因素，再配上一些環境因素就能說得清楚明白**。後面我們還會看到，這些相對的歷程其實也在相互影響，彼此複雜的交互作用產生出暴力行為來。但是在談到這一點之前，我們勢必得先了解外力如何作用在大腦、使之扭曲大腦的結構和功能。為了讓我提出的犯罪者神經發展理論更完備，下一章，我會聚焦在討論自己控制之外的非常早期的大腦發展。死神很早就種下了罪惡的暴力種籽，而且並不只在受精的時候；我們會看到，這些種籽出生前就在子宮中培養，出生後更在嬰兒期就已開始建構暴力的框架。

第六章

天生殺手

早期健康與犯罪行為的關係

彼得・沙特克利夫（Peter Sutcliffe）出生時難產，醫生以為他活不過當晚。他在一九四六年六月二日出生於英國西約克夏（West Yorkshire）的一所醫院裡，那時二次大戰結束才一年，嬰兒的死亡率很高。但是，小彼得可是兩千三百公克重的生命鬥士，雖然早產又難產，他只在醫院住了十天就回家，更在賓格利（Bingley）長大成一個正常的男孩。他在很多方面都跟我很像，我們兩人都是難產兒，都很害羞，都在北英格蘭的工人家庭長大，也都比同年齡的人矮小，更都在信奉天主教的大家庭中長大。看起來，彼得好像成功逃過了死神之手——有嗎？一九六七年，他在賓格利的墳場當挖墳工，當他彎腰在挖一座新墳時，一個模糊不清的回音從對面的波蘭墳墓傳過來，他後來這麼描述那一天：

那個模糊不清的聲音帶給我一個很特別的感覺，好像我是因為被選中才聽得見，是個特權。那時開始下雨，我記得從斜坡上頭俯看山谷時，感到我正經驗一個很奇妙的東西。我看看山谷、看看我的周邊，想到天堂與地獄，想到自己是多麼的渺小。但是在那一瞬間，我感到自己很重要，我被選上了。

被選上什麼呢？慢慢的、經過很長的時光，彼得明白了：他是上帝對魔鬼和性罪惡憤怒的工具。他所肩負的任務，就是殺光全世界的妓女。

這是一個關鍵的精神異常經驗。雖然他和一位波蘭移民的賢慧小學老師結了婚，有著美滿的婚姻生活，但從被選上的那一天起，他挖墳的態度就非常不一樣，後來更從難產的嬰兒變成英國最可怕的連環殺人、思覺失調症的謀殺者，殘忍地劃開約克夏十三名妓女的子宮。

我們要在本章中一起見證的，就是一個殘暴的生命如何在嬰兒還沒有張嘴呼吸第一口空氣時就預備下了。是的，**一個人的出生可以做為一名暴力犯的標記。早在受精之初，健康就是人生這個方程式最重要的因素了**，所以，我們暴力的大腦旅程就要從公共衛生的領域開始向前行。

暴力是個公共衛生問題

我們在前面的章節中看到，犯罪和暴力是有生物學基礎的。我們也從演化到基因到中央神經系統的功能，再到自主神經系統功能，逐步描繪出暴力的大腦機制，提出證據，讓每一位有理性的社會科學家都無法否認，暴力有一部分來自生物基礎。

的確，大腦缺陷究竟會不會使一個人傾向暴力，坦白說已經不是問題了。既然已經沒有人會再懷疑大腦的缺陷會使人傾向反社會和攻擊性行為，那麼，我們就要問個更重要的問題：**到底生命初期發生了什麼事，我們才會在成人暴力犯身上都發現大腦的不正常？**一旦找出這個早期的經驗，我們就成功了一半，因為我們**可以藉此找出治療和預防的方法，重新塑造孩子的大腦來使他遠離暴力**。

在本章和下一章中，我都會從公共衛生的觀點來談暴力。你可能會覺得，把暴力和肥胖症、愛滋病、流行性感冒連在一起很奇怪，但這是一個很有用——而且越來越受歡迎——的解決問題方式。沒錯，美國的疾病控制與預防中心（Centers for Disease Control and Prevention, CDC）已經把暴力看成嚴重的公共衛生問題，世界衛生組織（WHO）在第一次暴力的世界報告中，也把這個情況定義為全球性的公共衛生問題。現在，暴力是全球性的主要死亡原因，尤其是十五歲到四十四歲之間的人。在美國，暴力也已是第二高死亡原因，耗費健康醫療系統極多資源，CDC估計一年要在這上頭花掉七百億美元，而這還只是部分數字，如果再加上醫療的費用、收入的損失、與受害者有關的公共支持系統的開支，總數更高達一〇五〇億美元，而且是一九九三年時的統計數字，現在的費用當然就更高了。WHO估計，槍傷本身每年就花費美國健保系統一一二六億，把刀傷算進來，還要另加五百一十億到帳單上。英國的英格蘭和威爾斯加起來，暴力的花費估計每年也要六三八億美元。有些國家，包括哥倫比亞和薩爾瓦多，每年光是在治療與健康有關的暴力傷害上就要花掉全國總收入的百分之四，更別提法律和司法的成本了，換成美國的國內生產毛額（GDP）則是五千億美元。你不妨想一想，那麼大一筆錢可以如何用到更好的地方。

暴力顯然讓我們付出極大的代價，但它真的是公共衛生問題嗎？我們有必要用醫療方式思考暴力嗎？是的，很有必要，而且是現在就應該改正的觀念，理由請聽我解釋。公共衛生是醫療的一部分，它問四個問題：**第一，暴力有多頻繁，在什麼樣的情境下發生？第二，發生的原因是什麼？第三，治癒的方法是什麼？第四，我們是否可以把治療方法用到一般大眾的身上？**這和社會學的觀點非常不一樣，社會學是把暴力看成一個非醫藥性的問題；它也和臨床的看法不同，因為臨床是聚焦在個人，而公衛是在整個人口，醫生現在慢慢加入治療和預防暴力了，就連牙醫也開始嚴肅對待這個問題。

薛帕（Jonathan Shepherd）是威爾斯卡地夫大學（Cardiff University）牙醫學院口腔顏面外科（oral and maxillofacial surgery）教授。他很驚訝地發現，竟然有那麼多顏面受損的病人是由於暴力傷害，更讓他驚訝的是，大部分的酒吧打架都沒有人會報案；所以他和警察單位合作，讓警察知道卡地夫最熱門的「暴力景點」是哪裡。他也與啤酒杯的玻璃製造廠合作，說服他們把啤酒杯從普通玻璃改為比較堅硬的玻璃，不易被人敲裂來當刀械。這些在公共衛生上的努力使傷害減低了很多，卡地夫不但成為威爾斯比較安全的城市，還是一個令人嚮往、適合居住的城市。假如一位牙醫師就能造成如此巨大的改變，其他的醫療領域一定也可以對暴力的減少做出貢獻。

因為這個原因，我們現在就要把注意力從內在生物功能的暗室移轉到陽光下，讓我們更能看清早期的環境因素如何干擾大腦的發育。那麼，還有什麼旅程會比從彼得的出生來開始談起更恰當呢？

天生壞種

我在一九九一年訪問哥本哈根時，丹麥王國醫院（Rigshospitalet hospital）便令我留下了深刻的印象。這所醫院成立於一七五七年的三月三十日，原名腓特烈五世（King Frederick V），是丹麥的國家醫院，每一年要看五十萬個病人，有八千名醫護人員；丹麥王儲瑪莉公主就在這裡生下她的兩個孩子

：克理斯蒂安王子和伊莎貝拉公主（Prince Christian and Princess Isabella）。克理斯蒂安王子出生於二○○五年十月十五日，是順產，一出生就有二十一響禮炮歡迎他，全國放煙火，大家都高興得不得了。但是，其他在這個醫院出生的孩子就不是每個都這麼順利，當然結果也不是這麼光榮了。

一九九四年，我發表了一篇針對一九五九年在這家醫院出生的四二六九名男嬰的研究論文；其中分娩併發症是根據醫生和助產士的評估，症狀包括用產鉗夾出來、腳先出來、臍帶纏繞、妊娠毒血症（preeclampsia），以及生產的過程很久。一年以後，社工人員就到這些分娩併發症產兒的家裡面談，問母親：她要這個孩子嗎？她是否曾經想過墮胎？這孩子有無任何理由住進公家機構（譯註：指的是育幼院、醫院、孤兒院等）至少四個月？這三個問題的目的，都是想知道媽媽是否拒絕這個孩子。等這些孩子長到十八歲大時，我們就去法院調資料，看看有哪些孩子因暴力犯罪被逮捕過。然後我們把這些孩子分成四類：既沒有分娩併發症、母親也沒有拒絕的孩子，是我們的正常控制組；第二種是有分娩併發症，但沒有被母親拒絕；第三種是雖然生產順利，卻被母親拒絕（maternal rejection）；第四組是在他們第一年的生命中，生產既不順利，母親也不要他。

結果非常令人震驚。你在圖6.1上可以看見，前面三組並沒有顯著的不同，只有百分之三成為暴力犯。第四組的暴力犯比例就很高了，他們是從生物上和社會上來看都很吃虧的可憐孩子，暴力犯比例比別組高了三倍，也就是百分之九，表示有幾近一成的孩子後來都變成暴力犯。雖然第四組僅佔總樣本群四二六九人中的百分之四・五，但這百分之四・五卻佔了百分之十八的暴力犯罪，犯罪率是四倍

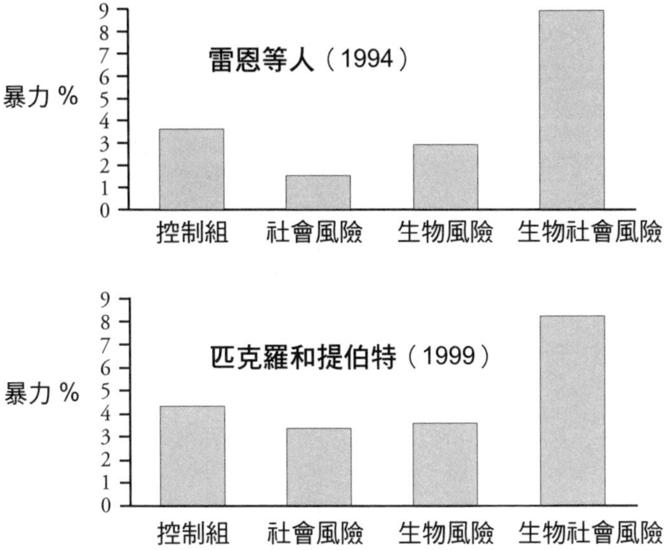

圖 6.1　分娩併發症和不良的家庭環境可以預測成人暴力行為

高。這份報告，是早期生物因素與社會因素交互作用造成成人暴力的經典研究。

許多暴力行為是在十八歲以後才出現的，那麼，生物社會的交互作用也能解釋這些長大後的暴力嗎？還是只能解釋早期的暴力行為？所以我們在這批嬰兒三十四歲時又檢核了一次資料，查看暴力犯罪的逮捕紀錄——數字是樣本暴力犯的三倍，給了我們做更多詳細分析的理由。這個結果，表示生物社會的交互作用與早期啟動的暴力很有關係，卻不能解釋生命後期出現的暴力行為。此外，這個交互作用只作用在暴力犯罪，不能解釋非暴力的犯罪行為。看起來，暴力生產（譯註：作者用 violent 來形容分娩時醫生用鑷子夾子或其他方法把嬰兒拉出來，但用這個字似乎重了一些）的確會造成以後的暴力行為。

回頭再看「母親拒絕」的部分，有沒有哪些

特別重要？有兩件。第一，出生後第一年在育幼院或孤兒院長大是關鍵點；第二，想要打掉胎兒，不要這個孩子是另一個關鍵點。這兩個因素加上分娩併發症，是造成後來暴力的原因。相反的，假如母親並不想要這個孩子，但是沒有採取任何行動，似乎就沒有產生長期的後果。此外，這個交互作用是針對比較嚴重的暴力，例如搶劫、強姦和謀殺，而不是比較不嚴重的，如威脅使用暴力。**看起來，分娩併發症加上比較嚴重的母親拒絕會導致暴力犯罪。**

我們的哥本哈根研究還有一個問題：這些嬰兒都來自歐洲謀殺率相對較低的白人家庭，所以，這個發現會不會只適用於丹麥文化？還是可以類化到其他種族？黑人的嬰兒呢？這個問題有兩位美國犯罪學家嘗試過解答。他們找了父母都是美國黑人的八六七名男嬰和女嬰，來測試「壞出生與壞媽媽」（bad birth and bad mother）的假設，研究專案名叫「費城產期合作計畫」（Philadelphia Collaborative Perinatal Project）。分娩併發症的紀錄是在嬰兒一出生時蒐集的，犯罪學家匹克羅（Alex Piquero）和提伯特（Steven Tibbetts）用我們的實驗法，把樣本群分成四組。實驗結果請見圖6.1下半部。他們的發現幾乎和我們一模一樣——如果出生時有併發症，家庭的環境又不好，那麼，這個孩子長大後很可能變成暴力犯。也就是說，丹麥的研究結果可以沿用到其他種族。

丹麥和美國的研究都看到出生—生物社會（birth-biosocial）的交互作用，其他國家也有嗎？到現在為止的研究都顯示這個交互作用可以成立。瑞典針對七一〇一個男嬰，超大樣本群的研究也發現，出生時的分娩併發症和不良教養可以預測以後的暴力行為。加拿大針對八四九名男孩的追蹤研究也發現，懷孕期的併發症和不良的家庭環境會增加孩子十七歲時成為暴力犯的機率。在芬蘭，分娩前後的併發症與獨生子的交互作用提高成年暴力犯四・四倍機率，這個樣本群有五五八七名男嬰。此外，夏威夷和匹茲堡的研究也發現，分娩併發症和負面的家庭環境可以預測孩子的反社會行為。也就是說，幾乎所有國家這方面的研究都得到相同的結果，所以**分娩併發症加上不良家庭環境是一把很有用的生物社會鑰匙，可以幫忙打開暴力犯罪成因的這道鎖**。

你可能會問，為什麼分娩併發症加上負面家庭環境如母親的拒絕會塑造出成人暴力。先看分娩併發症好了，最可能的原因是它會對大腦產生負面作用。以我自己來說，我出生時是個「藍色寶寶」，因為那時沒有加護病房設備，長大後我的空間能力很不好，每到新環境就迷路；有些寶寶出生時是缺氧，所以臉也是藍色的。我們的大腦需要氧來進行新陳代謝葡萄糖以提供大腦細胞能量，如果缺氧，幾分鐘之內大腦細胞就死亡了，尤其是海馬迴的細胞——前面說過，海馬迴與記憶、空間能力有關。出生缺氧也是缺少自我控制的一個很好指標，研究發現它可預測爆炸性、衝動型攻擊性的犯罪，因為自我控制是個重要的因素。前一章也說過，暴力犯的海馬迴在結構上和功能上都有失常。其他分娩併發症，如妊娠血毒、母親出血或母親感染導致胎盤的血液不足，使得胎兒大腦細胞死亡，傷害的就不僅是海馬迴了，其他地方也都會受到影響，如額葉皮質。所以，分娩併發症會以好幾個不同的神經管道來造成寶寶暴力的未來。

劉江紅分析模里西斯大型嬰兒資料時，發現了三個重要因素——分娩併發症、低智商及反社會行為——有交互作用。那時我們蒐集了懷孕時、出生前後和出生後的分娩併發症資料，也測量孩子在十一歲時的智商和外在的行為問題，如攻擊性、少年犯罪和過動。劉江紅據此發現，**分娩併發症與外在的不良行為有顯著的相關，也和低智商有關。低智商又導致外在行為不良的問題，這是一個完整的三角關係，一個導致另一個。**智商是大腦功能良好的前提，就像其他的認知神經測驗一樣，是大腦功能的代表。

劉江紅的實驗之外，至少還有五個其他的研究，都直接把分娩併發症和青少年犯罪、成人暴力連結在一起。例如荷蘭就有二個不同的研究，都發現分娩併發症和男孩、女孩外在行為不當有直接的關係。不過，這些和其他的研究並未測試生物社會假設，也有研究並未發現分娩併發症和暴力的直接關係，有的是只得到一部分的支持。與此同時，更多的研究——如哥本哈根的那個研究——並沒有找到分娩併發症和問題行為之間的直接關係，反而是社會處理歷程很關鍵，好像是觸發（trigger）冬眠的分娩併發症危險因子，使得暴力行為出現。

我們在哥本哈根的研究中發現，那些「被母親拒絕的孩子」如果在生命的第一年有四個月以上是在育幼院或孤兒院度過的話，會是一個關鍵的因素。為什麼社會危險因子這麼重要？一九〇七年愛德華國王在位時出生的男孩，給了我們一個線索。鮑比（John Bowlby）出生在倫敦，一天只看見媽媽一小時，因為他媽媽認為，如果給孩子太多愛或注意會寵壞孩子；七歲時家人就送他到寄宿學校，他自己說：「我連狗都不會送去那裡。」七歲離家是太小了，他在寄宿學校過得非常不快樂。

這個早期的經驗加上和母親不親密，對鮑比來說非常關鍵，塑造了他以後的事業。從劍橋大學心理系畢業以後，他先和少年犯工作了一陣子，才去醫學院念書，成為心理分析師和精神科醫師，後來成為「依附理論」（attachment theory）的開山始祖。他的經典著作寫於二次世界大戰結束期間，把他自己的早期經驗和他與少年犯的相處經驗綜合在一起，解釋了為什麼母親的拒絕在我們哥本哈根的研究中這麼重要。

鮑比的書名叫《四十四名未成年賊》（*Forty-four Juvenile Thieves*），深度分析了這四十四名少年犯早期的家庭背景。他提出了一個全新的觀點，認為如果母親和孩子之間沒有持續的愛，就會使嬰兒以後無法發展出正常的人格，也無法形成正常的人際關係。他強調這四十四名小偷都是在嬰兒期便與母親隔離，使得他們和母親之間沒有溫暖、持續性和親密的關係，結果就是「無愛的心理病態」（affectionless psychopathy）。其中兩名這種無愛的孩子在醫院裡住了整整九個月，父母竟然從未探望過他們。

犯罪的社會觀點近年來改善了許多，所以現在我們已經知道嬰兒與母親的聯結非常重要，是生命早期的關鍵期（critical period）。對人類來說，這個關鍵期大約在六個月大時開始，兩歲之後結束。我們哥本哈根研究中的嬰兒，就因為這個原因——出生的頭一年有至少四個月和母親分離——而無法形成這個親子聯結，凍結了這個嬰兒的社會—人際關係發展。這個凍結造成冰原，使孩子變成沒有感情的心理病態者。你還記得前面我們提過的殺人護士「快樂的珍」嗎？她五歲前都住在孤兒院，後來變成殺人犯——正因為她有這個心理病態暴力的危險因子。

鮑比就幸運得多了，因為有個很愛他的保姆，所以雖然母親經常缺席，他並沒有變成沒感情的心理病態者。有的人會說，決定性的因素應該是你有沒有一個人可以和你連結——不一定是你的父母，任何人都可以，更不一定得和你有血緣關係，如保姆就沒有。年長的兄姐也不錯（譯註：所以中國人說「長兄如父、長嫂如母」），只要在生命早期有機會與任何人形成持續的聯結，你就能發展出恰當的社會關係。

先前談到沙特克利夫時，我們說他後來的暴力行為在他呼吸第一口空氣前就播下種籽了。對彼得來說，他不只是分娩併發症，同時還是思覺失調症的受害者，還有我們後面會再談到的基因上的遺傳關係，不過，在尋找暴力的起始源頭時，我們還是要問：在母親肚子裡的九個月難道已經太晚了嗎？科學家的追蹤結論是，這可能的暴力原因在受精不久就出現了。既然暴力的大腦分析已移動至出生前的事件，我們也不妨從基因的觀點，來看看〈創世記〉和神話中有關人類起源的故事。

你身上有「該隱的記號」嗎？

該隱（Cain）是亞當和夏娃的兒子，也是世界上第一個謀殺犯——殺了他的弟弟亞伯（Abel）。該隱的故事是人類謀殺歷史很好的開端。畢竟，百分之二十的謀殺案就發生在家庭中，其中更有三分之二可視為反應式攻擊性——被外在刺激所激怒時產生的攻擊反應。

該隱的故事就是這種。他對上帝非常憤怒，因為上帝接受了他弟弟亞伯的奉獻——一頭羊，卻拒絕了該隱的奉獻——穀物，在極端憤怒之下，他把對上帝之怒轉移到亞伯身上，殺了亞伯。為了懲罰他，上帝在該隱身上作了個標記，詛咒他，使他終身不能種植五穀，只能在地球上流浪。

早期很多犯罪學家的目標，就是尋找犯罪者的該隱標記。我們在前面看到，犯罪學之父朗布羅索便非常堅持，認為一定可以找到。他在義大利觀察過幾千名罪犯後，認為他找到了「天生壞胚子」的生理標記。也因為看到了很多該隱的記號（他稱之為「最原始的聖痕」〔atavistic stigmata〕），狂熱認為這可以從生物學上區分出罪犯和正常人。

你身上有該隱的記號嗎？請舉起你的右手，手掌向上，把手指稍稍朝你自己彎——你可以看到一條貫穿手心、連續的摺痕？還是兩條平行線，沒有相交在一起？假如你只有一條線，倒楣了，根據朗布羅索的看法，你有最原始的聖痕，是演化上的低等民族。

現在脫掉你的鞋襪站起來，臉朝下看你的腳。你的大腳趾和二腳趾中間有空隙嗎？假如你有，抱歉，這也不是好兆頭——你又挨了一記重拳。還有很多別的，如果你想知道你有沒有我有的記號，請對著鏡子伸出你的舌頭——有看到一條線從中間穿過嗎？這是另一個該隱的記號。

聽起來很像無稽之談，然而朗布羅索的看法卻有一些準確性——上面所說的那些「聖記」，其實是我們現在所說的「身體小異常」（minor physical anomalies）。這些小異常和懷孕時的症狀有關係，被認為是胎兒神經發展不正常的標記，通常發生在懷孕的第三或第四個月。例如，在胚胎剛開始成長時，耳朵位在頭的下方，但到了四個月大左右，耳朵就會移到正常的位置。假如這段時期胎兒大腦的發展受到干擾，耳朵的發展就會不正常，不會移動到它應該在的位置，出生後的位置就比一般人低。這個異常，就被我們視為大腦發展不正常的間接指標。你不妨去照一下鏡子，看看你的耳朵是否比眼睛低？如果是，來個深呼吸吧。

為了怕你胡思亂想，聽好了：其他的身體小異常包括耳垂黏連（adherent earlobes）、頭髮有靜電（electrostatic hair）、小指彎曲（curved little finger）。很多人認為這可能是由於環境中有導致畸形的因素作用在胎兒身上，例如缺氧、流血、感染或胎兒接觸到酒精。**假如你像我有一個到兩個的異常，不要擔心，一定要有很多個才有影響。**

身體小異常——就像暴力的其他標記——並沒有系統化的在連續殺人犯身上做檢驗，但是已有很多系統化的研究檢視過各種不同年齡的反社會人格者，研究範圍包括不聽話的幼兒到暴力的成人，《科學》期刊曾經登載過的一篇身體小異常的論文，打開了這個領域，這篇論文的作者發現它跟攻擊性有關聯，而且早在三歲時就可以看出這個關係。在另一個研究中，實驗者發現學前兒童有身體小異常的都比較有攻擊性及衝動的行為。再到小學的程度時，有問題的男生身體小異常也比較多。等到國中時，比如十四歲的男孩，身體小異常可以預測他十七歲時會不會成為暴力青少年犯。很有趣的是，在這個年齡的這種關係只針對暴力，在非暴力的青少年犯上就看不出關聯了。在這個研究中，這個效果不能歸因到可能的混淆變項，如家庭不良。從生物社會的角度，七歲時有身體小異常的男孩若合併環境的危險因子，十七歲時就有行為規範障礙症的傾向。這再一次強調了生物社會鑰匙的重要性——我們在討論分娩併發症時已談過，生物和社會因素的交互作用會使這個人容易出現反社會行為。

十二歲時小兒科醫生對身體小異常的評估，可以預測二十一歲時的暴力犯罪。這個生物社會的交互作用，對那些既有小異常、生長環境又不穩定的孩子影響最大。就像有分娩併發症的孩子，當他成年時，負面的社會心理因素會引發生物上的危險因子——而且這兩個情況對衝動型暴力特別有影響。

朗布羅索的某些想法不只看起來奇怪，甚至讓人心生不快；然而，一百年過去了，罪犯身上居然還看得見一部分他的理論。我們也可以說——至少在表面上——《聖經．創世記》為我們指出了身體外在的指標。主要的差別在於，《聖經》裡的「該隱的記號」明顯可見，但在真實生活上，如果不是做仔細的身體檢查，我們就很難注意到誰有這個身體小差異。

但從科學的角度來看，我們確實發現了另一個事實：**暴力犯罪的種子在生命的初期就種下了——早在還是胚胎的時候**。

從掌紋到手指

你有多常關注你的手指？一般來說很少。現在請伸出你的右手，手掌朝上，看一下手指的長短，尤其比較一下食指和無名指的長度。你很可能看到無名指長於食指，因為大部分人都這樣，尤其是右手。接下來，請和相對性別者（亦即女生找男生，男生找女生）比較一下手指，你大概會發現，相對來說男生的無名指會比食指長，這個性別差異，在狒狒身上也可看到。

那麼，這個性別差異是怎麼來的？基因是一個原因。手指長度和性器官一樣，都受到同一組基因的影響。此外，在胚胎期所接受到的荷爾蒙——尤其是男性荷爾蒙——也扮演著關鍵的角色。通常在懷孕的十到十八週，睪固酮（testosterone）會大量湧出，其中一個作用就是造成嬰兒出生時就看得到的主要性別差異。**睪固酮不但是神經系統和行為男性化的要素，也會造成食指和無名指長短的差異。睪固酮越多，無名指越長**，所以男生的無名指比女生長。

用睪固酮來解釋手指的長度似乎還很能令人信服，好幾個研究都發現，有先天性腎上腺增生症（congenital adrenal hyperplasia）——胚胎期男性荷爾蒙過多——的孩子也有比較長的無名指；女性如果腰比臀部粗，通常會有比較高的睪固酮，也會生下無名指比較長的孩子。因為不容易偵測到胚胎期男性荷爾蒙的濃度，這個手指的長度差別，就被用來做胎兒發育時男性荷爾蒙濃度的間接指標。

無名指比較長的人有什麼特色？他們比較喜歡掌握主控權，顯現身體的強壯，有著男性的特質，人格與攻擊性有關。波蘭有一個研究顯示，在運動場上出人頭地的女生無名指比一般運動員長，而且不限於運動場或波蘭，英國交響樂團的男性音樂家也有著相對比較長的無名指。英國足球隊的先發球員無名指也比板凳球員長。二十九位曾經代表英國在國際比賽中留名的明星球員，整體來說，無名指就比二七五名沒有入選國家代隊的職業足球員長。此外，入選國家代表隊越多次的，無名指也越長。

另一個與無名指長度相關的，是衝動和尋求刺激及感官的滿足——我們在前面的章節中就提過，這和反社會人格及暴力行為有關。比較缺少同情心的人，無名指也比較長。有人說，無名指比較長的男人比較有吸引力（譯註：小說中描寫男主角多半用手指修長來表示文質彬彬，而文質彬彬的男生對女生較有吸引力），不過，這一點就是相互衝突的。過動的孩子無名指也比較長，而我們知道，過動症和行為規範障礙症之間有合併症的關係。男同性戀者的無名指，長度介於男異性戀者和女異性戀者之間。雖然不是每一個研究都得到同樣的結論，但是一般來說，無名指比食指長的人比較有男性的特質——喜歡尋求刺激、高感官滿足需求、低同理心和過動。

知道這些以後，或許你對高攻擊性——這個非常男性的特質——和無名指長有相關就不會覺得驚奇了。在加拿大，無名指比較長的大學部男生比較有身體上的攻擊性，而且相關程度和攻擊性與睪固酮的相關一樣強。在美國，無名指比較長的男生不但比較有攻擊性，還比較喜歡從事跟男性有關的活動。我們也在中國男孩身上看到跨文化的支持——無名指長的十一歲男學生比較有攻擊性，但女生就沒有這個現象。

我們通常會認為，家暴和攻擊陌生人是兩回事。的確，家暴這個領域幾乎已完全被社會學觀點的科學家所主控，但是，無名指長是未出生前睪固酮過濃的生理標記，就有如對社會學的這個主流觀點比了不雅的中指。中指較長的男性比較會對女性親密伴侶做出威脅的攻擊性行為，也比較容易真的動手，尤其是發現女性伴侶另結新歡欺騙他時。

整體來說，無名指長短和身體暴力的關係在男性身上比女性明顯，那麼泰山和珍這種男生攻擊性和女生溫柔照顧型的刻板印象該怎麼解釋呢？我認為，一部分的答案在女性本來就不像男性那麼有攻擊性，所以女性攻擊性分數很低就沒什麼好解釋的了。研究上我們稱之為「地板效應」（floor effect）——已經低到底線都看不見了，還有什麼好解釋的？另一個理由我們在第一章中有提過：從演化的觀點來看，身體的攻擊性代價很高。女性比男性更願意投資下一代，因為打人的總有一天也會被打，可能會危害到下一代，所以女生傾向採取「溫和」的攻擊，如造謠、說別人壞話、使別人有罪惡感、把敵人擠出社交圈子等等。一旦我們用這個標準來評估女性的攻擊性，研究的確發現造謠生事、污衊破壞別人名譽的女生無名指比較長。研究也同時發現無名指長度和「反應式攻擊」——猛烈抨擊輕視她的人——有關係。

那麼，政治圈中的攻擊性又如何呢？假如你是國家的領導人，現在在你們跟鄰國領土未定的邊界上新發現了一座鑽石礦，你會怎麼做？假設你有打上一仗的本錢，但也願意談談看，你的選擇仍然並不完全取決於你的自由意志，有一部分決定於你的無名指長度。哈佛大學的商學系學生被問到這樣一個問題時，變項是這個領袖會對他的鄰國無理由出兵多少次；你已經知道男生比女生會無故攻擊他人（即沒被挑釁就先發制人）——男生百分之三十二，女生百分之十四；你也記得，就算是一歲這個無邪的年齡，男生就已經比女生愛打人了。但是更有趣的是，無名指較長學生無故攻擊次數比較多的這個效應，就和攻擊的性別差異一樣強。所以，假如你是基督教貴格會（Quaker）教徒，請檢查一下你的政治候選人的手指長度，再投下你神聖的一票。

為什麼無名指比食指長這個該隱的標記是攻擊者的特質？當然，手指長並不會導致犯罪，是使手指變長的因素導致攻擊性。前面說過，胎兒時期的高睪固酮與攻擊性有因果的關係；既然較長的手指來自較高的懷孕期睪固酮，這個睪固酮就使攻擊性容易出現了。**在胚胎發育階段，睪固酮濃度越高孩子的大腦越是男性化，就導致男性化的行為，包括尋求刺激、對運動有興趣、較低的同理心、喜歡主控權，當然還有攻擊性了。**

但是，這裡有沒有缺少了什麼東西？有沒有什麼問題還沒解決？為什麼子宮的睪固酮會高？答案之一是，懷孕時抽菸會使胎兒接觸到較高的睪固酮，而使他的手指變長。因為抽菸的母親身體內的睪固酮濃度較高，會減低雌激素的出現，胎兒的睪固酮就比別人高了。動物的實驗已證實了這個因果關係：懷孕的母鼠呼吸到尼古丁時，胎兒的睪固酮會增高。知道這個連結後，懷孕期抽菸婦女的男性下一代無名指比較長，也就不再讓我們覺得奇怪了。

這種研究還有一個很好的地方：不必像大腦造影研究那樣大費周章，這個手指的差異，甚至在反社會人格、攻擊性和暴力行為都還沒有出現時就很容易看得到。但我們怎麼確定這個關係？超音波掃描可以讓我們看見胎兒，卻無法測量他的手指長度不是嗎？土耳其的實驗者檢視了一六一名在不同懷孕階段人工流產的胎兒，結果發現，手指的性別差異早在懷孕的第三個月就出現了。這麼早就決定了多年後的攻擊行為，委實令人驚異。

手指的長度提供了一個窗口，讓我們可以回溯過去，看到胎兒在發育時發生了什麼事。這不但顯示朗布羅索有一部分是對的，而且出生前比我們原來想像的還更重要。當然母親無法完全掌制體內荷爾蒙的濃度──我們不能責怪母親讓孩子接觸到較高的睪固酮，以後變得有攻擊性，但她確實可以做一件扭轉孩子負面命運的事。

懷孕時，千萬別抽菸

抽菸不只有害健康，更大大影響你的暴力潛能──尤其如果你母親在懷你的時候抽菸抽得像根煙囪的話。我們現在已經知道，懷孕時抽菸不但會對胎兒造成大腦發展上的傷害，還會增加孩子行為規範障礙症和出現攻擊行為的機率。有一個研究，便很準確地找出懷孕時抽菸和後來孩子行為規範障礙症及成年後暴力攻擊犯的顯著連結。類似的好幾個這種研究樣本群都很大，資料的蒐集很科學，長期追蹤的結果及控制混淆變項很到位，也全都得到相同的因果關係。

愛默利大學（Emory University）的心理學家布雷南（Patty Brennan）利用丹麥大型資料庫中從出生就開始蒐集的四一六九名男性資料發現，如果母親一天抽二十根香菸，孩子生下來後成為暴力犯罪者的機率就多一倍。她也發現，抽菸數量與孩子成年後犯罪的「劑量─反應關係」（dose-response relationship）是個線性上升曲線。這不但是個非常令人震驚的研究，其他國家也有很多類似的報告。

在芬蘭一個五九六六名自出生就一直追蹤研究的大型計畫中，如果母親抽菸，孩子在二十二歲時有犯罪紀錄的機會是別人的兩倍。等這些孩子長到二十六歲時，暴力犯罪不但再度倍增，而且是重複進入監獄。在美國，如果懷孕時一天抽十根菸以上，她的孩子品行不端、罹患行為規範障礙症的機率更是別人的四倍高。

這些樣本群中的孩子大多是白種人——其他的種族中也存在這個現象嗎？至少美國的黑人母親如果懷孕時抽菸，就會增加孩子患有行為規範障礙症和行為不良的機率——假如母親一天抽半包菸，有個美國的研究顯示機率有四倍高。另一個研究則發現，就算母親是在懷孕的最後三個月才開始抽菸，她的孩子三歲時，在行為不良的量表上的分數就會高出別人六分。紐西蘭的一個研究報告也說，母親在懷孕時抽菸，孩子行為不端到達行為規範障礙症的地步會比別人多一倍。英國威爾斯的研究同樣顯示，母親懷孕時抽菸和兒童及青少年有反社會行為的機率也一樣。不管你走到世界的任何角落，都會發現同樣的不良後果。

當然，你的腦海可能已經浮現一個很好的問題了：有沒有可能這些在懷孕時抽菸的婦女，本來就不是一個好媽媽？她們在照料、教育程度、同理心和知識上，是不是本來就比不過那些非常愛護寶寶的媽媽？如果有人不在乎她的胎兒會接觸到尼古丁的毒害，大概也就不會提供孩子一個好好長大的環境。有一個研究就發現，母親懷他時抽菸的孩子，有百分之七十二遭受過身體的虐待和性侵；因此，許多研究者都很辛苦地控制這個混淆變項以釐清這個問題。即便如此，控制了父母親低教育程度、低社經地位、生產時母親太年輕、住家太小、教養方式欠佳、不良的父母示範、分娩併發症、出生時的體重、家庭問題、父母是否有精神疾病、有沒有注意力缺失／過動症、兄弟姊妹有無抽菸、懷孕時有無吸毒……這些變項後，犯罪和反社會人格行為與父母的關係仍然存在，就表示上述的那些變項都不能解釋這個關係。控制了這麼多的混淆變項，確定已經沒有什麼可再控制後，再把這些和一天抽多少菸的研究集合起來看，這個母親抽菸和孩子行為不良的關係便證明實際存在，懷孕時抽菸的確和孩子後來犯罪有著因果關係。

所以，母親每吸一口菸都對孩子有影響。**相關研究一再發現，母親抽的菸越多，孩子有反社會人格的機率越大**。本書後面的章節你還會看到，如果再和其他因素綜合起來，母親抽菸真的會大大增加孩子暴力的機率。

所以我希望，假如妳在讀這本書時是懷孕中，請為了你的孩子戒菸。但是我也不能不警告妳，光是這樣還不夠。假如你先生或同事抽菸的話，你還是會把你的胎兒暴露在有毒的尼古丁中。賓州州立大學的教授，也是我過去的研究生麗莎（Lisa Gatzke-Kopp）就發現，二手菸也會導致行為規範障礙症，即使在控制了父母的反社會行為因素、不良的教養方式和其他的生物與社會的混淆變項後，效果依然存在。所以，二手菸的傷害比我們想像的嚴重。

為什麼懷孕時噴幾口菸就會對胎兒造成這麼大的傷害，使他成為愛打架的人呢？從胎兒接觸到尼古丁到他後來的反社會行為，中間的神經機制是什麼？第一，也是最重要的，它是我們在成年罪犯大腦掃描時所看到大腦缺陷的一部分原因，動物實驗清楚的指出抽菸產生的兩個東西所造成的神經毒效應——一氧化碳和尼古丁。**尼古丁會透過胎盤直接影響胎兒，減少子宮的血流量，因此減少了胎兒神經元賴以維生的養分和氧氣，造成胎兒大腦缺氧，使大腦受損。**接觸到菸的寶寶頭圍較小，間接反映出大腦的發育不良。大腦掃描的研究也發現，因為母親抽菸而在胚胎期接觸到香菸的人，成年後的眼眶皮質和內額葉迴較薄——我們後面還會看到，這兩個地方特別與暴力行為的出現有關。

因為抽菸會對胎兒大腦帶來傷害，所以這些受尼古丁荼毒的孩子會在童年期和青春期都出現神經心理學上的失功能，研究顯示，這些失功能包括選擇性注意（selective attention）、記憶和處理語音訊息的速度等認知領域。母親抽菸的數量，和孩子在六到十一歲時數學和拼字能力的減低有相關。前面已經說過，那些犯罪者在神經認知功能上有缺陷，而學校最重視的正是數學和語文能力；我們同時也知道，這些人因為在學校成績不好，學業容易中輟，更增加他們犯罪的機率。胎兒因接觸香菸而造成神經認知迴路受損，和他們日後反社會人格與暴力行為有關。

胚胎期一旦接觸到尼古丁，即使很低的劑量也會干擾正腎上腺素神經傳導素系統（noradrenergic neurotransmitter system）的發展，和我們前面討論過的自主神經系統缺陷有很重要的關係。正腎上腺素的功能下降會干擾交感神經系統（sympathetic nervous system）的活動，所以我們才會在前面反社會人格者身上看到，減少交感神經系統的活動會減少流汗率。此外，當懷孕的老鼠接觸到我們一般抽菸者的尼古丁濃度時，生下來的小老鼠會有強化的心肌 M2 蕈毒膽鹼類受體（cardiac M2-muscarinic cholinergic receptors）。這些受體會**抑制**自主神經的功能，所以如果用抽菸的方式刺激他們，自主神經的功能就會降低。這解釋了為什麼反社會人格的人靜止心跳率比較慢，同時也解釋了這些反社會人格者在恐懼制約時，為什麼膚電反應比較小。當胎兒接觸到香菸時，他的交感神經系統就會被關掉——後果就是不夠覺識，老是要尋找刺激以滿足感官需求。

你可能認為，今天的準媽媽應該都知道抽菸會對寶寶造成不可挽回的傷害。但是很不幸的是，在美國，仍然約有四分之一的懷孕母親抽菸，英國則是有四分之一的抽菸者懷孕後仍然繼續抽；也許這些媽媽們就都還不明白，抽菸是她們的孩子後來出現暴力行為的一大原因。

懷孕時，也請不要喝酒

一九九二年，殺人犯哈利斯（Robert Alton Harris）在加州的聖昆庭監獄被用煤氣處死。他不但是二十五年來第一個被處死的罪犯，更因為惡性重大而讓加州通過重啟死刑的提議。他犯下的兩件謀殺案都發生在一九七八年，那時，哈利斯和他的兄弟正想偷部車去搶銀行，剛好看到有兩名青少年坐在一部綠色的福特車中，車子正停在一家漢堡速食店的門口，在手槍的威脅下，這兩個孩子被迫把車開到湖邊的樹林裡，哈利斯雖然說假如他們聽話照做就不傷害他們，卻一進樹林便射殺了這兩名男孩。

就在這裡，陪審團聽不下去了，因為證詞變得非常可怕。

就在哈利斯殺害他們之前，十六歲的受害者貝克（Michael Baker）跪下來求他饒命，但哈利斯的同房牢友作證說，哈利斯吹噓說，那時他告訴貝克：「不要哭，像個男人一樣受死。」絕望之下，這兩名嚇壞的男孩開始向上帝禱告，哈利斯說：「上帝現在幫不了你，你馬上就要死了。」殺了這兩名男孩後，哈利斯還冷漠地吃掉這兩個男孩沒有吃完的漢堡，彈掉槍口沾到血的一小塊布絲。這個無心肝、完全沒有良心的行為，加上哈利斯才剛剛從先前犯下的另一件謀殺案中獲得假釋，使得他被送進煤氣室。

哈利斯也曾經是個胎兒酒精症候群的嬰兒。假如光是抽菸就會對胎兒造成這麼多的問題，你可以想像酒精的傷害又有多大。**母親懷孕時所喝的酒會對胎兒的大腦造成傷害，而大腦的失功能則會驅使她的孩子將來成為暴力犯**。胎兒酒精症候群最早是由小兒科醫生瓊斯（Kenneth Jones）在一九七三年命名的，它有四個特質：懷孕時接觸酒精會使胎兒顱顏畸形（craniofacial abnormalities）、生長遲緩、中央神經系統不健全，外顯症狀則是學習障礙、低智商。胎兒酒精症候群孩子的顏面受損很嚴重，臉的中間是扁平的，上唇很細薄，眼睛中間隔很遠，嬰兒彼此很相像，反而不那麼像父母。胎兒酒精症候群的罹患機率是千分之三，比較常見的胎兒酒精效應（fetal alcohol effect）——只有上述的幾種症狀出現——發生率是百分之一。

西雅圖華盛頓大學教授史崔士嘉斯（Ann Streissguth）和她的同事做了一個到現在為止最完整的

研究，來探討胎兒酒精症候群的本質和犯罪之間的關係。雖然胎兒酒精症候群並不常見，他們仍然蒐集到美國太平洋西北區（Pacific Northwest）四七三名有著胎兒酒精症候群或是胎兒酒精效應的孩子，追蹤他們到十四歲時反社會行為的情況。結果發現，有百分之六十一的孩子是登記有案的少年犯，百分之六十被學校開除或不准上學若干天（suspended；譯註：對重大行為不端、但程度還未到開除的學生，美國學校會請父母把孩子領回去閉門思過，不准上學，是第二嚴厲的處罰）。百分之四十五有不當的性行為，例如亂倫、與動物性交或在公共場所自慰。一半以上的男孩及百分之三十三的女孩，都有被逮捕或被判罪的紀錄。

史崔士嘉斯的研究，是從胎兒酒精症候群的孩子中尋找酒精所造成的反社會行為。另一個研究方法，則是從反社會行為的人群中篩出有胎兒酒精症候群和胎兒酒精效應的人。後者正是法斯特（Diane Fast）和她的同事的做法，他們發現胎兒酒精症候群的比例是百分之一——是預期基準線的三倍高——及百分之二十二的胎兒酒精效應。無疑的，這些孩子就因為母親在懷孕時喝了酒，提高了後來有問題行為出現的機率。

就像抽菸對胎兒的影響一樣，也有人會說可能有第三個因素存在。在這裡，被收養孩子的基因訊息又幫我們排除了這個因素。愛荷華大學的卡多瑞（Remi Cadoret）研究母親在懷孕時酗酒、但孩子被不同家庭收養的個案時發現，和生母不喝酒的比起來，這些孩子有較高比例的行為規範障礙症和成人反社會行為。因為這些孩子是出生後便被抱離酗酒的母親，反社會行為就不能歸因到「酗酒的母親

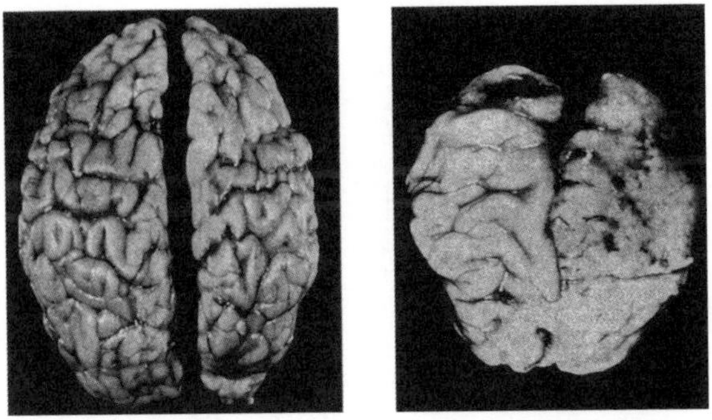

圖 6.2　左為正常六週大嬰兒的腦，右為酒精症候群胎兒的大腦。

不是好的照顧者」，所以在孩子大腦發展時沒有好好照顧他。看起來，反而是懷孕時胎兒接觸到酒精直接與犯罪行為有關。

這裡的機制是什麼？酒精傷害大腦。圖6.2可以很明顯地看出神經萎縮，尤其是胼胝體——這是連接兩個腦半球的神經纖維束，便利兩個半腦溝通。胎兒酒精症候群的另一個顯著的結果是執行功能的受損，動物實驗顯示，懷孕後半期嬰兒大腦快速成長時，接觸到酒精會使神經細胞死亡，同時也影響麩胺酸類（glutamatergic）神經傳導物質的功能，這會減少海馬迴的可塑性（彈性）及學習的能力。就像我們在胎兒接觸尼古丁的情況中看到的那樣，這些孩子在童年後期進行大腦掃描時，大腦結構和功能都有很大的損壞。

如果懷孕婦女一週只喝一杯的話呢？恐怕也好不到哪裡去。就像抽菸一樣，它有「劑量—反應」的關係，增加酒精的飲用量就增加攻擊性行為及其他外在行為的問題，即使只是少量胎兒也還是會接觸酒精。有一個針對非裔美國母親的研究就顯示，懷孕時每週只喝一杯便足以提升孩子攻擊和犯罪行為的可能性；事實上，這個研究更發現，只要在懷孕期喝過一點酒，都會讓孩子的犯罪率提高三倍。在因果關係的層次上，動物實驗也顯示了劑量反應的關係，因此，懷孕時忽略酒精對胎兒可能造成的大腦傷害是不智的。

那麼，**究竟有沒有「天生的殺手」這回事呢？假如我們的意思是「暴力是不是命中註定、不可更改？」答案是否定的。但是我們的確看到，有很多和健康有關的因素，都在出生時或甚至在未出生時就已經忙著建構犯罪的場地了。**分娩併發症、難產，接觸到酒精、尼古丁、睪固酮，都會增加成為暴力犯的機率，然而，這些該隱的標記雖然有生物學上的關係，卻主要是環境的影響，不是基因上的。我們看到生物和社會歷程進行的是非常複雜的交互作用，要了解暴力的生物機制，就必須考慮社會歷程的交互作用。

有一點很確定的是，**這些影響暴力的因素在生命一開始就已經設下了，**下一章中，我們會看到這個健康因素如何持續在大腦的發展過程中作用，創造出致命的雞尾酒來。就如彼得・沙特克利夫的例子，謀殺不只是分娩併發症而已——精神疾病的生物機制才是犯罪的關鍵因素。

第七章 暴力食譜

營養不良、重金屬與心理健康

對懷孕待產的母親來說，一九四四至四五年間的阿姆斯特丹是個很糟糕的城市。那是「荷蘭飢餓之冬」（Dutch Hunger Winter）的起點，盟軍先是在一九四四年六月時登陸諾曼地（Normandy），一開始替荷蘭解了危，但災難緊接來到，盟軍在萊茵河被德軍擋住，所以無法解放大部分被德軍佔領的荷蘭。九月時，荷蘭在倫敦的流亡政府命令鐵路工人罷工以幫忙盟軍，遭到德軍報復，不准食物進入德軍佔領區，造成大饑荒。

第一，那一年冬天來得特別早，運河結冰，食物沒有辦法運輸，撤退的德軍炸光了橋梁和碼頭，使得糧食的運送更加困難。第二，大部分的農田都被戰爭蹂躪了，不能耕種，變成了廢田。

人民開始挨餓，到十一月時，城市的居民一天只有一千大卡的配給。到一九四五年二月後，情況更惡劣，食物降到每人只有五八〇大卡，一萬人死於飢餓，城市中的居民更有幾萬人死於與飢餓有關的疾病。一直到一九四五年五月盟軍完全解放荷蘭，才結束這八個月的苦難。

一九六三年，當這批在「荷蘭飢餓之冬」受孕的孩子長到十八歲、要服兵役時，早期飢餓的惡種開始顯現出來了。荷蘭的每一名軍人都要先通過精神疾病的檢查，包括反社會人格的測驗。從這批孩子身上所蒐集來的資料，後來變成懷孕期營養不良對日後行為研究最重要的基石。

在這個開創性的研究中，李察・紐吉堡（Richard Neugebauer）和他在紐約州精神病院的同事詳細分析了這份資料。他們先把總共一〇〇五四三人的龐大樣本群分成曾經暴露在饑荒危機——尤其是西部的大城，如阿姆斯特丹、鹿特丹、萊登（Leiden）、烏得勒支（Utrecht）和海牙——以及北方和南方沒有面臨饑荒的人，結果發現，當年面臨饑荒的人發展出反社會人格的機率是其他人的兩倍半，在懷孕的第一和第二期（即懷孕的頭六個月）遭到食物短缺的孩子尤其嚴重。這是第一個顯示母親在懷孕時營養不良對子女後來行為的傷害的研究。

本章將專注在營養、毒物和心理健康上，因為這是大腦傷害引發犯罪的三個重要環境因素。從腸胃到牙齒到頭髮到大腦這個封閉暴力生理迴路，動物和人體的實驗都顯現缺少鐵、鋅、蛋白質、核黃素（riboflavin）和亞米茄三（omega-3）脂肪酸，會導致暴力行為的出現。當然太多和太少都有害，除了飲食匱乏，還要加上過度暴露在環境的重金屬中，包括鉛和錳。最後，我們將從心理健康的角度來總結身體健康的討論，讓讀者能夠理解，為什麼這些主要精神疾病的生物機制會導致暴力。

營養不良遺害終身

我自己對營養不良與暴力關係的研究，始於一次去哥倫比亞大學拜訪潘恩（Danny Pine）。潘恩教授當時在研究行為規範障礙症孩子心跳率與認知功能的關係。我們正要走去和紐吉堡教授見面時，鬍子一大把，說起話來有如連珠炮的潘恩教授突然對我說：「你一定要見一下李察（紐吉堡），他二次世界大戰荷蘭飢餓和犯罪的故事太精彩了，你會很喜歡的；」然後他狡猾地笑著說：「別忘了問他鬱金香花球根的故事。」

鬱金香？它跟犯罪有什麼關係？我的腦海中閃過一段歌詞：「當春天再來的時候，我會從阿姆斯特丹帶鬱金香來給你。」（When it's spring again, I'll bring again tulips from Amsterdam.）這是見到紐吉堡之前，潘恩教授給我的心理準備。那是我第一次親耳聽到荷蘭冬天饑荒的真實故事，以及鬱金香球根。原來在完全沒有東西吃的最後的歲月，荷蘭人挖鬱金香球根吃，我們在本章後面會看到，鬱金香球根有毒，而且這個毒與犯罪有關。紐吉堡告訴我，目前只研究了男性。女性呢？兒童有因此產生攻擊性和反社會行為嗎？貧窮這種社會因素在犯罪中所扮演的角色，總是很讓我好奇。

這些問題在我心中徘徊不去，終於促使我投入這方面的研究，去看模里西斯營養和犯罪的關係。當一五五九名三歲的兒童和母親一起來到我的實驗室，接受小兒科醫生的檢查時，我們尋找的是五個內在和外在的營養不良證據：第一，我們抽血，檢查血紅素的程度，看看他們有沒有缺鐵；第二，小兒科醫生做身體檢查，看看有沒有其他四個營養不良的外在標記。你還記得小時候，嘴角會裂嗎？我記得我常有這個情形，而且每次一覺得嘴角的裂痕變乾變硬時，就用舌頭去舔，讓它軟化。這就是口角炎（angular stomatitis），起因通常是核黃素匱乏，尤其是缺維他命B_2，但也有可能是菸鹼酸（niacin, B_3）不足。

然後，小兒科醫生會仔細檢查孩子的頭髮顏色。模里西斯大部分的孩子都是黑髮，因為他們是印度、非洲或中國人的後代，但還是有些孩子有橘黃色的頭髮。那不是父母幫他們染髮，好讓他們看起來更可愛，是身體中缺乏鋅、銅和蛋白質的結果，使他們的頭髮失去原本的黑色素。小兒科醫生同時

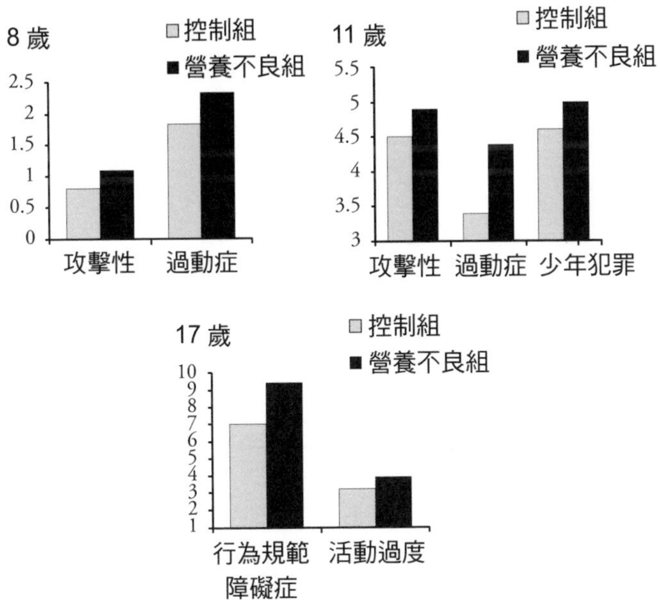

圖 7.1　在三個不同年齡時，營養不良組和控制組的孩子的外顯問題行為紀錄。

會看頭髮有沒有稀疏、過細，這也是鋅、銅和蛋白質缺乏的現象；最後小兒科醫生還會拉一拉孩子的頭髮，如果很容易就掉髮，便是蛋白質能量不足。這五個，都是臨床上營養不良的指標。

就在這時，在南加大當研究員的劉江紅登場了。她是這個研究背後的推手，假如某個孩子有任何一個營養不良的標記，她就把他歸入營養不良組；沒有營養不良的，就成了我們的控制組。在這些孩子八歲、十一歲、十七歲時，她又各評估了一次。在每個年齡階段，我們都同時蒐集老師和父母對這孩子攻擊性、反社會行為和過動行為的評量。結果就是圖7.1，你可以看到，每一個評量的年齡，營養不良的孩子在所有外在的問題行為——攻擊性、犯

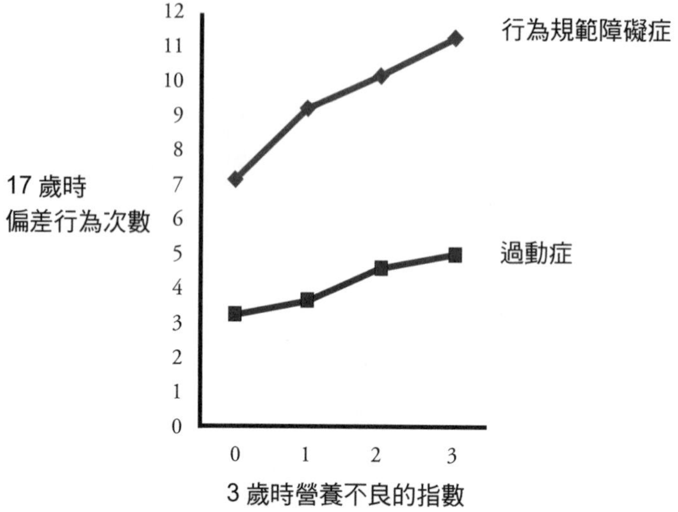

圖 7.2　3 歲時營養不良的指數和 17 歲時偏差行為之間的藥劑—反應關係

罪行為和過動——上的分數都比控制組高。

等一下，營養不良的孩子比較可能有低教育程度和低收入的父母不是嗎？低收入和低教育程度本身不就是童年犯罪或行為不軌的危險因素嗎？或許營養不良本身並沒有導致攻擊性，但是因為它跟社會剝奪（social deprivation）有關，而社會資源不足會引起攻擊性。這個懷疑是有道理的，所以劉江紅控制了貧窮和其他十二個可能會引起營養不良孩子攻擊行為的社會因素；結果是，營養不良和攻擊性的關係仍然屹立不變，而且不論你是印度人或混血兒，是男生還是女生，營養不良對種族和性別一視同仁，一樣升高攻擊性的機率。此外，我們也看到十七歲時劑量—反應的關係。從圖 7.2，你就會發現**營養不良的標記越多，行為規範障礙症的現象就越多；這個研究結果，確定了營養**

不良和行為規範障礙症之間的關係。

孩子的營養不良是哪一種，倒是有關係。鐵質的缺乏特別嚴重，這和動物實驗的發現一致。鐵質與DNA的合成有關，也和神經傳導物質的分泌和功能都有關係，更和大腦中白質的形成大有關係。假如鐵質對大腦有幫助，那麼缺鐵對大腦就會有傷害。沒錯，果然有——實驗發現，給孩子吃補鐵質的食物對孩子的認知功能有幫助。我小時候的口角炎是由於缺乏維他命B_2，因為維他命B_2加強血紅素對鐵質的反應，也在認知功能上扮演重要角色。因此，核黃素的匱乏會減少鐵，而鐵質的匱乏對認知功能有負面效應。你得多吃點有加維他命的玉米片。

看起來，營養不良在各個年齡層和各種問題行為上都會增加危險的機率，但我們還是要先問最核心、最基本的問題：營養的作用是什麼？為什麼缺乏營養會引起攻擊性和反社會的行為？讓我們回到最基本，回到大腦，回到認知功能來探究。

劉江紅發現，三歲時營養不良的孩子智商比較低，八年後，也就是他們十一歲時，劑量—反應效應出現了——營養不良的指標越多，智商的分數越低。假如這個孩子有三個營養不良的指標，智商就會下降十七分；這是一個非常顯著的效應，想像你在班上本來是中間的成績，現在突然掉到最後段的百分之十一——不是因為你笨，而是因為你少吃了什麼。不管我們看的是什麼認知功能，營養不良對語文智商和空間智商（非語文能力）都有影響。

就和我念小學時一樣，模里西斯的小孩十一歲時要參加國考，以決定你是上中學還是職業學校。

這個測驗考英文、法文、數學和環境研究，成績很重要，決定孩子的後半生。我們查看這些孩子的國考成績時，果然發現營養不良者的考試成績不好，而且有劑量—反應的效應；這個現象，在這些十一歲兒童的神經心理學和閱讀能力測驗上也都看得到，顯見營養不良使學業成績下降，也影響孩子的認知神經功能。是的，我們知道貧窮和父母的教育程度都與智商和營養不良有關，但是控制這些社會因素之後，並沒有改變這個關係。我們無法避開這個事實——**營養和孩子在學業上的表現有關鍵性的關係，也和他以後的人生走向有關鍵性的關係**。

從營養到認知功能再回到行為偏差，我們已經回答了一半核心問題，那麼，營養不良作用的基本機制是什麼？怎麼傷害認知功能？低智商會驅使孩子做出破壞性行為和反社會行為來嗎？看起來答案是肯定的。劉江紅用統計控制低營養有低智商這個事實，這個技術使營養好和營養不好的孩子有著同樣的智商；而當她這樣做時，反社會行為的群體差異就消失了，也就表示差的認知功能是可能的機制——**營養不良導致低智商，低智商又導致低的認知功能，最後導致反社會行為**。

聽起來很有道理不是嗎？你可以想像得出，低智商會使學生在學校待不下去；假如你每天上學碰到的都是挫折，你的大腦看到數字就停頓，你就會逃避學習，你的自尊會很低，你會對上學絕望。難怪這些孩子一旦長大，身體夠強壯了就會叛逆。請注意，因為營養不良會對大腦有負面效應，而這又會使孩子傾向攻擊性行為，但我們並不是否定所有的社會因素。毫無疑問，營養不良就是一個環境因素，我們已經在前面看過這樣的負面環境——沒有足夠的糧食——的結果，就是不良的大腦發展和認知功能，這又使得有些孩子走上了犯罪和暴力的路。我們馬上會看到，這是一條一向下滑就很難停得下來的斜坡。

亞米茄三脂肪酸和暴力：一則魚的故事

每當我們想要解釋暴力和其他偏差的行為時，許多奇怪的故事就冒出頭來。現在流傳的最奇怪的故事，大概就是犯罪和我們吃多少魚有關。聽起來或許很奇怪，但假如你已仔細看過數據，你就會相信祖母的話其實很對——魚對大腦好。既然有東西會影響大腦，我們更要趕快找來看看是不是犯罪發生的原因。

先從一個沒有得到它應有的注意的犯罪主題談起好了：世界上的國家犯罪率差別那麼大，造成這個差別的原因是什麼？解釋它的理論很多，新舊都有，但失業率似乎無法解釋謀殺案的國際差異，都市化也不能。有很多人強調社會歷程，因為它有相關資料的支持；GDP也是個很強的相關——生產毛額低和暴力犯罪高的相關係數是〇・六八，所以如果我們把貧窮當作犯罪的原因，其實是可以解釋得通的，因為高的生產毛額表示有好的政治發展、民主的進步和教育程度比較高的人民。

一個不同的社會機制——所得不均——支持了這個看法。貧富差距越大，謀殺率就越高——相關係數是〇・五七。假如以貧富差距來為國家分類，比例越高謀殺率就越高。丹麥、挪威、瑞典和日本的貧富差距都不大，犯罪率也低，而哥倫比亞、波札那（Botswana）和南非的貧富比較不均，謀殺率也高，美國則介於兩者之間。

很有趣的是，心理的信念也扮演了要角。有些人追求金錢，有些人追求愛情，你的選擇又是什麼？我們每個人都有差別，不同國家的人民價值觀也不一樣，好像一具天平，一邊是愛，另一邊是社會地位、財富、權力，假如一個國家的人民認為愛情比金錢重要，這個國家的暴力就比較低，或許披頭四是對的——你所需要的是愛（all you need is love）。

但是我們也需要吃，也需要性，這就是魚兒粉墨登場的地方了。每個國家的魚類消耗量差別，就和謀殺率的差別一樣大。美國國家酒精濫用和酗酒研究院（National Institute on Alcohol Abuse and Alcoholism）的希柏林（Joe Hibbeln）是魚肝油的專家，他把每一年的謀殺率和魚的銷售量放在一起看之後，發現二者有負相關：負〇．六三。看過圖7.3，你也會覺得好像有點道理。以日本來說，謀殺率就很低——每十萬人口中只有一件——而他們每一年都要吃掉超出體重的魚肉。反觀東歐的國家如保加利亞，他們一年只吃不到兩公斤的魚，謀殺率則是日本的十倍。回頭再看東亞的很多國家，幾乎都是一條直線，中國是每十萬人口中有四．三件謀殺案，新加坡是三．八件，南韓是三．〇件，日本是一．二件，魚吃得越多謀殺率就越低。

二〇〇五年我去賓州大學應徵工作時，把希柏林的資料給犯罪系的教授看，有一位教授馬上說：「等一下，為什麼裡頭沒有美國？」美國的確沒有在這二十六個國家中。我未來的同事其實並沒有馬

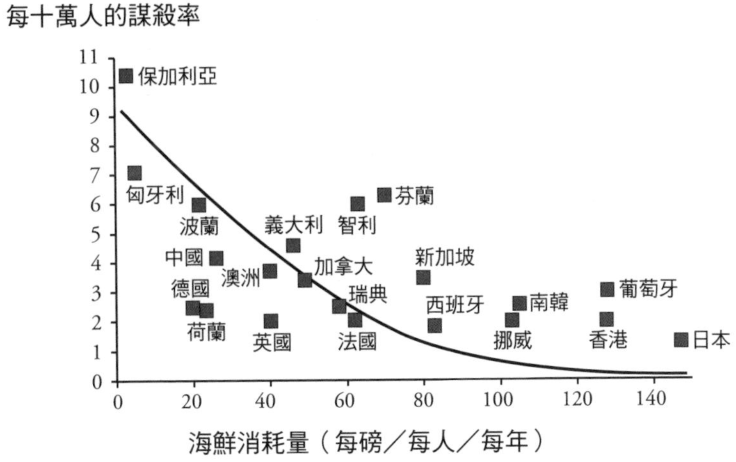

圖 7.3　世界各國海鮮消耗量和謀殺率的關係

上看出重點，卻嗅出了不對勁，所以他們就去找那一年的資料，結果發現，美國魚的消耗量在兩個最少吃魚的國家——匈牙利和保加利亞——之間，而美國的謀殺率是每十萬人口中九個，緊接著東歐的國家，相關係數是負〇・六三，就和生產毛額與謀殺率的關聯一樣巨大。

解釋全世界國家犯罪率是一回事，但是這個解釋不見得可以應用到國家內的犯罪變項。然而，即使在同一個國家，也有證據指出魚的銷售量和反社會行為有關。英國的布里斯托（Bristol）有一個大型的一一八七五名孕婦的研究，結果顯示：**懷孕時吃比較多魚的婦女，孩子七歲時的社交功能明顯好得多；反過來說，懷孕時比較不吃魚的婦女，孩子比較常有反社會行為。**

有個美國的研究，是從芝加哥、明尼亞波里斯（Minneapolis）和阿拉巴馬州的伯明罕（Birmingham）

三處，找了三五八一名幾乎從來不吃魚的人，結果發現，他們的敵意比一週至少吃一次魚的人高了很多。當抽血測量血中脂肪酸濃度時，發現脂肪酸低的男孩亂發脾氣和有問題行為的比較多；同樣的結果，在有攻擊性的古柯鹼上癮者身上也看得到。甚至低亞米茄三的狗的攻擊性也比較強——所以，給你的狗多一點亞米茄三可能比帶牠上美容院去梳理有用些。

且讓我們先這樣假設：吃壽司和鮭魚會讓你的脾氣不那麼火爆。從科學的角度，有這個可能嗎？

控制老鼠每天進食中亞米茄三含量的一個實驗，可以提供一些答案。在上一章中，我們談到暴力犯有大腦結構和功能上的失功能，也有神經化學上的不足，而魚肉中含有豐富的魚油，魚油裡有豐富的亞米茄三；這種多元不飽和脂肪酸有兩個重要的部件：DHA（docosahexaenoic acid）和EPA（eicosapentaenoic acid）。DHA在神經的結構和功能上扮演重要角色，乾的大腦皮質中有百分之六是它，會影響血腦屏障（blood-brain barrier）的功能，強化神經突觸，加速神經細胞之間的溝通。大腦神經細胞膜也有百分之三十是它，可以調節細胞膜酶的活動，防止神經元細胞死亡，也能增大細胞。

DHA也可以刺激神經突觸的增生，如果動物的飼料中添加了亞米茄三的話，神經元的樹狀突會分枝得很綿密，比吃普通飼料來得好。樹狀突負責接受別的神經元送過來的訊息，所以樹狀突分枝的綿密表示神經元之間的連接比較好；軸突（axon）的工作是把細胞的訊息送到別的細胞中，因此，軸突越長、外面包覆的髓鞘越厚，傳導的電脈衝（impulse）就越快、越正確。DHA調節血清素和多巴胺神經傳導物質，第二章已經談過，犯罪者的這兩種神經傳導物質都不正常。此外，DHA也調節基因的展現，所以，理論上來說它可以開啟使不受到暴力傷害的保護基因——或是關掉那些會增加暴力機率的基因。

前面我們也看到，犯罪者的認知功能是不正常的。補充亞米茄三可以增進動物的記憶和學習，也可以增進兒童的學習，所以亞米茄三不只是理論上可以強化大腦，實質上也確實能增進大腦的認知功能，而認知功能在學校的表現和生活的成功與否上都扮演著關鍵角色。

亞米茄三可以強化大腦的結構**和**功能，所以魚的消耗量與犯罪有關係也就不令人驚訝了。

你可能還是覺得有點難以置信。事情應該沒有這麼簡單吧？相關也不是因果，不是嗎？你是正確的，你會在後面的章節中看到，有越來越多的實驗，在隨機控制變項後仍然發現，**亞米茄三在減低反社會行為上的效果——這些隨機分配的實驗法所得出的結果，在建立因果關係和顯現真正、有意義的關係上都一樣有效。**

但你還是半信半疑，對吧？這些營養不良的實驗，對豐衣足食的美國或其他富足的國家來說意義何在？你身邊的每一個人，都似乎吃得很豐富、很健康，這個問題顯然只有對發展中的國家——如模里西斯——有意義吧？

你的懷疑確實合情合理，光說訪問過美國的遊客好了，就很少不被充裕的食物和餐館中上菜的巨大份量所嚇到，尤其是飯後各式各樣的甜點。看看身邊的人你就很難不覺得，美國人果然個個都吃得很健壯：美國的肥胖率是百分之三〇・六，英國是百分之二十三，德國只有百分之一二・九，荷蘭是百分之十，南韓和日本是百分之三・二。美國人民顯然不缺乏維持生命的物質，那麼，為什麼美國有那麼多的暴力犯罪？

你可以從三個互補的角度來看這個問題：第一，假如你見過成年的謀殺犯或看過他們的相片，真的看起來都不像是營養不良的人，但是事實上，像亨利・陸卡斯（Henry Lee Lucas；請參見第八章）和丹塔・佩吉（Donta Page；請參見第十章）這些殺手，小時候可都是靠在垃圾桶找東西吃才活下來的。佩吉在華盛頓特區的貧民窟長大時，是一名飢餓的、營養不良的、瘦小的孩子，但當他強姦並殺死佩頓・塔希爾（Peyton Tuthill）時，體重過超過一百三十公斤。長大後的外表形象常會製造誤導，遮蓋住早年大腦發育時的營養不良。

第二，營養有兩種——巨量營養素（macronutrients）和微量營養素（micronutrients）。美國的孩子不缺澱粉、脂肪和蛋白質等巨量營養素，但微量營養素就不見得了；微量營養素指的是維他命、礦物質，如鋅和鐵，之所以說「微量」，則是因為我們每天只需要幾毫克或甚至幾微克；然而，它們對大腦和身體生長及功能的維持卻是關鍵。在微量營養素的層次，世界衛生組織認為世界有一半兒童缺少鐵或鋅，這是非常令人震驚、難以置信的事實。

第三是生物可用度（bioavailability）的問題——即營養能不能進入你的血液，作用到你的大腦。生物可用度受到一堆基因因素的影響，可以決定營養多容易從你的腸胃吸收；也有一堆環境的因素，如食物的強化和抑制。所以，就算兩個人攝取了同量的微量營養素，但是這些微量營養素進入他們血液、作用在他們大腦的程度卻可能大不相同。

所以，再一次，我們看到外表和這個人實際吃得多健康是兩回事，大、胖不一定好，基因和環境這兩個格鬥士競技場（gladiator arenas）可以讓大腦缺乏關鍵的營養，因為這個重要性，我們不能不看一下微量營養素在暴力犯罪上所扮演的角色。

偉大的微量營養素

微量營養素是什麼？它們包括維他命和重要的礦物質，如鐵和鋅。假如你小時候長粉刺（青春痘）或指甲有白色的斑點，你可能就是缺少鋅。

缺乏鋅的老鼠攻擊性是正常老鼠的三倍。如果懷孕的母鼠缺乏鋅，生出來的小鼠攻擊性也會比較強。美國的研究顯示，如果孩子或大人的攻擊性比較強，一般來說身體中鋅的濃度就比較低——相對於銅。土耳其的一個研究也發現，暴力思覺失調症者的銅鋅比例比非暴力的思覺失調症者低。

鐵是另外一個重要的微量營養素，好幾個研究都發現，有攻擊性和行為規範障礙症的孩子鐵都比較不足；另外有個研究發現，有三分之一的少年犯身體中缺鐵，低鐵的幼兒園孩童的正向情緒也比較低。因為缺少正向情緒是行為規範障礙症的特質，所以這一點很重要。

讓我們回到大腦，來看一下為什麼缺乏這些微量營養素會使一個人傾向犯罪。鐵和鋅對神經傳導物質的分泌很重要，也對大腦和認知的發展很重要，假如減少母鼠懷孕時的鋅和蛋白質攝取量，那麼生出來的小鼠大腦發展就會不正常。成年的動物如果飼料中的鋅不足，會有被動逃避行為學習缺陷（passive avoidance learning deficits），這裡指的是無法學習抑制會帶來懲罰的行為。我們經常在犯罪者身上看到的，也是很難從錯誤中學習。

我們也可以把微量營養素連結到與暴力有關的大腦結構。犯罪者的杏仁核和海馬迴都失功能，而這兩個地方的神經元都充滿了鋅；**人類懷孕時如果鋅不足，會影響大腦發育時DNA和RNA以及蛋白質的合成。因為蛋白質是大腦中生化的基石，所以這必然導致很早期的大腦發育不良。**鋅在脂肪酸的建構上也扮演重要角色，我們在前面已看到，脂肪酸是大腦結構和功能的關鍵元素。鐵和鋅一樣，也會影響神經傳導物質的製造和功能。

鐵和鋅為什麼會不足？因為你的飲食中缺少魚、豆類和蔬菜。請注意，微量營養素在胎兒的大腦發育上扮演重要角色，而低社經地位的懷孕婦女中，就有百分之三十缺鐵。懷孕時抽菸也會阻礙鋅從母親身上運到胎兒身上，使胎兒的大腦缺少重要的營養素。我們在前面的章節中已看到，懷孕時抽菸會使子女長大後傾向犯罪。

胺基酸也很重要，因為蛋白質是由胺基酸合成的，二十二種人體所需的胺基酸中，有八種的攝取特別重要，因為我們的身體無法自行製造。如果飼料中減少這八樣中的一樣——色胺酸，那麼動物就會變得有攻擊性；反之，高色胺酸的飼料則會減少牠們的攻擊性。當在實驗上減少男性和女性受試者的色胺酸時，被激怒時就容易出現攻擊性；反轉這個情況，也就是強化色胺酸量時，他們攻擊性行為就減少了。

低色胺酸之所以會增加攻擊性，是因為大腦抑制不當反應的功能因此而不正常，腦造影的研究顯示，減少色胺酸會減低右前額葉皮質的眼眶皮質和下皮質區的功能，使受試者無法控制自己不對刺激作反應。我們在前面的章節中看到，犯罪者的前額葉皮質在功能上和結構上都有不正常。因為血清素是由色胺酸所合成的，減低大腦的血清素會使這個人做出反應式的攻擊行為來，一如第二章中所言，衝動型暴力犯大腦中的血清素很低。

那麼，色胺酸從何而來呢？從菠菜、魚和火雞而來。我們看到來自魚的亞米茄三可以使攻擊者安靜下來。除了魚以外，你的孩子還要多吃菠菜——雖然大力水手卜派不是非攻擊性行為最好的典範。

奶油夾心蛋糕、牛奶和甜品

大多數人都經驗過對甜品的瘋狂，一口氣吃下很多高澱粉的食物，喝糖水，然後覺得身體充滿了活力，但也覺得有些浮躁、思慮不清，容易衝動犯下大錯。以上的話，是懷特（Dan White）殺了舊金山市長莫斯柯尼（George Moscone）、市政總監及同性戀人權主義者米爾克（Harvey Milk）時所用的辯詞。

那時的懷特，正走到生命的低谷。他從越戰退伍回來後，當過警察、消防員，很熟悉高風險的生活型態；但是後來投資一家馬鈴薯餐廳卻不是很成功，身上沒有錢了，只好辭去舊金山督察委員會（Board of Supervisors）的職務——因為警察和消防員工會大力支持，他才得以當選。

他同時也跟米爾克交惡了。米爾克支持天主教所提出的籌建不良少年感化院的建議，而這所感化院將會建在懷特的選區；雖然懷特也是天主教徒，卻非常反對這所感化院設在他的選區之內，也反對同性戀，而米爾克正是個同性戀者。懷特辭去舊金山督察的職務，就是為了全心經營馬鈴薯餐廳，所以餐廳的生意垮掉時他立刻回頭去找市長馬斯康尼，希望能再回到委員會任職。馬斯康尼同意了，米爾克卻堅決反對。

在反應式攻擊性的盛怒下，他持槍從窗戶——要不然入口的金屬感應器會警鈴大作——進入舊金山市政大廳，再闖入市長馬斯康尼的辦公室，懇求市長讓他回到原來的職務上。但這一回馬斯康尼拒絕，所以他先是射死市長，再到米爾克的辦公室殺了他。

接下來，就輪到奶油夾心蛋糕（Twinkie）出場了。懷特的辯護團隊和他們找來的精神科醫生說懷特有憂鬱症，所以大吃精製糖所做的垃圾食物和飲料，因此影響了他的情緒。懷特是藍領階級、異性戀的白人美國天主教徒，曾為他的國家上戰場，也曾在火場中救出一名婦女和她的寶寶；陪審團員主要成員正好都是藍領階級白人，也都跟懷特有相同的價值觀，甚至還有陪審員聽到懷特所遭受到的壓力時，潸然淚下。所以這名帶槍蓄意殺人的懷特後來沒有被判一級謀殺，只以「非預謀故意殺人罪」

（voluntary manslaughter）判刑七年八個月。

舊金山的同性戀社區暴怒了，就連代理市長范士丹（Dianne Feinstein）都說：「懷特殺了人卻沒有被判謀殺罪，太不應該了。」

懷特的辯護費中有一萬元美金是警察幫他募來的，連帶後果則是「懷特夜間暴動」（White Night Riots）：宣判的那天晚上，舊金山主要的同性戀區卡斯楚區（Castro District）——米爾克就住在這裡——的一千五百名民眾迅速結集，後來更增加到三千人；他們攻進市政廳，破壞裡面的一切，推倒、焚燒警車。當市政廳收復、秩序終於重新安定後，警察開始展開報復行動，進入卡斯楚區的酒吧毆打同性戀者。結果有六十一名警察和一百多名同性戀者受傷住院，懷特也在後來自殺。

這一切，都是奶油夾心蛋糕的錯嗎？

並不全是，但是很靠近了。奶油夾心蛋糕是一種海綿蛋糕，中間夾有奶油，其實從來沒有在懷特的審判中出現過；就連「甜點抗辯」（Twinkie Defense）這個名詞，也是媒體發明的。但是，垃圾食物的確有在審判中出現。垃圾食物真的一如辯護律師所說，會降低理性思考嗎？這個說法在審判後大大流行了一陣子，一名抗議者在「懷特夜間暴動」期間放火燒警車時就對記者說：「你一定要寫在報紙上，我也吃了很多奶油夾心蛋糕。」

懷特的行為不見得都是受到垃圾食物的影響，即使真的導致謀殺，我們也很難以此當藉口——不論用它來為懷特令人憤怒的殺人行為辯護，或替當地社區暴動反應解套；不過，**假如垃圾食物真的和**

攻擊性機制有關聯，最可能的禍首便是精製過的澱粉類（碳水化合物）。有很多研究都宣稱過，減少飲食中的糖份就會降低青少年罪犯的反社會行為。有些宣稱很令人驚異，例如，有一個有爭議性的研究是做十二歲到十八歲的少年犯，採用雙盲控制（double-blind control；譯註：即受試者、施測者都不知道受試者是在控制組還是實驗組，只有實驗者一人知道，以避免安慰劑效應〔placebo effect〕的污染），減少飲食中的碳水化合物份量後，不服管教的情況頓時少了百分之四十八。動物的實驗也顯示，低血糖和攻擊性老鼠之間有因果關係。

現在讓我們前進祕魯，去看括拉印地安人（Quolla Indians）的暴力犯罪情形。括拉印地安人有很高的謀殺率，而且殺人事件層出不窮，被稱為「地球上最卑鄙、最不討人喜歡的人」（The meanest and most unlikeable people on earth）。一位研究他們的人類學家注意到一個現象：大部分的攻擊行為似乎都沒有什麼像樣的理由；但他也發現，這些印地安人常常處在飢餓狀態，非常渴望吃甜食。那麼，會不會是血糖太低或低血糖症（hypoglycemia）造成他們容易被激怒、產生不理性攻擊行為？葡萄糖耐受測驗（glucose-tolerance test）就確定了低血糖與身體和語言暴力的關係；下一次你無緣無故覺得要發脾氣時，最好趕快去吃些能馬上補充你血糖濃度的東西——別吃奶油夾心蛋糕就是。

芬蘭赫爾辛基大學（Helsinki University）的精神科醫生魏庫能（Matti Virkkunen）的研究，便一再重現暴力犯新陳代謝的不正常與低血糖有關係，所以他認為，暴力犯比較可能有低血糖症——暴力型的心理病態者胰島素（insulin）的分泌比較多，正可以解釋為什麼他們的血糖比較低。最近，他又在另外一群芬蘭暴力犯中發現低葡萄糖代謝和低升糖素（glucagon）二者與暴力的關係：低葡萄糖和肝醣（glycogen）的組合，可以預測八年後這個人會不會再犯暴力罪。

假如魏庫能和其他人是對的，那麼，垃圾食物、低血糖症和低葡萄糖代謝為什麼能把一個人推向暴力和攻擊性？過程大致如下：精製的、碳水化合物高的飲食會導致血糖上下劇烈波動——如白麵包和白米等食物，吃下後會很快就轉換成血糖，因為它們的纖維米糠、胚芽和營養都在精製的過程中被除去了，也因為少了纖維，很快就被腸胃所吸收，因此血液中的血糖量就急速上升，緊跟著刺激胰島素的大量分泌。胰島素的任務是吸收多餘的葡萄糖來製造肝醣，做為身體未來要用的能源；但是，太多的胰島素會帶走太多葡萄糖，血液中可供使用的就減少了。這對大腦來說是個壞消息，因為大腦至少需要八十毫克的葡萄糖來維持最基本的運作，低於這個量時，你就會逐漸出現緊張和易怒的症狀，煩躁感不斷上升再加上情緒焦慮不安，你也就朝攻擊性爆發的路上前進了。因此，當一個人的葡萄糖濃度非常低時，就算他正坐在沒有任何刺激會挑釁他的實驗室中，他也會莫名地憤怒起來。

但真正令人震驚的，應該是威爾斯卡地夫大學的范古珍（Stephanie van Goozen）和同事的發現。他們蒐集了一九七〇年出生、當時正好十歲的一七四一五名英國寶寶的資料，問他們有多常吃甜食，後來發現，每天都吃甜食的孩子，三十四歲時成為暴力犯的機率是其他人的三倍。在控制多個變項之後，結果依然不變。

如果這真的是因果關係，背後的機制是什麼？有可能是低血糖症。**這些十歲時就已每天吃糖的孩**

子，後來的生活型態可能也不是十分健康，飲食比較傾向高熱量、高精製碳水化合物，導致血糖從很快升高再暴跌至血糖過低，等到易怒的症狀出現後，就可能使孩子在操場上打人一拳。或者，當他成年後，在酒吧用破啤酒杯砸別人的臉。讓你的孩子離糖遠一點吧。

重金屬創造「強打者」

可別以為，你離開甜食就沒事了，跟很多東西比起來，甜食馬上就小巫見大巫了。那些東西會進入你的大腦，攪弄得亂七八糟，還會使你的肌肉收縮。是的，我說的就是重金屬，會導致你犯罪的重金屬；下面，就讓我們來看看主要的幾種害人不淺的重金屬。

致命的鉛

我們在第三章和第五章中有看到，暴力犯的大腦結構和功能——尤其是前額葉皮質——是有問題的。我們同時也假設，這些大腦的失功能會產生第二級效應——情緒、認知和行為上的不正常，最後塑造成暴力犯。在這些危害大腦的重金屬中，罪魁禍首就是鉛。

第一，也是最重要的，**鉛是神經毒，表示它會殺死神經細胞，傷害中央神經系統。**鉛的神經毒效應早在一千年前就已經知道了，想減低傷害的嘗試更不是現在才開始。鉛和我還在英國時最喜歡的一種飲料——蘋果酒——有關係，卻不是蘋果的錯。十七、十八世紀時，有一種神經上的毛病叫做「德文腹絞痛」（Devon colic），英國西南部的人尤其最常受害。原來德文郡種了很多蘋果，很多經常喝蘋果酒的人都罹患這種腹絞痛，因此以為是蘋果酒的酸性在作怪，直到十八世紀末，貝克（George Baker）醫生才發現，原來導致腹痛的是蘋果榨汁機上的鉛；後來的幾十年裡，大夥逐漸不再用鉛製榨汁機後，腹痛的現象就消失了，證明貝克的假設是對的。

鉛的神經毒效應，在用核磁共振掃描每天與鉛為伍的工人大腦時也看得到。有一個實驗掃描了五三二名在鉛化學廠工作的工人，發現這些人骨頭中鉛的濃度出入很大，但平均值已經達到安全標準的最高點，再多一點就要超過警戒線。這些鉛濃度高的工人大腦很多地方都比較小，即使在控制了年齡和教育程度等混淆變項後仍然如此。他們的額葉尤其小，這就不能掉以輕心了，因為我們知道大腦的這個地方和暴力有關。**鉛毒對大腦的傷害，相當於五年的大腦早衰**。

如果鉛廠的工人大腦會變小，住在一般社區、鉛濃度只有低到中度的你我也會有問題嗎？美國辛辛納提市有一個針對一五七名嬰兒的研究，而且從六個月大一直追蹤到六歲半，期間抽血二十三次來看血液中的鉛濃度變化；結果發現，血液中鉛濃度高的人，大腦容積果然比較小，尤其是腹側前額葉皮質的地方受到的影響最大。前面已經談過，這個地方的受損與反社會行為和心理病態有關。受測兒童血中的鉛濃度並不算太高，至少還在美國疾病控制與預防中心（CDC）所謂「安全」的範圍之內，但我們卻看到，即使在「安全」範圍之內，接觸到鉛還是會引起大腦的失功能。此外，如果這個研究還能一直追蹤下去，比如再從六歲追蹤到二十三歲的話，大腦的結構變化就有助於建立因果關係了。

這類的研究，都清楚指出鉛對大腦的負面影響，尤其是額葉皮質，特別容易受到鉛的傷害。所以下一個問題便是：這些高鉛濃度的人有沒有比較反社會。

這個領域的里程碑級研究，來自匹茲堡大學的尼德曼（Herbert Needleman）；他發現，血液中鉛濃度比較高的孩子，也是老師認為比較有犯罪和攻擊性行為的孩子，他們自評的犯罪分數也比較高。這是一個重要且有影響力的研究，後來在不同國家的六個研究中都發現同樣的關係；此外，動物實驗也證實，如果大腦發育時接觸到鉛，會使天竺鼠發展出攻擊性的行為來，顯示鉛和攻擊性應該有因果關係。

環境中的鉛濃度，無疑已是青少年犯罪者反社會行為和攻擊性行為的危險因子，那麼大人又怎樣呢？這個連結關係可能會在生命的多早就發生？一個非裔美國婦女懷孕的研究回答了這個問題。這些婦女所生的孩子，出生前和出生後血液中的鉛濃度可以預測二十歲以後暴力犯罪的情形：出生前血液中每增加五毫克鉛，長大後被警察逮捕的機率就會增加百分之四十；然而，出生後一直到五歲，五毫克卻都還在疾病控制和預防中心所定的上限之內，所以，即使是在安全範圍內的鉛接觸都有危險。

上面這個研究顯示，即便生命的旅程才剛開始，血液中的鉛濃度就可以預測長大後的犯罪，而我們知道，如果嬰兒經常接觸到鉛，血液中的鉛濃度會在大約二十一個月大時到達最高點。為什麼會這樣？你知道小小孩常把手指頭放到嘴巴裡，更愛到處摸，包括花園裡的泥土。鉛在釋放到環境中以後很不容易消散，可以在泥土中停留多年。雖然我們現在用的汽油已經是無鉛的了，但是過去殘餘的鉛仍然留在泥土之中，尤其是靠近公路和大馬路邊的泥土。

童年晚期血液中的鉛濃度尤其重要。一九九二年南斯拉夫有個研究，找了鉛冶煉廠附近的懷孕婦女，追蹤調查她們的孩子三歲時有無破壞性行為。各位還記得吧？一九九二年時南斯拉夫爆發塞爾維亞（Serbs）和克羅埃西亞（Croats）兩個種族的內戰，最後各自獨立。研究結果發現，出生前血液中鉛濃度高的孩子比濃度低的孩子容易出現破壞性行為。美國的研究也得到同樣的結果，七歲時血液中鉛濃度高的孩子比較有高反社會和攻擊性行為，也就是說，**如果在出生後那幾個月接觸到鉛，多年後還會影響孩子的社會行為。**

鉛毒的研究，也導致一個很有趣的概念。一九九三年以後美國暴力犯罪突然下降，曾經讓許多犯罪學家百思不解；事實上，大部分的犯罪學家都預測暴力會持續上升，然而，之後七年紐約的暴力犯罪卻大幅下降了百分之七十五。許多社會政策者提出了各種解釋，但是沒有一個可以說明幾十年來犯罪率的上升和下降。批評神經犯罪學的人說，生物學本來就無法解釋一個國家中不同時間、不同地區暴力犯罪的變化。生物學是固定的、靜止的、不能變動的吧？所以當然不能解釋世俗的趨勢——不同時間暴力犯罪的改變。

但是它可以，而且非常戲劇化。尼文（Rick Nevin）記錄了從一九四一到一九八六年間環境中的鉛濃度和二十三年以後美國人的犯罪率，但由於他的研究是在一本名不見經傳的期刊上發表，所以沒有被人注意；這是很可惜的事，因為他看到了最容易受到傷害的小小孩，只因為吸收了過量的鉛，二十三年後變成監獄常客和暴力犯。當一九五〇、六〇、七〇年代血鉛水平（lead level）持續上升時，七〇、八〇和九〇年代的暴力犯罪也跟著持續上升；反之，七〇年代後期和八〇年代初期血鉛水平下降時，九〇年代的犯罪率也跟著下降了。二十一世紀的頭十年，光是血鉛水平的下降，就可以解釋暴力犯罪百分之九十一的變項，是一個很強的相關。

從英國、加拿大、法國、澳洲、芬蘭、義大利、西德到紐西蘭，尼文都發現鉛和犯罪關係密切，在不同的文化中也得到同樣的結果。此外，在美國，因為血鉛水平急遽下降，暴力犯罪率也同步急遽下降。血鉛水平的變項，甚至與城市內的犯罪率變項有相關，從國際到國內，從州到城市，血鉛水平和暴力曲線幾乎完全吻合。

政治部落格專欄作家德隆（Kevin Drum）認為，犯罪學家完全忽略了尼文的這些發現，所以他聯繫了犯罪學專家，但是沒有任何人對尼文的研究感興趣，為什麼呢？因為這表示他們必須承認，犯罪的趨勢——暴力犯罪率的上升和下降——有一部分是大腦失功能的關係，也就是說，政策、槍枝管制或毒品氾濫沒有那麼重要，大腦／生物反而有比較大的解釋力量，這些社會科學家就很難接受了。

殘酷的鎘

一九八四年七月十八日下午三點四十分左右，一名中年人走進了聖地牙哥市聖西德洛社區（San

Ysidro）郵局旁邊的麥當勞，手裡拿著一把九釐米半自動烏茲槍，對裡面的客人射出二百五十七發子彈。凶手叫赫伯提（Oliver Huberty），殺了二十一個人，傷了十九個；受害者有七個月大的寶寶，也有七十四歲的老人。

他為什麼要這樣做？鎘很可能是主因。被特警隊（SWAT）擊斃後，從他的頭髮中驗出高劑量的鎘，做這個分析的化工師瓦胥（William Walsh）說：「他的鎘濃度，是我在人類身上看到最高的。」赫伯提的血鉛水平也很高，所以他是雙重受害者。他的身體中為什麼會有這麼多重金屬呢？因為他以前是名焊工，為什麼說以前？因為他跟他的老闆說，「焊接時的氣味使我要發瘋，所以我不幹了。」

所以鎘也是一個殺手，而且受害不只是赫伯提這樣的人，也不只是美國人。從美國暴力犯的頭髮中驗知，他們體內的鎘濃度都比非暴力犯高。頭髮中的高鎘含量，是美國問題小學生的一個特徵，中國行為不端的小學生也有高鎘含量的現象；中國目前是世界鎘產量最大的國家，廣東省韶關市的大寶山礦區是多種礦區，用來沖鐵砂的水，就從礦區流到附近的農村，不但使得村民身上都有高量的重金屬，種出來的稻米鎘含量更超出法規許可十六倍，一個對下游小學生所做的研究發現，鎘可以解釋他們攻擊性和犯罪行為的百分之十三變異性，已是解開暴力來源生物鏈的一把重金屬鑰匙。

住在礦坑附近的人，體內無疑會有較高的鎘濃度，那麼，沒住在礦區附近的我們又該怎麼說呢？鎘是危險物質，可以導致死亡，所以歐盟禁止用在電器上，然而，美國百分之七十五可重複充電的電池都含鎘，沒錯，就是你家裡現在用的可充電電池，或許不會直接傷害你，但是鎘會從城市的垃圾堆中滲進環境裡。

誰最容易受到鎘的危害呢？癮君子——香菸中所含的鎘，約有百分之十會從肺部進入血管中。我們其他的人，則是從食物（如動物內臟）和穀類進入我們的身體，佔了體內百分之九十八鎘的來源；相反的，海鮮類只佔百分之一，所以前面才會說，海鮮類與暴力的關係比較低。

有一點要注意的，就是鎘在你身體中的作用和某些因素很有關係，例如鐵會阻擋小腸吸收鎘，素食的女性因此會因鐵質的減少而增加鎘的吸收；假如她們又抽菸，那麼對鎘的吸收更會成指數上升，這多少可以解釋低鐵與高暴力的關聯。此外，**低鐵的人大腦也比較容易受到鎘負效應的傷害**。

瘋狂的錳

哈吉士（Everett “Red” Hodges）是那種充滿了魅力和一肚子慧黠小故事的人，你幾乎會相信所有從他嘴中說出來的話，但做他的兒子就很不幸了，他們會既是犯罪者，也是犯罪的受害人。他有一個兒子非常叛逆，是典型的青少年罪犯，另一個孩子則在停車場被人搶劫且毆打，造成腦傷。「我的兒子差一點被謀殺掉了。」哈吉士在一次訪談中說：「我知道被害者家庭所經過的痛苦和折磨，你無法用金錢來估算。」

他說，如果司法犯罪系統對暴力的神經機制多了解一點，做得好一點的話，他的兒子和許許多多無辜的人就不會成為暴力犯罪的犧牲者，許多家庭的痛苦應該可以被避免掉。

哈吉士把過錯特別歸結在一種金屬——錳——上面，在加州貝克斯費爾（Bakersfield）的油田賺到很多錢後，他捐出幾百萬美元調查錳與犯罪的關係。加州大學爾灣校區的研究者高斯哲克（Louis Gottschalk）發現，有三群不同樣本的暴力犯頭髮中錳的濃度比控制組高；達特茅斯大學（Dartmouth University）的麥斯特（Roger Masters）也發現，美國某些地方空氣中錳的濃度高時，當地的暴力犯罪率也會跟著升高，甚至在控制了各種社會經濟的混淆變項後仍然如此。

與此同時，錳也是政治辯論上的燙手山芋，一般人很難分得清楚究竟誰對誰錯。反對者說證據不清楚，無法從相關研究中找出因果關係，但是，卻有一個長期性對牙齒的研究可以幫得上忙。懷孕中期，胎兒第一顆臼齒的尖端與錳有關，這個時期也正是胎兒的大腦迅速發展期，利用這些牙齒，研究者可以測知胎兒是否接觸到高濃度的錳；結果發現，它和反社會行為測量中眾多不受抑制的反社會行為有關。

那麼，母親懷孕時，為什麼胎兒會接觸到過量的錳呢？原因之一是鐵的不足。低鐵會增加錳的吸收，低鐵女性對錳的吸收更是高鐵女性的四倍。嬰兒出生後，錳的來源則是嬰兒喝的豆奶——豆奶中有高出母乳八十倍的錳。有人說，吃母奶的人智商比較高是因為較少接觸到錳，因為人體中錳的排除是肝臟控制的，而寶寶的肝臟在出生時尚未發育完全，因此比較不能排除錳，牛奶和豆奶中過多的錳就可能使大腦功能不佳，造成低智商。

把這些資訊拼湊起來，你就能多少了解暴力的食譜了。懷孕的母親鐵質低時，會使胎兒接觸到比較高的錳，要是寶寶還喝豆奶，他的肝臟因為還沒有處理這些錳的能力，結果大腦就受損了。兒童大腦中的高錳濃度，會損害認知速度、短期記憶及手的靈活度，我們前面說過，這些認知神經上的失功能會驅使這個人走向犯罪；此外，錳還會減低血清素，而這個神經傳導物質過低時，就會導致衝動型的暴力犯罪。

知道這些之後，對於為什麼十五個全球性研究都顯示，接觸到錳的工人都有情緒受干擾的問題，包括攻擊性、敵意、易怒和情緒障礙等，你就不會感到驚奇了。這些國家包括智利、英國、埃及、波蘭、巴西、美國、蘇格蘭和加拿大，智利甚至有個名詞叫錳瘋狂（manganese madness，是一種重型慢性精神病〔locura manganica〕），專指暴力、情緒障礙和易怒的行為，這就跟赫伯提因為覺得自己快發瘋而離開焊接工作一樣，只是這次不是鎘而是錳。

太常接觸錳的工人會犯下愚蠢的攻擊性犯罪，現在已經有很多紀錄了。這些犯罪行為都不是預謀的，也不是犯了這個罪會得到什麼好處，純粹是大腦無法調節情緒和衝動所造成的行為。**因為大腦的認知失功能，所以低智商是這類暴力犯罪的危險因子也就不足為奇；而低智商的禍首，便可能是體內過多的錳。**

神祕的汞

錳之後接著談汞（水銀），可能會讓你期待同樣的犯罪型態，但汞和錳可不一樣。不管對大腦或其他器官，水銀都是毒素，人類所製造出來的水銀一半來自煤廠，其他來源包括假牙中的汞合金及受到汞污染的深海魚，但在所有的重金屬中，水銀所扮演的角色可能和暴力犯罪最沒有關聯；這個事實既讓人驚訝也讓人高興，因為它像一盞明燈，指出了另一個方向。

雖然汞有毒性，但是據我所知，目前還沒有任何證據顯示反社會和暴力的人體內有比較高的水銀濃度；另一個令人驚奇的，則是幾乎找不到任何有關水銀濃度與認知能力有無關係的研究——先前的確有過兩個檢驗血液中水銀濃度和認知行為的研究，結果卻相互抵觸。其中一個研究，是在蘇格蘭和冰島之間的法羅群島（Faroe Islands）做的，研究者發現高水銀濃度與低認知功能有關；另一個研究處所，是在印度洋中模里西斯附近的塞席爾群島（Seychelles）做的，但研究者卻發現，水銀濃度和認知行為沒有關係。不知如何解釋這兩個完全不同結果的審查者，最後只好歸因到「文化」。

然而，假如我們把幾個看起來好像不相關的事實放在一起，這個地理上相抵觸的結果就可能有意義了。人們體內的水銀是從哪裡來的？可能是食物中的魚類，尤其是懷孕時要盡量少吃的鯊魚、劍魚（swordfish）、鯖魚（king mackerel），法羅群島住民甚至還吃巨頭鯨（pilot whale，又稱領航鯨），尤其是首都之外的居民。領航巨頭鯨的肉有什麼特別嗎？水銀很多，硒（selenium）很少。

硒是什麼東西？硒是幫助大腦抵抗氧化壓力（oxidative stress）的礦物質。所謂氧化壓力，是指大腦細胞吸收了太多的氧，產生出會傷害ＤＮＡ和細胞膜的自由基（free radicals），進而使得細胞死亡。**硒不但能保護細胞不受自由基的傷害，還能像磁鐵一樣附著在水銀上，阻止水銀與大腦細胞結合，**

阻止大腦和認知的失功能。

如果你曾經懷疑，在海底滲出來的水銀中生活的魚類，不是也過得好好的嗎？原因就是許多魚類身上都有很多硒。回頭再看那兩個相互抵觸的實驗結果，我們就比較容易明白，法羅群島高水銀低硒的飲食方式正是低認知和行為功能的源頭，而塞席爾群島的懷孕婦女雖也接觸到很多水銀——一星期吃十二次魚，也就是美國婦女的十二倍，但差別在於塞席爾群島的婦女不吃硒很低的巨頭鯨，而是吃高硒的魚類，所以她們的大腦和認知功能不受水銀的侵害，不僅如此，同時也提供了高濃度的好亞米茄三。我們在後面談到如何防止暴力的策略時，會再回頭談談亞米茄三。

精神疾病所造成的殘酷

以上所述，可以佐證生物學在環境中還是有作用的，尤其在暴力方面。有些重金屬會傷害大腦，驅使人們走向暴力，但健康是一個多面向的建構，不只會受到飲食和環境中毒素的影響，所以請不要忘記健康還包括心理的健康。生理上的缺陷也會令人瘋狂，而瘋狂會使人做出殘忍的事來，女人也一樣——說不定比男人還可怕。**精神疾病的根源在基因和神經傳導物質的不正常，而心智不正常時，我們也最容易顯現暴力行為。很重要也可以說主要的精神疾病，就是思覺失調症。**

我一直對思覺失調症有興趣，因為使我離開會計這個行業、進入犯罪學的就是它。我當然不是說替英國航空公司作帳使我變成精神病患者——雖然有時候我是真的覺得計算這些空服員的支出讓我都要瘋了，不過，這個臨床上的疾病真的劇烈的改變了我的一生。也不只是我，我們每個人好像都有這樣的轉捩點，會因為一個從來也沒想到的機緣而突然改變一切。你隨便抓起一本書來看，就像你抓起這本書，突然之間你的生命就不一樣了——很多巨大的改變，都來自不可預測的、善變的、看起來無害的經驗。

一九七三年初夏的一個星期六早上，快要到吃午餐的時間，我在倫敦希斯洛（Heathrow）機場工作，無聊得要死。我知道選擇當會計是個錯誤的決定，日子痛苦得不得了，簡直不曉得過去那幾個月是怎麼過下來的。星期六的午餐我通常都吃美式肉桂蘋果派和冰淇淋，那天我就先到住屋附近的書店翻找，看看有沒有適合午餐時邊吃邊讀的書。突然之間，我看到一本薄薄的平裝書《神智正常、瘋狂和家庭》（*Sanity, Madness, and the Family*），作者是藍因（R. D. Laing）和艾斯特森（Aaron Esterson）。藍因在書裡蒐集了十一個思覺失調症病患的故事，打算挑戰當時主流的醫學模式——思覺失調症是大腦的疾病，因為他認為思覺失調症既有環境的因素，也有家庭內溝通不良的原因。思覺失調症者常有奇怪的念頭，但假如你了解他的家庭情況的話，應該就能理解他們何以瘋狂。

我立刻頓悟，有道理，我就是因為這樣才會變成和別人格格不入的怪人——都是我爸媽的錯！這個頓悟使我決定去讀精神醫學（不過我最後變成讀心理學）來多了解自己一點，挑戰精神疾病的生理模式（我最後做的是完全相反的事），去醫院做事來幫助思覺失調症的病人（後來有四年都在監獄幫助心理病態者）。書本可以改變我們的思維，有時甚至改變我們的人生——雖然不見得是我們預期或希望的，有時還不見得會讓我們走上正確的道路。

藍因和艾斯特森其實並不很正確，因為後來發現，思覺失調症不是由於親子溝通不良，而是大腦神經發展障礙症（neurodevelopmental disorder），特徵是幻聽、幻覺、思考障礙、缺乏情感、行為雜亂無章。**全世界人口中，大約有百分之一的人有思覺失調症，女性通常在二十多歲時發病，男性在青春期的後期發病；男性思覺失調症者中，就大約有百分之四十是在十九歲以前罹患的——青春期的後期，正是暴力男性年齡的最高峰。**

另一個很有趣的重點是，當我們探尋思覺失調症的生理因素時，發現它和我們前面談到的暴力危險因子是一樣的，比如前額葉皮質的失功能、神經認知的失常、胚胎的發展不健全、生產時的困難、大腦對刺激的反應遲鈍，以及方向感的不正常；而這些都是一般人會馬上反應、至少會注意的刺激。當然了，犯罪和思覺失調症不只不是同樣的東西，臨床上更不能相提並論；舉例來說，低靜止心跳率就只是犯罪的危險因子而不是思覺失調症的危險因子，然而，在有些因果的層次上，它們還是有某種程度的相似。

專注於暴力和思覺失調症的關係時，共同性就強烈顯示出來了。全球好幾個大型的研究都顯示，思覺失調症者的父母比正常的控制組更常有暴力和犯罪行為的歷史。反過來看，犯罪的樣本群也比一般人群有更多精神病患，這個暴力和思覺失調症之間的關係可見並不薄弱。假如你是一名思覺失調症的男性患者，你殺人的機率就比同樣社會背景和婚姻狀態的非思覺失調症者高三倍。女性思覺失調症者殺人的機率，更是非思覺失調症女性患者的二十二倍。

正因為這些統計數字很驚人，我們解釋它時就要更小心。許多精神科醫生和思覺失調者的家人都不會喜歡聽到這些訊息：得到思覺失調症已經很糟糕了，還要揹上暴力傾向的標籤？雖然大多數的思覺失調症者並不危險，不會殺人也不會行使暴力，但醜惡的現實是，**這些病人在童年和青春期時神經發展的不正常，會使他們比較不能在成年後調節情緒和控制憤怒**。

你可能會同意思覺失調症是個神經生理的精神疾病，甚至可能會同意思覺失調症者比別人更可能殺人，但是你大概也會想：思覺失調症者是很少見的疾病，不可能對這麼高的暴力率有貢獻。你的想法有道理，所以下面我們就來看看，是不是思覺失調症的發生率在一般的人口中被「稀釋」了。

臨床上，有些人有一種叫做思覺失調型人格障礙症（schizotypal personality disorder）的毛病，和思覺失調症者會聽到不存在人的說話不一樣，這種人格障礙症患者是把環境中的噪音誤當成有人在說話。這種患者還真不少，有一次我到托斯卡尼參加一場研討會，正在旅館中洗臉、刮鬍子時，突然聽見一個女生的聲音在我旁邊說：「Well, Hello.」我嚇了一跳，四周一看，卻半個人都沒有，雖然覺得很奇怪，還是回頭繼續刮鬍子；然後，我又聽到了同樣的聲音。我想一定是走廊上傳來的聲音，所以就打開房門張望，可走廊上明明空無一人，真是奇怪極了。等到我回去浴室、刮完把鬍子、打開水龍頭時，我這才明瞭那個尖銳的女聲其實是水龍頭流水的聲音。幾乎每一個月，我都至少會有一次聽到街上有人在叫我的名字，然而當我站住轉過身去時，卻總是發現並沒有人在叫我。這個現象叫做「不尋常的知覺經驗」（unusual perceptual experience）——你把環境中的聲音當作人的說話聲音，把物體的影子當作人。碰到這種事時我都會告訴我自己，我是正常的，我沒病。

只有我有這種毛病嗎？非也，只要用很簡單的自陳表，就能測量有多少人有這種思覺失調型人格障礙症。我在一九九一年時，編製了一份這種量表（真的，心理學家真的會研究自己碰到的難題）。這份問卷叫做「思覺失調型人格問卷」（Schizotypal Personality Questionnaire）。它包括這種問題：「當你看一個人，或在鏡子中看你自己時，有過那張臉在你眼前改變的經驗嗎？」我們發現，即使是洛杉磯所謂高功能的大學生，都有百分之十八表示自己經驗過。「你曾經占星算命、看到你的未來、對不明飛行物有超感知覺（UFOs ESP）或第六感的經驗嗎？」百分之四十九的人說他曾經有過。「我覺得我要隨時警覺，即使跟朋友在一起也不能放鬆。」百分之二十一的大學生說是，另有百分之三十一的大學生承認：「有人認為我很奇怪。」當我們把總成績在前百分之十的大學生找來面談時，百分之五十五的人得出思覺失調症的診斷——相當於總大學生人口的百分之五・五，比平均百分之一的思覺失調症機率高出了許多。

你可能會想，那是洛杉磯，很多怪人都愛跑到洛杉磯去不是嗎？這可能是很多人對美國西海岸、尤其加州的刻板印象，但與此同時，真相其實是精神病患在向度上有特徵，他們是灰色的（譯註：佛洛伊德說，沒有什麼叫正常人，所有人都在正常人和病人中間的灰色地帶，有人深灰，有人淺灰而已）。很難想像，竟有這麼多的「少數人」（minority）跟思覺失調症者的特徵是這麼的相似。

那麼，這些人比較可能是暴力犯和反社會者嗎？是的，不論我們看的是大學生——得天獨厚的犯罪者——或是一般的市井小民，在思覺失調型人格問卷上得分高的人自陳犯罪和暴力行為的比例也都高，行為和臨床上思覺失調症者是平行的（即非常的相似）。**加總有思覺失調型人格障礙的人、真正的思覺失調症者和其他的精神病人，我們就會得到有一群不算大，但真的有顯著犯罪和暴力的群體。**

但是，為什麼思覺失調症者比其他人更可能殺人呢？答案之一要從思覺失調症者的症狀來看。最常見的症狀是妄想症（paranoid），妄想型思覺失調症者總覺得別人對他有不好的意圖，認為到處都有人要害他，而如果你相信別人要害你，最好的防衛當然就是先發制人，正所謂「先下手為強，後下手遭殃」。其他的思覺失調症者還有幻覺（delusion），以為自己是神，是總統，是有權有勢的人，可以控制、指揮別人。也有思覺失調症者認為他們是先知，要來拯救這個世界免於罪惡，前面看過的沙特克里夫，就是用殺妓女來拯救這個世界。

思覺失調型人格障礙者和心理病態者也有相似的地方，表面上看來，這兩種病好像本質完全不同——思覺失調症會害羞、退縮不動，心理病態者則性急、充滿自信，但是他們之間還是有相似之處：思覺失調症者的情緒是遲鈍、微弱的，而在研究文獻中，我們也一再看到心理病態者情緒冷漠遲鈍、無法像正常人一樣感受情緒的報告。思覺失調症者除了他們的家人外沒有親密朋友，同樣的，心理病態者的朋友也是表面上膚淺的關係，無法像我們一樣形成深層、有意義的社會關係。

這些表面上的相似性，提供了思覺失調症者為什麼比較暴力一部分解釋。同樣的，遲鈍的感情、沒有社會連結也將心理病態者推向暴力犯罪。社會的孤立和缺乏感情，會使思覺失調症者趨向暴力；因此，假如你不能想像有些暴力犯有思覺失調症的傾向，可以再想想。有多少連續殺人犯和謀殺犯不是在某個程度上非常怪異，會做出很奇怪的行為來？或是以「必須在他們對我下手前殺掉他們」（譯註：這通常是妄想型思覺失調症者被捕後的第一句話）做為攻擊性行為的理由？或是對這世界或世界上的人有不合理的奇特想法？是的，瘋狂的謀殺犯並不是不常見，回想一下大學炸彈客卡辛斯基、妓女殺手沙特克里夫，你就不難明白犯罪和思覺失調症是有關係的——至少有一部分的關係。

如果再深入一層來分析，思覺失調症者為什麼會比較暴力的另一個原因就在大腦。打從一九七〇年代第一代的電腦斷層掃描問市時，我們就發現思覺失調症者有擴大的腦室；腦室是大腦深處一個充滿了脊髓液的空間，一旦擴大，就表示神經細胞萎縮。自從這個報告出來以後，幾千個大腦造影的研究都已證實，思覺失調症和思覺失調型人格障礙症患者在大腦的結構上和功能上有失常，尤其是額葉和顳葉這兩個地方的缺失，在暴力犯身上特別普遍又顯著。先前討論犯謀殺罪的思覺失調症者的大腦圖片時，我們也談到過他們的這兩個地方有結構性的失功能。因此，**思覺失調症者比較暴力的一個原因就是大腦結構不正常，使得他們不能調節攻擊性及邊緣系統的波動，而邊緣系統正是情緒產生的地方。**

對一些思覺失調症者來說，問題就在情緒出來的一剎那無法調控，於是就出手了，所以多半不是預先計畫、冷血執行的那種殺人，而是反應式的攻擊性行為，源自沒有組織的行為和失功能的前額葉皮質——挑釁的刺激一出現就衝動反應。的確，思覺失調症者比較可能殺害家人而非路邊的陌生人；我們都知道，家庭可以是一個火藥桶，本來只是隨意的打鬧，失控後就變成激烈的爭辯，最後釀成無法挽回的悲劇。如果再加上妄想和幻想的話，這個火藥桶旁就火星亂飛，隨時可能引爆了。

對孩子來說，火苗可能來自學校。我和香港城市大學（City University of Hong Kong）的馮麗姝（Annis Fung）、林嫣紅（Bess Yin Hung Lam）一起合作，發現在思覺失調型人格問卷兒童版分數高的孩子，反應式攻擊性分數也高，而在這三六〇八名孩子中，霸凌則是媒介或可以解釋這個關係。思覺失調型人格障礙的孩子常被欺負，因為他們與眾不同，害羞，很奇特，一被霸凌，憤怒時就動手了。

引燃火藥桶的火星也不一定是實體，念頭也可以——第四章卡辛斯基的炸彈，便是針對社會的工業化及科學控制了社會所做出的反應。很多時候，謀殺是來自社會的拒絕和絕望的感覺，比如金科（Kip Kinkel）所犯的謀殺案，很可能就是因為他被瑟司東高中（Thurston High School）開除，所以就那一天裡，他先槍殺了父母，再帶槍到學校去大開殺戒。社會孤立也是藍沙（Adam Lanza）槍殺母親、又去山迪虎克小學（Sandy Hook Elementary School）槍殺小學生的部分原因。

所以不良的心理健康之所以成為暴力的危險因子，一部分原因是它反映出大腦的失功能所趨向的暴力行為。我們在很多暴力犯身上都看到精神健康不良的證據，而且不只是精神病者無組織的殺戮，甚至在有組織行為的連續殺人犯身上也有看到；這些人，都是隱形的思覺失調症者。下面我們要談起的，就是隱形思覺失調症者加上思覺失調型人格障礙的奇特信念，引發怪異行為、幻想的思考、妄想的念頭、遲鈍的感情和沒有親密朋友的一個例子。

瘋狂的雷克

我想你們都沒有聽過雷克（Leonard Lake）這個人。他殺了十二個——很可能有二十五個——男人、女人和嬰兒。他在連續殺人犯中不算大咖，所以不大會引起公眾的注意，隱藏在社會的角落；不過他的案子是一個很好的例子，可以讓我們看到心理健康的重要性，這方面一直被學術界所忽視，很需要大家的關注。

雷克曾經打過越戰，後來因孤僻型人格障礙症（schizoid personality disorder）從海軍陸戰隊退伍；雖然接受過心理治療，但是對人格障礙者來說，實在沒有什麼真正有效的治療法。他在很多地方都很奇怪，比如說很熱中於中古世紀的傳說、多神教及維京人（Vikings）。有一次，有人看到他用大鍋子在爐子上煮羊頭湯。

這一類的奇怪念頭和怪誕的行為，正是思覺失調型人格障礙者的特徵。在加州大學洛杉磯校區的一場臨床個案報告研討會中，我便聽過一名思覺失調型人格障礙者要跟一頭羊睡覺的案例；雷克的思想和行為和這個人比起來毫不遜色，他有很強烈的幻覺，發展出來的信念則是他在經營一個生存者營地，只有最強、最勇敢的人才能在世界末日（apocalypse）來臨時存活下來。他認為世界不但會被核子彈所毀滅，還會以他所收集的年輕女性奴隸來重新繁衍人類。

思覺失調症者的這些奇怪想法，並不是隨機從大腦的神經元錯誤發射跑出來的，而是有其社會環境的基礎。雷克的幻覺來自史丹利・庫柏利克（Stanley Kubrick）的經典電影《奇愛博士》（*Dr. Strangelove*），這部電影在一九六四年上映，在電影中，核子武器的競賽已經失控，社會上到處都是妄想症患者和偏執狂，瑞波（Jack Ripper）准將誤以為水的氟化背後有共產黨的陰謀，就對俄國開啟核子B-52同溫層堡壘轟炸機的攻擊；殊不知，俄國早在西方完全不知情之下，偷偷發展出一部摧毀世界的儀器，只要俄國受到攻擊就會啟動，毀滅全世界。美國的總統在奇愛博士（以前是納粹的武器專家）的忠告下，發展了一個計畫，選擇一些人（當然包括總統、奇愛博士及政府一些高官）躲到地底下去，再選一些年輕貌美的女孩，重新繁殖世界的人口。

雷克是否看過《奇愛博士》這部電影？或是其他相似的世界末日電影？他的奇怪的想法是否和他在越南打過仗有關？還是兩者都有？他一直妄想這個世界會被攻擊，人類會被毀滅，所以他負有重新繁殖人類的任務，而且認真執行他的信仰，完全不管別人的受苦；他的認知、情緒和行為，都是思覺失調型人格障礙症的典型。

雷克在加州克拉維拉斯郡（Calaveras County）的鄉間衛斯理維爾（Wilseyville）蓋了一座碉堡，儲存了大量的武器和食物，讓自己可以活過核子戰爭的浩劫，同時也儲存了很多腳鐐、手銬和性器具，好在核子戰爭後幫助他重新繁殖人類。他和他的同夥吳查理（Charles Ng）用分類廣告假稱買賣或交換錄影設備，誘騙信以為真的男人和女人。男人是一進門就被殺，搶劫他們的東西；女人則被關到碉堡的地牢中，雷克和吳把她們當作性奴隸，虐待並強姦她們。

思覺失調型人格障礙者的同理心分數本來就比一般人低，雷克的同理心分數尤其低，他告訴一名受害者艾倫（Kathy Allen）：「假如妳不照我講的去做，我會把妳綁在床上強姦妳，用子彈貫穿妳的腦，把妳丟出去埋掉。」真實情況其實比這還更糟，因為他對被他虐待和強姦的婦女的痛苦完全沒有感覺。雷克抱走受害者歐康諾（Brenda O'Connor）的嬰兒，說現在嬰兒在另一個家庭中安全長大，其實已經被殺害、肢解且埋掉了。這名可憐的媽媽為了救嬰兒，只好遵照雷克和吳的指示拍攝虐殺的色情錄影帶，凌遲受虐而死。

前面講過，思覺失調型人格障礙者除了家人以外沒有真正的朋友。雖然表面上他們都有些熟人，但關係都無法深入或形成任何有意義的關係。雷克就是這樣，家人之外沒有任何朋友，後來甚至殺了自己的兄弟，也殺了少數幾個跟他有來往的人，起因就像他殺陌生人一樣，只為了搶奪錢財和物品。

許多思覺失調型人格障礙者都有強迫性（obsessive-compulsive）的人格特質，雷克也不例外。他從小就愛乾淨，一天要洗很多次澡，動不動就洗手，在強姦他的受害人之前，都會命令她們先洗澡。

思覺失調型人格障礙者的另一個症狀，是奇特怪異的行為。雷克在殺了受害者後會肢解他們，把肢體丟到鍋中煮到皮骨分離，然後才裝進塑膠袋中，埋在他所蓋的碉堡附近。思覺失調症者是自殺的高危險群，所以雷克在被捕後，吞下他藏在襯衫翻領下面的氰化鉀（cyanide）自殺也就不足為奇了。

雷克不像前面說過的沙特克利夫、克雷或陸卡斯聽到聲音，也不曾因為在馬路上喃喃自語而引人注意，他有的是那種單獨看起來不怎麼顯著或引人注目，但是一合起來看你就很明白這個人有暴力行為危險因子。當然了，不是所有思覺失調型人格障礙者都是殺人犯，使雷克變成殺人魔王的其實還有某些額外的因素，但是我認為，**思覺失調型人格障礙者的特質在暴力犯身上所通見的程度遠大於犯罪司法制度所願承認的，主要是因為這些特質並沒有顯著到一望便知，或是到病態行為、「不正常」的程度。**

畢竟，在二〇一二年十二月藍沙殺害他的母親和山迪虎克小學的二十四名學生之前，有人想像得到嗎？在我寫這本書的時候——這樁慘案發生的第十九天——我們還是不知道藍沙的精神狀態究竟如何。然而對我來說，他至少已經有七個孤僻型人格障礙症狀中的四個：缺少親密的朋友、寧願單獨活動、情緒疏離，以及並不想有親密的關係或成為家庭的一份子；這也是雷克從海軍陸戰隊退伍前，醫生給過他的診斷。七個裡面有四個，便足以構成臨床診斷，更何況藍沙還可能有剩下的三個：能帶給他快樂的活動很少，對別人的稱讚和批評無動於衷，對性經驗沒有興趣。像雷克一樣，他也有額外的思覺失調型人格障礙者特質，包括奇特的行為與外表、抑制壓縮的情緒、社交焦慮和奇特的語言。

在一大堆心理疾病中，我認為思覺失調症最能說明健康不是只有身體健康而已。精神病和潛在的精神病如思覺失調型人格障礙症，都有強烈的神經生物學基礎，也和犯罪與暴力有很清楚的關係。

有兩個重點值得重複說明。**第一，大部分的思覺失調症者都不會殺人，也不會對別人構成威脅。**我們不要污名化思覺失調症者和孤僻型人格障礙者，胡亂說他們「又瘋又壞」（mad and bad）；同時我們也必須承認思覺失調症者有高的暴力機率，要使他們得到治療來減低暴力，同時也減低污名。**第二，還有很多的心理疾病，如憂鬱症、躁鬱症**（bipolar disorder）**、注意力不足／過動症**（ADHD）**和邊緣型人格障礙症**（borderline personality disorder）**等，都有暴力的危險因子，並不是只有思覺失調症而已。**當然，酒精和毒品也是主要的心理健康疾病中的危險因子，都會增加暴力的機率。

本章中所檢視的身體和心理的危險因素，都是構成暴力的部件；我們也會在後面會看到，這些部件並非不能改變。其實，我們已在前面兩章中強調過，環境在塑造暴力犯的生理結構上扮演著重要角色。接下來，我們就要更進一步去了解這些不同的暴力成分如何組合在一起，形成致命的一擊。

第八章

生物社會拼圖

我們能拼湊出暴力的全貌嗎？

老天從來沒有給亨利・陸卡斯一個像樣的機會。打出生他就是個瑕疵品，父親安德生（Anderson）是一名酗酒的流浪漢，自從有一次從貨車中摔下來，失去雙腿之後就成天喝酒，只靠賣鉛筆、釀私酒過日子；亨利自己也在十歲這麼小的年齡就跟著變成了酒鬼。父親每天醉茫茫，當然也顧不了他。

亨利的母親薇拉（Viola）就更糟了，不但是酒鬼，還是娼妓。她在四十歲時生下亨利，之前的四個孩子都被她棄養，送到寄養家庭去。亨利，大哥安德魯（Andrew），他的父母，加上薇拉的皮條客伯尼（Bernie），全都擠在維吉尼亞州的布萊克斯堡（Blacksburg）一棟沒有水電、衛浴設備，只有一間房間的小木屋中。也因為只有一個房間，亨利很小就必須在旁邊看他母親賣淫。

亨利長期營養不良，飢餓強迫他到垃圾桶去翻找食物以維持生命，他的母親只為皮條客煮飯，所以孩子們只能撿地上的食物吃，更因為薇拉從不洗碗，也沒有盤子可用。亨利的第一頓熱食是他進小學後一位可憐他的老師給他吃的，這位老師也給了他第一雙鞋子。

亨利的母親還會在心理上和身體上虐待他。當他七歲時，有一次因為去外面搬運柴火進來燒的動作太慢，母親就用木板猛打他頭，他應聲倒下，整整昏迷了三天，沒有任何一個家人關心他的死活。直到母親的皮條客覺得有些不對勁，才把亨利送到醫院去，告訴醫師說他不小心從梯子上跌下來。

這件事，只不過是他受虐的一個小例子而已。他的一生不知經歷過多少次昏眩、暈倒，以為自己是浮在空中；後來神經學上的檢驗及大腦掃描，都顯示出嚴重的大腦病變證據，可能是早期母親虐待他的後遺症，以及生活匱乏所造成的結果。

母親的長期殘酷對待，也造成他心理上的創傷。七歲時有回和母親到鎮上，母親指著一名陌生人對他說：「這個人是你的親生父親。」這個說法，後來也由安德生——他本來以為的爸爸——那裡得到證實；安德生承認，他確實不是亨利的親生父親。這種打擊（竟然不知道誰是自己的父親）對任何孩子都是很殘酷的事，瞬間抹殺了他的自我認同，也就難怪亨利一聽到這個消息就馬上難過得大哭。他的姊姊作證說，從他學步一直到進小學的第一天，母親都把亨利打扮成女孩子。他的老師非常震驚亨利受到這種虐待，替他把頭髮剪短，買了一條長褲給他穿。

母親對他的殘忍，當真是慘無人道、罄竹難書。有一次，只不過是看到亨利和一頭小驢子玩得很高興，就故意問他喜不喜歡這頭小驢子當他的寵物，可是亨利才剛開心地點頭，她就拿出一把槍來，當著亨利的面射殺了這頭小驢子，而且似乎還認為折磨得不夠，再拿出鞭子責打亨利，理由則是讓她得花錢運走驢子的屍體。

因為很髒，身上有臭味，所以亨利在學校中也受盡同學的欺負；雪上加霜的是，哥哥安德魯在和亨利一起做鞦韆時，竟然一個不小心把刀插入他的眼睛。發生在他身上的不幸事件有如滾雪球，越來越多，有天一位老師揮手要打教室中的另一個孩子時，打到的卻是亨利原本已受傷的左眼，使得傷口再度爆開，失去了整隻左眼的視力。

亨利就這樣一路走來，最後變成歷史上殺人最多的連續殺人犯。從一九六〇到一九八三這二十三年期間，他被起訴並定罪的謀殺人數看起來「只有」十一人，但疑似被他殺害的還有一八九條人命；

所有的受害者都是女性，但這部分待會再談，眼下我想討論的，是童年不幸所造成的生理病態如何與社會環境的不良交相為用，造成這名十惡不赦的殺人犯。

生物和社會剝奪兩者相混合，可以創造出駭人的殺人機器。生物方面，前面的章節已講過暴力的三個危險因子——頭部受傷、營養不良，以及從反社會人格父母身上所遺傳來的不良基因。這三個重要的危險因子如果又被一群社會危險因子所鼓勵支持，例如虐待、忽略、欺凌辱蔑、母親的拒絕和排斥、居所的擁擠、極端的貧窮、社區環境惡劣、被誘惑成為酗酒者、完全沒有人照顧和缺乏歸屬感，就會釀成嚴重的後果。亨利就是在這種殘酷的混合之下變成了酗酒的殺人犯。

亨利的個案雖然很極端，卻不是很少見。本章中的一些科學證據會告訴我們，即使是很溫和的社會和生物的危險因子組合在一起，後來也都會引起大麻煩。本章之前，我們談的都是造成暴力行為的生物因素，也就是骨架，接下來我們就要為這個骨架添上皮肉，顯示社會因素加上生物的危險因子如何塑造出暴力犯。

亨利・陸卡斯這樣的殺人犯，宛如一幅生物社會的拼圖，還有許多不同的小碎片散落各處；即使找出所有的生物碎片，要把它們擺對地方、使能和社會、心理的碎片密合，得出多年後之所以成為暴力犯的全貌，也還是一大挑戰。

所以我們首先要做的，是了解社會危險因子如何與生物危險因子結合，創造出暴力，如何複雜地交互作用，社會環境又如何改變生物因子的作用。我稱之為「社會推擠」假設。我們不但會看到基因如何塑造大腦、使其偏向暴力行為，還要探究社會環境如何鞭打大腦，重新塑造基因所表現的成果。最後，我們當然要拼對大腦的這些碎片，精確顯現出它們如何通力合作，創造出暴力來。

生物、社會的共謀：交互作用

亨利・陸卡斯十歲就成為酒精的上癮者，我則在十一歲時成為釀酒的上癮者，從我所能找到的任何東西——馬鈴薯、草莓、覆盆子——釀出酒來。像陸卡斯一樣，我到處去搜刮可用之物，甚至還曾經從黃色的野花秋麒麟草（goldenrod）釀出酒來。我不但把我釀的私酒賣給親戚和遊客，也靠賭馬賺過錢。到十四歲時，我製造啤酒已經很在行了，但是因為我的啤酒酒精成分太高，客人一喝就醉，口耳相傳，使我的獲利節節下滑。

不過，當我後來去研究青少年的反社會行為——而不是成為別人的研究對象——時，過去釀私酒的經驗派上了用場：要製造出一個成品，就需要很多複雜因素混合在一起共同作用。你可能以為葡萄酒只是葡萄變的，其實中間還有很多很多你不知道的東西；你需要酵母、陽光還有糖，你還得搗碎水果，加入偏硫代硫酸鉀（potassium metabisulfite）來殺菌。發酵的過程要很小心，酸度要正確卻也要確定糖的量足夠，酵母才能把它轉化成二氧化碳和酒精。而且到這裡都還只是混合材料而已，還得有對的環境、對的溫度來使酵母發酵，太高或太低都不行。

我不守規矩的種種行為並沒有什麼特定的原因，不過就是一個生物社會的混合釀造過程的產物；那些在酒吧打架的人，也不過就是生物社會的混合物罷了。然而，雖然社會的因素已經廣為人知，溫哥華的海爾（Robert Hare）教授也開始在期刊上發表心理病態的生物機制，一九七〇年代的犯罪學家和其他科學家就是沒有覺識到這兩種危險因子會產生交互作用。當我在一九七七年開始研究生涯時，我就很確定生物學（即大腦機制）是一把重要的鑰匙；同時我也知道，**解開犯罪的謎需要很多把鑰匙——除了生物學的，至少還要有社會的鑰匙**。

生命裡的事物很少是簡單的，酒和暴力也不例外。我的第一篇研究論文，就是從生物社會交互作用的觀點來解釋反社會行為，這與七〇年代的主流完全不同——當時主控犯罪學研究的，都是信奉馬克思主義的專家。

前面提過，出生時難產——生物上的因素——可以使一個人長大後傾向犯罪。犯罪的種籽很早就趁大腦在發育時，因缺氧和妊娠毒血症（preeclampsia）而種下了。我們也討論過，這些生物因子如何與社會危險因子結合——母親對新生兒的排斥——使孩子長大後傾向暴力犯罪。我們看到，丹麥的發現被美國、加拿大和瑞典的研究所確定，這是第一次從科學的角度明顯看到，生命初期生物因素和社會因素的交互作用會導致成年後出現暴力行為，而這樣的研究更不會到此為止。

我在二〇〇二年找出每一份有關生物社會交互作用的反社會犯罪行為的論文，發現有三十幾篇論文都清楚指出生物社會交互作用的證據，包括遺傳學、生理心理學、婦產科學、大腦造影、神經心理學、神經學、荷爾蒙、神經傳導物質及環境毒物學上的證據。但是，在我們討論這些證據之前，讓我先談一下從這些證據中所浮現的兩個重要的主題。

第一個主題，是**當生物和社會的因子做為變項而反社會行為是測量的結果時，在統計的分析上，這兩個危險因素是加乘的關係，對反社會行為的影響是以等比級數上升**（exponentially increases）。前面難產和母親的排斥會增加成年後暴力行為的那個例子裡，就已看到這個等比級數上升的情形。

下面這個例子，來自麥尼克的研究。他就是一九八七年把我帶到美國來的那名研究者，開創了神經犯罪學的領域，是位傑出的研究者，很了解身體的小異常、家庭的穩定性及暴力的關係。第六章說過，這些身體的小異常其實是胚胎神經發育不良的指標，而他發現，十二歲時有較多身體小異常的男孩成年後會犯較多的暴力罪；然而，當他把來自不穩定家庭、家人不互動的這些男孩拿來和穩定家庭的男孩相比較時，他發現了生物社會的交互作用。**身體的小異常和在不穩定的家庭環境長大，與二十一歲成年後的犯罪率是等比級數的關係**。圖8.1顯示，假如你在一個不穩定的家庭環境中長大，你就有百分之二十成為暴力犯的機率，若再加入身體的小異常，機率馬上跳升到百分之七十，也就是增加了三倍——就像難產和母親排斥的交互作用。哥倫比亞大學的潘恩和薛佛（David Shaffer），也在十七歲青少年身上看到同樣的惡劣社會環境和身體小異常；這種生物社會的交互作用，增加了三倍的行為規範障礙症罹患率。

讓我們把下面這片拼圖放入暴力犯罪的全圖中來考量。這個被暱稱為「絲襪勒頸者」（Stocking

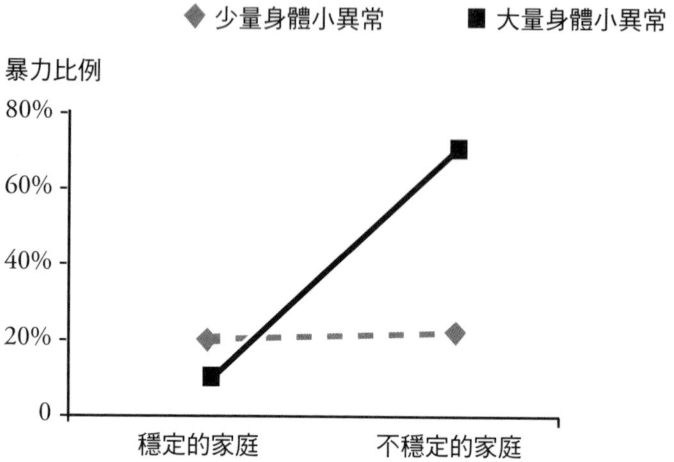

圖 8.1　成人暴力犯在 21 歲時，少量身體小異常與家庭背景的交互作用關係。

Strangler）的蓋瑞（Carlton Gary）至少姦殺了從五十五歲到九十歲的七名婦女，清一色都是白人；作案的方式，通常是侵入喬治亞州哥倫布市的人家，先毆打受害者、強姦她們，最後再用絲襪或絲巾勒死。讓蓋瑞變成謀殺者的，是什麼原因呢？

蓋瑞是個充滿矛盾的人。比如說他是個很英俊的男人，在當地的電視台當模特兒；然而，他既是皮條客也販毒。白天的他會照顧年老的姨婆，晚上的他卻會出去犯案，姦殺和他姨婆同樣年紀的白人婦女；而在犯下這些謀殺罪時，他同時也跟當地的女副警長約會。他像著名的魔術師胡迪尼（Harry Houdini）一樣，能夠悄悄打開腳鐐手銬，曾經在一九七七年八月成功從紐約州歐諾達嘉郡（Onondaga County）監獄越獄；在那次的越獄中，雖然他因為從六公尺高的牆上跳下來而跌斷了腳踝，還是跳上一輛附近的腳踏車順利逃離監獄。羅契斯特爾市（Rocheste）的一位醫師幫他打了石膏醫治腳踝，但他可沒因為上了石膏就安靜下來，寧可像鴨子一樣跳著行動。一九八四年，他再度從南卡羅來納州的監獄逃走。他從小就一直不停的犯罪——但他卻是個非常有創意的人，智商很高，常常能從天羅地網中脫身，也曾經把自己的殺人案成功嫁禍給別人。整個來說，他是個謎樣的人物：為什麼一個聰明、有創造力和吸引力的人會走上犯罪這條路？我們可以從複雜的生物社會背景來了解蓋瑞的犯罪拼圖。

直到十二歲見到父親第一面之前，蓋瑞不知道他的生父是誰；他也被母親拋棄——因為她既不能也不願照顧他，在他第一次以少年犯名義被逮捕之前，他已經住過五十個寄養家庭。從這裡，我們可以看到他完全沒有母親——嬰兒那種親子的聯結，而這驅使他走向依附理論的祖師爺鮑比所說的無愛的心理病態的路，兒時的他就像陸卡斯，是個只能在垃圾桶找東西吃的街頭小混混，極度營養不良——前面說過，早期的營養不良是反社會行為的一個重要因素。他也像陸卡斯一樣，被母親和同居人所虐待；即使在學校中，他也曾被同學打到昏迷，醫師診斷後發現他有輕微的大腦失功能。這讓我們再次看到他和陸卡斯相似的地方——陸卡斯也有腦傷。除了後天社會因素上的不利，蓋瑞還有五個身體的小異常，包括耳垂黏連，手指之間有蹼相連，不像我們每根指頭都可以分張得很開。

蓋瑞的個案到處都是警告的指標，最顯著的是母親的忽略與排斥，其次則如我們在難產的例子中及在麥尼克研究中看到的不穩定家庭，以及潘恩等人所記錄的身體小異常。

頭傷和神經學上大腦失功能的標記，更是暴力最常見的危險因子——尤其是當它和社會危險因子

起交互作用之時。目前在艾默利大學任教的布雷南曾是我的博士後研究員，和我在一個三九七名二十三歲年輕人的樣本群中，登錄了上述這些因子。研究者在他們出生的第一年便蒐集了是否順產、大腦是否發育正常及神經運動（neuromotor）各種指標上的數據，加上十七歲到十九歲時家庭和社會環境的資料，以及二十歲到二十二歲時的犯罪資料。

大腦是否正常的檢驗是在出生後五天時做的。小兒科醫師會檢查他們有沒有紫紺（cyanosis，皮膚、口唇牙床和手指有藍色，又叫「藍嬰症」）——血液缺氧時會呈藍色，而低氧會使大腦失功能。到一歲時，醫師就要檢視他們的神經運動的發展正不正常，例如沒有支持可不可以自己坐，是不是要到十一個月或十二個月大才會伸手去抓東西，是不是要到幾個月大才能抬頭。社會因素方面，會有一名精神科專長的社會工作者來與母親面談，測量這個家庭的穩定性，看看母親有沒有排斥嬰兒，家庭有沒有衝突，經濟情況是否貧窮。

我們對這些危險因子作統計上的群落分析（cluster analysis），客觀來看這些因子落在什麼地方。果然，貧窮是落點之一，另一組是神經運動的失功能和出生時難產，第三組則兼有生物和社會兩者的危險因子。我們同時找了沒有任何危險因子的控制組，計算整體犯罪率、侵犯財產（竊盜）及比較重要的暴力犯罪。

你可以在圖8.2上看到我們的成績。貧窮這一組的暴力犯罪率是百分之三．五，生物社會組是百分之十二．五，和前面一樣跳了三倍；在整體犯罪率上，生物社會組更比控制組高了十四倍。雖然三組

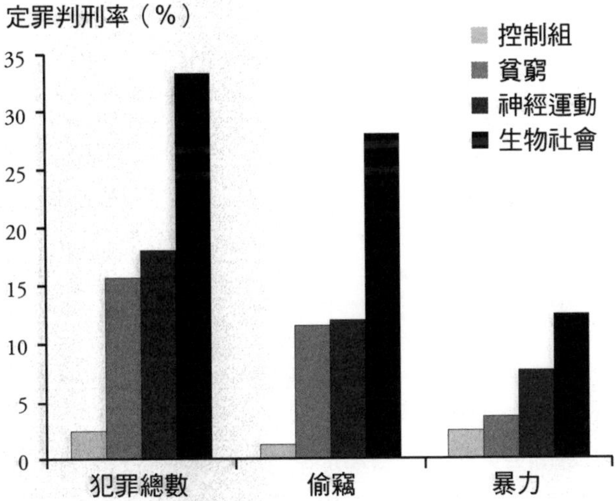

圖 8.2　有生物和社會風險因子者犯罪率上升的情形

的人數都差不多，但是生物社會組佔了整個樣本群犯罪率的百分之七〇・二。**我們清楚的看到，加入早期神經學上的危險因子後，這個公式的威力立刻上升。這些寶寶出生時都沒有任何的罪，卻都在還不能自己坐直的時候，就被推上了犯罪之路。**

我們在成人暴力行為上的發現，也可以應用到青少年的攻擊性。

布雷南把澳洲的青少年分成四組：第一組是有早期的社會危險因子——貧窮、教育程度低、缺乏父母的關愛、母親不管嬰兒任其自生自滅，以及父母婚姻狀態的多重改變；第二組是早期的生物危險因子——難產以及神經認知上的缺陷；第三組是兼有生物和社會的危險因子；第四組的所有危險因子都很低。圖8.3清楚可見，生物社會組的嚴重攻擊性是百分之六十五，只有社會危險因子的是百分之二十五，只有生物危險因子的是百分之十七，控制組

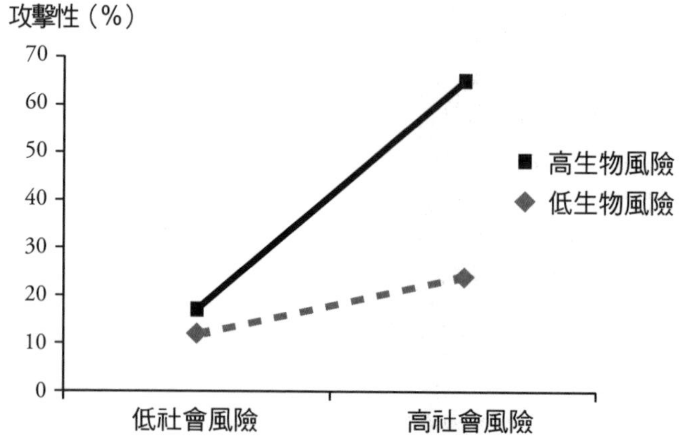

圖 8.3　澳洲有攻擊性傾向青少年早期生物風險和不良家庭環境的交互作用。

則只有百分之十二。從澳洲的數據中我們再一次看到，不論在哪個國家，難產和早年的營養不良都很重要。

我們在非常早的危險因子——母親懷孕時抽菸——上也看到同樣的情形。芬蘭的羅山能（Pirkko Räsänen）發現，在五六三六名男性的樣本群中，母親在懷孕時抽菸會讓孩子成年後有兩倍於常人的暴力犯罪機率。假如這個生物上的危險因子還是青少年未婚懷孕，也就是不想要的懷孕，而嬰兒有神經運動發展上的遲緩時，這個嬰兒長大變成累犯的機率更高了十四倍。

我們再一次地看到，如果罪惡的種子在嬰兒期就種下，嬰兒長大後就會變成致命的凶器。布雷南也發現，暴露於尼古丁加上出生時難產會提高成人暴力犯罪率五倍，但是，對只暴露於尼古丁卻沒有碰上難產的嬰兒來說，暴力犯罪率就毫無增長。美國的調查則顯示，當母親抽菸配上父母的不管教、惡意缺席、不照顧孩子時，就會讓孩子的犯罪行為提早出現。

這些**研究中一再透露相同的訊息：社會因素與生物因素的交互作用會使人傾向暴力；**前面談過，二〇〇二年卡斯匹和莫菲特發現基因可以導致低的MAOA濃度，加上早期的嚴重受虐就會導致成年後的反社會行為。英國劍橋大學的法林頓（David Farrington）教授發現，靜止心跳率低加上父母在孩子十歲前離婚，會導致成年後的暴力犯罪；我自己，則在世界第一個功能性核磁共振的反社會行為研究中，發現這些童年期嚴重受虐的暴力犯左顳葉皮質的功能顯著低落。另一個研究發現，假如你睪固酮濃度高，又有同儕壓力的話，就很可能罹患行為規範障礙症——然而，即使你有同樣高的睪固酮濃度，但你的同儕卻對你很好，你會變成領袖。另外，**不良基因和父母親恐怖的管教方式結合的話，會形成青少年的攻擊行為。**總之，**不管你從哪個角度去看，研究都告訴你：當生物和社會危險因子產生交互作用時，你就會得到比任何單一因素更要命的結果。**

「社會推擠」又有多致命？

前面提過有兩種看待生物效應的方法，一是「交互作用」的觀點，也舉出很多例子來說明。第二個我想談談的，則是我稱之為「社會推擠」（social-push）的觀點。

一九七七年時，學童的反社會行為有生物基礎的主張很不受歡迎，更不受歡迎的是生物因子和社會因子結合的假說。所以當我以學生的身分首度發表論文，從生物社會的觀點來看反社會行為時，看來好像還是個處女地；其實，當時英國最有名也最有爭議性的心理學家艾森克（Hans Eysenck）已經點燃了戰火，因為他寫了一本很有爭議性的書《犯罪與人格》（*Crime and Personality*），在書中說犯罪有生物上的機制。撇開爭議性不談，我認為書中的觀念大大影響了我後來的研究方向——尤其是他「反社會化歷程」（antisocialization process）的觀念。

這個觀念被別人對他的尖酸批評淹沒了，卻引起了我的共鳴。艾森克認為，如果孩子的母親是娼妓，父親是小偷，但這個孩子要是可以接受制約，或能夠很快從他反社會行為家庭的角色模範學習的話，他會變成一名好扒手，就像狄更斯《孤雛淚》（*Oliver Twist*）中的小扒手道奇（Artful Dodger）。相反的，如果這個孩子不容易被制約，就很容易出現反社會行為。

一九七七年，我進入指導教授范納保的實驗室，終於有了檢視這個想法的機會。當時我在約克大學學習心理生理的實驗技巧，從中學到了基本的汗腺系統，也在讀遍古典制約的文獻後，設計了一個恐懼制約的實驗。我研究哪一種的電極最好用，哪一種膠最能讓手指頭導電，和系裡的技工史巴文（Don Spaven）一起，製造出一個可以在耳機中播放出來的聽覺刺激。過程中我還弄壞過一些儀器，惹得史巴文很生氣，不過，最後我終於弄妥了儀器，準備召募我的受試者。

我先去找校長們談，和老師們見面，在各學校張貼召募受試者的廣告，更去敲每一位家長的門，好讓他們允許孩子來參加我的實驗。對於那些沒有回覆我的家長，我窮追不捨，決不放棄。找到了夠多的受試者後，我就去學校接這些孩子來做實驗，先讓他們填些問卷以找出誰有反社會人格，再請老師評量他們的反社會行為，我會在問過他們的家庭背景、做完實驗後，再送他們回家。這真的很費工夫，但因為這也是我的第一個實驗，所以我非常興奮，即使必須在秋雨和冬雪中送往迎來，我都不以為苦。來參加實驗的孩子都很高興，因為我給他們五十便士的酬勞——一九七八年時這相當於他們一週的零用錢。

前面談到恐懼制約時，還記得我們測量的是他們預期的恐懼吧？那時的作業，是測量當孩子們預期柔和的聲音後會馬上有個巨大、不舒服的聲音出現時，他們流汗的程度——他們能像「巴夫洛夫的狗」一樣，學會在某個時間上出現兩個事件的連結關係嗎？他們能學會某個事件後面緊跟著就是懲罰嗎？他們有「良心」（conscience）——一套古典制約的情緒反應——來使他們在想做些反社會行為時覺得不舒服嗎？

我發現環境不可忽略。假如這名學童來自一個好家庭，即使生活窮困也很少會成為反社會行為的孩子；要是他們來自糟糕的家庭，結果便會顛倒過來——就算生活優裕還是會成為反社會者，比如狄更斯《孤雛淚》中的小扒手道奇。那時我非常興奮，因為不論是從老師的評分或孩子的自陳來看，我用恐懼制約的方式都得到同樣的結果，表示這效果是很強烈的，因為評分者常有不同的意見，彼此不同意對方打的分數，這個方法正可以有效驗證評分者的結果。犯罪學家、也是歷史學家的雷夫特（Nicole Rafter）很客氣地稱讚我的發現，認為那是奠定犯罪學生物社會研究的經典。但是事實上是，我只是像許多科學家一樣站在巨人的肩膀上（譯註：這個巨人指的是艾森克）。

描述上面這些是為了引導你進入我在二〇〇二年所發展出來的第二個生物社會主題。我們已經看到**生物的危險因子會和社會的危險因子交互作用，產生以等比級數上升的暴力行為。但是這兩個因子也可以相互「緩和」**（moderation）**，一個社會歷程可以「緩和」——或說改變——生物和暴力之間的關係。**這正是我的恐懼制約實驗所顯示的：家庭背景可以改變恐懼制約和反社會行為之間的關係。

讓我們來看另外一個例子，這次是我們前面談過的、謀殺犯的正子斷層掃描研究。一般來說，謀殺犯前顳葉皮質葡萄糖的代謝功能都不好。在另一個分析中，我把這些謀殺犯分成來自壞家庭和一般正常家庭兩組，再評估八個「家庭剝奪」（home deprivation）形式——比如童年受虐、嚴重的家庭矛盾與衝突、極度貧窮。為了得到這些數據，我們必須全力尋找他們的犯罪歷史檔案、醫學報告、報紙的描述及精神科醫師、心理學家和社工人員的報告，甚至還去訪談這些謀殺犯的辯護律師。然後我們再把這些謀殺犯分類成「被剝奪」家庭背景組和「沒有被剝奪」組。我們要問的問題是：哪一組有會使他們傾向暴力行為的最糟前額葉功能？

彩圖8.4的三張圖裡，左邊是正常的控制組，前額葉功能很好——上面是紅色和黃色；中間的是來自不良家庭的謀殺犯，右邊是來自一般家庭的謀殺犯。你一定看得出來，前額葉皮質功能最差的是來自一般家庭的謀殺犯——大腦上端不是藍色就是綠色。

社會環境會緩和——或改變——前額葉不良功能與犯罪的關係。在出自某種類型家庭的謀殺犯身上，壞大腦的確與壞行為很有關係——但其他類型家庭出身的謀殺犯卻沒有這種關係。

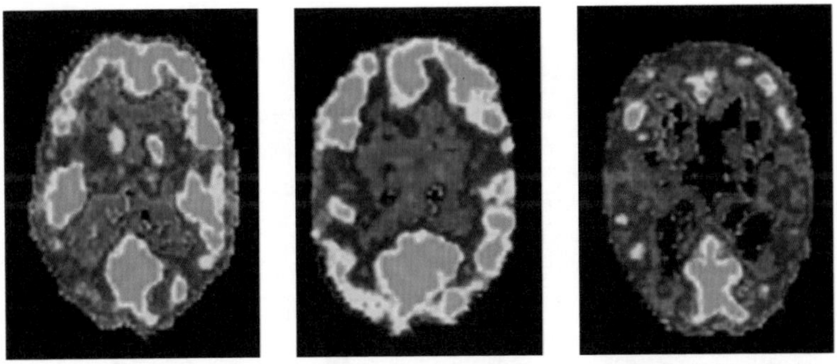

正常控制組　不良家庭的謀殺犯　良好家庭的謀殺犯

圖 8.4　正子斷層掃描俯視圖顯示，來自良好家庭的謀殺犯前額葉皮質功能不彰。紅色與黃色代表比較高的大腦功能。

該怎麼解釋才好呢？一個方法是：假如你是個謀殺犯，而你來自不良的家庭，那麼我們便可以確定不良家庭就是答案，因為這是暴力方面人盡皆知的社會因素。

但是，假如你是個謀殺犯，而你來自一個良好的家庭，導致暴力行為的又是什麼呢？既然不是家庭，那就一定還有別的原因——或許就是不良的大腦。這正是我們在圖 8.4 中看到的，來自好家庭的謀殺犯右前額葉的眼眶皮質功能有百分之十四・二的減少。過去行為良好的人在大腦意外受傷後人格和情緒起了改變，很像犯罪心理病態的行為，或者是迪馬吉奧所說的「習得的社會病態者」（acquired sociopathy）。

現在，讓我們回頭再看一下第二章談過的蘭崔根。他有很好的家庭背景：養母很愛他，養父是個地質學家，姊姊和父母一樣受過良好的教育。蘭崔根的生命擁有許多優勢，行為卻還是失控，十一歲就開始偷竊，最後甚至成為殺人犯。他變壞的原因是什麼？在這裡，我們會懷疑是基因和大腦的失功能，因為他的生父——他從來沒見過——也在死囚名單上等著被處死。很好的家庭，很糟的結果。傑瑞・史丹諾（Gerald Stano）也是在六個月大時，就被一個很好的家庭收養了，但是在坐上電椅之前，總共殺了四十一個人。蘭崔根和史丹諾，只是哥倫比亞大學犯罪精神病學教授史東（Michael Stone）報告裡那一堆連續殺人犯中的兩個而已。在這一類的案例裡，我們應該懷疑的是基因的遺傳，而不是不良家庭導致他們的暴力行為。

這個從社會觀點來看生物暴力關係的研究，目前還不是很普遍。我們前面看到，**大多數人的看法都是生物加上環境危險因子，他們認為這是一個「加成」**（additive）**的效應；然而，另一個角度——即「社會推擠」——的觀點也有道理**，我認為這可以使一些父母獲得心靈的安慰，罪惡感的解脫，不必因為孩子的脫序行為一直反問自己哪裡做錯了。

你可以好好想一想，你一定有帶有那麼一點點壞種的朋友、鄰居、家人，雖然這些人的兄弟姊妹都循規蹈矩，他們卻走上了歧路；當然了，他們之中有些的確來自混亂的家庭，生活裡充滿了家暴和貧窮，但是不是也有很多是來自幾乎正常的家庭？有著愛他的父母？兩個兄弟姊妹明明來自同一個家庭——相同的環境，相同的教養方式——然而兩個人的人生卻天南地北。如果你身邊有這種人，我建議你好好想想：就像你看過的、來自好家庭的謀殺犯，有沒有一些被你忽略掉的生物危險因子把這些人推進犯罪的深淵？

我常常收到來自擔心的父母，拚命想幫助走入歧途孩子的電子郵件。有一位媽媽在信上描述她七歲的兒子把寵物虐待至死，還對治療師說他喜歡掐弟弟的脖子，當她懷孕時，這孩子甚至毆打她的腹部，說他希望胎兒死掉。兒子對自己的行為一點都不感到懊悔，同樣的，對他的治療——例如諮商輔導、服藥、住院——也都沒有半點效果。

這孩子顯然有嚴重的問題，這位母親也顯然很在乎這個孩子，所以這不是一般那種父母親忽視孩子的故事，這位母親更是很想幫助她的孩子。然而這個鐵石心腸的孩子就是不為所動，不在乎也不會後悔。有愛的家庭卻有個無愛的孩子，原因在哪裡？

我認為很可能是遺傳基因的關係。為什麼？因為我沒有告訴你的是，這孩子是收養的。

一個孩子會被送去給人收養，通常是他的生身父母不要這個孩子，或是父母行為不端，使得孩子必須被帶離父母。前面說過，母親的排斥——尤其加上難產這個生物危險因子——會導致以後暴力犯罪的機率升高，母嬰聯結是有關鍵期的，假如在孩子被收養前這個聯結就斷了的話，往後就算有溫暖的家，也不容易修補這個斷層。所以，基因的歷程可能可以解釋好家庭為什麼會有壞孩子。

從好家庭背景所浮現的反社會行為，就是我所謂的「社會推擠」假設。**如果具有反社會人格的孩子並沒有社會因素去推擠他、使他傾向反社會行為時，原因就比較可能是生物的因素了**。相反的，對那些暴露在早期不良家庭環境的反社會人格者來說，社會原因可能就是犯罪行為比較重要的解答。

這並不是說，具有反社會人格的孩子如果來自不良的家庭背景，就不會有生物的危險因子使他產生反社會和暴力行為——顯然還是會有。我只是說，在這種情況下，因為社會原因掩蓋了生物參與的部分，反社會行為和生物之間的關係被稀釋了。如果來自不良家庭的孩子犯了罪，社會的因果關係就比較顯著，大家都看得到。相對的，如果家庭正常而孩子不正常，那麼，不良的大腦便可能是罪魁禍首。在這裡，暴力的社會因素探照燈光轉暗了——還在舞台上閃亮的，只剩下生物的因素。

目前為止，我都用來自良好家庭背景謀殺犯前腦的失功能來說明社會推擠假設，然而這種結果在很多的生物危險因素上都看得到，並不限於前額葉的不正常。我在做完前述的恐懼制約實驗，看到它的效果後，就觀察到社會改變的效應，發現低的靜止心跳率特別能預測來自高社會階層家庭的學童容易出現反社會行為。

更重要的是，很多其他的科學家也都得到同樣的結論。來自富裕中產階級家庭、上私立學校的英國反社會學童都有低靜止心跳率，來自完整而非破碎家庭的反社會英國孩子心跳率也低；童年時期沒有家庭破裂歷史，父母沒有缺席的英國犯人，也有低靜止心跳率的特徵。荷蘭所謂「含著金湯匙出生的罪犯」（privileged offenders），也就是來自上層階級家庭但觸法逃稅的人，都對膚電反應很不敏感。模里西斯三歲時對中性聲音的膚電反應不敏感的孩子，長到十一歲時攻擊性的行為的確也比較多，但是只有那些來自高層社會背景的孩子才如此；大人也差不多：情緒遲鈍但來自完整家庭——而非破碎家庭——的英國成人犯，膚電反應也較遲鈍。瑞典的杜伯拉德（Catherine Tuvblad）發現環境會緩和基因和環境的連結，正如本書第二章探討基因時推斷的結論，她也在男孩身上發現基因與反社會行為有關，但只和來自良好家庭的男孩有關。

這個緩和效應可以從基因的分子層次觀察得到。基因的不正常與神經傳導物質多巴胺有關係，也與早期的犯罪有關，但是只和來自低危險家庭——亦即在社會上比較佔優勢——的青少年有關。這裡我們再一次看到，**當社會的危險因素不顯著時，基因的因素就挺身而出、突顯它在反社會行為上的解釋力量了。**

我的研究生高瑜，就曾經用「愛荷華賭博作業」記錄了這個緩和效應。這個賭博作業原本是設計來測試眼眶皮質的神經認知功能的，因為我的同事貝卡拉和迪馬吉奧發現，前額葉皮質腹內側受損的病患在這個作業上的表現很差，而且會出現心理病態行為。你在第五章已讀到過，眼眶皮質對作出正確反應時身體所產生的感覺很敏感，這感覺也加速恐懼制約。高瑜把這個作業給學童做，同時評量他們有沒有心理病態的行為，結果發現，在這個賭博作業上表現差的孩子比較可能是心理病態——只限於來自良好家庭環境的孩子。就像我在前面所說的那樣，恐懼制約不良的孩子如果來自好家庭，就比較會出現反社會行為，所以高瑜便測量了眼眶皮質的反應，而且得到同樣的緩和效果。

從實驗室轉向真實的生活環境，我們也可以在謀殺犯的個案中看到社會推擠假設。「記分卡殺手」克雷夫特有安全完整的家和支持他的父母，同樣的，蘭崔根也有最好的家庭環境，然而，他也成了等待處決的死囚。金科這個殺了父母及兩名高中同學的青少年，也在美國奧瑞岡州有個溫暖的家，父母都是全心照顧孩子的專業人士，姊姊也很愛他，但你會在後面讀到，眼眶皮質的失功能導致他的暴力行為。你不能一股腦地怪罪貧窮、不好的住家環境，或是虐童——至少這幾個案例不能。你也不能像很多其他的殺人犯那樣把罪過推給社會剝奪，因為他們小時候雖然沒有像天堂一樣的家庭生活，但至少家庭情形不比你我差。

從基因到大腦到暴力

社會因素和生物因素的交互作用會強烈增加暴力傾向，同時也會改變生物和暴力的關係。其實這裡還有探察環境和生物關係的第三種觀點，但是在我們窺視暴力犯的心靈窗口之前，我們還必須退後一步，先來了解基因、大腦和行為的關係。

我們已經談過大腦機制和暴力心靈，看出某些特定的基因和暴力有關係。現在，我們不妨就來看看，基因如何提供支持暴力行為的不正常大腦鷹架。

請看圖8.5，左上角的基因和大腦結構與神經傳導物質（如MAOA）有關係，中間是大腦結構；倒數的兩個結構是支持暴力的區域，我把它們放在邊緣系統下面，在它上面的是額葉皮質。在這兩大塊大腦區域中，我特別點出杏仁核和眼眶皮質——這兩個地方和犯罪者的情緒和認知特質有關。最下面是成人暴力及兩個驅使他犯罪的重要變項——反社會人格症和心理病態。每一個變項都有不同的行為和情緒項目：邊緣系統與暴力的情意、情緒有關，而額葉皮質的失功能會導致前面我們看到的犯罪者認知和行為的失功能。

這些基因，是怎樣使大腦偏離正常軌道、讓這個人趨向暴力的？還記得我們前面說低MAOA與

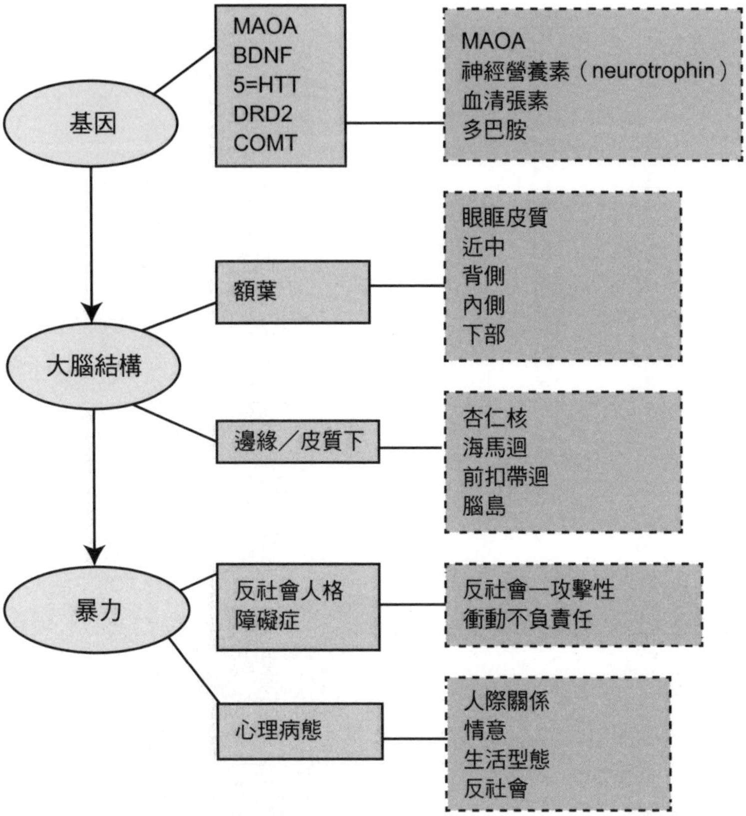

圖 8.5　基因導致大腦不正常，最後導致暴力傾向說明圖。

反社會行為的關係嗎？有這些基因的男性，前扣帶迴（anterior cingulate）、杏仁核和眼眶皮質比一般人小百分之八。我們知道這幾個地方都跟情緒有關，罪犯身上也都有不正常。整個過程，簡單說就是從基因到大腦最後到犯罪。

再舉一個例子：大腦神經生長因子（brain-derived neurotrophic factor, BDNF）是大腦的營養劑，本身是一種蛋白質，幫助大腦神經細胞提升存活率和增加樹狀突的生長。基因突變的老鼠在缺少BDNF時，皮質層就會變薄，因為神經元縮減，所以我們知道BDNF的功能，就是維持神經元的大小及樹狀突的結構；另外，BDNF會增進海馬迴的生長，使它變大，而海馬迴可以調節攻擊性。BDNF也跟認知功能有關係，可以增加認知效率；它還與恐懼制約和焦慮有關，因為犯罪者恐懼制約不良，情緒遲鈍，前額葉皮質的灰質減少，所以低BDNF和衝動攻擊性的增加有關也就不令人驚奇了。有BDNF缺陷的大鼠就像BDNF低的人類，會變得非常有攻擊性，傾向於冒險。

我們再一次看到，基因會影響大腦、導致攻擊性行為出現。雖然神經犯罪學還有很長的路要走，但我們現在已經把點連成了線，從不好的基因著手，去看大腦的失功能，再去檢視這種人的犯罪率。這個過程，當然比我的描述還要複雜得多，但我認為，社會環境扮演的角色比我們以前認為的還更重要。在前往美國大西部拓荒的蓬車隊中，它絕對不是坐在基因和生物暴力關係蓬車的後座，而是扮演駕駛或帶隊者的角色。

從社群到大腦到暴力

你現在終於知道，社會環境在因大腦改變而塑造暴力這件事情上是個要因了。畢竟頭部受傷一定是你在你的社會情境中發生的事，你跌倒、摔跤以致頭部受創，或者你發生嚴重車禍等等，不論意外是如何發生的，總之你的頭就是受傷了；這個受傷使得很多人身體內的魔鬼不再受控制，然後，我們就看到了陸卡斯、蓋吉和其他因此而改變的人。

但是，環境的力量其實遠超過你的想像。請讓我帶你回到你的童年（不過我稍微做點改變）：假設你是一名十一歲的男孩或女孩，生活在一個犯罪率比正常高一點的社區，正要面臨一個標準化的詞彙和閱讀的測驗；但是，突然之間有個住在你家附近同學被槍殺了，你和班上的同學一樣聰明，但是他們家的台階上並沒有一具被槍殺的屍體，所以你在這個測驗上表現得比他們差。

這正是紐約大學社會學家薩基（Patrick Sharkey）以新的方式分析「芝加哥區域人類發展計畫」（Project on Human Development in Chicago Neighborhoods, PHDCN）幾千名兒童的資料時所發現的。薩基正是著名的犯罪學家山浦森（Robert Sampson）的學生。假如一樁謀殺案四天前發生在離孩子家不遠的地方（例如同一條街上），那麼，這個孩子的閱讀成績會降低十個計分點——或標準差的三分之二；同樣的，它也會降低詞彙成績半個標準差。

這個效應有多大？孩童置身於謀殺案的情境與詞彙成績之間的相關，強度就像每升高一百公尺溫度降低〇・六度，或透過乳房攝影可以檢查出乳腺癌一樣（譯註：這是物理定律，表示關係很強，一定存在）。同樣的，置身於謀殺案的情境和詞彙成績之間的關係就有如智商和工作表現的關係。換句話說，薩基估計大約有百分之十五的非裔美國孩童，如果一年中至少有一個月在校成績不良，那是因為居住的社區發生兇殺案。這個效應不算小，不應該被忽略。

所以不見得只有直接的社會經驗，如肉體上的虐待，才會改變孩子的認知功能，間接的不良社會

經驗也會影響大腦；一個隱伏的、不知不覺趨近的間接社會經驗，同樣可以大幅改變神經認知功能。

那麼，在芝加哥和其他城市的高犯罪率社區裡，犯罪事件和孩童在學校的表現不好究竟產生了什麼關聯？薩基並沒有任何神經生物的資料數據，卻在他所研究的孩童大腦功能上看到「些微但是有意義」（subtle but meaningful；譯註：很多時候，實驗搜集來的數據沒有達到統計上的顯著差異，但是這個不足量的差異卻是個有意義的差異時，作者便可以就這意義性提出討論）的內涵。我們知道，緊張時大腦會分泌大量的皮質醇（cortisol）來應付壓力；皮質醇是神經毒，會殺死海馬迴的錐體細胞（pyramidal cell），而海馬迴對學習和記憶有關鍵性的作用。所以我們可以很合理的假設，聽到他家附近發生兇殺案的孩童會很害怕：這種事會發生在我家嗎？我上街去買東西安全嗎？我會是下一個死亡的人嗎？這個恐懼和壓力會造成暫時性大腦失功能，影響認知的表現。

假如這個機制是有意義的，你就可以預期發生兇殺案與認知表現的下降有時間上的關係。假如你剛剛聽到住在你家附近的人被槍殺了，你在學校時會不會比較緊張？你可能在聽到消息的頭幾天最緊張，然後才慢慢放鬆下來。這正是薩基的發現：兇殺案發生之後的那四天裡，孩童的認知功能表現會下降，但要是發生在四週以前，就不會有影響。

兇殺案和你恐懼程度有什麼樣的空間上的關係？假如發生在你居住的那條街上，你的認知功能下降得最大；距離越遠，下降的程度越小。發生在住家附近的兇殺案，對孩子閱讀和詞彙的表現影響最大。

薩基的研究結果，還有一個更引人注目的地方——這個認知功能的下降只發生在非裔美國孩童身上，對西裔美國孩子沒有影響。我們並不清楚為什麼，但是不妨假設，有可能西裔美國人對兇殺的威脅沒有非裔美國人那麼強；薩基就指出，非裔美國人的社群中，百分之八十七的被害人都是非裔美國人，但西裔美國人的社群裡，卻只有百分之五十四的被害人是西裔美國人，所以住家附近發生兇殺案對非裔美國人心靈的壓力比較沉重，這個沉重，就把這些孩童的考試成績拉下來了。

我想再加一個文化的解釋。西裔美國人的家庭核心組織比較嚴密，有較高的社會支持，所以和非裔的比起來有較多的緩衝保護，減少社群兇殺案對認知表現的影響。西裔美國人的家庭可能不讓孩子知道兇殺案，或在家人團聚時開誠布公地討論，強調大人會保護孩子，所以他們很安全；總之，就是會用種種方法來降低兇殺案對孩子的威脅。

薩基的結果很有趣，因為低語文智商和犯罪本就有顯著的相關：研究發現，非裔美國人的語文智商比白人低，犯罪率則比白人高。薩基和山浦森認為，長期住在不利的環境會減低非裔美國人語文能力四個計分點；因為上學一年可以增加二到四分智商，所以降低四個計分點等於失學一年。沒有好好上學就很難找到好工作，而大家都知道，沒有好工作的下一步就是犯罪和暴力。

我們可以再深究下去：非裔美國孩童的大腦受到居住社區謀殺率的干擾，所以增加他們趨近暴力和槍戰的機會，而這些街頭槍戰又增加社區壓力和更多的認知功能下降，豈不正是一個惡性循環？

我知道這個議題很有爭議性，但是它會使我們更加了解，社會環境其實比很多人想像的更嚴重、更關鍵，直至今日我們都還沒弄清它有多複雜；洛杉磯的臨床心理師凱勒曼（Jonathan Kellerman）就曾在一九七七年發表過一篇論文，記錄了他如何以操弄環境因素來降低七歲XXY症候群男生的破壞性行為。**環境可以克服基因，新的神經連結可以在你大腦中的杏仁核、海馬迴、額葉形成，不管你喜不喜歡，這個改變都會在你大腦中待上好一陣子，你很難抹擦掉。任何種族、性別都一樣，社會經驗就是會改變大腦。**

罪惡之母——母親的忽略和表現遺傳學

如前所述，犯罪是有相當多的基因成分的。雖然我一直強調基因到大腦到反社會行為是個直接的因果關係，但社會歷程也一樣重要，其中之一就是缺少母愛——而這是「表現遺傳學」（epigenetics）的機制。

表現遺傳學指的是基因表現的改變——基因如何施展功能。一般人都以為基因是固定不變的、靜態的，其實它們比一般想像的易變；當然了，基因的DNA結構——分子的序列——是固定的，但是只要改變構成蛋白質的胺基酸，就能改變DNA所包裹的染色質蛋白質（chromatin protein），蛋白質可以被啟動或關閉——看環境的因素而定，所以環境可以決定基因的表現。甲基化（methylation）也可以增加或減少基因的表現，而所謂的甲基化，則是指把甲基組加入胞嘧啶（cytosine，組成DNA

的四個基本鹼基之一）。

環境如何影響基因呢？神經科學家米尼（Michael Meaney）是最早用剛出生的小鼠來做這種實驗的人，當母鼠舔舐和梳理剛出生十天的小鼠時，米尼發現，小鼠大腦海馬迴的基因展現發生了改變，對環境的壓力反應比其他小鼠好——事實上，母鼠光是舐和梳理小鼠，就改變了九百個以上的基因功能；如果小鼠一出生就讓牠和母鼠隔離，也會產生同樣巨大的改變。在懷孕期和初出生期中，環境對基因展現的影響最大，而我們知道早期的環境不但對大腦發展很關鍵，對童年的行為也很重要，會延續到成年的暴力。如果隔離母子，使母親無法照顧孩子，就會造成生物和基因對行為嚴重的作用。

很讓人驚訝的是，因為早期環境而引起的基因展現竟然還會轉移到下一代：在懷孕期蛋白質的不足，不只是改變下一代的基因，連下一代的下一代——孫子輩——即使父母營養正常，也會發展出不正常的新陳代謝。**所以環境不只是改變個體的基因表現，還會再傳遞到更下一代**；這個發現很令人興奮——雖然有百分之五十的反社會行為來自基因，但這些基因顯然不是不可撼動的；社會影響會導致DNA的改變，大幅影響未來的神經功能，導致未來的暴力。

我們可以把這個基因表現的改變放到比較大的社會情境中，來看虐待和剝奪如何對大腦有長期、遠大於任何外觀遺傳學的效應。我們已經知道，幼年時劣質的社會、情緒和營養會減低眼眶皮質、腹內側前額葉皮質區、海馬迴、杏仁核和外側顳葉皮質區的功能，同時也會干擾大腦中白質的連接，尤其是鉤束（uncinate fasciculus），這是個扇形的白質（神經纖維束），連接額葉到杏仁核與顳葉到邊緣系統，真正的功能我們還不很清楚，但可以確定與精神疾病有關，也是整個大腦中最晚成熟的白質。長期和慢性的壓力，包括與母親隔離、母親疏離，都會干擾大腦的壓力─反應系統（stress-response system），導致分泌出大量糖皮質（glucocorticoid，又稱皮質類固醇），減少糖皮質激素的感受體，造成大腦中壓力─抵抗機制（stress-defense mechanism）的失衡，最後造成大腦萎縮。**剝奪，是大腦的大敵。**

在生命的不同期間，壓力對大腦的傷害部位也不同。以性侵害為例，假如發生在幼年時期，比如三歲到五歲時，海馬迴的體積會減少；假如發生在十四歲到十六歲之期，前額葉皮質的體積會減少；這種差異，與海馬迴在四、五歲時發育完成有關係，要是在發育時受到大量壓力，大腦就會分泌皮質醇而影響海馬迴的發育。相反的，前額葉皮質在童年期發展得很慢，但在青春期發展得比較快，所以這些發現都吻合現有的文獻：**生長期間環境的壓力不僅會影響基因的表現和神經生化的功能，也同時影響大腦的發育和連接。**

當然，母親的忽略不會是暴力唯一的起因，像性虐待，就幾乎都是男性所為。前面說過，即使母親已竭盡全力照顧，有時也無法逆轉生物上的暴力傾向；父親和朋友當然也在青少年的犯罪上扮演重要角色，但是，孩子正常發展最關鍵的部分無疑還是照顧者的關愛。當一個母親的愛變成厭惡和恨時──如我們在陸卡斯身上看到的──孩子就會走向殺人之路，在這個情境之下，母愛──或是沒有母愛──既能讓我們洞悉導向暴力之路，也讓我們了解缺乏母愛的運作機制。

現在，就讓我們把前面這些碎片兜起來吧。我們看到，這些暴力殺人犯都缺乏母愛，被肉體和性虐待，有很多創傷，生活在極端的貧困環境中，營養不良；我們也看到，這些社會因素都對大腦特定區域——和暴力有關的眼眶皮質、前額葉皮質內側、杏仁核、海馬迴和顳葉——造成傷害。我們可以下結論說，這些社會的剝奪弄壞了正在發展的大腦，讓青少年產生焦慮和攻擊性——最後演變為成年的暴力。社會因素真的會製造暴力，也真的會傷害大腦；那些在九一一恐怖攻擊時住在世貿中心附近——所以遭受到非常大的環境壓力——的人，三年後大腦掃描就顯現了海馬迴灰質的減少。從環境到大腦——至少在某些人身上——是一條破壞性的暴力之路。

如果大腦是禍首，那社會因子呢？

本章中，我們串連社會和生物歷程來解釋暴力。那麼，大腦又扮演了什麼角色，該放在拼圖的哪裡呢？大腦是個非常複雜的器官，第五章更描述了大腦各區域在白領階級犯罪中所扮演的角色，所以我們知道犯罪和暴力有各種形式，沒有哪一塊大腦或哪一條神經迴路能夠獨自解釋暴力。

不過，我們會先聚焦在前額葉皮質，因為它很複雜，更有很多證據說它和犯罪脫不了關係。它的重要性，當然更是因為與大腦兩、三個地方都有緊密的連接，比如邊緣系統這種和情緒有關的地方，或是與眼眶皮質和杏仁核的連接。目前為止，我所採用的方法都太簡單化暴力，因為暴力其實非常複雜、有很多層次，想要徹底了解暴力的神經基礎，就一定會牽涉許多大腦歷程，這又會牽涉很多社會和心理的歷程；但是，只有透過了解暴力的神經上的複雜性，我們才能得知這個反社會行為的起源。

對過度簡單化最好的回應，就是暴力的功能性神經解剖學模式（functional neuroanatomical model）：從這個模式所提到的部件開始，我們要先敘述反社會行為者大腦裡因不正常所引起失功能的這些部位，而我的論述基礎，就是犯罪者大腦結構和功能的腦造影圖。

在圖8.6裡，我要從認知、情意和動作這三個標題來分組討論它們的大腦歷程，同時配上相對應的大腦區域。大腦裡這些區塊的失功能，會使一個人傾向比較複雜的社會和行為結果，因而再使這個人傾向反社會行為，尤其是暴力。我並沒有假設從大腦的失功能到反社會行為間沒有直接關係，這個模式要強調的，是大腦系統的干擾、中斷會導致比較抽象的認知（思考）、情意（情緒）和動作（行為）的歷程。這些又會導致比較複雜的社會結果，代表比較具體和較近的犯罪危險因素。所以，我不是把這些大腦的危險因素看作攻擊性行為的直接原因，而是當成偏導思想、感覺和動作往反社會行為的方向、最後產生暴力的力量。

讓我們從左邊的認知歷程開始說起。我們看到，這個歷程包含了腹內側前額葉皮質、額葉端／前額葉皮質內側及角迴和前、後扣帶迴，這些地方的失功能，會導致不良的計畫和組織、注意力不佳、不能轉換反應策略、對情緒無法做出好的認知評估、決策欠佳、自我反思不足，以及對報酬和懲罰（得與失）的處理能力減低。這些認知能力轉換到社會的元素上時，就會導致犯罪——因為職業和社會

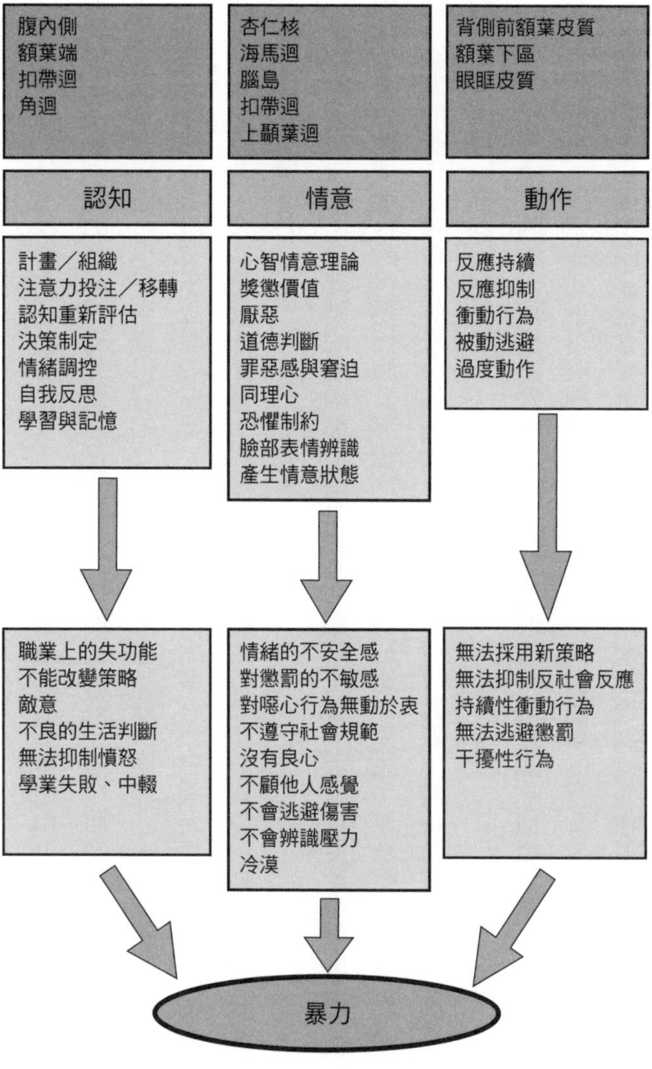

圖 8.6　標示認知、情意和動作歷程的暴力的功能性神經解剖學模式

功能不好，無法遵守社會規範，對不當行為的懲罰不敏感，不良的生活上的決定，對攻擊性思想和感覺不能有好的認知控制，對一點點的不爽就過度反應，缺乏洞悉力，學業成績不佳。

情意歷程部分，我特別列出杏仁核、海馬迴區、腦島、前扣帶迴和上顳葉迴。這些區域的失功能會導致無法了解別人的意圖或心智狀態，學習和記憶的失功能，缺少厭惡的感覺，無法做出合乎道德的決定，沒有罪惡感，也不會覺得窘迫、難堪、不好意思，缺少同理心，恐懼制約不良，情緒調控不良，對違反道德的事沒有不舒服的感覺。這些情意的缺失會導致對別人作出討厭的行為而不知停止，不在乎別人的行為，良心發展不正常，對違反社會規範的行為不知避免。你應該很容易就能看出，這種人格特質會引發暴力。

動作的層次方面，牽涉到的大腦部位則有背側前額葉皮質、眼眶皮質及額葉底部。這個區域的大腦失功能會導致持續性的行為反應，無法抑制不恰當的反應、衝動，無法轉移反應行為和被動的避免懲罰及過度的動作。在日常的社會情境中，這些行為，會導致做出避免衝突之外的反應、不良社會行為的重複性出現、衝動控制欠佳、不懂得避開懲罰。

我們在這裡所看到的，是從基礎的大腦歷程到比較複雜的認知、情緒和動作，然後轉移到真實世界暴力犯的行為。這個模式不可能簡單，因為暴力不是一個簡單的行為。當我們想把這群大腦拼圖碎片放進暴力的大拼圖中時，就會立刻顯現我們所面對問題的複雜度；你可以想像，一旦我們要去看宏觀的社會和心理的這些大腦部件的交互作用時，會遇見多大的困難。此外，大腦的暴力影像研究仍在起步階段，其實還包括很多的大腦部件，包括隔膜（septum）、下視丘及紋狀體等等，我這樣談，真的是把它簡化了。

你可能也會想：為什麼認知、情意和動作會跟暴力有關？我認為**暴力是個向度、機率的問題，認知、情意和動作的神經系統出問題的地方越多，就越可能產生暴力。例如，你作出了不好的決定又不會感到不安，你沒有罪惡感又很衝動，這些問題就會成等比級數上升而讓你出現暴力行為。**

暴力不是單一原因的結果，所以才會這麼難以理解——這也是科學家和一般大眾對它感興趣的原因。大腦也一樣是個大謎團，很多社會科學家都把大腦想成一坨東西，事實上它卻是不同區域的混合體，每一個區域都有自己的基本功能，都和塑造犯罪的結果有關。從引起暴力行為機率的大腦，到基礎的認知─情意─動作歷程，再到社會行為，我們就能看出暴力的構成因素有多複雜。

我們不能以生物論生物，還需要社會的危險因子來扣暴力的扳機。雖然我已經在前面強調過社會剝奪在暴力拼圖中的重要性，但本章我想強調的卻是大腦的重要性，因為大腦是這本書的核心，罪惡的種子是有大腦基礎的。儘管幾十年來科學家強調的都是環境和社會歷程的重要性，但我認為大腦才是真正的罪魁。

這個看法，不應該是社會科學家或神經科學家難以吞嚥的藥丸。我們可以從壞基因到壞環境來了解大腦的問題，或是就如本章所描述的，把不好的基因和環境綜合起來看，從而了解大腦出了什麼問題。就算是一般讀者，讀到這裡也都對大腦複雜度有了相當程度的了解，最近神經科學的進步更替了解犯罪的原因鋪了一條寬廣的路，路基可說是幾十年社會和心理學對犯罪的研究，從兩者互補的觀點來解釋犯罪，就合理得多了；過去敵視他們的傳統犯罪學家，現在更可以成為新朋友，大家團結起來對抗暴力。

現在，我們終於可以回到開啟本章的陸卡斯身上了。他是頭傷又營養不良，受盡欺凌、虐待，酗酒、極端貧窮，被家人忽視，被母親排斥，居住空間過度擁擠、社區環境惡劣，以及犯罪的家庭和完全沒有愛等眾多因素混合之後的產物。暴力犯通常有受虐和早期剝奪的經驗，除了少數例外，全都是連續殺人犯的共同背景。從核磁共振（MRI）和腦波圖（electroencephalograph, EEG）來看，陸卡斯有結構上和功能上的大腦失功能，額葉尖端尤其最受影響，顳葉也是。毒物測驗也顯示他血中有超高濃度的鎘和鉛，我們也已解釋過，這些重金屬會傷害大腦的結構和功能。我們可以從遠因（大腦的結構與功能）來了解近因（認知、情緒和行為的暴力危險因子）——在認知層次所做出的不好決定，情緒層次的粗糙、不敏感及行為層次的沒有抑制力，都是陸卡斯這幅拼圖的重要部件，最後拼出了他這名多重殺人犯。

不過，這裡還有一個未解決的一小塊拼圖片：為什麼他的受害者都是女性？陸卡斯第一樁謀殺罪的受害人是他的母親，趁她喝醉時用刀刺她；但是他說，他只是用手去拍打她的臉，後來才發現手上有一把刀，因此不是故意要刺她的頸部。他那時二十三歲，由於母親後來死於心臟病，所以法院以二級謀殺罪判他服刑二十年。

他的最後一個受害者，是十二歲的少年犯鮑爾（Becky Powell），那時陸卡斯四十歲，與鮑爾有不正常的曖昧關係。在一個層次上，他是鮑爾的替代父親，照顧她三年，確保她衣食無憂——比她自己的父親好得多；但在另一個層次上，他不但教她偷竊，還讓她變成自己的情人。有一次他喝醉了，用刀刺穿她的心臟不說，還在與她的屍體性交後切塊分解，塞進兩個枕頭套，挖了個淺坑草草埋掉。過後他會去探墳，對她說話並懊悔哭泣。這是他一生中唯一真正有愛的人際關係，也造成他令人訝異的劇烈改變，讓他在只是因為持有武器被捕後，自己招認了殺人罪。

所以在陸卡斯的一生中，起始和結束的關鍵都是他和女性的關係；母親對他的虐待，更是他後來殺了許多人的核心原因。陸卡斯少年時所遭遇到的虐待和剝奪，其實是他母親自己在小時候也經驗過的，她又把這個虐待傳到孩子身上，所以陸卡斯所受到的待遇不僅止是基因的，也不僅止是環境的，而是表現遺傳的結果。前面談過，母愛的照顧是表現遺傳另一個重要的成分，完全缺乏母愛，就像整個關掉陸卡斯抑制暴力的基因，還一代傳一代，然而，社會環境才是真正把陸卡斯變成心理病態殺人犯的因素。他的母親是個充滿恨意的心理病態者，在刺殺她的過程中，陸卡斯可以說落入了心理病態又一次的世代交替命運，就如陸卡斯自己所說：「我恨我的生活，我恨所有人。」特別是他的媽媽。這個怨恨也轉移到其他女性身上，即使像鮑爾這種他愛的女性也不例外。

你應該也還記得，蓋瑞同樣缺乏父母親的愛，很小的時候就受盡剝奪與營養不良的侵害。他所犯下的罪行最令人不解的地方是：為什麼一個長相英俊、有著非常漂亮女朋友的非裔美國人，會去姦殺年紀超過五十五歲的婦人？他的七名受害者全都是白人，是很不尋常的跨種族（interracial）謀殺——美國的十件殺人案裡，只會有一件是跨種族謀殺。這個不尋常的犯罪方式，會不會是因為他的媽媽和阿姨都替年老的白種婦人做管家嗎？是不是當時種族主義還很盛行，有些壞脾氣、愛抱怨的白種老婦人胡亂使喚照顧他的阿姨，而把這個敵意間接傳給了蓋瑞？還是說蓋瑞對白種老婦人的恨，是他把對從來沒有照顧過他的母親的恨轉移到別人身上，像我們在陸卡斯身上看到的一樣？這個表現遺傳學是否扮演了支持的角色，當剝奪改變了陸卡斯基因的展現時，使它又彈跳回母親身上？

如果生命可以重新來過，我們可以做些什麼來挽救陸卡斯，更別說那些被他害死的人呢？基因和大腦對暴力的傾向並非不可變的，**如果我們能繼續努力拼湊出造成一個人有暴力傾向的社會、生物因素時，就能夠發展出適合的預防、介入方案，阻止及挽回悲劇的發生**。所以，下一章我們就要來談談如何防止陸卡斯和蓋瑞變成謀殺犯。

第九章

治療犯罪

生物介入可以阻止暴力嗎？

乍看起來，丹尼這傢伙似乎無可救藥了。雖然他住在洛杉磯一個高級住宅區，有著愛他、支持他的雙親，但他三歲大時就已經不停的偷東西，後來更成了一名強迫性的說謊高手，到他十歲時，不但徹夜不歸還販毒；社區的孩子都怕他、迴避他，他的母親說：「不管用什麼方式管教都無效，一點也不在乎自己闖了什麼禍，無法無天，我們束手無策，怎麼也找不到原因。」

丹尼長大了，也更壯了，基本上已在家裡獨霸。他偷車，典當母親的珠寶來吸毒販毒，學校的功課清一色F，不但很早就有毒癮，而且從大麻到古柯鹼到結晶甲基安非他命（crystal methamphetamine），幾乎無毒不沾，十五歲時終於關進少年感化院十八個月。這是一個你我都很熟悉的故事，也很像會成為另一個蘭崔根。

一從少年感化院被釋放出來，求助無門的父母就只好把他送到一家以生物回饋（biofeedback）治療為主的診所。這家另類治療診所的特色，是找出一個人生理的圖表，使他們了解自己的身體是怎麼運作後，再教他們改變大腦；但已處於絕望邊緣的丹尼和他的父母其實都對這種治療法不抱任何希望，權且死馬當作活馬醫罷了。然而，結果卻出乎他們意料之外。

診所第一次評估丹尼時，就發現他的前額葉慢波（slow-wave）特別慢，這是不夠活化的象徵，所以醫師給他三十個療程的生物回饋，先讓丹尼坐在電腦前面，頭皮上貼著電極，玩吃豆子的小精靈（Pac-Man）遊戲，同時測量他的腦波；不過，丹尼的玩法和一般小朋友不一樣，必須集中注意力在小精靈的移動上——也就是說，他得把額葉的慢波變成比較快的阿爾法波（alpha〔α〕）和貝塔波（

beta〔β〕），假如他注意力不夠集中，那個小精靈就不會動。診所就用這個方法，來讓丹尼加強他不夠活化、發育未成熟的額葉。前面說過，發育不夠成熟的額葉會一直去尋找刺激，必須透過訓練，才能夠聚焦在一件作業上。

說起來容易做起來難，丹尼便幾乎花了一年，但是，這三十個療程中明顯改變了他，讓他從一個不能集中注意力、F級的學生，蛻變成一名A級學生、有事業計畫、知道自己要做什麼的成熟青年。最後他不僅高分通過測驗，運氣也跟著完全翻轉。

為什麼有這個改變？我們要先回頭看看造成丹尼反社會行為的歷史。他從三歲起就出現壞行為，一路壞到青春期。丹尼說：「我在學校覺得無聊得要死，犯罪對我來說很刺激，我喜歡高危險動作、跑給警察追，做壞事時我覺得自己很酷。」

他的渴求刺激有很明顯的原因：第四章已提過，大腦長期不夠激發的孩子會透過尋求刺激的方法來使生理的活化回到正常。長期的研究，已告訴我們有特別低大腦慢波的孩子長大後容易變成罪犯；丹尼在第一次生物回饋療程診斷中所顯現的，正是這種狀況。我們也說過，前額葉的功能不良會使一個人傾向衝動性侵，只要看到從溫暖家庭環境出來的反社會孩子，我們就應該懷疑生物是犯罪的原因——也就是我所說的「社會推擠」假設。

在丹尼的案例上，我們看到生物影響並非不可逆轉，這種大腦基礎的心理生理犯罪傾向，絕不是不可改變的。**更重要的是丹尼自己——縱使有電子生物回饋和社會支持的幫助——啟動了他的蛻變，**

最終答案還是在他身上，他願意復健——而這正是攸關改變的最重要因素。

犯罪和暴力當然沒有容易的解決之道，丹尼也只是一個成功的案例。但這一章要給你的正是充滿希望的訊息，與其在面對生物基礎的犯罪時丟盔棄甲，不如努力用生物社會的鑰匙來打開犯罪原因的鎖，解救那些幼年期便被鎖在大腦生物缺陷之中的可憐人。

目前為止你學到了什麼？

在進入哪些東西可以幫助像丹尼這樣的孩子之前，先來總結一下先前談過的東西。讓我們用圖9.1所示的理論架構，來給治療效果一個情境的解釋。

這個生物社會模式要強調的是，讓一個人從童年的攻擊性到成人暴力，基因和環境扮演的角色，主要的假設則是社會和生物的危險因子一旦結合起來，就會帶給我們創新的見解，藉以了解反社會行為是怎麼發展出來的。

圖的右邊是這個模式的主要部件，從最上面開始，有基因和環境做為後來暴力的主要基石。像社會危險因子，就是社會科學家研究了四分之三世紀的成果；左邊的生物危險因子，則反映出神經犯罪學的觀點。這是一個比較新，也比較有挑戰性的研究領域。

基因和環境是生物和社會危險因子的建構基石，但是你也看到了，有個箭頭將基因和社會因子連

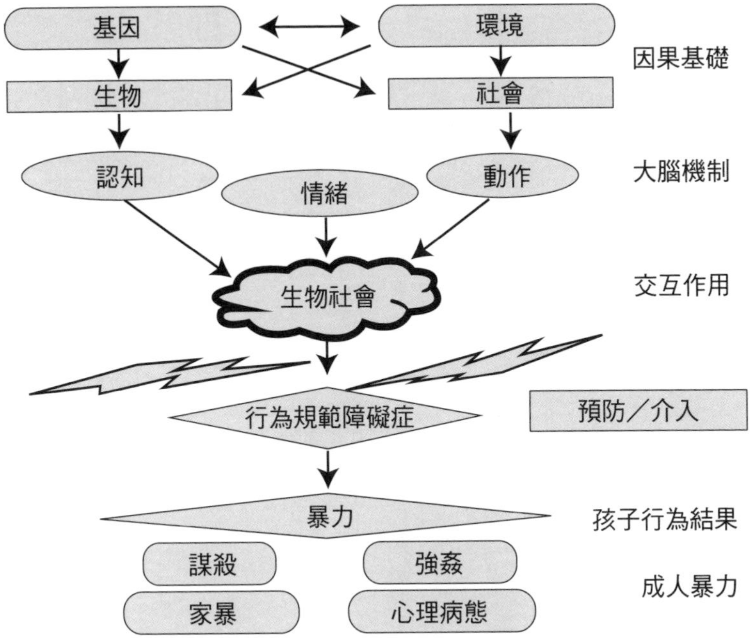

圖 9.1　暴力的生物社會模式

結起來，另一個箭頭又和生物的危險因子連結起來。基因可以塑造社會危險因子，如低社會階層和父母親離婚，同樣的，社會危險因子，如環境壓力，也可以降低大腦功能，而居住在一個危險的環境裡更會增加大腦受傷的機率。

生物和社會的危險因子會增加大腦危險因子，共有三個層面：認知的（如注意力缺失）、情緒的（如缺乏良心譴責）和動作的（如缺少抑制力）。這方面的大腦失調，會出現下面兩種中的一種情形：直接引發行為規範障礙症和暴力，或者和社會影響結合成生物社會的交互作用，引發青少年的情緒風暴。這個生物社會的神經迴路，是我在上一章中不斷強調的重點，現在我把它放在這裡，做為暴力分析模式的核心。

但是這裡還缺少一塊碎片，而且是這趟分析、了解犯罪之旅的關鍵，我用閃電來代表把生物社會神經迴路打出成人暴力。那麼，**是什麼樣的生物社會介入可以阻止行為規範障礙症和暴力的發展呢？**

再早也不算早

阻擋暴力的方法之一——我們已經司空見慣的方法——是等孩子破門而出、無法控制時再來想辦法，不幸的是，那時再來糾正他的行為也通常為時已晚。為什麼不以盡早介入來防止未來的暴力呢？

這正是歐茲（David Olds）所做的經典研究，也因此讓他贏得相當於諾貝爾獎的犯罪學獎項——斯德哥爾摩獎（Stockholm Prize）。前面說過，母親如果在懷孕時抽菸，她的孩子成為成人暴力犯的機率就比別人多三倍；難產是另一個危險因子，懷孕時營養不良更會讓這個孩子成年後罹患反社會人格症機率大上一倍。此外，我們還知道懷孕期和出生後母親的照顧對孩子的大腦發育影響極大，懷孕時喝酒也容易導致成年後的暴力和犯罪。這一切，就是歐茲著力的生物社會影響項目。

他的樣本群為四百名低社會階層的懷孕婦女，隨機分到實驗組或控制組。實驗組的準媽媽，懷孕期間護士會上門做九次家庭訪問，孩子生下來後的頭兩年還得再做二十三次家庭訪問——因為出生的頭兩年是大腦發展的關鍵時期。護士會勸導母親不要抽菸喝酒，增加營養，好讓嬰兒得到社會、情緒和身體上的需求。控制組的準媽媽就只是一般的產前和產後照顧。

這項研究後續追蹤了這些孩子長達十五年，結果非常的驚人。比起控制組，有護士做家庭訪問的實驗組孩子長大後，被逮捕的機率少了百分之五二・八，判刑率更少了百分之六十三；喝酒率比控制組孩子少了百分之五六・二，抽菸的少了百分之四十，曠課、破壞財產少了百分之九一・三。如果母親是未婚懷孕又特別貧窮，差別更是顯著。

為什麼早期介入會這麼有效？有護士做居家訪問的母親營養比較好，寶寶出生時較少體重不足，孩子四歲時母子彼此都比較敏感、對彼此的需求較有反應，家庭暴力的情形相對也少；大多數的實驗組媽媽都讓小孩去念托兒所，也就是早期學習有得到家庭支持；母親心智比較健康，執行功能也強過控制組很多。這一類的進步，在智商較低、比較不能幹的母親身上尤其顯著。當這些孩子十二歲時，他們的母親比較少因酗酒或吸毒而失功能，跟同居人的關係也維持得較久，有較大的自我主控感覺。

提供可能會有迷途孩子的母親健康常識、教育和支持，可以逆轉後來青春期的問題，讓孩子不至於變成未來的暴力犯。但歐茲想要改變的，可不只是我們在圖9.1所看到的社會危險因子而已，同時還有生物醫療健康上的因素，因為這些因素加上社會危險因子就會製造出反社會行為來。他針對圖9.1中生物社會因子來進行介入，所以效果很好。

二〇〇六年，每一件早期介入的平均花費是一一五一一美元，但是因為不必發給食物券（food stamp；編按：美國政府救濟窮人的方法之一）、少了醫藥保險的支出以及對這些家庭的其他財務幫助，美國政府節省了一二三〇〇美元；也就是說，美國花在早期介入的錢還沒有控制組多。更別提因此而減少了多少後來犯罪的社會成本，以及不能用錢財估算的人命損失——改善一個人的生活所帶來的好處，豈是金錢可以計算出來的？

再晚也不嫌遲

第四章我們討論過模里西斯小姐居樂和後來變成職業罪犯的拉吉，是我博士論文指導教授范納保所研究的三歲兒童中的兩名。那個研究是給三到五歲孩子豐富的生長環境，結果告訴我們介入既絕對沒有太早這回事，也永遠不會太遲。

我們在兩所很特別的托兒所中進行實驗，提供那些三歲孩子營養、認知刺激和身體運動，托兒所的老師都很注意實驗組孩子的身體健康——包括營養、衛生及童年的疾病，同時也給孩童身體的活動訓練，如戶外活動、體操與韻律活動、身體生理的治療，讓他們接受很多不同管道的認知刺激訓練，如聽覺加視覺和觸覺等等，用玩具、藝術、戲劇和音樂及手工藝強化多管道的認知刺激。此外，建構性的營養計畫提供牛奶、果汁、魚、雞或羊肉的熱食以及沙拉，每天下午的運動課包括體操、戶外的球類比賽和自由活動，其他增強身心的活動還包括戶外教學、基本衛生習慣和每天半個小時的身體活動。認知的技術方面，則聚焦在語文能力、視覺空間的協調、概念的形成、記憶、感覺和各種知覺。

控制組的孩子過的則是一般的模里西斯學校生活，重點是英文字母課程，沒有營養午餐（通常是米和麵包）、牛奶或建構性的體育活動。

當時我們從一七九五名孩童中，隨機選出一百名來參加我們增加環境刺激的活動——我們稱之為「環境豐富」（environmental enrichment），再從剩下的一六九五名孩子中，選出認知、生理心理和人口學各項測量上都和實驗組相似的三五五名當控制組，追蹤兩組孩子十八年。

十一歲時，我們重新評估他們注意力的生理心理測量——測試他們的膚電反應。對耳機中傳來的聲音有越大的膚電反應、流汗越多的孩子，表示注意力越強。兩組孩童在三歲時，各方面都很相近——在那之前我們還沒介入，但三歲時很有一致性的孩子，八年後，也就是十一歲時，環境豐富組的表現升高了百分之六十一——表示他們的注意力和關注周遭的能力有了大幅度躍進。

我們同時也測量他們十一歲時的腦波。腦波可以分成四個頻率組，正在閱讀本書的你，大腦中運作的是快速的貝塔波，因為你的大腦是警覺的、活化的，忙著掃描這一頁，吸收字裡行間在講什麼，形成連結。當你放鬆時，主控波變成阿爾法波；睡覺時，慢波的德爾塔波（delta〔δ〕）就接收了大腦；當你剛剛醒來、還未完全警覺時，希塔波（theta〔θ〕）也會比較多。孩子一般來說希塔波比較多，因為他們的大腦還未成熟，還在發育。我們發現，**環境豐富組的孩子在開始介入的八年後**，希塔波都顯著減少，因為他們的大腦比較成熟了，警覺性也比較高。**用大腦的術語來說，就是他們的大腦比控制組早熟了一・一年。**

當我們又追蹤這些孩子六年，也就是他們十七歲時，環境豐富組孩子的行為規範障礙症機率顯著的低，對待別人比較不殘酷，不會找人打架，不尋釁也不暴怒，比較不會霸凌別的孩子；此外，他們也不像過動的孩子一樣到處找刺激。

等到他們二十三歲時，我們便面試所有的受試者，用建構性的面談測量他們自陳的做壞事經驗，自己承認有做過壞事的，便歸類為犯罪者。此外，我們也檢視了模里西斯所有法院的犯罪紀錄，包括損壞財產、吸毒、暴力、酒醉駕車，但排除了如停車罰單或沒有登記車輛等小罪。在自陳的犯罪行為上，環境豐富組比控制組少了百分之三四・六；在法院的犯案紀錄上，環境豐富組的犯案率只有百分之三・六，而控制組是百分之九・九，雖然這個差異還沒有達到統計上的顯著性，但環境豐富顯然造成了落差——即使在二十年以後。

這已經很吸睛了，卻還有更有趣的地方。你在圖9.2中可以看到，左邊是三歲時納入實驗組的營養正常孩子，當時在行為規範障礙症上只比控制組好一點，也就是並未達到統計上的顯著性；相反的，在三歲進入實驗組時營養不良的孩子，行為規範障礙症上就比控制組減少了百分之五二・六。這個比對，是在他們十七歲時做的，可見早期的營養改變了防治計畫和後來反社會結果之間的關係，對其中一組有幫助，另外一組則沒有。請注意，**這個防治計畫裡有很多變項，如果結果顯示「營養」是最突出的變項，表示它對營養不良的孩子作用就更大——這正是我們的發現**。

看起來似乎良好的營養奏效了——但是，會不會其實是別的因素？這是第一個證明早期環境豐富

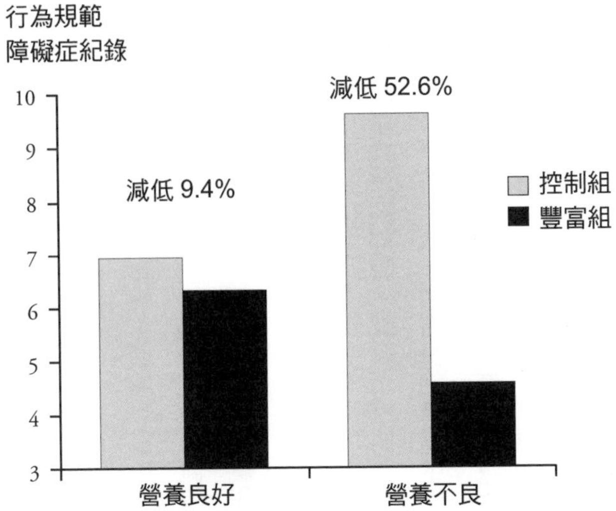

圖 9.2　營養不良的孩子在進入營養計畫後，17 歲時行為規範障礙症的下降情形。

可以增加生理上的注意力和警覺性的研究，讓我們看到了動作的機制是大腦的改變，因為這個犯罪防治計畫讓孩子有更多的身體運動、戶外遊戲，而光是運動本身就能解釋我們所觀察到的效應。動物實驗已證實，運動可以增進大腦的結構和功能，例如環境豐富的老鼠神經再生力比較強，海馬迴的齒狀迴長出比較多的新生神經細胞——完全歸功於跑迷宮。所以，環境豐富組的孩子可能因為每天都有運動，才使他們海馬迴的功能有增加，減少了成年後的犯罪機率。

另一個可能性，是環境豐富組的孩子有比較多和老師的正向互動，而這些老師都接受過這方面的訓練。從另一方面來講，聚焦在介入的單一變項上或許是不公平的，因為介入計畫的多管道特性——我們就組合了社會的認知部件，再加上了營養和運動——可以促進生物社會的交互作用，影響後來的發展。生物社會的交互作用是這個模式用來解釋犯罪的核心；同樣的，在犯罪防治的計畫中，我們都必須調查所有的變項，才能防止孩子的霸凌行為及長大成人後的暴力行為。

更有趣的是，犯罪率的下降或許可以歸因到孩子年幼時所吃的魚。在模里西斯時，我和三名這個計畫的原始面談者建構出環境豐富組和控制組每週最基本的菜單，結果發現，環境豐富組每週多吃二份魚——第七章中已提過多吃魚會減少犯罪，本章的後面會看到更多支持證據。

我要特別強調，我們所發現的結果不能歸因於實驗前的任何組間差異，因為我們仔細控制了兩組兒童的脾氣、認知能力、營養程度、自主神經反應度，也衡量了社會的不利程度。環境豐富組二十年後犯罪率較低的數字，是用兩個不同的測量法得出來的：一個是自陳，另一個是客觀的法院紀錄；當研究結果殊途同歸時，就表示這個效應相當堅實。通常你很難找到持續這麼久的效應，因此可見環境豐富組是的確有效，才會真的減少了成人暴力犯罪。

讓我們仔細來看看實驗的結果：**早期的環境豐富並沒有消除犯罪，只減少了百分之三十五，顯然我們需要兩年以上密集的豐富環境，才可能消除更多犯罪**。或許模里西斯的模式不適用於其他國家，因為文化不同，生活水準也不同，然而，世界上很多富足的國家，如美國，還是有不少孩子沒有得到足夠的營養；而我認為，模里西斯的發現可以應用到美國較窮困的鄉下地區——比如密西西比河的三角洲區和市中心，因為那裡的孩子營養不良，也有行為上的問題。

我們很高興有所成就，也讓大家看到對孩子早期的努力可以減低未來的犯罪。在這個研究剛開始時，模里西斯還沒有公立的托兒所，所以，我們留下來的另一個長期結構貢獻，就是在美國研究者及「模里西斯兒童健康計畫」（Mauritius Child Health Project）同仁的努力下，讓模里西斯在一九八四年通過了「學前信託法案」（Pre-School Trust Fund Act, PSTF）。政府仿效研究人員一九七二年設立的兩所模範托兒所，建立了很多公立的托兒所。目前，模里西斯的五個教育區中就有一八三家學前教育托兒所，這在推動模里西斯成為非洲的模範國家上，有很大的貢獻。

把他們的頭砍掉

在路易斯・卡羅（Lewis Carroll）的《愛麗絲漫遊奇境》（*Alice's Adventures in Wonderland*）中，那個碰到一點點挫折就大發脾氣的紅心皇后（Queen of the Hearts），只會用大吼「把他們的頭砍掉」來對付所有讓她生氣的人；雖然這樣很冷酷無情，但是在生理解剖學上，紅心女王的方式卻是對付最暴力的犯罪者——戀童癖（pedophile）和性侵犯——的有效方式之一。用外科手術方式去勢，始終是一個簡單、激進、有高度爭議性的降低性侵犯再犯的方式，這種方式究竟是不合倫理、不人道，應該停止？還是它確實直搗黃龍，提供了一個可行的解決問題方式呢？

德國自一九七〇年通過外科去勢法後，便一直執行到現在。因為這個法案採取自願的方式，所以每年只有寥寥幾個案例；也因為聽起來很野蠻，很容易被譴責，所以德國政府還附加了很多條件，包括自願者必須年滿二十五歲，經過專家的同意等。即使如此，這個法案還是在歐洲引起爭議，例如設於法國史特拉斯堡（Strasbourg）的歐盟反虐待委員會（The Council of Europe's Anti-torture Commitee）就認為這是個不人道的措施，應該停止。但是，在聽到所有的證據之前，我要請你別急著下判斷。

其實，執行去勢手術的不只是德國，捷克也在過去的十年中做了九十幾個這種手術，帕維爾（Pavel）就是其中之一。帕維爾在十八歲時因抑制不了性衝動、強暴一名十二歲的男孩致死而入獄；但在犯案之前，他就知道自己有嚴重的問題——犯案的兩天前，他從睡夢中滿身大汗地驚醒，導致他去尋求醫生的協助。那位醫生告訴他這個衝動會自然消失，但是後來不但沒有消失，反而在他看李小龍的電影時還越來越強烈，刺激他用暴力方式滿足性慾，最後還用刀殺了小男孩。

在捷克的精神病院和監獄中輾轉關了十一年後，也就是出獄的前一年，他主動要求去勢。「只有這樣，我才能確定不會對別人造成傷害；」他在手術後這樣說：「我現在過著充實、有意義的生活，所以我想告訴別的像我這樣的人，其實有方法可以幫助自己的。」帕維爾目前在布拉格一家天主教的慈善機構中做園丁。

對帕維爾來說，失去睪丸是他能安心的代價，即使這表示他無法結婚，無法享受性愛。**這種生活當然很辛苦，卻至少給了他生活的意義和尊嚴。他的結局，是否比老死在監獄中，或是每天被心中的野馬拉著去傷害無辜的孩子好呢？**

關於去勢的爭論一直都很激烈，也都繞著受刑人的人權打轉。讓我們先不談倫理道德，因為一談起道德就會沒完沒了，不如先看一下支持和反對的實驗證據。去勢有效嗎？假如沒效，根本就不必討論了。

前面的章節中已說過，高濃度的睪固酮和攻擊性增強有關，但那些資料所顯示的只是相關——而非因果——關係。去勢手術背後的假設是它可降低睪固酮的濃度，從而減低性慾、減少性侵的機率。但是這個假設成立嗎？實際可行嗎？

這方面的扎實研究很稀少，因為人道上你不能隨機指派這名受刑人到去勢組，那名受刑人到控制組。目前唯一最靠近理想的實驗，是一九八〇年代德國的威利（Reinhard Wille）和拜耳（Klaus Beier）所做的醫學研究。他們追蹤了九十九名去勢的性侵犯和三十五名沒有去勢的性侵犯出獄後十一年（這是平均數，有的受刑人不到十一年便去逝了），樣本群佔一九七〇年到八〇年去勢者的百分之二十五，所以有相當的代表性，但因為受試者並不能隨機指派，所以這個實驗並未達到實驗心理學嚴謹的要求；但是，那三十五名未去勢者其實都曾要求做去勢手術，卻在最後關頭改變了心意，所以勉強符合控制組的要求。

在這十一年中，這些性侵犯出獄後的再犯率是去勢組百分之三，未去勢組百分之四十六——非常強烈的十五倍差異。去勢組的百分之三再犯率與其他研究相似：綜合十個相關研究來看，去勢組的再犯率從〇到百分之十一，中位數（median）為百分之三・五，提供了更多去勢法可以降低性侵犯再犯率的支持證據。在威利和拜耳的研究中，百分之七十的去勢者滿意他們現在的生活。沒錯，**去勢法並非萬靈丹，但假如有配套措施來保障人權時，我們是否不應該完全排除？**

其他的研究（即比較不那麼嚴謹控制的實驗設計），例如有一個比較二〇五五名去勢者的研究便發現，長達二十年間，歐洲這些性侵犯的再犯率從〇到百分之七・四，結果也很相近。南加大臨床精神科教授萬伯格（Linda Weinberger）在綜合不同國家的去勢資料後說，從出獄後的去勢者性侵的再犯率上，她看到雙側睪丸切除術（bilateral orchiectomy）大大降低了機率；但是她也提醒，這個結論不能應用到現代的高危險群身上，更不能忽視倫理道德上的爭議。不過她還是強調，評估假釋性侵犯時不能低估去勢法的重要性。

去勢聽起來很荒誕不經，不是嗎？你們之中，一定有些人在聽到這個字時會恐懼地扭結手指，不敢想像這種用外科手術介入的野蠻性，但請別忘了，你不必終身監禁在重刑犯的監牢中不是嗎？你不必每天面對辱罵嘲弄——或被強暴的危險，而這些人卻躲都躲不掉。你也不必在出獄後把大頭照貼在網路上，讓每個人都知道你住在哪裡（譯註：一九九四年美國梅根法案〔Megan's law〕通過後，性侵犯出獄後必須在社區網站上公布住址，讓住在這個社區的人可以上網查看社區中有沒有這樣的人），你也不必為控制不了的性慾負責任。難道我們不應該給帕維爾這樣的人一個求得心理平靜、安寧的選項嗎？

幸運的是——或者不幸，就看你的觀點如何——現在的確有比較不那麼劇烈的對付性侵犯的方法了。化學去勢（chemical castration）以抗雄激素（anti-androgen）藥物來減低睪固酮，藉以減低性慾和性表現（勃起）。在美國，這種藥是用來增加甲羥助孕酮（medroxyprogesterone，又叫 Depo-Provera）的循環；在英國和歐洲，則是用一種抗雄激素作用的黃體素（cyproterone acetate, CPA），它會在大腦中和睪固酮競爭雄激素的受體——這個受體接受了這種黃體素後，便不會接受睪固酮。現在還有很多類似的藥，如柳菩林（leuprolide）、高思瑞林（goserelin）和曲普瑞林（tryptorelin），基本上，這些藥都能讓人降低睪固酮到青春期前的程度。

沒有人會質疑這些藥物能不能真的降低性慾和勃起，然而，問題的重點仍在是否可以因此有效阻止性侵再犯。**英國劍橋大學犯罪學院的呂奢（Friedrich Losel），在用後設分析方式檢視許多不同的實驗後，下了個非常有力道的結論：化學去勢的效用強過其他方法。**

因為化學去勢比實際切除睪丸人道得多，所以英國、丹麥和瑞典都已讓性侵犯自由選擇。不過，波蘭的政策在二〇〇九年後變得更嚴謹：假如性侵犯強暴的是近親或十五歲以下的孩童，就一定要接受化學去勢才能出獄——因為有個人出獄後和女兒生了兩個孩子，很像奧地利佛瑞叟（Josef Fritzl）的個案。百分之八十四的波蘭人民贊成這個法案。韓國則在二〇一一年七月通過一個法案：法官有權強迫強姦十六歲以下孩童的人接受化學去勢；在俄羅斯，法庭所指派的法醫精神科醫生可以決定讓強姦十四歲以下孩童的人接受化學去勢。

美國方面，自從一九九六年加州通過法案後，已有八個州也立法允許化學去勢。對於再犯的性侵犯，加州和佛羅里達州都強制執行化學去勢，即使是初犯，但如果對象為十三歲以下的孩童，也是強制執行。加州的化學去勢，是由矯正署（Department of Corrections）來執行，在受刑人假釋出獄前一週便開始，一直進行到矯正署認為這個人不需要再治療了為止。在威斯康辛州，假如性侵犯侵害的對象是孩童卻又不願接受化學去勢，矯正署便有權力不讓受刑人假釋。德州則像德國一樣，允許受刑人選擇睪丸切除術，也像德國一樣有安全的配套措施，包括受刑人必須滿二十一歲，有過二次以上性侵紀錄，曾經接受過十八個月的其他治療法都沒有效，充分了解這個手術的作用等等。

化學去勢的辯論也非常激烈。美國公民自由聯盟（American Civil Liberties Union）認為化學去勢違反了憲法賦予的隱私權、正當法律程序（due process）、平等保護權（equal protection），以及美國憲法第八修正案（Eighth Amendment）中的「不可以有殘酷和不尋常的懲罰」。但也有人認為，只要有恰當的配套措施，化學去勢不失為個人和社會雙贏的最佳方式，《英國醫學期刊》（*British Medical Journal*）的社論則認為，醫生要避免成為社會控制的代理人（agents），並列出去勢可能產生包括骨質疏鬆、體重增加、心臟血管疾病的副作用。除此之外，這篇社論也主張，假如這個人有不可控制的性慾，就應該接受生理上的治療。抗雄激素的藥很有效，性侵犯應該有能力在足夠的訊息下做出要不要服藥的理智決定。此外，如果受刑人必須在服滿刑期或服藥之間做出抉擇時，應該提供能幫助他做決定的問卷，以確定他的選擇不是遊走在倫理道德的邊緣。

你可以自己回答這個問卷看看。想像你是個性侵犯，和謀殺犯、強暴犯和心理病態者一起關在監獄中，你願不願意有個選擇──服滿刑期或接受化學去勢而立刻出獄回家？

沒有人能強迫你，你可以自由選擇。我知道我會怎麼選，而且我想，假如你像我一樣曾經在重刑犯監獄工作過四年的話，你不但會希望能有選擇，更會希望接受化學去勢而出獄。當然了，你也還是可以認定這些性侵犯十惡不赦，應該在監獄中關到死。

化學去勢的爭議之處在於，這會影響你的生殖力，違反演化的法則。但是，假如這個醫學治療的模式也能讓性侵犯傳宗接代呢？接下來，我們便要展開探索這個未來的旅程。

七一四班機：丁丁歷險記

每次搭飛機時，你都不知道是否能平安降落。我每次登機時，心中都會想像不可預見的空難，但是在我繼續說下去之前，請先讓我介紹一下我童年的英雄丁丁（Tintin）。這位十六歲的新聞記者，是比利時作家兼漫畫家賀吉（Hergé）所創造出來的人物，不但影響了我，也影響了視覺藝術家安迪・沃荷（Andy Warhol）。丁丁專門採訪犯罪事件，遍遊世界來破案，是一個孩子氣的先鋒，為了阻止犯罪可以不惜一切，也在過程中得到很多樂趣。我是看著丁丁漫畫書長大的，不但買了全套丁丁，還找上賀吉在好幾本書上簽名，包括《七一四班機》（*Flight 714*）。丁丁造就了我這樣一個藏在大人身軀裡的男孩，致力於犯罪的研究，也同樣旅行全世界來阻止犯罪。

回到《七一四班機》——丁丁全集中的第二十三本。丁丁正要從充滿熱帶叢林的雅加達轉飛機去雪梨，同行的還有一名自我中心的百萬富翁，結果恐怖份子劫持了飛機，要脅百萬富翁說出他銀行的帳號，同夥的邪惡醫生克羅斯培爾（Krollspell）——很像納粹集中營的門格勒醫生（Josef Mengele，又被稱為死亡天使）——對百萬富翁注射說實話的藥物，使他說出帳號——這個藥物，就是我之所以提起丁丁的原因。

接下來要說的，就是我自己的故事了。就像丁丁的旅行，剛開始一切都很順利：我搭上了飛往另一個熱帶國家——香港（譯註：香港並不是熱帶國家）——的聯合航空八九五航班，時間是二〇〇七年七月十七日，星期四。我坐在靠走道的位置，吃了晚餐，開始讀凱勒曼的小說《憤怒少女》（*Rage*），當然是虛構的偵探小說，然後，事情發生了。

擴音器傳來令人不安的緊急廣播：「飛機上有醫生嗎？」稍停之後又問：「有心理學家嗎？請聯繫空服人員。」

我感到反胃想吐，也知道那和晚餐無關。通常他們找的都是醫生，這一次卻多了「心理學家」。我是個心理學家沒錯，可我也是個膽小鬼。早在他們廣播之前，我就聽到前面傳來拍打的聲音，使我從埋首的小說中抬起頭來，然後兩名空中小姐快速從我身邊走過，然後又傳來更多的喊叫聲。說不定丁丁故事中的壞人也搭上了這班飛機。

我先回頭瞄了一眼後面一長排乘客的座位燈，看看有沒有哪一個是亮著的（在飛機上招喚空中小姐時，是按鈕使座位上頭的小燈亮起來），別鬧了，這麼大一架飛機上總該有個醫生吧？一個都沒有？總有人伸出援手吧？但是，走道的燈就像墳場一樣的黑暗。我轉過頭來，開始覺得有點絕望了。那好像是凱勒曼應該會解決的問題——凱勒曼既是暢銷犯罪小說的作者，也是心理學家。或許他在飛機上？或許那個邪惡的克羅斯培爾醫生就躲在飛機的機翼裡面。我又回頭去看了一眼，卻只看到所有人的目光都朝著前面。

雷恩，快想，你這個呆瓜，快想。很仔細地想了一遍後，我決定唯一理性的、專業的、負責任的行動是屬於犯罪學的教授的，所以我繼續讀我的凱勒曼。

但你已經知道這招沒用了，對不對？你從書中抬起頭來，眼睛看著前方，對你自己說：「你這個怯懦的傢伙。」情緒的流沙很快的把我淹沒，讓我陷入罪惡感的窒息中。我再往四周看了一下，依然沒有任何一顆小燈是亮起的，沒有騎兵隊來救援，可見我不是唯一的膽小鬼。好吧，我豁出去了，我按了鈴。

我隨著空中小姐走到前艙時，場面一團混亂：一名空中少爺正和乘客扭打成一團。陪伴我到前艙的那名空姐給了我一個完整的專業評估報告：「這位客人突然發飆，動手打了坐在旁邊的這位女士。」因為我正好站在這名亡命之徒的後面，所以就反剪他的雙手，空少則趁機扯下他的領帶，把這個人的雙手綁在背後。那位女士仍在喊叫，但我們沒理她，因為她叫的全是中文，反正也聽不懂。我們把這名狂徒推到靠窗的座位，我擠在他身邊坐下，空少也坐進靠走道的座位，使他無法動彈。我們控制了局面。

但空中少爺馬上要我把位子讓給他，因為機長要跟我說話。他們帶我到駕駛艙時，感覺上我就和丁丁一樣酷。機長要我和地面的醫生對話，便從駕駛座上起身，讓我跳進去坐後，再指導我如何使用這個通訊系統。你看過史帝芬・史匹柏（Steven Spielberg）的電影《丁丁歷險記》（*Adventure of Tintin*）嗎？還記不記得丁丁在駕駛座的情形嗎？面前的儀器板令人目眩神迷，從前面的窗戶看出去，你就浮在白雲間，在一片和平安逸裡飛向天堂，忘了人間的爭執吵鬧，這，正是我這個前英國航空公司會計夢寐以求的情境。

地面上的醫生把我喚回現實。他知道我是暴力專家，也是個心理學家，所以他想知道：我對其他乘客安全的專業評估是什麼？我們如何掌控情況直到降落？我說我們可以給這個傢伙高劑量的安眠藥替馬西泮（Temazepam），因為我在飛機上無法睡覺，所以搭乘越洋飛機時都有帶；我建議給他三十毫克，但醫生說十五毫克，我同意了，也的確發揮效用，使這個傢伙安靜下來。最後，飛機在阿拉斯加的安克拉治（Anchorage）緊急降落，治安人員立刻登機帶走了那個傢伙。

我必須說，那種感覺真的很不錯，當別的乘客在香港排隊等著出艙時，副駕駛拍拍我的背，替我鼓掌，之後的環球之旅裡，聯合航空更都幫我升等到商務艙。我告訴自己，這只不過犯罪學家一天的工作所得。太棒了，我童年的丁丁夢想實現了。

言歸正傳，**醫藥真的可以平息攻擊性**。我不是說像聯合航空八九五班次那樣，用鎮靜劑去壓制、平息暴力，而是我們確實親眼目睹心理藥物學（psychopharmacology）的進步，有些藥物，真的對減少攻擊性和暴力行為有驚人的效應。

就從兒童說起吧。九歲以下的孩童被轉診到精神科來的最主要原因是什麼？當然就是行為偏差。絕大部分必須住院的孩子，都會以服藥來治療攻擊性，臨床的治療也強烈顯示藥物有其療效。帕帕多浦拉斯（Elizabeth Pappadopulos）用後設分析的方式，分析了四十五個有隨機分派也有安慰劑控制組的兒童實驗，發現藥物在治療攻擊性上有驚人的效應，整體效應到達〇・五六——就相關強度來說，這已是中等程度了。

目前為止，已有很多種藥物對減低攻擊性非常有效，最有效的是最新一代的抗精神病藥物（anti-psychotics），效用高達〇・九〇。哌醋甲酯（methylphenidate）這類的興奮劑也很有效，效度〇・七八（譯註：利他能〔Ritalin〕中就有哌醋甲酯）。情緒穩定劑（mood stabilizers）的效度為〇・四〇，屬中度有效，抗憂鬱症的藥效為小到中的〇・三〇。對孩童的效用在青少年身上也看得到，有兩個後設分析的研究，都顯示藥物對青少年攻擊性的治療有效。其他的研究，以及藥物對兒童和青少年反社會行為的後設分析，都顯示藥物值得信賴。**我們現在已經可以很清楚地看到，藥物治療對童年和青春期各種精神方面的情況——包括注意力不足／過動症、自閉症、躁鬱症、智能障礙和思覺失調症所引發的暴力攻擊性——都有減低的效果。**

我們怎麼比較用藥或不用藥物在攻擊性和暴力行為上的效果？我的賓州大學同事貝克（Tim Beck

）是認知行為治療法的創始人，而且，這個方法也已經證明在治療整個臨床症狀上都非常有效，整體效果〇・三〇，是治療攻擊性最有效、也最為人所接受的治療法。所以，藥物的整體效應已能和最好的心理社會介入治療旗鼓相當。

當然了，批評者會仔細檢視這個效應，提出反駁。或許治療其他情況——如憂鬱症、注意力不足／過動症及精神病——的藥物也對減低攻擊性有效，因為這些病都會引發攻擊性，例如有精神疾病的孩子會認為別的孩子在找他麻煩，所以必須先下手為強，免得後下手遭殃；這正是為什麼理恩必妥（risperidone，第二代非典型精神病藥物）能夠降低攻擊性的原因，因為它使患者不再浮現有人要害他的瘋狂念頭，而這念頭正是攻擊的誘因。然而，很多研究也都指出，兒童會到醫院門診主要是由於反社會／攻擊性的行為，而不是思覺失調的精神病，所以攻擊行為的降低並不是去除了大腦中的幻想或妄想；文獻的後設分析也顯示，興奮性的藥物對攻擊性的減低是獨立於降低注意力不足／過動症的症狀之外。現在甚至有證據指出，興奮劑和非典型抗精神病藥物可以有效減低學前兒童的攻擊性；對很多犯罪學家和心理學家而言，這是一劑難以吞嚥的苦藥，但是，藥物的確可以控制和調節兒童、青少年的攻擊性。

那麼，藥物對壓制或平息大人突發性的暴怒有效嗎？很令人驚訝的是，目前為止這方面的研究少得可憐，有可能是，一旦你是大人又有暴力傾向，別人就會把你當作壞人，只想把你關起來而不是幫你。一個雙盲、有安慰劑控制組又隨機分派的研究，是把有衝動型攻擊性的男性社區服務者分到三組抗癲癇藥物（anticonvulsants）組，結果發現，這三組藥物都有效降低了攻擊性行為。在好幾個隨機分派、有控制組的受刑人實驗上，藥物也都有效降低了這些受刑人衝動型的攻擊性。

那麼，為什麼抗癲癇的藥物能降低攻擊性呢？因為這些藥物能安定大腦的邊緣系統，尤其是杏仁核和海馬迴，而很多癲癇的痙攣抽搐是從這裡開始的。我們在前面的章節中有看到，**衝動、情緒型謀殺犯的邊緣系統都過度活化，所以抗癲癇的藥物可以藉由安定情緒系統，而降低他們出於衝動情緒的憤怒攻擊。**

不吃藥，吃蛋糕呢？

讓我們繼續尋找犯罪治療之道的旅程。獨木舟飯店（La Pirogue）是模里西斯這個美麗之島皇冠上的珍珠，有金色的沙灘和圍繞著熱帶花園的傳統茅草屋，是和平、寧靜的天堂，更是我全世界最喜歡的旅館。

烏托雅（Utoeya）也是一個烏托邦型的小島，位於挪威奧斯陸外的峽灣，這裡的沙灘，是青少年夏天的最愛；但在二〇一一年七月二十二日這一天，當我坐在獨木舟飯店的海灘看著太陽從珊湖礁上慢慢下沉時，八十四個人就在烏托雅失去了生命。

災難發生的前一天，我才剛從新加坡搭乘模里西斯航空六四七班機抵達模里西斯，這趟旅行是為了和我的同事一起做魚油對行為規範障礙症兒童影響的研究。總部在挪威奧斯陸的聰明魚（Smartfish）生技公司，提供我們亞米茄三的飲料給模里西斯的兒童喝，而我之所以和這家公司的共同創辦人麥西生（Janne Sande Mathisen）有往來，則是因為她曾在大林頓技術學院（Darlington Technical College）念書，而這個學校離我長大的修道院路（Abbey Road）六十九號只有幾條街遠。就在災難發生的那一天，我意外地收到她給我一封電子郵件：

> 二十分鐘前，奧斯陸市中心發生了一起巨大的爆炸案——攻擊目標是政府大廈。就連住在離市中心二十分鐘車程之遠的我們都聽得到爆炸聲，非常有可能是恐怖攻擊；對從來沒有過恐怖攻擊的我們來說，勢必產生很強烈的後遺症。

麥西生聽到的，是將近一噸重的肥料汽車炸彈在市中心引爆的巨響。因為事發時間是下午三點十七分的上班時間，所以不但破壞了包括首相辦公室在內的政府大廈，還有八個人喪生。

五點鐘左右，有個帶著武器的「警察」搭乘渡輪穿過峽灣，到奧斯陸外的烏托雅小島調查爆炸事件。當時，島上到處都是來參加勞工黨舉辦的少年營的青少年，他召集學生時大家都不疑有他，乖乖靠過去，他不但隨即開火，還整整濫殺了一個小時；死亡的六十九名學生中，有五十六名是頭部中彈而死，另有三十三名雖中彈卻並未死亡。這是挪威史上非戰爭時期傷亡最嚴重的事件。

這些犧牲者，全都是因為嚮往烏托雅島的和平氣息而來，希望能在沙灘放鬆休息，就像我在模里西斯一樣。然而，當我坐在我的天堂觀賞日落時，他們卻在他們的天堂被一名金頭髮、藍眼珠的惡魔所殺害；當我在獨木舟旅館聽著海浪沖擊珊瑚礁的聲音時，這些年輕的靈魂卻在奧斯陸外面被子彈沖擊。然而，不論是挪威或模里西斯的海洋中，都有這種盲目暴力的部分解藥——魚。

我第一次想到魚油可以減少犯罪，是十年前——二〇〇二年的十一月——去模里西斯時，那時的我剛剛修改完研究論文，而論文的主旨，則是童年早期的豐富環境可以減少營養不良兒童的行為不良症；所謂的豐富環境，也包括多吃魚。離開前，我想在模里西斯的機場買些可以在飛往香港時閱讀的書籍。整座機場裡只有一家很小的書店，擺放英文書的更只有二層書架；但也就在那裡，我看到了史托（Andrew Stoll）前一年剛出版的新書《亞米茄三的重要》（*The Omega-3 Connection*）。

我就在飛機上讀到他認為亞米茄三可以幫助憂鬱症、注意力不足／過動症和學習障礙的結論，雖然當時還沒有亞米茄三是否可以降低攻擊性或反社會行為的研究，但是他預測：

> 我們正在等待未來對我國兒童和受刑人實驗的結果，希望至少能有部分答案會像亞米茄三魚油那麼簡單。

或許他是對的。模里西斯兒童健康研究中心的人員，就根據他的想法測試了亞米茄三對兒童和青少年行為的影響。他們從模里西斯兒童健康計畫裡挑出一百名兒童，連續六個月裡每天喝一包挪威聰明魚公司出產的魚油，雖然只有兩百毫升，但裡頭含有一公克的亞米茄三。另外一百名兒童也每天喝

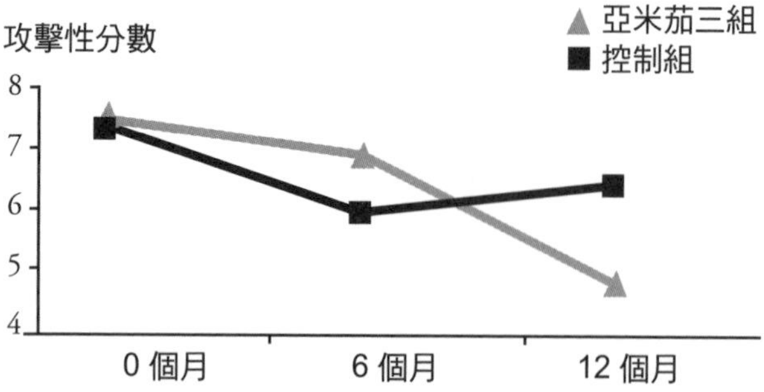

圖 9.3　亞米茄三減低兒童攻擊性的長期效應

兩百毫升的飲料，但是裡面沒有亞米茄三。研究剛開始時，我們請家長評估孩子的行為，六個月後治療實驗結束時再評估一次，治療完六個月後還會再做一次，也就是總共評估三次。

結果非常吸引人注意。你在圖9.3中可以看到，喝了六個月飲料後，兩組的攻擊性都有下降，表示安慰劑也起了作用，沒加亞米茄三的果汁飲料和有加的好處一樣多。然而，在停喝飲料後六個月，控制組的攻擊性又回升到以前的水準，亞米茄三組的攻擊性、青少年犯罪率及注意力問題卻持續降低；可見治療組和時間兩個變項出現顯著的交互作用，使得亞米茄三組在開始喝魚油的一年間進步顯著。這個研究提供了亞米茄三對降低兒童不良行為有長期性效用的初步證據，對成人犯罪和暴力的成因意義非凡。

為什麼我們會期待亞米茄三能夠降低攻擊性？理由是意想不到的簡單。在這本書中，我們除了一直看到暴力有大腦的關係，也討論過亞米茄三可以加強大腦的結構和功能，因為它已證實能增加樹狀突的分叉，強化突觸的功能，調節神經傳導物質的功能和基因的表現，所以我們知道，亞米茄三可以逆轉一部分的大腦失功能，防止這個人傾向暴力。

打一開始，我就很驚訝於它有長期造成行為改變的效用，但是，這一開始所觀察到的效用，是否會因為不再喝聰明魚飲料後就消失了呢？還好，該領域的專家希柏林（Joe Hibbeln）告訴我，**亞米茄三在身體中的半衰期為兩年，會留在身體裡面，讓人體視需要隨時取用，當然也就能在大腦中產生持久的效應。所以在理論上，亞米茄三可以透過增強大腦的結構與功能而長期性減低暴力。**

營養有助於降低暴力的想法，早自一七八九年法國大革命時就有了；當時，那些農民之所以攻打凡爾賽宮、非要瑪麗皇后（Marie Antoinette）見血不可，正是因為她說了這樣的話：「假如他們沒有麵包吃，何不吃蛋糕？」她說的蛋糕，是一種加了蛋和奶油的法式軟麵包（Brioche）；假如她認為營養可以平息那些攻城暴徒的憤怒，那她倒是沒有說錯。而亞米茄三不只是有助思想的食物，也是法庭中意的食物，司法人員越來越對亞米茄三有興趣，因為它能減低犯罪。

你懷疑嗎？目前已有兩個實驗，顯示亞米茄三的確可以減少監獄中的暴動。第一個研究是牛津大學的蓋許（Bernard Gesch）做的，他發現，給受刑人吃五個月的亞米茄三加上多種維他命，就可以減低年輕受刑人百分之三十五的嚴重違規行為。荷蘭海牙的司法部一聽到這個消息，便做了一個他們自己的研究，果然發現，亞米茄三和多種維他命也能降低百分之三十四荷蘭受刑人的嚴重違規行為——幾乎和英國的研究結果一模一樣。

不論你走到世界的哪個角落，都能發現亞米茄三所造成的差異：在澳洲，連吃六個星期亞米茄三補充品可以減少躁鬱症青少年外在的不當行為；在義大利，正常的大人吃了五個星期的亞米茄三後，跟控制組比起來攻擊性的行為減少了很多；在日本，隨機分派的實驗組在吃了亞米茄三後，攻擊性降低；在瑞典，注意力不足／過動症加上有反抗、叛逆、對立反抗症（oppositional defiant disorder）的孩子，在吃了十五個星期亞米茄三後，反抗、對立的行為降低了百分之三十六；在泰國，成年大學工作人員（University Workers；譯註：應該是指職員）服用亞米茄三後，攻擊性顯著下降；在美國，邊緣型人格障礙症婦女在吃了兩個月的亞米茄三後，攻擊性顯著下降；另一個美國的研究，是讓五十名兒童吃亞米茄三補充品四個月，結果發現，他們的行為規範障礙症問題降低了百分之四二・七。

你可能會說，這未免太簡單了吧。嚴格來說你是對的，暴力是件很複雜的事，亞米茄三只是眾多複雜因素的其中之一而已，與暴力有關的營養成分還有很多；比如前面就說過糖果和犯罪有關，血糖過低也會導致攻擊性（肚子餓時，脾氣常暴躁），鋅和鐵等微量元素可以幫助缺鐵的小鼠快速恢復海馬迴功能。我們同時也知道，缺乏蛋白質會導致必需脂肪酸（essential fatty acids, EFA）的匱乏，使必需脂肪酸的新陳代謝失功能。你是對的，暴力不是這麼簡單的一件事。

亞米茄三絕對不是缺乏營養唯一的解決方式，還有很多重要的營養因素要考慮。而且不但營養本身只是眾多拼圖中的一塊，也並非所有的亞米茄三研究都大獲成功；不過，這些不同國家的研究就像開胃菜，使我們更加重視營養與犯罪和暴力的關係。這些知識的建構，給了我們除了藥物之外的另一個可能觀點：**社會上，一般人對於「給囚犯吃百憂解」**（Prozac for prisoners）**的觀感不佳，或許我們**

可以用「給重刑犯吃魚」（fish for felons）來替代，也許真的可以防止未來的暴力犯罪。

挪威烏托雅島的殺人犯布瑞維克（Anders B. Breivik）被捕後先是辯說他有精神病——妄想型思覺失調症。思覺失調症與暴力的關係，前面我們已經討論過了，很巧的是，第一個防止青少年發展出精神病的研究就是用亞米茄三做的；那麼，模里西斯每個星期給孩子多兩倍半食物，他們長大後，犯罪率及罹患思覺失調型人格障礙症機率的減少也是巧合嗎？如果挪威也嘗試模里西斯的研究，尤其是把那些來自貧苦環境的孩子納入營養補充計畫的話，說不定可以防止烏托雅島的屠殺。

禪修可以使大腦變得更好？

以改變大腦來改變暴力，也有可能不需要使用藥物或任何侵入性的治療方式——或甚至比較好的生物學上的介入，如增加營養。就以生物回饋法和丹尼為例，當丹尼看到他大腦的活動時，就學會了如何增加他前額葉皮質的活動，因此給了他一個比較好的調控行為的方式。但是，生物回饋真的可以防止暴力嗎？

反社會人格障礙症的研究者宣稱生物回饋可以改進行為，讓人不禁寄以厚望，但是它最大的問題是這些證據都是來自個案研究，還需要隨機分派有控制組的實驗來證明它的效度。在這種生物學的介入法上，我們還有很長的路要走。

但是**佛陀可能可以幫助我們永久改變大腦，不需要服藥或做侵入性的介入治療。用心智去超越物質，或許打坐禪修可以使大腦變得更好。**

打坐的技術本身很簡單，你只要去上一期八週的課，每次兩個小時，然後就在家中自己練習，一週六天、每天一小時即可。你會學習到比較能感知周邊的訊息，也比較知道內在心智和身體的現狀；把注意力放在呼吸上，你就會更覺識到你當下的感覺和知覺。打坐會使你更富有同情心、同理心，懂得對任何事都知道就好，不必事事評斷。

這樣做可以永久性的改變你的大腦。二〇〇三年，一位著名的神經科學家理察・戴維森（Richard Davidson），就在威斯康辛大學麥迪遜校區做了一個開創性的實驗，他隨機把受試者分派到正念組（mindfulness）或控制組；控制組的成員，是想上正念課但只能進入候補名單的人。戴維森用腦波儀（EEG）測量顯示，才練習了八週的學員左前額葉神經元的活動就增強了很多。正念可以改變大腦、增進情緒和心理的功能（譯註：有興趣的讀者可以參考戴維森所寫的《情緒大腦的祕密檔案》〔*The Emotional Life of Your Brain*〕，中譯本遠流出版）。

戴維森的團隊還有一個實驗顯示，如果聚焦在愛、慈悲和同情憐憫等心智狀態上，這個心智的聚焦就會改變大腦掌管同理心和了解別人意圖的部位；實驗顯示受測者處理情緒刺激的能力增加了，強化了杏仁核和顳葉—頂葉交會地方的活化。功能性核磁共振的研究也顯示，靜坐專家（譯註：戴維森所定義的專家，是打坐超過一萬小時的喇嘛）大腦中掌管注意力和抑制力的地方特別活化。

靜坐的好處還不僅僅是打坐時的改變大腦，長期靜坐的人即使沒在沒打坐，大腦的注意力和警覺也比較活化；這一點可以從伽瑪波（gamma〔γ〕）的活動上看出，伽瑪波是高頻率的腦波活動，通常在注意力、學習等有意識的活動時出現。打坐的時間越長，大腦改變得越大，還可以產生長期性的正向效應。

正念的練習不但能改變大腦的功能，同時也會改變大腦的結構。有一個研究，是在受試者接受八週的正念課程之前和之後掃描他們的大腦；這裡的控制組受試者和前面的那個實驗一樣，都是排隊等著要參加正念課程的人。結果是，正念組的大腦灰質密度有顯著的增加，加強的區域包括後扣帶迴和顳葉—頂葉交會處——這個地方與道德判斷有主要關係；海馬迴也強化了，這個地方與學習、記憶、制約反應和攻擊性的調控有關鍵性的關係，會在強大的壓力下失功能，所以雖然海馬迴在生命的早期（譯註：大約四、五歲進幼兒園的階段）就成熟了，卻還是可以在後來透過環境的改變來強化結構。另一個大腦影像研究，則顯示大量的打坐會增加前額葉皮質的厚度。由此可見，正念可以實質上改變大腦。

請暫且把這個訊息——靜坐可以改變大腦——放在腦海中，先問一個更大的問題：它可以改變犯罪和暴力嗎？也許你很難想像，受刑人接受正念的訓練其實由來已久。超覺靜坐（transcendental meditation, TM）在一九六〇年代開始流行，創始人是Maharishi（至聖）Mahesh（族名）Yogi（成道者），一般翻譯成「瑪赫西大師」，到了七〇年代，加州的監獄便開始讓受刑人靜坐冥想。從那之後，冥想的研究由西往東，一路從加州傳到德州和麻省。科學的證據顯示，**冥想靜坐減低受刑人的焦慮和壓力程度，增加心理的幸福感，減少憤怒和敵意**；更重要的是，有一篇回顧過往的文獻還發現，受刑人出獄後減少了毒品和酒精的使用，再犯率當然也因此降低。在因家暴而被逮捕的婦女身上，甚至發現只接受了十二次正念訓練後，就顯現出較少的攻擊性、酒精和毒品的使用。

有一個大型的正念訓練研究，是訓練一三五〇名受刑人靜坐冥想，結果他們的敵意、攻擊性和其他負面情緒都降低了；很有趣的是，女性比男性的效果強。在男性受刑人中，雖然都有進步，但低警戒度監獄的男犯效果比最高警戒度的男犯好；看起來，**靜坐冥想對不是那麼嚴重的犯罪者效果較好**。最近有個針對成人的研究，參與者大多是女性，顯現正念訓練可以大幅柔化憤怒的表情，增進情緒的調控。所以，**這種介入法對女受刑人的幫助比較大**。

怎麼解釋這個現象才對？雖然這些成果很引人注目，但是因為沒有隨機分派的控制組，所以很難判定正念訓練真的有減低暴力，不像戴維森和其他人的大腦改變研究，這些嘗試都不能算是嚴謹控制了受刑人的實驗。超覺靜坐的歷史並不扎實，更有些人宣稱可以在空中飄浮及做出其他超自然的事；但正念的靜坐確實源自佛教，而且已經有很強的科學證據提供支持。戴維森是實驗心理學出身的，他的實驗都有隨機指派的控制組，並有大腦造影的圖片來支持正念可以減少焦慮、壓力、毒品、香菸的使用，改善憂鬱症，並增加正面的情緒。正念本就是個可以期待的技術，有了科學證據的支持後，更是一個不可忽視的方法。

那麼，正念和其他的靜坐冥想為什麼能抑制犯罪？作用的機制何在？一旦學會注意自己的思想，當你開始對別人的批評感到憤怒時，就會比較意識得到自己的心情，因而開始調控思想，避免生氣。剛剛覺識到你的夥伴第一次說出批評你的話時，你的思想會像瀑布一樣奔流而下，變成一條不愉快的洪流，你發現自己的心跳加快了，臉頰泛紅，負面情緒湧出；但正念教導你要接受這些情緒和感覺，控制你想反擊的衝動，讓你從第一個本能的情緒反應中退後一步——因為你已經習慣了經驗到這些負面的思想和情緒，學會了習於與之相處，就表示你更能好好控制反擊的慾望。因為你能夠在初期就對憤怒有正念的想法，便比較能控制而且調整情緒，也就是說，在憤怒還沒有達到頂點時，你就已經能完全掌控了。

假如你回頭去看那些造成大腦長期和短期改變的神經科學實驗，靜坐冥想的效應就會開始顯現意義。靜坐可以強化左額葉的活化，而實驗已經證明，當人們經驗到正向情緒時，左額葉就會活化，減低焦慮，同時增加額葉皮質的厚度；而我們不但已經知道額葉對情緒的調控很重要，也知道受刑人的這個地方結構和功能都有缺失。靜坐冥想可以強化大腦中掌管道德決策、注意力、學習和記憶的諸多地方，而犯罪者的這些認知功能都有缺失；既然靜坐增進大腦的地方正是犯罪者有缺失的地方，靜坐冥想當然就幫得上受刑人的忙。

心智超越大腦，大腦超越行為，我希望你能在這趟犯罪的大腦之旅中感受到三個重點：第一，犯

罪有大腦中的原因；第二，生物社會的圖塊對了解整幅拼圖的樣貌很重要，位居關鍵地位；第三，我們可以透過改變大腦來改變行為。

關於第三點，我們已經有從外科手術的去勢法到精神上訓練心智控制大腦的選擇。在這兩個極端之間，我們還有胚胎期的營養介入、早期環境的豐富、服藥及營養補充；凡此種種，都能造成明顯的差異。

根據我所描繪的生物社會模式，我們有相當有效的方式可以阻擋造成大腦功能缺失的基礎歷程，使某些傾向不會真的演變成暴力，只不過，這部分還未被傳統的犯罪學所承認；然而，假如我們真的想防止暴力犯罪，就不能忽視這方面的認識和接受。我們可以等到牛奶打翻了再來收拾，或者在牛奶未打翻前就小心處置。重複犯案的成人很難改變，你可以喟嘆這已是我們今天所要面對的現實，也可以投資在防範的計畫上，從嬰兒期起就幫助他們——以公共衛生方式來防範暴力。

歸根結底，這一點都得讓社會大眾自己做決定，假如你問我個人的看法，根據三十五年的研究經驗，我會說：我們對阻止暴力社會可以做的最好投資，就是投資在孩子成長的早期，而且越早越好。這個投資一定要是生物社會的本質，如果不從大腦著手，你就不可能成功介入。

生物學不是阻止暴力的唯一方式，也永遠不會是。劍橋大學的犯罪學家謝爾門（Larry Sherman）和其他的研究者，已從有控制組的嚴謹實驗中找出證據，認為一些傳統心理學和行為療法能夠對犯罪產生一定程度的療效，所以我並不是要抹殺實驗犯罪學者的努力，只是想強調我們還可以走得更遠。

假如不採取生物學上的介入，從暴力的大腦原因著手，今天的不作為就會造成明天暴力犯的群集。現在已有很多足以讓我們做出新的、有創意的生物社會介入模式的研究，打下我們可以往上面建構的基礎——但也得我們願意才行。

你不妨想像一下，假如我們真的能治癒犯罪的話，這個社會會是什麼樣子。你想像得出假如有一天我們解開了暴力的生物碼，這個社會又會是什麼樣嗎？它會怎樣改變我們對暴力的看法？會怎樣影響我們對有罪懲罰和自由意志的看法？會導致法律的改變嗎？下一章你就會看到，未來其實沒有那麼遙遠。

第十章
大腦上法庭
法律在上，還是犯罪生物學在前？

麥可——我們在這裡稱呼他歐佛特先生（Mr. Oft）——跟我們平日所看到的中年美國人沒什麼兩樣：早期曾是監獄裡的輔導員，讀了一個碩士學位後，在維吉尼亞州的沙洛斯維（Charlo-ttesville）教書。他喜歡教書，也喜歡孩子，從各方面看來都真心愛著他的第二任太太安妮（Anne），以及七歲時就認得、如今已十二歲的繼女克麗斯汀娜（Christina），兩人相處得很好。歐佛特先生沒有任何精神病方面的紀錄，也沒有任何不良行為紀錄，直至一九九九年底之前，他跟你我都沒有兩樣。

不知怎地，活到四十歲後他的行為慢慢改變了。以前從來不曾對按摩感興趣的他，現在常常光顧按摩院，開始積極收集兒童黃色照片和刊物。然後，過去非常純潔的送女兒上床改變了，成為一件不可外揚的家醜。

根據克麗斯汀娜的回憶，歐佛特先生過去在帶她上床去睡時，都會在床邊為她唱搖籃曲，但是自從他太太兼了個半工的職，要到晚上十點才能回家後，這個平常送孩子上床的例行工作，就開始一個星期有兩天晚上會變得有點不堪了——歐佛特先生開始上克麗斯汀娜的床，觸摸她、玩弄她。

就像很多被信任的親戚虐待的孩子一樣，克麗斯汀娜感到非常迷惘。她知道她愛繼父，卻也明白他所做的事是不對的，而且讓她越來越不愉快、不舒服。與此同時，歐佛特先生的改變也越來越大，脾氣日益暴躁，一九九九年感恩節甚至和太太打架，扯掉一些她的頭髮。歐佛特先生顯然是每況愈下了。

最後，傷心難耐的克麗斯汀娜終於向輔導老師哭訴繼父的獸行，輔導老師便找了她的母親來談。

非常震驚、恐懼與憤怒的安妮，很快就在他房間找到很多游走法律邊緣的黃色兒童刊物——裡頭有一大堆其實已是成年婦女，卻打扮得像是十三、四歲女孩的照片。於是乎，她去報警了。

歐佛特先生被檢方以性攻擊罪名起訴，並且勒令搬出住家、不得靠近克麗斯汀娜。醫生的診斷是他有戀童癖，所以法官給他兩個選擇：接受治療或進監獄。

歐佛特先生當然選擇接受治療，然而，即使在治療過程之中，他還是無法抗拒復健中心女性職員和其他客人對他的性誘惑，所以被踢出了復健專案。現在，他不能不進監獄了。

但是，就在他要入監服刑的前一晚，歐佛特先生去了維吉尼亞大學的醫院，說他頭痛欲裂。醫院拒絕相信他的說辭，不肯替他看診，但在被趕出醫院前，他宣稱如果醫院不收留他，他不但要自殺，還威脅要強姦女房東。醫院當然不敢讓這種人走出院外，於是他住進了精神科病房，病歷上寫的還有戀童症。當然了，他住進醫院後的第一件事，便是去找女護士要求肉體上的醫療照護。

假如他沒有小便在自己身上的話，也許他就這麼玩完了。但是他不但尿在身上，而且似乎毫不在意這個不尋常的行為；加上走起路來踉踉蹌蹌，聰敏過人的史華德洛（Russell Swerdlow）醫生立刻把這兩件事聯想在一起，要他去做大腦掃描。結果發現，歐佛特先生的眼眶皮質底部不但長了一個大腫瘤，還壓迫到他的右前額葉皮質。外科醫生割除腫瘤後，歐佛特先生的情緒、認知、性慾便都回到正常狀態，不再招惹女護士，也沒有強暴女房東或自殺的念頭。

歐佛特先生煥然一新了，出院後立即重回治療之路，順利完成十二個步驟的匿名戒性慾組織計畫

（Sexaholics Anonymous Program）。七個月後，他重回家園與妻子及繼女團聚，重新開始正常的家庭生活。這是一個近乎奇蹟的復元，照說也應該有個「從此，他們快樂的生活在一起」的結尾。然而這個醫學奇蹟卻只是海市蜃樓，他的頭痛去了又來。

在幾個月的正常生活之後，歐佛特太太發現先生又開始收集黃色兒童刊物，懷疑他舊病復發，所以史華德洛醫生再次掃描他的大腦，果然，腫瘤又長回來了。二○○二年他再次開刀割除腫瘤，這一回，復原後六年腫瘤都沒有再生，一切行為正常。

歐佛特先生的個案之所以很特殊，是因為那是大腦失功能和行為改變之間，直接到幾乎可以說是因果關係的一個例子。連續兩次，他都因大腦同一部位長瘤而顯現同樣的偏差行為，這個案例強烈顯示，他的反社會行為是來自大腦中不可控制的腫瘤。可這也引發了一個重要的法律問題：歐佛特先生應該為他的偏差行為負責嗎？

生命中的某些爭辯，就像希臘古甕（Grecian urn）上的人像一樣，永遠禁錮在時間中。瓶子的一邊畫的是希臘司法和正義的女神西蜜司（Themis），而西蜜司不愛聽哭哭啼啼的故事——不要任何藉口，只要正義和懲罰，因為一個人必須為自己的犯罪行為負責。

瓶子的另一邊畫著的，則是為歐佛特先生及其他像他這樣的人求情的人像。**這些人是複雜的生物社會力量的受害者，而那些力量總是強大到不受我們的控制。**

本章中，我們不但要用批判的眼光來看犯罪生物學的研究如何影響了司法系統，還要提出有關人類核心價值——包括什麼叫自由意志——的問題；這個新興的「神經法律」（neurolaw）次領域，如今已在塑造我們對自由意志這個主題的看法上扮演關鍵性的角色。我們要聚焦在犯罪人的責任上，從暴力的神經科學研究觀點，來評估我們究竟應該贊成還是反對他們為自己的行為負起責任。最後，我們還會再回到歐佛特先生的責任上——檢視目前法律要人對這種行為負責的對錯。

自由意志有多自由？

到現在為止，我們已經看到無數生物學上的、基因上的和大腦上的因素，綜合起來便產生暴力和犯罪；有一些因素，甚至在嬰兒還沒有出生前就出現了。沒有一個孩子會要求出生時難產，也沒有一個想要萎縮的杏仁核，或是祈求低濃度 MAOA 的基因，所以，假如這些因素使一些無辜的嬰兒走向犯罪之路，我們能夠責怪他們，要他們為後來的所作所為負責嗎？就嚴謹的自由意志定義來說，他們真的有自由意志嗎？這是我們必須面對的議題。

有兩個極端的這一頭，許多神學家、哲學家、社會科學家認為，除了嚴重的心智疾病這種例外情形，每個人對自己的行為都有完全的控制力；神學家尤其認為，我們可以選擇要不要讓上帝進入我們的心靈，可以選擇要不要犯罪，所以我們的犯罪行為——我們的原罪——是意志製造的、我們能完全掌控的產品。

在另外一個極端，有些科學家會避免談論自由意志這個宏觀的行為，而從化約主義的觀點來看細胞的層次；例如發現DNA結構的諾貝爾獎得主克里克（Francis Crick）就認為，自由意志不過是一大群位於前扣帶迴的神經細胞，是在某些假設下才能建構出自由意志的機器。這種看法，很近似我們前面談過的演化觀點。或許我們真的只是基因的機器，而基因則欺騙我們，讓我們以為對生命真的有選擇權。

我是站在兩個極端的中間，自由意志應該是個連續的向度，有些人對自己的行為幾乎有完全的選擇能力，有些人就比較少。法律看事情是黑或白，除了少數例外，不是全黑就是全白；我看事情則是不同程度的灰，從深灰到淺灰，因為我們大多數人都在兩個極端之間。**自由意志可以看成智商、性向或脾氣等概念，都是大自然中的向度。自由意志既有程度上的差別，我們每一個人當然也都在這個向限上有程度的差別。**

那麼，決定自由意志程度的是什麼？早期的生物學和基因遺傳學的機制，以及社會和環境的因素扮演著重要的角色。某些人的自由意志，早在生命初期就被他們不能掌控的力量所限制住了，從我所研究的一個殺人犯和強姦犯的生命歷史，你就可以多少了解我的看法。我會先描述他的生活情境，因為他的辯護律師聲稱他的自由意志被限制了，然後再回頭，從檢方的觀點解釋為什麼他的行為應該受懲罰。

佩吉的故事

丹塔・佩吉（Donta Page）生於一九七六年三月二十八日，母親派翠西亞（Patricia）生他時不過十六歲，還在懷孕時染上淋病。她自己的母親（佩吉的外婆）生她時更才只有十四歲，所以佩吉的母親是她的舅舅和舅媽帶大的，這兩個人都性侵和性虐待她，強迫她與舅舅持續八年的亂倫關係，當時派翠西亞才四歲。佩吉的父親並沒有和他住在一起，他卻還是繼承了父親那一邊的犯罪、吸毒和心智疾病的家庭歷史。

佩吉的童年生活就是不停進出急診室，未滿二歲之前就已有五次被送到急診室。九個月大被送進急診室那一次，家人宣稱他是從汽車窗戶跌出去，卻極有可能是有人不想要這個嬰兒，所以把他丟出車外。成年後頭頂的那一道傷疤，應該就是兒時無數次腦傷所留下的痕跡。就因為成長過程中沒有人管教他、保護他，所以他曾被鞦韆打到昏迷，六個月大時就從曾經從雙層床的上鋪跌落地面。因此還沒兩歲就已經有五次頭傷的紀錄，很可能大腦內部有受傷。

佩吉三歲時，和家人搬到華盛頓特區最糟的社區之一，他的辯護律師說，他走在佩吉長大的社區時，看到的是每四、五間房子裡就有一間不是燒掉了就是沒有人住的廢屋。也因為小佩吉有如人球，不斷在母親和舅婆住處之間被踢過來又踢過去，缺乏一般正常家庭的穩定生活，造成他的極度沒有安全感。不管住在哪一邊，他都常常獨自一人在家一整天，完全沒有人陪伴；母親對他的虐待，甚至糟到讓他不過才十歲就寧可睡在荒廢的屋子裡也不要留在家中。

因為他的母親自己也是被虐待長大的，有樣學樣地虐待佩吉也就不足為奇。他外祖母在法庭上作證說，佩吉嬰兒時期就因為啼哭而被抓起來用力搖晃過很多次；三歲時，母親換成打他的頭，而且用力到他後來經常頭痛；六歲時曾被用電線打到流血，可能因尿床被打，也可能因成績不佳被打，不論大事小事，只要大人心情不好，就拿他當出氣筒。當老師對媽媽說她懷疑佩吉有注意力不足／過動症時，媽媽的反應就是認定他犯了過錯，一回家就狠狠鞭打他。光看法庭的紀錄裡，佩吉就曾經被母親用拳頭揍、香菸燙，使他手臂上的傷痕到他成年都未褪去；這些傷痕，就是他飽受虐待的明證。

除了自己的媽媽，虐待他的人還包括社區的壞份子。不過十歲大時，他就被鄰居兇狠地強暴過，嚴重到因為肛門流血而進了急診室，醫生也懷疑可能有內出血，可雖然證據這麼充足，醫院卻沒有報警或轉介到兒福機構。佩吉只好又回到他原來的家——就在強暴他的人對面。**既沒有人輔導他，也沒有人同情他，從家人、醫院到社區，沒有人關心他的安危。**

他的受虐繼續惡化，十三歲時又回到急診室，因為母親用鐵棍打破了他的頭。治療他的醫生也的確記錄下他身上的傷痕，例如手臂上留有被電線打過的痕跡，這是非常明顯虐待兒童的證據，卻還是沒有出現任何保護他的行動，一而再、再而三地從急診處被送回母親那裡。

佩吉十六歲時，因為偷竊被送到少年感化院。當他後來以成人身分為謀殺罪受審時，辯護律師很仔細的羅列了佩吉十八歲時他的老師及觀護人替他提出的十九次心理治療申請，令人驚訝的是，一次都沒有獲得同意。其中的前八次嘗試，更早在他犯下第一次罪之前。

因為完全沒有得到任何形式的治療，所以他很快就掉入了犯罪的生活型態，從十八歲起便偷、搶都來，也被判過二十年有期徒刑和十年緩刑，然而只關了四年便在一九九八年十月假釋出獄，被送到科羅拉多州丹佛市的中途之家。但是，他也沒在那裡待多久，隔年二月二十三日他就因為攻擊中途之家的一名學員，而又被送回馬里蘭州服滿剩餘的刑期。也就在即將被送回監獄的前一天，他搶劫並殺死了丹佛市的佩頓・杜希爾（Peyton Tuthill）。

審訊開始前，佩吉的辯護律師凱索（James Castle）就找上我了，因為他聽說我在做謀殺犯的大腦影像研究，而在他看來，佩吉令人憎惡的種種行徑可能是大腦失功能，所以無法控制自己的行為。我常常接到這種請求，也通常會拒絕，但是這次在聽到凱索詳細的報告後，我決定出手相助；我相信，佩吉的案子有仔細檢視的必要。

我們安排佩吉跨越州界，從科羅拉多州到加州來接受正子斷層掃描（PET），然後由我在法庭上出示佩吉大腦的片子，並且拿來和五十六名正常人的大腦相比較。我以專家證人（expert witness）的身分告訴法官和陪審員，佩吉的大腦顯現非常清楚的失功能證據：前額葉內側及眼眶皮質和右顳葉端（temporal pole）都有萎縮的現象。

圖10.1上面兩張是佩吉的大腦，下面兩張則是控制組的正常人大腦的掃描圖。你一眼就看得出來，左下方的正常人大腦掃描上半部幾乎全是紅黃兩色，布滿了前額葉皮質，左上方的佩吉大腦卻多半是

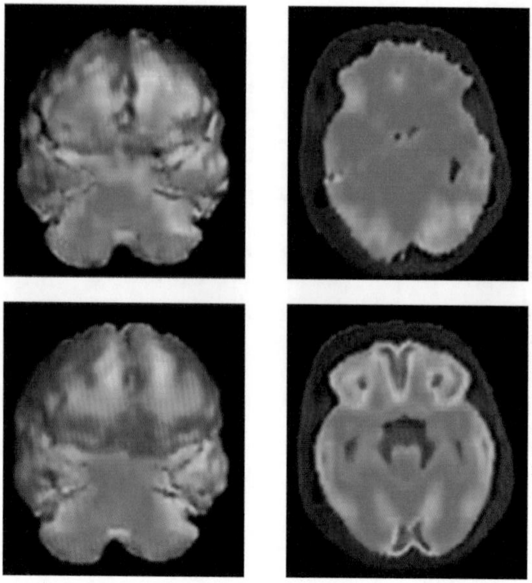

圖 10.1　PET 掃描顯示謀殺犯佩吉的前額葉皮質腹區和正常人相比較時的活化低落。右圖為俯視大腦的情形，左圖為正面稍微朝上看的大腦正視圖。

藍綠色，表示該區域葡萄糖的新陳代謝活動大大不足。

然後請看右半邊的圖，這是從上往下的俯視鳥瞰，可以看到控制組額葉的腹側及眼眶皮質都活化得很好；相反的，佩吉的圖卻顯示額葉內側及眼眶皮質都沒有活化。佩吉大腦與一般正常人的差異，幾乎像黑白的對比那樣顯著。

現在，你應該看得出這些大腦區域的顯著不同了。**佩吉失功能的地方，都和認知、情緒和行為控制有絕大的關係**。前額葉皮質內側——尤其是前端——掌管行為的控制，以及道德判斷和決定、同理心、社會價值、對自己的了解。前額葉皮質的腹部包括眼眶皮質，掌管情緒調控和衝動控制，以及恐懼制約，和控制自己不要做不對的行為、同理心、關心別人和對別人的情緒敏感有決定性的關係。這個地方受傷的病人，都會出現衝動性、無法自我控制、不成熟、不夠圓融的行為，而且無法改變、修正或抑制不當行為的出現，社會判斷很差（譯註：台語的白目），缺乏智慧的靈活性，推理能力和解決問題的能力都不好，會有和心理病態者一樣的人格和行為。我們在前面已清楚看到，這些地方的失功能會導致暴力及反社會行為的出現，你應該還記得，前額葉的失功能正是衝動型殺人犯的特質。

一把科學知識放進佩吉的行為裡，他的行為就比較可以了解了。他並沒有計畫去強姦並殺死杜希爾，只是上她家搶劫，搶到多少算多少，和前面我們談過的巴士坦曼提沒有兩樣——巴士坦曼提本來也只打算行竊，被發現後才打死屋主。第三章中的巴士坦曼提大腦PET掃描圖，也顯示眼眶皮質功能不足。當杜希爾提早回家，發現闖空門的佩吉時，佩吉的行為就失控了，把這位年輕貌美的金髮女郎關進臥室後，他的情緒和性本能就超越了他的理智；他對她所做的，正是他小時候別人對他做的醜惡的事——強姦。他本就缺少自我調控和情緒控制的能力，也缺少對受害者的同情心，感受不到她的害怕，所以當她反擊時，就動手刺死了她。他對於生活走不出框架感到憤怒，更對馬上又要被關回監獄無法釋懷，便把憤怒和挫折感發洩到受害人身上。從他童年嚴重受虐情形看來，不論他是有意識的還是潛意識的，都是為了傾洩攻擊性。他施予杜希爾的，正是他小時候所受的傷害。

沒有人會否認佩吉的行為可憎——有人甚至會認為是邪惡，但是，你能否認那些驅使他走上暴力這條路的潛在性因素嗎？

佩吉大腦的掃描圖最值得重視的地方，就是前額葉皮質的眼眶皮質及顳葉端——兩腦半球的最前端——受損。因為所處的位置，這兩個地方是大腦最容易受傷害的地方；就算你遇上的是比佩吉的腦傷更輕微的碰撞，都會引起這兩個地方的受損，更別說佩吉的情況是嚴重到要送急診室的程度。

我們從他的家庭成員證詞中得知，佩吉的媽媽曾經猛烈地搖晃嬰兒佩吉——只因為他愛哭。當嬰兒被猛烈前後搖晃時，他的眼眶皮質和顳葉端會撞擊到腦殼而受損；我們在ＰＥＴ掃描中所看到的傷害，就很吻合他幼時所受到的虐待。

佩吉的成長歷史還有其他使我印象深刻的地方。他到十歲都還不能控制大小便，經常弄髒床被，也常為此被母親責打；你會在三或四歲的孩子身上看到這種情形，但如果持續到十歲，就看得出他的焦慮、恐懼和緊張有多巨大。他的童年，真是只能用「慘不忍睹」來形容。

在神經心理學的層次上，佩吉的威斯康辛卡片分類作業——測量大腦執行功能的經典作業——表現得很差。從ＰＥＴ的大腦圖片看來，更可以肯定是缺少調控前額葉功能的能力。佩吉也曾留級過三次，清楚指出他有學習障礙。

再從心理生理學的層次來看，他的靜止心跳率是一分鐘六十次，把這個數字和同樣年齡的男性相比較，我發現落在鐘型曲線最後面百分之三的地方。前面的章節中已討論過，低心跳率是反社會行為最好的生理指標，表示不害怕，很難被恐懼制約，並且覺識門檻低，需要追求更高程度的刺激才會得到滿足。

在認知的層次上，他的語文智商和空間智商差了十七分（IQ points），空間的右腦分數比左邊低了很多，顯示掌管情緒的右腦受損較嚴重。神經心理學的測驗，也顯示他的聽覺和視覺管道的記憶都很差，與顳葉受損的大腦圖片一致。

三位專家都認為佩吉有某些心智疾病，因為光是他父親那邊的家庭，就有心智疾病的歷史了，更別說母親這邊的社會家庭歷史還更令人厭惡。基因的因素在他身上扮演了某些角色，造成他衝動的生活型態，躲不開暴力的引誘也就不令人奇怪了。

我們也別忘了，社會環境會在「生物社會」影響大腦上扮演重要角色的這個重點。母親從小就拒絕、不關心、忽略他，當然對他的大腦會有影響——我們在第八章中已談過，生物的和社會的因素會產生交互作用。雖然我們不太清楚他出生時的情形，但既然他的母親懷孕時染患過淋病，就有可能導致生產時的併發症，包括羊水早破、感染及早產。佩吉也可能會因為出生時經過產道而感染淋病，而我們已從研究中得知，母親排斥嬰兒若再加上生產過程的併發症，就會增加三倍成年後的暴力機率；此外，因為他生長在極端貧困的家庭，很可能從嬰兒期起就營養不良，這又是另一個對大腦發展有負面影響的因素。

我們已經見識到「生物社會」這個名詞可以怎麼橫看成嶺側成峰——比如社會因素，就會提升生物危險因子對暴力的影響。以環境的毒性為例，佩吉的舅婆就說他小時候會啃牆壁剝落的油漆碎片。佩吉那時住的那種老房子油漆是含有鉛的，而我們已經知道鉛的神經毒會傷害大腦。佩吉小時候常餓肚子，而我們都知道，飢餓的小小孩會吃任何可以到手的東西——包括油漆碎片；已經會到處爬的寶寶，更會一看到地上有東西就塞進嘴裡。前面說過，幼年時的營養不良和長大後的反社會行為有關係——營養不良這個社會危險因素會損害大腦的功能。所以在社會不利的層次上，佩吉的經驗很可能造成大腦損傷，這個損傷又回過頭來，使他更進一步變成暴力犯罪者。

以上的每個歷程——社會的和生物學上的——都可以更進一步，把危險因子塑造成暴力。佩吉一年級時的老師說，他在六歲半時情緒就不穩定了，從她的紀錄，也的確看得出佩吉顯然不對勁。同樣的，他的祖母也認為他有嚴重的問題，才五、六歲大就有憂鬱症，同時還加上衝動和過動。這些臨床上的問題行為，都是很容易促發後來反社會和暴力行為的危險因子。

總結來看，佩吉的個案問題一長串：母親青少年懷孕，所以有難產的風險，生下他後又不照顧、不關心；生命裡完全沒有父親這個角色，生長社區極端貧窮；嬰兒期的劇烈搖晃，有可能造成前額葉皮質和邊緣系統的分離；嚴重的身體傷害和性虐待，包括被強暴到肛門流血、打到留下褪除不去的疤痕；完全被忽略，早期就有腦傷，多次送進急診室；暴露在鉛神經毒之下，營養不良，完全沒有人管教，學習障礙，有心智毛病的家庭歷史，有憂鬱症、注意力不足／過動症和行為規範障礙症的症狀，執行和記憶失功能，生理覺識偏低；最後，還有眼眶皮質和前額葉內側皮質功能不彰，外加顳葉端功能不良。

這份落落長的單子，就好像是從神經犯罪學食譜中抄來餵養暴力再犯者的滿漢大餐。佩吉是一枚會走路的未爆彈，打他從有淋病的母親子宮出來，就完全不曾領略過什麼叫愛、照顧和關懷；杜希爾的不幸，只是在不對的時間、不對的地點碰上了佩吉。

佩吉自己寫了一封信，清楚說明他的生命是何種樣貌，以及他覺得陪審員會怎麼看他，在宣判之前，法庭宣讀了這封信：

他們所見到的，只會是一名殺了白人的黑人，沒有人花時間去問「為什麼」，只想知道「是誰幹的」。多少年來，我要求幫助都沒有人在乎，直到我傷害了別人，他們才想到要給我藥吃，但是，我回到家卻還是一無所有，直到我又傷害了別人……我看不出我為什麼要活著，我今年二十四歲，從來沒有一次好好過活的機會，現在一切都完了。

「從來沒有好好過活的機會。」他是個一百多公斤重的非裔美國人，姦殺了一位漂亮、年輕的金髮女性。這種跨種族的姦殺案並不常見，大部分暴力案──大約百分之九十──的兇手與被害人都是同一種族。這個種族的敏感性，一定在陪審員心中啟動、升高懲罰的機制，果然，三天後陪審員回到法庭，宣布他們認為佩吉有罪，而且是故意強姦殺人的第一級謀殺罪──佩吉有可能被判處死刑。

陪審員花了很多時間去想「誰殺了誰」，卻很少著墨於佩吉所提出的「為什麼」。這個問題看起來太簡單，幾乎有點幼稚，甚至有點無禮；但是，我們有時就是需要問無禮的問題，才找得出中肯的答案。假如我們真的想防止杜希爾遭受的這種恐怖犯罪，就必須了解為什麼──解釋犯罪的原因。

佩吉也在信中說，他很早就知道自己的行為有問題，並曾尋求幫助，每次申請卻都沒有下文。在他犯下第一件案子之前，就已經有過八份文件建議提供治療——天知道還有多少份應提交而未提交的文件。**他迫切需要專家來解除他身上相混合的有毒危險因子、未爆彈的引信，因為那是他無法控制的生活環境使然。**

如果你把自由意志看成一根圖騰柱，佩吉就在最底層；在那裡，命運決定一切。誰都看得出來也心知肚明，他所處的地方是紅區（red zone）——假如你覺得非得有個人來怪罪，就應該怪罪他心理病態的媽媽，怪她毀了孩子的一生；你也可以怪罪懶惰的、事不關己的旁觀者，眼睜睜看到壞事就要發生卻袖手旁觀，不肯介入；你當然也可以怪罪社會服務機構，因為他們沒有積極處理，任憑一個高聲呼喊救命的人沉沒下去；我們更可以責怪社會，沒有多做一些事來保護曾經那麼純潔無辜的生命。

但請不要責怪該隱，佩吉的案子告訴我們，自由意志並不是像法律和社會所以為的那樣自由。

慈悲或正義——佩吉該被處死嗎？

佩吉應不應該被處死？他被判有罪，面對死刑判決，但我們強烈懷疑讓他犯下暴力殺人案的是大腦的損傷；我們同時也確定，這個損傷來自他生命的初期，他對人世的一切都還沒有主控權的時候。

我們當然必須保護社會，如果治療不了這個腦傷，就只好把他關在安全的地方，讓他終身不能再傷害別人；但是，佩吉應該接受最嚴厲的懲罰嗎？他應該被遞奪公權終身，被槍斃嗎？

有人認為，即使在面對危險因子的時候，我們也都有自由意志；這種信仰，幾乎可以和宗教信仰相提並論。我們當然都自由意志不是嗎？假如我問你為什麼現在會讀這本書，你會說：「因為我今天想讀點書，所以決定選你的書來讀；我本來就對犯罪感興趣，最近又聽了很多有關大腦和生物對犯罪的關係，所以現在的我才會讀你的書。」

聽起來很合理，不是嗎？這完全是你的選擇，證明你有自由意志——我並沒有站在你旁邊，用槍指著你的頭強迫你讀，不是嗎？顯然這就是完整的自由意志的證明了，不是嗎？你錯了，它不是。

選擇讀這本書的不是你，而是你的大腦。不論你有沒有意識到，你都可能有買這本書的「危險因子」。你很可能是犯罪的受害者，很可能自己就在走向犯罪的邊緣上——你可能一直在想：犯罪者和好公民的界線究竟在哪裡？你也可能出身良好，一直對所謂的「壞種」感興趣，甚至還可能遭受過家暴和虐待。假如你是女性，我們知道你比男性更對這本書感興趣——很可能是你很害怕成為受害者。這些因素形成了因果鏈，使你趨向於讀這本書。這本書的名字，它彩色的封面，幾毫秒之內就激發了過去情緒記憶的連鎖反應，使你拿起這本書，開始往下讀。

你極力想相信是你自己在決定生命中的一切，然而這個信念是不對的，它來自古老的演化力量，就像浮蕩在你心智機器中的鬼魂。你在決定買這本書上的無助，就和我在寫它時沒有兩樣。

即使你現在決定把書放下來，用不讀它來證明我是錯的，也不是你「選擇」這樣做，而是你的「

不合作大腦」（Bolshie brain）在被挑戰時，因事先的設定而立刻做出相反的事情來表示不服從。自由意志是一個悲哀的幻覺——是看似真實存在的海市蜃樓。我很希望它不是，因為我自己也覺得這個看法不舒服，但事實就是這樣。

下面是另一個例子。我們都知道酗酒是一種病，有基因上的關係，假如我們在酗酒者和非酗酒者面前放一杯啤酒，叫他們不要喝——是的，他們的確會選擇喝或不喝它，但是從機率的觀點來看，我們都知道酗酒者的抵抗力比較小。在這個情形之下，酗酒者的自由意志有很大一部分是被他的基因、生物學（譯註：書中所用的生物學這個名詞有很大部分指的是大腦）所限制，當然更有環境的力量，這些都不是酗酒者自己能控制的，佩吉這樣的犯罪者也一樣。

好吧，你說佩吉有一堆暴力犯罪的危險因子，他的命很不好，生不逢時，但我還是要說他得跟一般人一樣負起責任；要是一個人有傾向犯罪的特性，更應該為這個傾向負責任。就像酗酒者知道他有喝酒的問題時就應該去尋求治療，有暴力危險因子的人也必須承認自己有問題，尋找防止的方法來確定他沒有傷害任何人。他還是有選擇，他必須有所因應，他還是該負起責任。

但是，負責任和自我反思並不是無實體的、空洞的歷程，而是深植於大腦中的。功能性核磁共振研究顯示前額葉皮質內側掌管自我反思，我們則一再於反社會人格、暴力和心理病態者的大腦中，看到這個地方結構和功能的不足。同樣的，前額葉皮質內側受損的病人常常不負責任，沒有自我紀律，不考量貿然行事的後果，例如佩吉。圖10.1可以很清楚的看出，佩吉前額葉內側皮質的活化量很低，所以他比我們更無法反思行為的後果，或警覺自己有暴力的危險因子；要他為這個自己不知道的危險因子負責任並尋求治療，無異緣木求魚。（譯註：葛詹尼加的《大腦比你先知道》〔遠哲出版〕非常值得有興趣的讀者參考。書中有許多很好的實驗，說明大腦啟動反應時，我們要千分之二十秒後才意識得到。）

現在，讓我們回頭再看我在法院所做證詞的反面意見。假如我們以生物社會的理由寬恕佩吉，會不會陷入法律的流沙中？假如用基因取代槍中的子彈，我承認環境就是扳機，但要不要扣下扳機真的是你自己的選擇嗎？

從科學的角度，我採取決定論——有人會說悲觀——的觀點。假如街上的行人都荷槍實彈，那麼早晚一定有人會中彈倒地。我們不能證明大腦受損是暴力的原因，但是在佩吉身上，這一點幾乎毫無疑義。

你可能會反駁說，這些犯罪者對自己的槍膛滿是子彈總應該有一些知覺吧？肯定曉得自己有些不對勁才對。根據我在監獄中研究這些犯人四年的經驗，我不確定他們自己知不知道；我懷疑大部分的犯人都有些大腦的失功能，可能根本無法察覺自己的不對勁；只要考量暴力的神經發展基礎，你就應該不會太意外，這些罪犯在長大的過程中，大腦一直沒有正常發展，這是他們固有的一部分，然而，即使不斷有人指證他們的大腦有問題，很多社會大眾還是認為暴力的原因是社會因素，例如貧窮、失業、不良影響、沒有教養和父母虐待，因為他們從小就相信這套說法。我則認為，犯罪者及你們中間的有些人之所以會這樣想，是因為貧困和父母沒有管教可以客觀地觀察、辨認，所以非常顯著——相對來說，一般人的肉眼都看不到生物學上的危險因子。但神經生物學的真實性就像阿茲海默症，有大腦的缺失，卻無法客觀評估病人的心智狀態（譯註：阿茲海默症是目前誤診率最高的一種失智症），**也正因為佩吉這類罪犯的心智狀態無法客觀被評估，所以大腦上的危險因子經常被忽略。**

但是，即使這些犯罪者知道他們有暴力的危險因子，目前社會的結構還是幫不了他們多少忙。就算佩吉知道這些危險因子的意義，也明白自己是個高危險份子，他又能怎樣？走進警察局，告訴警察他想強姦某個人嗎？我們既然知道社會對這種事的反應，就不能責怪那些不想被關在牢裡大半輩子的人。這個社會，並沒有提供自助團體來幫助有遠見的犯罪者。

讀到佩吉的案子時，你可能會想起某個人——朋友或家族成員——可能就有生物上或社會的犯罪危險因子，可他們並沒有犯罪；所以你說，他們明明有因子卻沒有犯罪，事情一定沒有那麼單純。

辯方會怎麼說？這些人的生活中一定有正向的影響力，也就是所謂的保護因子（protective factors），例如正向的家庭功能，就可以保護孩子、消滅反社會行為的可能性；或是他很容易被恐懼制約，有高程度的覺識，因此即使這個孩子在青少年期有反社會人格，這類生物因子都可以保護他，使他長大以後不犯罪。**這些保護因子會以各種方式幫助他們，卻不見得他們一定得有「自由意志」**。

我認為佩吉的懲罰不應該這麼重，因為他的自由意志相當有限；一種米養百種人，考慮這種罪犯的刑期時，我們應該把這一點放入考量。

不以牙還牙，就捨棄了社會公義？

讓我們來聽聽另一邊的意見。不管他身上有多少危險因子，我們都有不願意讓佩吉因此無罪的強大理由：司法系統主張處罰犯罪者最主要的哲學根據，就是一報還一報。杜希爾在承受可怕的強暴後被殺死了，難道我們能對被害人呼叫正義的聲音充耳不聞嗎？莎士比亞不就在《威尼斯商人》中說，應該叫他償還「一磅的肉」（a pound of flesh）嗎？

我幾乎可以打包票，在生命中的某一時刻，你也曾是偷竊、搶劫、闖空門或攻擊的受害人；還記得你當下的憤怒或感受到的不正義嗎？你是不是不想放過罪犯？會不會本能地很想以牙還牙、以眼還眼？正義存在於受害者要求懲罰的心理需求，假如我們廢去嚴刑峻法，改用輕柔的懲戒，會不會讓受害者覺得世間沒有公理？

既然給你看了寬恕佩吉的理由，我也得讓你看看強姦和謀殺的事實；這不會像你坐在法庭中的陪審團席位上檢視圖片和法醫證據，但會使你在交出你的判決之前停頓一下，幫助你了解主張嚴懲者的觀點。

第一，杜希爾是個年輕的好女孩，既是南卡羅萊納州查爾斯頓學院（College of Charleston）的大學生，也曾是啦啦隊員、運動員、救生員及姊妹會的會長，更擔任過毒癮者的同儕輔導員，到老人院做過志工；她對窮人有很強的社會責任感，經常無私地幫助比較沒有資源的少數民族，義務輔導貧家孩子的課業，安排姊妹會會員去認養五名這種孩子（譯註：不是接回家住，而是在金錢和感情上支援這些孩子）。大學畢業後，她又到科羅拉多州的丹佛市念科羅拉多藝術學院；很諷刺的是，她甚至去過佩吉住過的那個基金會，想以志工身分幫忙毒品受害者和酗酒者，更諷刺的是，基金會的人還跟她保證她住的地方很安全，需要幫助時隨時都可以聯絡他們。

一九九九年二月二十四日，她去參加囊腫纖維化症基金會（Cystic Fibrosis Foundation）的面試。也就正在那時，佩吉回到他原來復健的基金會，等人送他去公車站搭車回馬里蘭監獄服刑；只因為去車站前有兩個小時的空檔，衝動的佩吉決定去附近的人家闖空門。

杜希爾面試後立刻回家，把車子停在公寓外，卻一走進屋子就看到佩吉，嚇得跑上樓去。佩吉在樓頂追上她，用力打了她的臉好幾拳，也用刀柄敲她的頭；那把刀，是他從廚房抽屜中拿的，樓梯的扶手、地板、牆壁上的血跡顯示她就在那兒被刺。當她的狗在一間關上門的房間內狂吠時，佩吉把她拖到另一間房間去，用繩子綁住她雙手，逼問錢放在哪裡，她說「在車上的皮包裡」。

趁著佩吉出去找錢時，杜希爾自己掙脫，跑下樓，想不到尚未逃出家門就又被進來的佩吉捉到；佩吉脫掉她的衣服，強暴她，然後又從肛門強暴她一次。牆上的血跡顯示，佩吉曾兇猛地抓她的頭去撞牆，使得先前的傷口大量出血；當時的場景，當真是人間地獄。

佩吉在自白錄音帶中說，杜希爾恐怖的呼叫聲促發了他的殺機，所以他把她拖到床邊，弄成坐姿後，再用廚房的那把刀割開她的喉嚨。但即使血都已從傷口噴出，她仍然尖叫呼救，還和體型比她大上兩倍的人搏鬥，勇敢地去搶刀子，所以她的手掌也被嚴重割傷。為了讓她停止呼喊，佩吉還用刀插入她的胸膛兩次。

但她仍然掙扎求生，勉強站起來面對她的殺手，因此又挨了兩刀；其中一刀還深入她體內二十公分，刀鋒完全沒入她的胸膛，切斷了大動脈，但杜希爾還是往前走了兩、三步才終於倒下。驗屍官證實，杜希爾又撐了一分鐘才倒臥在她自己的血泊中。佩吉回到基金會時，正好趕上下午一點三十分發車的巴士。

杜希爾的母親後來說，她的女兒不是被殺，而是像動物一樣被「屠殺」。我們應該原諒佩吉嗎？杜希爾無私地為弱勢少數民族孩子奉獻身心，但是用奪取她性命來回報她的，卻也正是長大後的這種少數民族孩子；她年輕美好的生命，就因為社會上有這種邪惡的暴徒而斷送了。如果杜希爾是你的朋友、女朋友、你的姊妹或甚至是你的女兒，你能想像她所承受的痛苦、恐懼和羞辱嗎？**假如任何一名被告都應該負起罪責，那麼佩吉絕對必須接受法律制裁，不論佩吉得到什麼樣的懲罰，都比杜希爾所受到的人道得多。**

讓我們再舉一個例子，這個人——假設他叫佛瑞德・哈托（Fred Haltoil）——生長在一個虐待他的家庭中。根據他媽媽的說法，他常被脾氣不好的父親鞭打，更有四個手足都沒有撐過童年期就夭折了，父子之間的敵意很深，一家子也不斷被迫搬家；就像許多罪犯一樣，他在學校的表現很不好——曾被其中一所學校退學過——所以十六歲時就中輟，沒有拿到畢業證書。後來他去從軍，是個勇敢、不知害怕為何物的士兵，擔任的更是最危險的職務——在前線傳送訊息（message runner）；果然，有一回在執行勤務時受傷了，住院時期間一個月眼睛看不見，並且有創傷後壓力症候群（post-traumatic stress disorder, PTSD），所以就像很多解甲歸田的榮民，對別人的同情心比較遲鈍；不過這並不怎麼讓人意外，因為戰場上本就有你無我，子彈無情的創傷經驗更容易導致情緒的不敏感。

除役後他沒有工作，有段時間只能睡在遊民庇護所裡，從一個地方流浪到另一個地方，因為缺少教育又沒有一技之長，他不知道自己要做什麼，也沒有企圖心，社會功能差到從來沒能與任何人發展出親密關係。他不斷申請藝術和建築科系，但是既缺乏訓練又沒有天份，這種不切實際的幻想當然不會實現，所以生活也一直無法正常化，每況愈下，終於在坐了五年牢之後，像佩吉一樣走上了殺人的路。

佩吉的法官所面臨的選擇，是死刑或終身監禁不得假釋。假如你是哈托一案的陪審員，你會免去他的死刑嗎?我想很多人會，因為他有很多暴力的危險因子——童年的受虐、家庭的忽略，創傷的生活如手足死亡、學業失敗和失業、無家可歸，以及在戰爭時受到的嚴重創傷。一如佩吉的例子，他是否也應該得到一些寬恕呢？

或許不該，因為佛瑞德・哈托——本名希特勒——是屠殺六百萬猶太人的兇手，更別提因他而在戰爭中死亡的、數以百萬計的人民和士兵。毋庸置疑，希特勒不是好人，就算是世上最優秀的辯護律師，也頂多只能說他曾經推行過社會政策；和佩吉一樣，用最寬容的眼光來看都還是個有瑕疵的人，嚴厲地說則是個沒人性的怪獸。對任何其他的殺手，我們可能都會展現慈悲，但是對希特勒你會嗎？

萬一你真的願意寬待希特勒及其他像他一樣犯下種族滅絕（genocide）罪行的人，比如前烏干達軍事獨裁者阿敏（Idi Amin）、赤棉（柬埔寨）最高領導人波布（Pol Pat）、蘇聯前領導人史達林（Joseph Stalin），請記住，美國的社會跟你不一樣。開庭之前佩吉的辯護律師凱索曾提議接受所有的指控，以全盤認罪換取終身監禁、不判死刑，甚至同意不得假釋，也就是說，佩吉永遠不可能再危害他人；即便如此，檢察官還是不同意，堅持要提起訴訟，尋求死刑的判決。開庭的社會成本很高，但是顯然檢察官的心意已經超越社會保護，而要求最高懲罰。

那麼，**我們的大腦是否天生設定了以牙還牙、以眼還眼的機制呢？我認為，演化在我們心中深植了懲罰的感覺及對那些自私的心理病態者的憤怒，因為他們欺騙了社會共識的文明條款，肆意踐踏我們的信任和慈悲**（譯註：如臺灣的「滅頂」運動，起因就在於魏家已經這麼富有了還要賺黑心錢，違反了社會信任）。假如沒有強而有力的情緒機制來激發憤怒，和把這些犯罪者繩之以法以尋求社會正義，我們目前的文明社會就無法生存下去。假如原諒這些社會病態者，我們就會被他們犧牲掉；我們必須記住仇恨，因為「有恩報恩、有仇報仇」是很多社會的基石。

你可能願意接受我剛剛給你的危險因子論點，主張寬恕；你也可能堅持懲罰，絕不寬貸；其他人則可能有不同的想法。我能體會你們的心情——因為我以前就跟你們一樣，但是，為什麼人們的看法可以大不相同呢？假如你不同於別人，主張寬恕，或許只是因為你的喉嚨最近沒有像杜希爾那樣被人割過。

說到這裡你大概會想起，我曾在本書前言中提起自己的暴力受害感受，以及最近我有如和另一個自己的一番爭辯。那個受過科學訓練過的另一個自我，用了大半生去找尋犯罪的原因，發展治療的方法來阻止犯罪，一連四年在重刑犯監獄幫助社會大眾眼中的渣滓，從最上層的謀殺犯、搶銀行的強盜一直到最下層的戀童癖者。那個我甚至認為再犯是臨床上的病症，所以我們應該寬容打人打得最兇的人；那個我一步都不想退讓，因為科學的證據一再指出，讓罪犯走上犯罪之路的是犯罪者早期無力掌控的危險因子；那個我四處遊說所有人，要大家好好檢視科學證據，別讓我們的本能或情緒綁架我們的理性思維。

然而，我能真的寬恕他們嗎？我可以忘卻他們的惡行嗎？我可以就這麼一次放下從演化中得來的渴望復仇和懲罰的本能嗎？賓州的阿米胥人（Amish）顯然可以。當查理・羅勃茲（Charles Roberts）在蘭卡斯特郡（Lancaster County）射殺十名阿米胥的小女孩時，這個社區對這件事的反應如下：

> 除了向失去孩子的家庭伸出援手，並同時向犯案者的家庭伸出援手，我不認為這裡有任何人想做寬恕之外的任何事。

阿米胥人不但走訪凶手的家，表達他們對凶手的原諒，甚至為他設立了一個基金。我是在天主教家庭中長大的，永遠崇拜耶穌的大量；那麼，為什麼我不能有耶穌的原諒氣度，願意轉過另一邊臉頰來給人家打呢？假如你覺得阿米胥人的反應令人難以置信，那麼，批評他們的行為是被誤導、是拒絕承認魔鬼的存在會更容易讓你信服嗎？

就是因為這樣，我才和我自己在這一點上來回辯論，先站甲方這邊，再站乙方那邊。聽起來很瘋狂，但你其實是可以跟自己對話的——只要你不在另一個你講話時打斷他。**或許我們很多人心中都住著個小小的化身博士，最大的挑戰來自如何使這兩個矛盾和衝突的觀點在腦海中和平共存，進而發展成妥協的觀點**。這方面，我們會在下一章中談到未來的神經犯罪學時再回頭來談，眼下暫且回到出發點——幫助我們塑造觀點和判斷的兩個個案。

回到歐佛特先生

有些人覺得神經犯罪學像兩面刃，杜希爾遭受到了它銳利的一面，我也被同樣一面傷害過，但是力量輕了許多。杜希爾的媽媽想向殘害她女兒的暴力以牙還牙，我的分身海德先生也很想報仇洩恨。然而這把刀是否也有鈍的一面，可以緩和這些要求懲罰的感覺，讓我們停下來想一想懲罰？醫療模式加上醫聖希波克拉提斯（Hippocratic）「不可以傷害」（do no harm）的誓言，或許可以在這個扭曲的議題上幫助我們。讓我們先回到本章開頭的佩吉，以及歐佛特先生。

佩吉早期生活的醫療資訊以及他成年後的大腦掃描，並沒有使陪審員改變主意，他們還是認為他應該要為自己的惡行負責，判他第一級蓄意謀殺（1st-degree deliberate murder）、第一級重罪謀殺（1st-degree felony murder），第一級性侵害（1st-degree sex assault），第一級竊盜（1st-degree burglary），以及加重搶劫（aggravated robbery）的罪名。但是，在決定他的生死上這些罪名有關係嗎？二〇〇一年二月二十日那一天，三位科羅拉多州法官必須衡量輕重，做出最後的決定。佩吉應該為他的行為負全責，處以極刑嗎？還是法官會接受生物社會的論點，同意使他走上暴力之路的是早期不在自己控制之下的生活，依這些事實減輕他的處罰，使他在監獄中關一輩子？

三位法官決定接受我和被告律師的生物社會危險因子論點，放他一馬，沒判他死刑。在你看來，這是一個正確的決定嗎？還是未來社會不再理會法律的基石，任何人做了壞事都可以找些「藉口」來開脫，使得以後的社會再也沒有人必須為任何事負起全責？

主張嚴懲者絕對能證明佩吉對他的所作所為有法律上的責任，但是歐佛特先生呢？他也應該為他的行為負責嗎？你會覺得他應該負責嗎？請記住，在佩吉的案子裡，我們談的是大腦失功能與之後犯罪的相關——而不是原因；但是在歐佛特先生的案子裡，我們談的——顳葉和眼眶皮質的失功能使他成為戀童癖者——就非常接近因果論了，你會怎麼判？請花幾分鐘想一想再給出你的判決。

二〇一一年十一月的一個寒冷的早上，我拿這個問題請教了十四位聯邦和地方法院的法官，地點是在賓州費城的聯邦法庭。那是一場由美國科學促進會（American Academy for the Advancement of Science, AAAS）舉辦的演講，目的是讓神經科學家和司法人員見面，互相了解。我說歐佛特必須為他的戀童癖行為負起法律責任時，在座的每一位法官都同意。我並不是法律專家，不像我的同事賓州大學法學院教授摩斯（Stephen Morse），他是犯罪責任的國際專家，在這個案子上他教了我很多。

當醫學狀況非常清楚——那個行為完全在他主控之外，更別說非他所願——告訴我們，是大腦的控制中心被劫持才使他變成一名性侵害者時，我們怎麼可能要求他負起責任？戀童癖本身是如此的不正常和「不自然」（unnatural），即使沒有醫學上的證據，你也能一聽就認定那是一種病。你怎麼可能對大腦腫瘤造成戀童癖行為的事實視而不見？

關於這種情形，法律上的回答相當清楚明瞭。以美國的法律為例，法律責任的界定就在心智能力（mental capacity）——尤其是有沒有理性的思考能力。假設你犯了某個罪，為了脫罪你需要一個「積極抗辯」（affirmative defense），你就先「確認」這個犯罪行為有發生——你確實做了那件事——再辯稱那是因為你缺少「理性思考能力」（rational capacity），所以你不應該被譴責。那麼，你又為什麼會缺少理性思考能力呢？因為你得了嚴重的精神疾病，比如思覺失調症，或是你是心智不健全、心智遲緩，或是因為你太年輕，還只是個不知好歹的小毛孩；一旦你能證明自己缺少正常思考能力，即使你都已自承犯案，也可以不必為犯罪行為負責任。這個例子的重點是，你缺少知曉那是錯誤行為的實質能力。

理性思考需要兩個基本的條件：第一，你知道你在做什麼；第二，你知道你所做的事是不對的。歐佛特先生的心智狀態符合這兩個條件嗎？

就第一個條件而言，他知道自己在做什麼，他承認自己上了十二歲繼女的床，猥褻她。第二個條件呢？他知道他的所作所為是錯的，就好像化身博士身體裡還有個海德先生，而他受到了海德先生的控制，身不由己。他自己說：「腦海深處有個小小的聲音告訴我：『你不應該做。』但是有更大的聲音說：『有什麼關係？為什麼不做？』」

在法律上，歐佛特先生必須為他的戀童癖行為負責；在認知的層次上，他更完完全全了解自己在幹什麼。

然而，在法律上，你如何比較歐佛特先生和一個大腦裡沒有長瘤的戀童癖？他們的懲罰應該相當嗎？歐佛特先生認為不應該，不過在目前的美國法律眼裡，他們兩個都應該為自己的不當行為負責。歐佛特先生知道他在做什麼，然而，在另一個層次——情意和情緒的層次——上，歐佛特先生卻有些不對勁。他的太太安妮說，當她質問歐佛特先生時，他「好像知道他做的是不對的事，卻又似乎不明瞭為什麼不對，他的臉上，是那種『什麼？怎麼了？』的表情」。

是的，歐佛特先生在認知的層次上知道他做的是壞事，但是他有錯的感覺嗎？當他在醫院裡尿濕褲子時，他並沒有感覺到不好意思或羞恥，這個缺少感覺，是因為他的前額葉皮質腹側長了腫瘤。同樣的，他也不覺得猥褻他的繼女有什麼好羞恥或後悔的。

我們可以把這個情意上的缺陷擴大到犯罪的情境。第三章說過，心理病態者在做不道德的事情時大腦的情緒迴路沒有活化，我們也看到了他們眼眶皮質結構不正常的醫學證據。歐佛特先生的案子只是冰山一角，還有很多的罪犯的犯罪行為和大腦有關係；你可以說，是他們的大腦讓他們犯罪。

這又引來更大、更麻煩的問題。假如你同意歐佛特先生不必為他的行為負責——因為他的眼眶皮質有腫瘤，那麼，如果另外有人做了同樣的事卻並沒有一眼就看得到的大腫瘤，只有由於他神經發展期不正常而產生的些微前額葉皮質病變，甚至從PET的掃描中都不容易看見，你的判決又是會怎麼樣呢？因為這種病理上的缺陷是慢慢發展出來的，不會從大腦的不正常馬上跳到行為的不正常，所以有這種病態自我控制區域（譯註：指的是前額葉皮質，尤其是眼眶皮質區域）的人，多半是從很小的時候起就不對勁了，那時別人會罵他是「壞蛋」，長大後則是旁人眼中的特大號惡魔。法律責任上，我們又應該如何看待這種人呢？假如你對歐佛特先生放水，為什麼對另一個就嚴厲？假如你不願對他們寬容，會不會因此扭轉你對歐佛特先生案子的看法？

你之所以願意寬容看待歐佛特先生的案子，並不僅是因為他的腫瘤造成他的犯罪，也因為腫瘤切除後他就回復正常了。其他犯罪者大腦的失功能比較不顯著，也不清楚是否能治癒，他可能會持續侵害旁人——這就改變了你對他行為的道德評估。所以，你會覺得今天沒有接受治療的犯罪者應該負更多的責任，得到更多的懲罰嗎？我們如何在道德上面對自己的雙重標準？今日許多大腦受損的犯罪者都無法像歐佛特先生一樣，成功逆轉他們大腦的損傷，那麼，我們可以說他們所得到的差別待遇，在法律上是公平的嗎？

以目前的法律來看，歐佛特先生不但要為他的行為負責，更可以說幾乎不必理會神經犯罪學的看法。但是，未來會不會在法庭上引用神經犯罪學?摩斯教授認為嚴重的心理病態者無法了解道德性，就像歐佛特先生一樣，太太質問時會說他不知道為什麼不可以。他們看不見道德的議題，也沒有良心的能力（不覺得羞恥），所以摩斯認為他們應該被原諒，因為他們不知道所犯的罪違反了社會中其他人的道德權利。

假如我們同意摩斯這位刑事責任權威的看法，為什麼不能把同樣的道理應用到歐佛特先生身上?從歐佛特先生的案子，從嚴重心理病態者的生物社會危險因子，再從對缺少道德感及不知對錯的暴力犯罪者的了解來看，法律是否應該改變?在第五章的討論裡看到，即使是白領犯罪也有神經生物學上的關係，會不會有一天，其他的馬多夫們也說那不是他們的錯，是生物學上的傾向使他們設下龐氏騙局，犯下白領階級的罪行呢?

神經犯罪學的未來應用，正是最後一章的主題;我會提出我的看法，而且不僅僅是法律問題，還包括其他社會價值觀。我相信，在新的神經犯罪學資訊不斷湧出後，我們有必要重新評估目前的社會價值。

第十一章

今天過後

神經犯罪學會把我們帶向什麼樣的未來？

還記得金科（參見第七章）嗎？你可能不記得了。與美國和其他地方的大屠殺比起來，他很容易就會被忘記。

你也不大可能知道霍華・翁路（Howard Unruh）這個人，他在一九四九年於新澤西州殺了十三個人；我想你應該也不記得一九九六年蘇格蘭小學生的謀殺案，十六名小朋友死亡；說不定你更從來沒聽說過，二〇一二年四月，韓裔美人高原一（One Goh）在加州奧克蘭一所基督教大學殺了七個人。但是，你可能記得科倫拜高中（Columbine High School）的謀殺案，共有十二名學生和一位老師被哈里斯（Eric Harris）和克雷伯（Dylan Klebold）殺死，或是二〇〇七年另一名韓裔美人趙承熙（Seung-Hui Cho）在維吉尼亞理工學院（Virginia Tech）殺死了三十二個人；你也可能記得，霍姆斯（James Holmes）在播放午夜場電影《黑暗騎士：黎明昇起》（*The Dark Knight Rises*）的電影院中殺了十二個人；可能也要再過好一陣子，才會忘記二〇一二年十二月十四日藍沙在康州新鎮（Newtown）的小學殺死了二十名小學生。但是，其他的屠殺案你可能就怎麼也想不起來——牢記這些謀殺案真的很難，尤其是很久以前發生的。上面所說的每一件，都是令人憤怒、完全不能被任何社會所接受的屠殺案；但是，除非我們採取相當激烈的手段，這種邪惡的殺人不會自己消失。

在這樣的情境下，我要指出，**神經犯罪學可以帶給我們更好的未來，它可能可以阻止這種悲劇再發生**。我也會說明，**為什麼公共衛生對暴力處理的方式可以創造更健康的未來**，但是在開始之前，我必須先告訴你金科的故事。

金科的故事

一九九八年時的金科，是奧瑞岡州春田市（Springfield）的十五歲男孩，他很喜歡槍，但這在美國鄉下並不是什麼特別的事，所以當他的父親比爾買了一把九釐米口徑的葛拉克（Glock）半自動手槍給他時，他真是高興極了。他父親之所以會買槍給他，是因為父子關係不大好，所以比爾認為買孩子喜歡的東西去討好他，可能會改善他們之間的關係。他已經給過兒子一把點二二的來福槍，還讓他去上槍枝安全的課。金科喜歡葛拉克，因為它容易發射、很輕巧，而且樣式很時髦；比爾從來沒有想到，他的兒子竟然會帶槍去上學。在此之前，金科就曾經被逮到在學校的置物箱中，有把偷來的上膛手槍。在英國，老師不准學生在教室中玩手機，在美國則是不准帶槍到學校。金科被抓到後，學校不但禁止他上學，還考慮開除他。

他的父母當然很頭大，在那個中產階級的社區中，他們一直是一對非常受尊敬的老師，現在兒子竟然被逮捕，還面臨重罪指控，這是很丟臉的事。下午親自去春田市警察局接兒子回家的比爾，坐在廚房中喝咖啡時，完全不知道怎麼辦才好，他不知道接下來兒子還會闖下什麼禍事。

他最沒想到的是，兒子竟然用來福槍從背後朝著他的右腦開槍，子彈就打進右耳下方；然後，金科焦急地等他的母親下班。當兩小時後母親進家門時，金科先告訴她他愛她，然後朝她的頭開了兩槍，就像藍沙到學校殺死二十名學童前，先對母親的臉開了四槍一樣。但他的母親卻沒有立即身亡，金科於是又對她的臉連開三槍，一槍打進左眼上方的前額，一槍穿過左頰，第三槍則是近距離正對前額中間。然而母親卻還是沒有斷氣，所以金科對著她的心臟補了第六槍。

接下來，金科把一九九六年經典電影《羅密歐與茱莉葉》（*Romeo and Juliet*）的主題曲設定成連續播放；先前在英文課中，他看過這齣經典愛情悲劇。第二天早上，一九九八年五月二十一日，他穿著雨衣、帶著武器開車去上學，走進瑟斯頓高中（Thurston High）餐廳時，大約有一百五十名學生在吃早餐，他拿出半自動來福槍開始掃射，不到一分鐘便開了四十八槍，造成一死二十五傷，傷者之一後來死在醫院中。本來死傷還會更慘重，但是在他重裝子彈時，有一名受了傷的摔跤隊員因為非常氣憤他的女朋友中彈，上前去扳倒他，雖然他立刻拿出葛拉克手槍又打了一輪六發子彈，但終究被其他學生壓倒在地。被捕後，檢察官很快就以四個嚴重謀殺罪及二十六個謀殺未遂罪起訴他。

金科的律師面臨兩難的抉擇。他們可以用精神錯亂做無罪抗辯（not guilty by reason of insanity, NGRI），因為有證據顯示金科有精神病；然而，陪審員可能不會這麼容易就放過這種冷血謀殺犯。

所以辯護律師決定和檢察官談條件：金科承認所有罪名，檢方則不累積求刑；也就是說，他本來每謀殺一人就要服刑二十五年，律師希望檢方只以一起謀殺罪求刑，關他二十五年。這樣一來，金科四十歲時就可以出獄了。辯方律師知道，主審法官麥提森（Jack Mattison）是個公平、講理、有理性的人，所以對這種辯護法有把握；也因為金科認罪了，所以只在蘭思郡巡迴法院開六天公聽會，而不是有陪審團的開庭。

替金科辯護的醫生康闊（Richard Konkol），既是凱瑟醫療集團（Kaiser Permanente）小兒神經科主任，也是奧瑞岡健康科學大學（Oregon Health and Science University）神經科和小兒科的教授。他為金科做了功能性的大腦掃描，發現大腦有好幾個地方功能不好，前額葉皮質腹區功能尤其差到必須用破洞（hole）來形容，另外，兩邊腦半球的眼眶皮質功能也都減低，尤其右邊特別差。

他更指出金科神經學上的病變，包括大腦顱內神經功能（cranial nerve function）、神經運動功能（neuromotor function）、聲調和肌肉功能、反射反應、感官功能和認知神經功能的檢測都發現有缺失，印證了腦造影圖的損壞處。他認為這些損傷是神經發展不正常造成的，檢方沒有挑戰他的證詞。

為辯方作證的，還有精神科的專家。金科在殺人案之前一年就有憂鬱症，還和治療師有過九次療程，他的母親，更是早就對他的脾氣以及對武器——如刀、槍、爆炸物——的偏執喜好很擔心。警察局的紀錄，則是他曾經在商店中偷過東西，從陸橋對下面經過的汽車丟石頭。療程聚焦在憂鬱症和控制憤怒感情上，第六次療程結束後，便開始服用百憂解；也因為百憂解在提升他的沮喪情緒和控制憤怒上頗有療效，服藥三個月後，治療師、金科和他的母親便共同決定停藥。那可能是個立意良好但錯誤的決定。

比爾是在第七次療程之後，替他兒子買葛拉克半自動手槍的。回頭來看，這顯然是一個非常不負責任的舉動，但比爾是個敏感有理性的人，非常希望能夠改善親子之間的僵化關係，也向金科仔細強調過操作和儲放手槍的規則。這個來自父親的禮物，後來變成他帶去學校執行謀殺計畫的槍枝之一。

好幾位精神科專家都作證金科有妄想型思覺失調症，金科自己也說，犯案時耳朵裡有個聲音對他說：「打死他！」所以他才在父親的背後開槍；他也宣稱，殺死父親後還有另一個聲音說：「到學校去，殺死所有的人，反正你已經殺人了。」

精神科醫生還說金科有幻覺，認定中共要進攻美國，所以他在家中儲藏了爆炸物；迪士尼要征服全世界，以後的新世界鈔票上印的會是米老鼠的頭像。專家也說他有學習障礙，尤其是閱讀和拼字，所以金科是個失讀症者（dyslexic）。他第一次聽到耳朵裡有人跟他說話是十一歲的時候，有個聲音對他說：「你是個一無是處的笨蛋，你不值一分錢。」另一位精神科醫生作證說，金科家族有許多精神疾病的歷史，包括思覺失調症。

檢方只花四個小時陳述這個案子，沒有反駁精神科醫生和神經學上的任何證據，因此，如何求刑完全要看法官同不同意檢方和辯方對量刑的共識；刑期不要累積起來算，最高二十五年。

麥提森法官宣讀他的判決時，特別強調判決基於保護社會和個人責任的觀點，他說：

對我來說，這是一個很清楚的聲明，也就是保護社會比對被告的改造或矯治更重要……我的焦點必須更廣，比金科先生可能的改造或矯治更寬廣。

一九九八年十一月十日，他判處金科一百一十一年刑期而且終身不得假釋。金科不但成為第一個奧瑞岡州被判無期徒刑的少年犯，也永遠不能出獄。

現在讓我們一起到未來，把金科從一九九三年送到四十年後的二〇三九年。一九九三年的他是個十歲的男孩，距離他殺人還有五年時光，但學校的一個新的篩檢系統發現他是一名可能會在未來犯案的殺手，因此讓他住院、給他最好的治療，成功去除他未來變成暴力犯的神經發展危險因子。出院後的他過的是不會犯罪的正常生活，成為孩子的好父親，他的父母更變成溺愛孫子的祖父母。那兩名死於槍下的孩子得以過上正常人生，另外二十五個更沒有成為終身留有心理傷疤的槍擊受害者。

這個未來，正是我要在這最後一章向你提出的願景——也是朗布羅索的遺願。**我們要在一如預期惡化和治療階段之前就阻止犯罪，希望能用現代的技術和科學方法處理這個嚴重的公共衛生問題**；畢竟，犯罪已在全世界奪取了這麼多人的性命。我們能否改進犯罪防治方法，創造一個比較文明、比較安全的社會？在這個社會裡，矯治的信念能否勝過現在司法系統主流的懲罰本能？我認為我們打造得出這樣的社會，只是在實現願景之前，我們必須重新檢視感染社會的暴力本質，而且不只是對犯罪受害者，也要從比較關懷的角度看待還得在社會上繼續活下去的犯罪者。

從陰影走向陽光——暴力是個臨床疾病

首先，我想在這裡和你們分享一件私人的事情——我的姊姊蘿瑪。蘿瑪像個母親一樣的照顧我，雖然上次看到她已經是很久以前的事了，但是我對她的記憶始終都清晰地烙印心頭。我記得她把我抱上廚房的料理檯，幫我穿襪子和鞋子；或是抱著我坐在客廳的沙發上，而我穿著新褲子。她就像個媽媽一樣照顧我，我記得黃昏時她牽著我的手去散步，快要下山的太陽把我們的影子拉得很長，她的手非常柔軟。我記得她抱著我，說我有多可愛，直到今天還感覺得到她的溫柔和愛護。對我來說，蘿瑪永遠如此特別、如此平靜、如此美麗，此時此刻的我可以看到她美麗的臉龐，她迷人的黑色捲髮，以及她善解人意的眼神。

蘿瑪十六歲就離開了學校，在英國東北部我的家鄉達林頓（Darlington）最大的百貨公司賓恩斯（Binns）工作。她是天生的照護者，永遠願意幫助別人——就像她照顧我一樣。後來她到達林頓紀念醫院（Darlington Memorial Hospital）當護士，此後發生的事，是她的同事和朋友克萊兒・費茲吉朋（Clare Fitzgibbon）告訴我的，那年蘿瑪十八歲。

克萊兒在她所寫的書《陽光和陰影》（*Sunshine and Shadows*）中說，她正和蘿瑪在同一病房區服務時，發現好朋友臉色蒼白，感到疲倦，喉嚨一直很痛。沒多久蘿瑪就在執勤時倒下，被送到城另一端的傳染病醫院。有一天，克萊兒正擔憂蘿瑪究竟得了什麼病時，同區的護士叫她趕快準備南丁格爾區的病房，因為有個白血病的病人要進來。

沒多久，就有一名臉色蒼白的病人被人用輪椅推進醫院，輪椅上還掛著輸血的瓶子。一看到新進來的病人竟是蘿瑪時，克萊兒簡直不敢相信自己的眼睛。

她照顧蘿瑪直到過世，難以接受她親愛的朋友竟然這麼快就凋萎了，她在書上講到這段照顧癌症病人的經過：

她黯淡無光的義大利眼睛幾乎佔去了大半張臉，原本清晰白嫩的皮膚現在是死灰色，黑色的秀髮圍著她的臉龐……蘿瑪直直看著我，先是簡潔地說了句：「我要死了。」便緊抓著我的手。然後，血開始從她鼻孔中流出，「請告訴他們，我愛他們，」她喘著氣說：「媽媽，爸爸，」她努力想多吸進點空氣，「所有的家人，」努力擠出半個微笑，臉上已經完全沒了血色，「還有你。」眼淚從我的臉上滑下，「我們都愛妳。」我終於說出聲音來。她死在我的臂彎中。

我姊姊燦爛如陽光的生命，就這麼被一種特別急性的白血病完全遮蔽，九月十八日，蘿瑪的生命之燈熄滅了，從發病到過世不到兩個星期。或許這也算是上天的慈悲，沒讓她受苦太久——雖然比所有暴力的受害者都痛苦得多。直到今天，我們和克萊兒都還很想念她。

蘿瑪讓我反思良久，尤其是她的死亡，更對我的思想影響深遠。**暴力是另一種樣貌的癌症**，和殺死我姊姊的白血病一樣是種疾病。對我來說，蘿瑪的死是則寓言，警醒我們思考如何治療暴力。**暴力犯真正需要的，是更多的關懷、更少的懲罰，以及新的臨床治療角度，而我正在做的，就是引導你朝這方面去思考。**

在我還是個心理系大學生的一九七〇年代，就對身心症（psychosomatic）感到極大的興趣。蘿瑪過世二十年後，桑塔格（Susan Sontag）寫了一本引發激烈辯論的書，從身心症的角度看疾病，認為是人引起自己的癌症，而引發身體疾病的，則是離經叛道的人格、抑制的特徵和憤怒的壓抑，所以她主張以心理治療做為另類的治療法，人——而不是外界的原因——必須對自己的疾病負起責任。

我認為，現在的我們也還以同樣的眼光看待暴力。你不認為有些暴力犯單純就只是邪惡嗎？讓連續殺人犯殺人的是他們內心的魔鬼。兩位世界知名的臨床心理醫生使我開始思考這個可能性——而且深具挑戰性。也許根本沒有什麼外在的、生物學上的或是社會學上的原因——壞人純粹就是壞。有沒有這個可能性呢？

或許有，但我所關心的是，假如我們開始從幾乎完全心靈的角度去想暴力，就等於退回到用邪惡想犯罪的中古世紀了。但是，不管是科學上或理性上，我們都應該進步到超越中古世界的靈魂說了吧？癌症不是對原罪的懲罰，是外在生物和社會因素造成的疾病，是可以治療的。我要你不但能從公共衛生問題的角度來看暴力，還要從危害我們的社會疾病角度來看——也就是從理性和臨床的角度，而不要從原罪和邪惡來考量。我認為這是桑塔格對我姊姊死於癌症——桑塔格自己後來也死於癌症——的看法，而我希望你能從這一點來思考暴力的本質。

就像如今我們對癌症的看法已有了很大的改變，我相信，我們對犯罪的看法也快要改變了。和克萊兒一樣，我也花了四年時間到重刑犯監獄做心理治療師，照顧他們，更在過去三十五年中努力想了解他們生病（犯罪）的原因。我們放棄無期徒刑犯，就好像醫生放棄治療我姊姊的癌症，克萊兒痛恨他們，因為他們只會說：「我們已經無能為力，你可以去叫牧師了。」好像是說，蘿瑪只是在時間已到時告解引起自己癌症的罪。未來的我們，如何把監獄的黑暗扭轉成燦爛的陽光呢？如何能治癒這個暴力的癌症？

在提出答案之前，我想我得先解釋一下我對暴力的看法。讓我們退回二十年前，也就是我寫《犯罪的心理病態學》（*The Psychopathology of Crime*）的一九九三年；那時我就曾強調，**重複的犯罪就像癌症、憂鬱症、焦慮症，是臨床的疾病**。當用這種方式來看待暴力時，我指的不是因一時衝動而殺人的人，而是指重複犯下顯著暴力罪的人，也就是重複反社會的人。我認為這個看法至今仍有其道理。

這個看法的基本原理，就來自我們對臨床病症的「失功能」定義——基本上，就是這個人身上有些功能喪失了。它根據的是《精神疾病診斷準則手冊》（*Diagnostic and Statistical Manual of Mental Disorders, DSM*）這本精神科醫生和臨床心理師用來診斷心理疾病的聖經的診斷準則。我要先告訴你，這可不是什麼阿貓阿狗寫的手冊，而是三萬六千名心理衛生人員的寶典，而它的第五版（*DSM-5*）是這樣定義心理疾病的：

> 心理疾病（mental disorder）是一個人在認知上、情緒上或行為上有顯著的失功能，而這個失功能反映出心理上、生物學上或心智功能發展過程中的干擾。有些心理疾病不是馬上診斷得出來，往往要等到它引起顯著的臨床症狀或表現失常後才能確診。

暴力犯在他們的思考、感覺和行為上有不正常的地方嗎？有，當然有。這些失功能有生物學上的關係嗎?發展過程中有什麼不對勁嗎?我在前面已經說過,犯罪的種子有基因上的關係,早在神經發展的生命初期就發芽了。我認為暴力犯身上有很多地方都功能不正常,也都會顯現在學校、家庭或工作場所之中。暴力絕對使別人感到壓力,暴力犯自己更經常處在悲傷痛苦中。重複性的暴力犯罪是臨床的症狀。

判斷一個情況是不是臨床上的疾病時,一般來說有九個門檻:例如統計上的少見,與社會常模的距離,與理想精神健康的差距等。重複性犯罪一般來說並不常見,和社會常模有段距離,所以我們知道這些犯罪者並不是理想的心智健康者。把這些綜合起來,加上壓力及對別人和自己所造成的痛苦,就在社會上、職業上、行為上、教育上和認知功能上都出現缺失。我們已在前面詳細介紹過他們大腦的不正常,可以非常肯定地說是個疾病。當然了,大部分構成心理病態的門檻還是有不足的地方,但是綜合起來看,暴力犯罪仍然可以當成心理病態的疾病。重複性罪犯完全符合 *DSM-5* 的標準,甚至比它所列出的有些心理疾病還更符合 *DSM-5* 標準。

那麼,這臨門一腳,這個使重複犯罪被認定為疾病的關鍵點在哪裡呢?**在發展出可以阻止犯罪的藥物上。一旦找到了可以有效治療犯罪的這種藥,那麼懲罰的正義就會成為過去。**到那時,我們就會看到社會觀念的顯著改變,而它的驅力將會來自法官對被告的量刑。

在這現象發生之前,我們當然還需要許多關鍵性的突破。即使在今天,我們也已經看到進步的徵象了,尤其是醫學方面的進步所帶來的新觀念。血癌就是個好例子,它來自DNA的突變,使蛋白質的製造不正常，產生太多白血球，正常的時候，這些白血球是在骨髓（bone marrow）中製造，保護我們不受病毒的侵害，但染病者所製造的新白血球都是未成熟的，排擠了健康的細胞，傷害了免疫系統，減少了提供氧的紅血球數量，結果就是像蘿瑪的病症那樣貧血、蒼白、呼吸不過來。血小板的減少使蘿瑪身上所有的孔竅流血——所謂的「七孔流血」，因為血小板是幫助血液凝固的。免疫系統的壓抑，則使身體發炎，如蘿瑪總是喉嚨痛、扁桃腺發炎，最後導致死亡。

有一種血癌叫做慢性骨髓性白血病（chronic myelogenous leukemia，又稱慢性粒細胞性白血病），我們知道它有遺傳基礎：兩個染色體上的基因本來是調控白血球的生長的，但在這種白血病中，這兩個染色體的尾端交換了，使得其中一個變得比較短；短的這個染色體是以我工作的這個城市命名的，叫做費城染色體（Philadelphia chromosome），在一九六〇年代被發現時，正是蘿瑪死後三年，現在已經有了新的混種基因，用三磷酸腺苷（Adenosine triphosphate, ATP）這個分子去啟動別的蛋白質，使得癌細胞大長特長，製造出大量的白血球來。怎麼阻擋三磷酸腺苷呢？可以用一種學名叫伊馬替尼（imatinib），商品叫基利克膜衣錠（Gleevec）的藥物。

所以，現在治療慢性骨髓性白血病有了大突破。但是暴力犯罪只有一半是基因，也沒有那麼清楚的界線，更有些癌症不是遺傳性的——雖然也有生物化學基因上的關係，那又怎麼說呢？

在閱讀到蘿瑪死亡的那一段的過程中，你身體的基因體已經改變了好幾百個。我們的基因每天都有數十萬個損傷發生，幸好大自然有給我們修補的機制，好讓我們逆轉基因的損傷；要是這些修補的機制出毛病，就會產生基因突變，製造出有缺陷的蛋白質，因而使身體的功能不正常，損害我們的健康。是什麼使大自然的修補機制出問題呢？我們已經在第八章中談過「表現遺傳學」——環境的經驗會改變基因的表現。這就是為什麼許多癌症並沒有遺傳上的關係，而癌症是透過基因歷程來作用的。

因為這個原因，我認為今天我們在癌症上的發現可以用在防止明天的暴力上。突變可以用醫藥來修補，科學在人類基因體計畫上的進步的速度，更告訴我們快速的進步是可能的。根據過去三十五年我在犯罪學研究上所目睹的進步，我敢做出這個預言，因為我看到了突破最先發生在臨床醫學上，然後發展出新藥——如癌症的新藥。這些觀念的突破，又導致其他疾病治療的進步；藥學的進步應用到精神科的疾病上，然後從精神疾病又追蹤到暴力犯罪上。以賓州大學貝克（Tim Beck）所發展出的認知行為治療法為例，一開始，這是為憂鬱症所發展出來的治療法，現在卻已成為青少年和成人反社會行為最好用、用得最多的介入法；另外，像以前專治癲癇、精神病、注意力缺失／過動症的藥物，現在也被用來治療兒童和青少年的攻擊性。我看到了很慢很慢的改變——慢，但一直在向前行。

為什麼我這麼確定改變會發生？**因為理論架構及科學都已經到位了，更因為治療生理上的原因比改正導致犯罪行為的社會因素快得多，也有效得多。**不好的社區基本上幾十年不會改，貧窮的循環（貧者越貧，無法脫離貧窮）也不太會改，而你現在已經知道環境會和生物上和基因上的危險因子產生交互作用，塑造出暴力來；你也知道犯罪、攻擊性和暴力都有顯著的基因關係，又知道了表現遺傳學——改變環境會改變基因表現，你更知道，目前的醫藥可以減低攻擊性和暴力，最新一代的癌症藥物可以逆轉基因的突變。因此，如果我們能從生物的介入下手的話，應該就有能力快速改變暴力行為。

從實用的觀點來看，我們有辦法阻擋社會引發暴力嗎？著名的犯罪學家勞伯（John Laub）和山浦森認為社區是犯罪的原因，改善社區會減少犯罪，所以我們應該可以從這裡著手；他們更認為，每天的情境和經驗是犯罪與否的轉捩點，不論是結婚、找工作甚至去當兵，都是重要的轉捩點。我認為他們是對的，然而我們幾乎不可能控制每個人每天的社會互動和經驗，至少現在——或甚至再過三十五年——都還不可能預測或控制這些機率。

我們知道，**環境甚至機運可以透過表徵遺傳學**（epigenetic）**的歷程而增加基因和生物上的改變；那麼，我們是否能用控制認知、情緒、行為危險因子的方式來控制暴力呢？理論上是可以的，因為我們可以就像醫藥界發展新藥來治療癌症一樣，研發新藥來控制這些危險因子。**新的藥物可以用來阻擋不好的蛋白質的功能，這些不好的蛋白質，也有可能將來會被發現是犯罪和暴力的生物上和基因上的基石。我們要踏出的第一步，就是找出到底是哪些結構上基因的突變造成了某些蛋白質的缺陷，這個缺陷又怎樣引發暴力生物上的危險因子。這得花上一段時間——可能很長的時間——但理論上是行得通的，只是我們現在還沒有勇氣和信心去走這條路。

不過我們可能也沒什麼選擇。社會政治的改變來得有多快，過去已屢見不鮮，現在讓我們去到未來看一看。

朗布羅索計畫

現在是二〇三四年，過去幾十年裡，我們已經花了很多力氣在降低犯罪率上。從改進社會平等之類的社會計畫著手，但是效果不彰；過往對傳播民主知識大有貢獻的網際網路，如今很不幸地成了製造壞人的溫床，這些壞人雖然在學校功課不好，書讀不下去，卻很能夠在家中利用網路自學，用高科技方式侵入全球性閉路電視（CCTV）的監控網。謀殺犯逮捕率從最高峰二〇一〇年的百分之六十五降到二〇三四年的百分之三十八——嫌疑犯的逮捕率不斷下降，連續殺人案一路上升；監獄不但滿，還滿到爆。回頭看二〇一二年，美國人口只佔全球百分之五，囚犯人數卻佔全球百分之二十四，二〇三四年更上升到了百分之三十一。警察辦案不眠不休，但是未破的案子仍然堆積如山。

老百姓對過去數十年的無績效感到憤怒，對無效的公共監視系統更是不滿，再也無法忍受罪犯的矯治計畫，更擔憂假釋犯故態復萌，但問題其實還不只這些。犯罪所帶來的經濟損失已是天文數字，二〇一〇年時，美國謀殺案的社會成本就已經超過三千億美元，比教育、司法和都市發展、健康、勞動部等加總起來的預算還多；一九九九年時，犯罪不過花費國內生產毛額的百分之一一・九，二〇三四年卻要吃掉百分之二一・八。犯罪越無法控制，政府越不能把錢花在教育、健康和房屋上——而這些因素又使犯罪率更形升高。

轉捩點出現於二〇三三年，一名低危險的心理病患被提早放出監獄，用藥物監控的方式來解決監獄過擠的現象；但那卻是一樁行政疏失，被釋放的其實是高危險的罪犯，而不是原來選定的另一名低危險罪犯，才出獄不到兩個星期，他就搶了華盛頓特區的一家商店，更在與警察槍戰時導致一名年輕婦女不幸被流彈所傷，不治身亡。最糟的是，她正巧是美國檢察總長的女兒。

這件事加上經濟和社會的不滿，逼使政府啟動朗布羅索計畫（LOMBROSO program，它是Legal offensive on Murder: Brain Research Operation for the Screening of Offenders的縮寫，直譯即「謀殺的法律攻勢：篩檢罪犯的大腦研究作戰計畫」），計畫背後的邏輯則出奇簡單。回到本世紀剛開始沒多久的二〇〇六年，有百分之二十二的謀殺犯是假釋犯，到了二〇〇九年，犯罪學家就用早期的機器學習（machine-learning）統計技術來預測哪些假釋者會再犯殺人罪；那時他們只有人口資料和先前的犯罪數據可用，但是正確預測率就已經高達百分之四十三，也就是說，被釋放的兩年內就會再回監獄。當然也有預測會再犯、但後來並沒有再犯殺人罪的人，但是更長的追蹤期間提供了更準確的數字；到二〇二〇年時，跨領域的神經犯罪學家、統計學家和社會科學家聯手提高了這個模式的預測力，因為他們在這個計算程式中加入了大腦、基因和心理上的危險因子。到二〇三〇年代初期，他們更進一步發展出社區中暴力犯罪的演算法，終於在二〇三四年正式啟動朗布羅索計畫。這是一個一直在走下坡的政府挽救低迷民調的一個機會。

在朗布羅索計畫中，社會上所有十八歲以上的男性都要到當地的醫院做快速的大腦掃描和ＤＮＡ檢驗。ＤＮＡ檢驗很簡單，只要刺一下手指、取一滴血即可；大腦掃描也只需要五分鐘，就能找出「

基本五功能」：第一是大腦結構掃描，提供大腦的解剖資料；第二是功能掃描，顯示靜止時大腦的活動狀態；第三是以強化的擴散張力影像（diffusion-tensor imaging, DTI）來看白質（神經纖維系統）的組合情形；第四是大腦的神經生化指數校正；第五是檢視二萬三千個基因在細胞層次的表現。因為所有醫療的、學校的、心理的、人口資料上的和社區環境的資料都在電腦中，所以這些傳統的危險因子和ＤＮＡ及大腦掃描的數據很容易就能綜合起來，形成一個全方位的生物社會資料組。

因為在美國被判過刑的謀殺犯都有這基本的五項功能資料，研究者就從同一社區中找同樣人數但沒有犯過罪的人來作比較。第四代的機器學習技術電腦程式，會尋找這些預測變項和謀殺與控制組間的線性、非線性複雜關係；過去十年的研究已經得知，這些社會和生物變項之間的交互作用很重要。謀殺犯組和控制組隨機分派到三個不同的數據群中：第一群組的謀殺犯和控制組是我們的訓練組，讓機器學習技術從中「學習」如何預測謀殺犯罪；第二群組是用來測試預測公式是否準確，在一再測試和改進這個公式後，最後用到第三群組中，看看效果如何。

結果並不完美，但已經很令人滿意了。被貼上LP-V（Lombroso Positive-Violence）標籤的人，五年內嚴重的暴力犯罪的再犯率有百分之七十九；被分類為LP-S（Lombroso Positive-Sex）的人，再犯強姦罪或戀童罪的機率則有百分之八十二。最終被分類為LP-H（Lombroso Positive-Homicide）的人，五年內再殺人的機率有百分之五十一。有些人則有雙重標籤——如會犯強姦殺人罪等等。

這個計畫的運作方式如下：測試呈陽性反應的人，即LP，不可以自由在外行走；但他們有挑戰這個結果的權利，可以經由另一個獨立的機構再做一次測驗。LP 的拘留中心須高安全度，他們不能自由進出；但這不像幾十年前的監獄，裡面的配備可以說是家之外的家，週末可以有訪客，也有各式各樣的娛樂、教育服務。他們可以投票，可以和家人甚至朋友通訊——不過要經過檢查。聽起來十分輕鬆，但是請記住，這些LP 是沒有真正犯過罪的人，也許真正的難題是他們要和誰一起住，因為這些人都是隨時可能引爆的未爆彈，只怕更容易學壞。

每一個 LP 每年都要重新評估一次，以防他們可能會受到拘留中心環境的影響而改變，而且中心所提供的治療也可能造成表徵基因的改變，讓 LP 的程度有所不同。如果能夠下降一級到假釋的程度，就可以回到社區去，不過會受到監視和監聽。久而久之，他們可以脫離 LP 的程度，也有可能只是因為年紀大了，體內荷爾蒙改變，使他們不再是LP。

如果不想接受長期的監禁，當然也有其他被釋放的途徑。例如 LP-S 的人可以選擇以外科手術去勢，手術過後便立刻釋放；不過還是要每週接受男性荷爾蒙睪固酮的檢測，以確定沒有自行服用荷爾蒙或接受荷爾蒙治療。如果生物剖繪（bio-profile）顯示可以強制服藥，並定期到中途站接受檢測，也可以獲得釋放。不過，大部分釋放出來的人都是朗布羅索中心密集治療過的人。

這些科學上的介入來自一九九八年實驗犯罪運動，都是和隨機分派的控制組相比較後的結果。**這時的社會，已接受重複性再犯是一種臨床疾病的概念，新的生物治療也已確定有效。所有的LP 都要接受密集的生物心理治療，但是會針對他們每個人獨特的生物剖繪打造獨特的療程。**此外還有比較傳統的認知行為治療法課程，包括從早期深腦刺激（deep-brain stimulation）衍生而來的腦刺激術及非侵入性的跨顱磁刺激（transcranial-magnetic-stimulation, TMS），以及強化前額葉功能的新藥、良好的營養計畫——包括亞米茄三的補充——和正念的訓練課程，並包括功能性核磁共振（fMRI）的生物回饋，好讓當事人可以在正念訓練時知道自己大腦的情形。

最讓大眾驚愕的，是LP-P的人。因為危險因子的評估是從同一向度上的多還是少來看程度上的差異。LP-P不是高危險群，但也不是低危險群，所以還是需要被仔細監控；假如有嚴重的犯罪發生而不能在合理的短期內破案的話，執法人員就可以根據LP-P成員名單來縮小他們的搜索範圍。他們會變成主要嫌疑犯，但由於政客可以很技巧的找出漏洞來抗議這是侵犯人權以及對受雇和保險的可能威脅，因此，只有高階警官才能看到這些檔案，而且是以案件為主的調閱，從而保護隱私。

一開始，當然會有人抗議政府的過度控制和對人權的侵犯，但是政府可以拿出科學的證據來支持他們的政策。早在二〇〇九年時，以科學證據為主的辦案方式就已經讓檢察署轉型了。既然政府認為人們會接受癌症的掃描以防止死亡，同樣的，我們也應該接受暴力的掃描以防止生命的流失。批評者認為新計畫太昂貴，所以政府發行公債，讓私人機構買債券來支持它，假如有效的話——證據指出確實有效——私人投資者可以得到豐厚的回報。真正的反對者只有少數高危險群的人，而這個計畫的實施保護的卻是大多數的社會成員，所以後來的抗議也就銷聲匿跡了。

國家兒童篩檢計畫

現在是二〇三九年，也就是朗布羅索計畫實施的五年後。由一個獨立機構分析政府計畫的執行效度，發現謀殺案已減少了百分之二十五，強暴、戀童癖及其他嚴重犯罪也同步下降，政府也因為犯罪成本的節省，花在健康、教育和房屋上的經費增加了。人權主義者驚愕得說不出話來，因為他們以為帶有種族歧視的計畫，居然反而降低了少數民族被標籤為LP而禁足的比例。二〇一〇年代的陪審團制度無疑的是有種族偏見的，黑人比較容易被認為有罪。但是朗布羅索計畫正好相反，它是客觀的，而且是由數據主導的，所以它的結果使民權主義者及少數民族的代表滿意。畢竟，我們早就知道弱勢族群的犯罪率與人口不成比例，現在他們終於受到暴力犯罪下降的好處，使人口與犯罪合乎比例了。

每個人都明顯感到安全很多。但很奇怪的是，很多LP並沒有不滿意他們的待遇。政府給他們的條件相當合理，食物很有營養，味道也不差，有伴侶的人每個週末都可以有性活動，卻沒有社會的義務及跟隨著性而來的困擾；他們的孩子不在身邊，所以沒有人與他們爭吵叫罵；不必工作，所以也沒有工作壓力，還有電視、電影、書籍、健身房、游泳池、籃球場和其他娛樂設備，接受治療也不成問題。事實上，因為治療課程非常有刺激性和挑戰性，甚至使他們每週渴望上治療課。唯一很有諷刺意味的是，他們最不喜歡的就是跟同類的人——即其他的LP——在一起。整個來說它還不錯，有一點像夏令營但不必付費，又有一點像住醫院，但身體並沒有不舒服。

這個計畫令人驚異的成功，是啟動這個計畫的執政黨再度執政的原因，雖然還是有嚴重的青少年暴力問題——同一年內發生了兩次青少年幫派在大賣場火併的事件，犯罪率也不像二〇一三年時那麼低，但是畢竟有下降。政府和它的科學指導團隊不斷在會議桌上腦力激盪，尋求更好的點子；科學指導團在二〇三四年的口號是「防止暴力永不嫌遲」，現在是二〇三九年了，他們必須有新的口號——「阻止墮落永不嫌早」。假如朗布羅索計畫對十八歲以上的人進行篩檢的成效不錯的話，為什麼不降低年齡，更早篩檢他們？

二〇四〇年，國家兒童篩檢計畫（National Child Screening Program, NCSP）宣布成立，十歲以上的孩子都要經過詳盡的醫學、心理、社會和行為的評估，這些資料再和先前學校、社會和病歷綜合起來評估。一如自閉症在本世紀初的情形，年輕人的焦慮和壓力現象有上升，所以焦慮、壓力加上肥胖症、憂鬱症及其他的醫學和心理上的問題都在增加。這個篩檢計畫，表面上是為了評估失讀症、學習障礙、過敏、視力和肥胖——的確，這些身體上和心智上的健康通常會伴隨著孩子進入青春期，而現在他們開始的時間又比以前更早了，所以在這個健康檢查中的「行為問題」（behavior problem）評分量表中就有「調控情緒問題」和「暴力傾向」，因為現在暴力已被視為國際公共衛生的問題了。

此時，早期的生物社會危險因子如何導致成人犯罪的前瞻長期性研究已經越來越多，加上精進的機器學習統計技術，也越來越能從童年的數據來預測未來的犯罪。不過它沒有朗布羅索計畫對十八歲男性的預測那麼準，因為很難從很小的時候就預測得出未來的犯罪，但還是很有說服力的預測方式。

在新的國家兒童篩檢計畫中，有些十歲的父母會接到他們的孩子是爛蘋果的通知，比如「NCSP決定小約翰有百分之四十八的機會在成年後會變成嚴重的犯罪者，百分之十四會犯殺人罪」，這對父母來說可是壞消息。

好消息是，NCSP也同時發展出住院治療的計畫，可以成功減低一半以上犯罪機率、百分之十八的嚴重犯罪，以及百分之六的謀殺率。當然了，這也表示小約翰會有兩年的時光，必須接受密集的生物化學治療，療程結束後就可以回家。

然而，這還稱不上是完美的解決方法。即使父母願意送他去住院治療，他還是可能會變成罪犯。但是如果接受治療，他變成嚴重犯罪者的總體賠率相較於沒有介入，只剩一半。你當然可以選擇，但你會為你家的小約翰做出哪個最有利於他一生的選擇？

你要送你的孩子到教養院去接受治療，被貼上「未來可能是罪犯」的標籤嗎？你要怎麼告訴你的親戚、朋友和鄰居？想想這個社會的歧視習性，小約翰會不會因此失去他的朋友呢？更何況，那所教養院既然是專門收留有犯罪傾向的孩子，住進那裡的他會不會交上新的壞朋友，反而使他的犯罪傾向成真呢？

但從另一方面想，難道你就只是站在一旁，眼睜睜看著你的孩子變成壞人而什麼都不做嗎？你知道，小約翰不但很有可能毀掉他自己的人生，同時也會毀掉你的、無辜的受害者和他家人的人生。只要你肯狠下心來送小約翰去治療，你就能挽救許多人的人生。

一般來說，大部分的父母都會送孩子去治療——金科的父母就曾經決定送這兒子去治療不是嗎？是的，在NCSP中，即使是像金科先生、太太那樣的好父母，也會有像金科這樣的壞孩子。

二〇四二年時，NCSP計畫有了很大的改變，因為兩名十一歲的學童在大賣場裡從媽媽身邊誘騙了一個三歲的孩子，冷血地虐殺他。透過媒體報導，這則新聞震驚全國，因為這兩名凶手都是NCSP一年前鎖定的可能犯罪者，但是他們的父母都不願孩子進入教養院接受治療。資料顯示，這兩名位在「紅區」的孩子，他們的父母親並沒有把孩子的福利放在心上——他們都是不負責任的父母，也是不好的決策者，這也就是為什麼他們的孩子會位在紅區。NCSP的官員現在必須扮演「替代父母」幫他們作決定，因為受危害的是社會大眾，現在，住院治療成為強迫性的管束。

再二年之後的二〇四四年，朗布羅索計畫的研究分析者又對政府做了一個建議：假如這個孩子處於紅區，那麼他的生身父親有沒有可能也是一顆爛蘋果呢？他每天都在做些什麼？畢竟，所謂「有其父必有其子」，不管他十八歲時有沒有參加LP的篩檢，他是紅區孩子的生身父親這個事實都使他必須經過再一次篩檢。走到這步田地，二〇四四年越來越像喬治・歐威爾筆下的《一九八四》了。

弱勢族群的報告

現在是二〇四九年，朗布羅索計畫實施的十五週年，NCSP也進入第九個年頭。這兩個計畫無疑減少了很多青少年和成人的暴力犯罪，也成功地減少了非暴力的犯罪。這是一場不確定性、冒險性都相當高的賭博，但是「成本效益」（cost-benefit）分析明確指出贏面比較大。政府現在民調很高，但是反對黨仍然緊追不捨——幸好，政府的研究分析還有另外一張王牌。

即使從私人投資者的觀點來看，朗布羅索和NCSP當然都是很昂貴的防治計畫。於是，先鋒派——或說前衛派——的研究分析者和神經犯罪學家提出了一個頗具爭議性的計畫；一開始被政府的顧問否決，但是他們隨即附上一份弱勢族群的報告給政府的高級官員考慮。這份弱勢族群報告的重點，是建議「在犯罪開始前就阻止」（stop crime before it starts）：公民生兒育女之前先得取得執照，適合做父母的才能生小孩。經過冗長的辯論後，這個政策才終於成了法律。

這條法律背後的理論是，父母的不良教養會產生以後的罪犯，因為基因的研究顯示，不只父母的反社會基因會傳給孩子，連父母的負面社會經驗也是孩子反社會行為的原因之一。政策的支持者說，他們不是用優生學去防止犯罪，而是提倡正向行為的社會政策——比較好的父母會有比較好的孩子。這份弱勢族群的報告是**從孩子的權益觀點出發——未成年人需要被保護、而且得到比較好的待遇，所以想要為人父母者就必須負起責任，在製造出下一任之前要先取得執照。**

車子可以撞死人，所以你需要執照才能駕駛；孩子也會殺人，所以這個邏輯是說，你在有孩子之前也需要有執照。就像你必須向監理處證明你有駕駛能力和知識才可以開車，現在也必須顯示你有什麼樣理論上和實際上的扶養孩子能力；對孩子和社會來說，這是唯一正確的。

人權委員會當然極力反對，宣稱這剝奪了基本人權。為了回應這項批評，**政府把如何教養孩子列為學校的必修課，讓每一個人都能考執照**；既然人人都懂得怎麼照顧孩子，反對者就沒有藉口了。**這些課程不但依年齡建構，而且從很小就開始學習**。課程內容無所不包，從生殖器官到懷孕時的營養，從如何減低壓力到發育中的嬰兒需要什麼，從如何提供成長中的孩子各種支持到青少年的溝通技巧、青少年會有什麼樣的心理問題，以及如何幫助他們。這些課程的目的是使孩子長成負責任的公民，所以課程中包括了如何充實知識、社交技巧、決策的制定及情緒的調控。考試的範圍則理論與實際都有，就像考駕駛執照一樣，你得知道應該做什麼和不應該做什麼。絕大部分的孩子都通過了這個考試，拿到執照。

有些家長反對，但是政府最後之所以能成為贏家，原因居然是孩子其實很盼望星期五下午這一小時的課——他們對這堂課的興趣，遠大於星期一早上的代數課。青少年喜歡談性、親密關係、毒品和同儕壓力——這些都是他們正在經驗、以後得用來對付自己孩子的知識和技巧。他們很喜歡「好父母—壞孩子」的角色扮演，也就是說，如果這位同學扮演好父母，那位同學就扮演——沒錯——差不多就是他自己。

有的青少年根本不知道，嬰兒哭時如果用力搖晃他，會傷害到連接前額葉皮質到邊緣系統的神經纖維（白質）；他們既不知道寶寶半夜得吃奶，更不知道扶養一個孩子長大要花多少錢。因此，他們不但學會了如何做個好父母，同時也學到了處理目前與父母、男女朋友關係的社交技巧，以及在人類發展、大腦發展和行為控制上的專業技能。學生喜歡、老師喜歡，父母也從孩子身上學到一些以前從不明白的為人父母之道。上過這堂課的孩子都比較容易管教，也更能從父母的觀點來看事情，是一個雙贏的局面。

然而，還是有很多人權主義者反對這個生子執照的計畫，他們認為，政府剝奪了人民生小孩的權利，是一個歧視和污名化懷孕的計畫；政府則反駁說，只要通過考試、拿到執照，每一個女人都能懷孕。為了確實執行計畫，當然也要有處置非法懷孕的配套措施——就像危險駕駛要受罰。假如母親無照生子，孩子會被送到寄養家庭去，母親則可以經由密集上課通過考試來讓寶寶回到身邊——不過之後必須接受長期的訪視，以確定她能做個好媽媽。DNA銀行也使執法者能追蹤到寶寶的生父，假如發現他還沒有執照，也同樣會強迫他上課、考試。

反對者宣稱這是優生主義的借屍還魂，因為有學習障礙的人比較不容易通過考試拿到執照，政府的回應則是，只有極少數的人拿不到，但那和駕駛執照沒有兩樣——並不是每個人都可以開車；但也和考駕照一樣，如果真心想生小孩，考不上的人都可以再考第二次、第三次。也有相當多家庭富裕、環境優良的孩子在先前測試（pilot testing；譯註：測驗實施之前都會先找一些人來試做，看看行不行得通，有如戲劇的彩排）時，居然對如何養育孩子一點頭緒也沒有——所以不是只有窮孩子有問題。事實上，有很多環境不佳的孩子反而考得很好，因為他們很早就負起照顧弟弟妹妹的責任了，對如何照顧小孩很在行。

儘管爭議不斷，大部分人民還是滿意政府的這項措施。大部分民眾都願意承認父母並非完人，如果通過增進教養技巧來減少虐童，就可以防止未來的暴力犯罪。比較令人驚訝的反對者是學校，原來校方都想讓學生盡量把時間放在國、英、算這些傳統學術科目上，因為學校的評鑑是以國英算為主。政府的對應措施，則是把如何為人父母這門課加入評鑑項目，這一來，學校就突然改變態度，強烈支持了。終於，二〇五〇年父母執照的案子通過立法，成為正式的法律。

最初那幾年，育兒技巧普遍上升，意外懷孕下降，更因為青少年的責任感、同理心都有增進，親子關係大有改善，所以青少年犯罪也跟著減少。我們看到長期的虐童減少，成年人的犯罪率也下降，因為這些青少年長大之後，都成為比較負責任的公民，結果就是產生了受到較多照顧和較多父母之愛的新世代。得到大眾支持的政府，得以持續打擊犯罪——以及努力拉升各項滿意度民調。

假設的打擊犯罪計畫就先說到這裡，現在，我要你停下來想一想：這三個計畫有可能發生嗎？應該讓它們發生嗎？有什麼實際上的和理論上的困難？

實際的考量——想像能夠成真嗎？

朗布羅索計畫已經執行了二十年，或者說，和它很相似的計畫已經在執行，因為這些元素如今都已經到位，關達納摩港（Guantanamo Bay）的監獄就是一個好例子。這所監獄坐落於關達納摩海軍基地，是座無期徒刑監獄。許多國家都有類似的、以國家安全為由設立的監獄，裡面關的全都是非常危險的罪犯，但與其說是無期限的監禁，不如說是為了擔心再犯而不敢讓這些人出獄。

你也知道，世上只要出現一件如同導火線的罪案，就可能觸發保護社會的新法律，例如美國的「梅根法案」（Megan's law，一九九四年，一名有強暴小女孩紀錄的罪犯出獄後姦殺了七歲的梅根〔Megan Kanka〕，引起公憤，政府遂制訂梅根法案，准許民眾上網查詢性侵犯出獄後的住址）和英國的「莎拉法案」（Sarah's law，八歲的莎拉在二〇〇〇年被有前科的性侵犯懷亭〔Roy Whiting〕姦殺），而前面的章節說過，包括德國在內的一些國家已立法讓性侵犯得以選擇接受睪丸切除術——我們其實根本不必等上二十年。

這些年來，社會已經變得更加強控制，各方面的安全設施都有提升。我可以上梅根法案的網站去查我跟我太太和兩個男孩所住的社區有沒有性侵犯，也可以看到我家附近所有性侵犯的相片、住址和他們所犯過的罪——我的郵區內，就住了有六十九名性侵犯。（譯註：我有個朋友本來要買加州的一幢房子，但簽約前無意間上網發現，新居旁邊就住了一名性侵犯，嚇得立刻取消交易；雖然仲介宣稱那是罪犯母親的家，他只是登記為住址，並不見得真的會住在那裡，但我的朋友仍不敢買，訂金也無條件取回。梅根法案就是這樣對社區形成力量，迫使性侵犯接受治療。）

另一方面，安全的設施和保全的概念也越來越嚴謹。我兒子安德魯要我從英國幫他帶一把馬鈴薯槍（potato gun，譯註：一種像我們小時候玩的水槍，只不過裡面不是裝水，是裝馬鈴薯，用空氣擠壓時射出），因為他聽我說，我小時候有玩過這種槍，但是我立刻發現，現在這種槍已經不准販賣了；我姊姊告訴我，她連去住家附近的小學幫忙監考都需要犯罪紀錄局（Enhanced Criminal Records Bureau）發給許可證——因為兒童保護法（Protection of Children Act）規定，任何與孩子接觸的人都要檢查有無性犯罪前科。學校裡的孩子，也不能再玩一種過去英國和愛爾蘭孩童常在秋天時玩的康克戲（conkers；編按：一種傳統遊戲，兩名遊戲者用七葉樹屬植物的果實馬栗〔conker〕互相敲擊，若一方的堅果被敲碎，那麼另一方就獲得勝利），因為怕會傷到小朋友。我雖然擔心社會對孩子保護過度，不過，這也顯示了兒童安全是現在社會最關心的一個議題。

對政客來說，不斷推出新的法案既可解決社會問題，也能贏得選票。英國首相布萊爾（Tony Blair）在二〇〇三年推出一個社會大眾保護法案（Imprisonment for Public Protection, IPP），規定即使罪犯所犯的罪並沒有到無期徒刑的地步，法官還是可以判處一個人終身監禁，前提是：假如這個人以前犯過一百五十三項罪行中的一項，現在又犯了其中一項嚴重犯罪，而法官認為他未來還會再犯這種重罪的話，就可以判他無期徒刑。**事實上，與其說是法官有權決定，不如說假如罪犯當真跨過這個門檻，法官就會「被迫」判處這麼重的刑罰。**定罪之時，法官也必須宣布假如這個人不是具有危險性的話，本來只會被判多少年。**社會大眾保護法案實施以來，大約有三分之一罪案本來「法定」的刑期是兩年左右，現在，除非假釋委員會後來同意假釋，否則他們就可能被關上一輩子。**

被納入法案的罪名有些其實非常有意思，從「嚴重」的罪，如拍下兒童的猥褻相片到嫖二十一歲以下的未成年雛妓等。光是二〇一〇年，英國就有五八二八人因ＩＰＰ而被判無期徒刑，其中的二千五百人至今已服滿本來應服的刑期，卻只有九十四人——或是說百分之四——得以假釋。監獄當然因此爆滿，即便如此，這些被放出來的人還是會有四分之一又回到監獄，而且應該會被關上一輩子。

假如我們覺得性侵犯有可能再犯的話，真的就會把他們關得比「應有的懲罰」更久嗎？不但會，而且已經在做了。社會大眾有沒有認為ＩＰＰ不妥呢？沒有。假如你認為在二〇三四年實施朗布羅索計畫太倉促，請牢記ＩＰＰ被認為是「英國有史以來最不仔細設計和實施的法案」，而且往後還會有更多更糟的法案出現，根本不必等到二〇三四年。

我理想中的社會主義國家更勝ＩＰＰ法案。早在二〇〇〇年時，無視絕大多數精神科醫生的極力反對，當時的政府設定了一個「危險和嚴重人格障礙症」（dangerous and severe personality disorder）的標籤，在這個新法案之下，就算完全沒有犯罪行為，警察也有權把他認為有危險的路人抓起來接受評估和治療，使得更多已經服完刑期的普通罪犯因為「基於公共安全」（for the public good）而再被關起來。目前的英國政府，還在執行這條法律。

不論人在英國或大西洋彼岸的美國，犯罪精神病學家都強烈反對用這種法醫鑑定的方式來保護社會大眾。然而別說社會大眾在不在乎了，我在英國的家人甚至不知道有這種法案存在。朗布羅索計畫的本質其實早就存在於英國這種國家了，而且還行之有年。英國其實比美國、中國、新加坡等有死刑的國家更不主張應報正義或報復性懲罰，然而，很矛盾的是英國的司法人員卻覺得不夠強硬；英國最高法院的首席法官就曾在二○○四年抱怨布萊爾在對付犯罪的起因上不夠果決。布萊爾的確沒處理好——如果宣布執行朗布羅索計畫，他就不會下台了。

很多學術界的人士都贊成用神經科學來協助犯罪風險的評估。英國皇家學會（Royal Society）就曾委託一所知名的大學檢視神經科學的技術，能否在現在或不久的將來，幫助法庭決定罪犯的命運。這份報告措詞非常小心，卻也明確指出：在評估受刑人的假釋時，神經生物學上的標記可以用來辨識這個人再犯暴力罪的風險；甚至建議未來神經科學可以用在決定一個人是不是危險的罪犯，在他犯案前就先把他關起來以保護社會。試想，如果二○一一年就已認為神經科學有這種可能性，那麼，我在本書中所預測的、未來可能發展出來的各種防範犯罪的計畫，也就不是那麼不合理了。

那麼，國家兒童篩檢計畫又怎麼樣呢？有可能真的實施嗎？讓我們回頭再看一下金科的個案。在他一九九八年六月殺人之後不久，柯林頓總統就去他犯案的學校，還特別走了一趟他殺死同學的走廊和學校餐廳，歐巴馬總統也去了山迪虎克小學慰問倖存者。柯林頓指示美國檢察總長，要盡快頒布一個新的「及早警告、及時反應」（Early Warning, Timely Response）的學校指南來幫助學生不受傷害，科學家和執業醫師都參與其中，美國精神醫學學會（American Psychiatric Association, APA）後來還宣布了「二十二條危險兒童的警告信號」（22 warning signs of dangerous kids），請仔細看一下，你家孩子有沒有以下這些症狀：

- 突然間的爆發憤怒（angry outbursts）
- 憂鬱（depression）
- 孤僻、不與他人來往（socially withdrawn and isolated）
- 被同儕排斥（peer rejection）
- 對槍枝著迷（fascination with guns）
- 學業成績不佳（poor school performance）
- 對上學沒興趣（lack of interest in school）

金科當然是每樣都有，其他還包括虐待動物、注意力不集中，以及登記在案的少年犯罪紀錄。每一次有這種全國性的悲劇發生時，都一定會有社會、政治的反應，這些悲劇也因此不斷製造出對付目前事件的新政策。明尼蘇達州的衛生部、教育部聯手制定了一個簡易的篩檢計畫，不但要篩檢出健康有問題的孩子，也要篩檢出有社會和情緒問題的學童，比如情緒調控困難的孩子；開始篩檢的年齡比一般的十歲還更早——從〇到六歲。這是一個非常好的計畫，我和很多人都很贊成；**其實世界衛生組織和美國疾病控制與預防中心都已經把暴力看成公共衛生問題在處理，只是我們一般人還未意識到而已，而這種篩檢會是未來的趨勢。**

看到這裡，你還會認為我在前面提出的、由私人投資來支持朗布羅索計畫是不切實際的想像嗎？

其實，這一點已經在做了。英國有個非營利組織「社會籌資組織」（Social Finance），執行長潘君慧（Tracy Palandjian）是個非常有魅力的人，她已經在募集資金來做社會公益，例如阻止犯罪。二〇一〇年，「社會籌資組織」啟動了第一個「社會效益債券」（Social Impact Bonds）來防止男性罪犯出獄後再犯罪，假如它能減少再犯率到百分之七・五以上，投資的節餘就可以回到投資者手中——目前為止，節餘從百分之二・五到百分之十三。美國總統歐巴馬也在二〇一二年投資一億美元在社會效益債券上，波士頓則是目前第一個表示對幫助青少年犯罪者轉型到有生產力的生活有興趣的城市；假如現在犯罪防治計畫的成本花費部分是由民間私人企業來控制，那麼，二十年以後的朗布羅索犯罪防治計畫為什麼不會由私人來做？

至於當父母要先拿到許可證，報紙和學術界都有過辯論，也有人發表文章，指出不良的家庭教養正是暴力犯罪的危險因素。的確，有些政府已經在處理這件事了，二〇一二年五月，英國首相卡麥隆（David Cameron）撥款五百萬美元讓國家網站教育父母如何教養孩子，他說：

> 假如我們只花幾個小時訓練一個人開車或使用電腦，就預期他會做得很好，那不是很可笑嗎？但是在照顧嬰兒上，我們卻告訴父母儘管去做，做了自然就會……我們都有這種經驗，半夜寶寶哭個不停，我們卻束手無策，不知如何是好。

究竟還要再過多久，國家才會在學校中開設這類的必修課程，告訴我們嬰兒晚上哭鬧時，如果用力搖他會傷害到他的大腦呢？要求沒有執照的大人負起父母的責任，不比要考執照更荒唐可笑嗎？我們可能還沒有到那個地步，但是今天的白日夢會變成明天的惡夢，因為幼年的大腦受傷會引發長大後的暴力行為已是確定的事實。

決定未來防治犯罪計畫的力量，還有我們對應報的看法和政治的力量。暴力有演化上的原因，所以罪有應得的懲罰觀念才會深植於人心，它是演化來使我們驅逐欺騙者，阻止背叛的力量。（譯註：連吸血蝙蝠都有這種觀念，一隻蝙蝠如果今天沒有吸到血，別隻會吐一些出來給牠，使牠活過今天，明天再出去覓食，但是假如牠接受了別隻蝙蝠的恩惠下次卻沒有回報其他蝙蝠，就會被驅逐出洞，而群居動物一旦落單就注定死亡，所以演化不允許欺騙，以維持物種的生存。）對人類來說，雖然教育的目的是使我們超越動物的本性，但是要做到「寬恕欺騙你的人」還真不容易，美國和其他允許死刑的國家尤其如此。

我們在金科身上看到的，是應報如何勝過矯治。**懲罰正當性**（justify punishment）**有四個法律思維：嚇阻**（deterrence）**、隔離**（incapacitation）**、矯治**（rehabilitation）**和應報**（retribution）**，我們可以再加上第五個，重選**（reelection）。**在未來，當善意無法停止犯罪時，社會肯定會認為應該採取強硬手段來保護自己和孩子**，所謂亂世用重典，就像《愛麗絲漫遊奇境》中的紅心皇后那樣，大叫：「把他們的頭砍下來！」

政治人物會持續過度反應社會上發生的悲劇，以求平息眾怒並解決眼前問題。隨著科學越來越進步，政客可利用的資源也越來越多，對犯罪原因的科際整合觀點及神經犯罪學的興起，更使預測犯罪能力及優先行動（即在實際犯罪前，先捉起來關）越來越有可能。現在，我要問你：你贊成像朗布羅索這樣的計畫嗎？

神經犯罪學的神經倫理學：應不應該這樣做？

這是一個我們所有人都應該仔細考慮的問題。光是想到我可能什麼罪都沒犯就會被抓起來關一輩子，我的背脊就發涼；而如果你的大腦掃描圖像我一樣，你也會打寒顫。我也有低靜止心跳率，出生時難產，有一些身體小異常，早期的維他命B匱乏；我在青少年時還曾釀過私酒，十一歲就會賭博，完全符合本書所描繪的危險因子。

神經倫理學（neuroethics）是生物倫理學（bioethics）的一支，背後的推手則是我賓州大學的同事法拉（Martha Farah），關心的是大腦和心智以及神經科學對社會的好和壞等倫理觀點。我們可以從神經倫理學的觀點，來看一下前面討論過的三個未來計畫。

還沒犯罪前就把人抓起來關，當然一定會有人身自由的問題；但是，假如你已經知道這個人有百分之七十九的機率犯下嚴重的暴力罪，你會在他還沒犯罪前阻止他嗎？誤抓難免，但是必須平衡風險和利益也是我們每天生活的殘酷事實。

想想年輕的杜希爾，她盛開的生命就是因為佩吉的假釋才會凋萎。佩吉其實因為搶劫被判二十年徒刑，卻只關了四年就獲得假釋。假如我在他被假釋前有機會參與評估，我會說出在法庭上替他辯護時同樣的話：他有所有生物社會的危險因子，是一枚會走路的未爆彈，等著要爆炸。他有很高的暴力犯罪機率，而那不是在他的能力控制之下。即使他先前沒有犯過搶劫罪，我對他的評估也不會改變。

但那是一九九〇年代，當真到了二〇三四年時，我們不但已經能指認出這些未爆彈，還能幫助他們。假如佩吉能進入未來的朗布羅索計畫之中，那麼，未來可能研發出來的藥物就能阻止他的大腦產生暴力的生化物質，在他十八歲之前，我會就會知道他是LP-H或是LP-S或是兩者都是。

坦白說，他的命運會比現在好很多，更重要的是，年輕的杜希爾會還活著享受人生，並使別人的生活因而更豐富。我們可以因為人身自由這個倫理問題而反對未來的防止犯罪計畫，但是別忘了，生命無價，我們也可以拯救許多無辜的生命。這個計畫既有利益也有代價，那麼我們要問：基本人權的代價是什麼？

指認出有危險性的孩子，無疑一定有神經倫理學上的問題。同樣的，社會大眾和科學家也都想知道暴力犯罪的神經機制是什麼，他們才好作決定。回答這個問題最好的方式，是看柏林大學精神病學系的神經科學家、心理病態行為研究者史特瑟（Philipp Sterzer）對高瑜論文的評論——高瑜在論文裡指出，三歲時的恐懼制約不良是二十三歲時犯罪的生物標記。史特瑟的評論題目是：「天生為罪犯嗎？如何解讀犯罪行為的早期生物危險因素」（Born to be Criminal? What to Make of Early Biological Risk

Factors for Criminal Behavior）。在最後一段裡，他說：

> 假如不謹慎處理的話，神經生物的標記很容易被濫用，使無辜者被錯認為對社會有威脅。現在已有越來越多的數據可以幫助我們從生命的早期來阻止、診斷和治療反社會行為，我們需要社會大眾參與如何應用這些資訊的辯論，但更重要的是如何避免濫用和誤用。神經生物學的研究提供了一個讓我們了解反社會和犯罪行為的機會，這個了解，應該用在造福那些有高犯罪風險的孩子身上，研發出針對他們個別需求的介入方法。

我們的確擁有比上一世代更多資訊，但是怎麼使用資訊相對也必須非常謹慎，要有很好的配套措施來防止濫用和誤用。不過，這裡還是先談一下它的好處。一九九九年瓊斯博羅（Jonesboro）發生中學掃射事件之後，心理學家暨暢銷小說作家凱勒曼就勇敢地站出來表達他的看法；他說我們早就知道那些孩子是高危險群，因為警告訊號早已出現，我們應該嚴肅看待，提出適當的治療法來阻止犯罪發生。就像史特瑟所說的，我們應該利用這些新的知識來造福需要幫助的孩子，創造出新的治療他們的個別化介入法。許多傑出科學家都一再指出，美國政府應該建立一個國家級的防止危險因子計畫，及早發現有高危險因子的孩子，施予介入治療。但是，指認這些孩子其實牽涉到優生學的問題。

前面談到當父母要先得到許可時，我們沒有談的一個問題是：一個人要不要有孩子是不是道德問題?有小孩，是一種必須努力爭取的特權嗎?今天的父母，如果缺少照顧孩子的能力和環境，而且會妨礙孩子的正常生長的話，父母就會失去孩子的監護權，孩子則會像我們在第五章中看到俄羅斯輪盤男孩一樣，被送到寄養家庭中去生活。

假如一個醫生沒有行醫執照，你會讓他幫你看病嗎？一個人假使不配做父母，你可以奪走他的孩子嗎？如果我們會保護自己的孩子，為什麼不保護整個下一代的孩子？事實上，百分之八十的虐童者都是受害者的父母。

你可能不同意父母證照，我一開始時也不同意。我不曉得為什麼，但我就是覺得這是一件不對的事，任何人應該有權利決定他要不要生孩子。我那時的反應，就像諾貝爾經濟學獎得主康納曼（Daniel Kahneman）在他的《快思慢想》（*Thinking, Fast and Slow*，中譯本天下文化出版）中說的第一種思考方式（系統一）的思考——情緒的、快速的、直覺的思考。要拿證照才可以生孩子是階級歧視，每個人都有繁殖的權利。

或許你也和當時的我一樣，覺得要拿證照才能生孩子有些不對勁，反正就是有種負面的感受。動物都沒有上過學，卻都懂得怎麼當父母不是嗎？難道我們還比不上動物？但是，我也要請你思考一下收養的好處。並不是每一個人生來就是好父母，就懂得、也願意好好照顧孩子；而社會局會仔細檢視收養者的背景、財力，確保孩子會有一個溫暖、穩定的家庭讓他生長。**也正因為有這個嚴謹的篩檢，所以收養孩子的受虐率遠低於與親生父母同住的孩子。假如我們對被自己父母放棄的孩子都堅持這種水準，為什麼我們不對每一個孩子都堅持？**何況這還能減低兒童受虐率？

我們之所以對父母要拿證照才可以生孩子有負面的感覺，我覺得部分原因來自法律。英國的普通法（common law），傳統上是把孩子看成父母資產的一部分，即使時至今日，這個潛意識的觀念也還存在於中上階級人士的心目中。演化把生殖的重要性深深植入我們的腦海中，使我們不計一切地把基因傳下去；前面談過，所謂人類其實就是基因的機器，主要的目標就是繁殖——把你的基因放到下一個基因群組中，假如沒有這個強大的驅力，我們現在也不會在這裡辯論這個倫理問題。所以我認為，演化的力量使我們覺得要拿證照是錯的，上天給我們的權利不可以被剝奪。

事實上，前面提到的那個國家兒童篩檢計畫，其實是根據二○○四年十二月英國廣播公司（BBC）一個節目而寫的；那個節目討論了我們對暴力的生物機制所知程度，並穿插一個假設的、篩檢計畫未來可能會出什麼錯的情境。節目一開始，我和節目主持人派克斯曼（Jeremy Paxman）立刻展開一場辯論；在場的，還有英國人權領袖柴克拉芭提（Shami Chakrabarti），我對這位女士思考的周延性和說話的真誠留下很深刻的印象。在我們座談時，派克斯曼問了柴克拉芭提一個很尖銳的問題：

派克斯曼：假如科學可以有百分之百的預測準確性，知道誰會犯暴力罪，你認為在他們犯罪前，社會公權力就採取行動來阻止，合法嗎？

柴克拉芭提：我必須說，在一個自由的人類社會，不是動物社會，我的答案只有「不合法」。

派克斯曼：即使本來生命可以被挽救的人會被殺，即使科學已經做到了百分之百的預測性，你仍然認為這是不對的？

柴克拉芭提：我們必須看一下我們所處身的社會，就算它已經是個被政客吹捧過頭、戲劇化甚至幻想的沒有危險的社會，我們想要的生活方式和我們想要的自由民主社會還是有很大的差距。

你應該能了解，柴克拉芭拉在回答這個問題時有其為難之處，因為這問題直接挑戰了基本人權的核心主張。在自由民主和人權的大旗下，我們對可以挽救的人命彷彿只能說聲「自求多福」，就揮手和這個人說再見，祝他一路好走，就像電影《關鍵報告》（*Minority Report*）中一樣。生命的保護和公民的自由必須平衡，從來不是一個「絕對」（absolute）的問題，我們要民主自由，但也要看一下手上的血痕——因為我們的不作為而喪命的無辜犧牲者的血痕。你真的會同意柴克拉芭提嗎？

我想你可能會不同意。然而，假如一個人的人權被侵犯了，我們的良心不會不安嗎？這就和前面章節中講到的道德兩難一樣：你會把一個人推下去阻擋火車來救在鐵軌上工作的五個人嗎？你可能很難畫下這條線，但是想一想，假如實施了朗布羅索計畫和國家兒童篩檢計畫，這些罪犯至少不會像今天這樣被剝奪所有的基本人權。在朗布羅索計畫下他們可以投票，而在美國和世界上很多其他的國家裡，罪犯是沒有投票權的，也不可以每天會客；而在計畫中，他們都可以有這些權利。

你知道，目前有些監獄其實正在進行我所謂的「被動優生學」（passive eugenics）嗎？在美國的五十州中，就有四十四州不允許男性囚犯送出他的精子，女性囚犯則不允許送出卵子或接受精子。**假**

如你服的是不允許假釋的無期徒刑，你的基因就沒有機會複製了。在演化上，你就是個失敗者。這條線很早就在司法的沙灘上畫下了，而我們從來沒有好好想過畫得對不對。

當我和犯罪學界的朋友談到這件事時，他們都表示從來沒有想過；和新澤西州崔恩頓（Trenton）的兩百名監獄矯正人員談起這件事時，他們也表示從來沒有這樣想過；當我在學術界的演講中提到這個被動優生學時，底下更是一片寂靜。

這真是很諷刺，一九九〇年代的基因研究者被指控用優生學做為阻止犯罪的終極方式，這個控訴很顯然是不對的，但是我一定要告訴你，我們目前這個被動優生學政策不是來自基因或生物學上的研究，而是社會政策的直接產物。雖然許多立意良善的人認為犯罪上的基因研究必須停止，因為它會導致優生學，卻沒有人對社會科學或公共政策在犯罪上的研究叫停。然而，也正是從這些政策中，我們有效減低了重大犯罪者基因的適應性，並且限制他們的基因進入未來的基因群中。

社會科學家曾大聲譴責十九世紀朗布羅索的觀念是開演化上的倒車，但是在很多方面，我們的思想和我們的被動優生學政策，卻仍然卡在十九世紀的思維中，進退不得。今日的罪犯和朗布羅索認為不配繁殖的「近人類野蠻人」（subhuman savages）沒什麼兩樣——我們正在執行被動的優生學不是嗎？當馬的腿斷了，不能跑、沒有用了時，我們就會射殺牠以減除牠的痛苦不是嗎？

從另一方面來看，失去生孩子的權利本來就是犯罪代價的一部分；既然受刑人本來就沒有自由，本來就不能投票，那麼，不能生孩子有什麼好大驚小怪的？尤其是那些剝奪別人生命的受刑人，他們有什麼好抱怨的？應報懲罰和嚇阻，本來就是我們與罪犯的司法遊戲；被動優生學和公民投票權的剝奪，也本來就是輸家必須付出的代價——只不過，在我成長的過程中，我可一直都被教導優生學是不對的事。

結論——不要再當鴕鳥了

金科不可能有孩子，因為他要被關一百一十一年、不准假釋。很諷刺的是，神經犯罪學要求我們去幫他辯護，不要給他那麼重的懲罰，因為他的犯行不是他自由意志所能控制的。過去，犯罪的生物學研究者總被指控落井下石，是被告最壞的敵人，現在卻反過來替被告辯護求情。這是怎麼一回事？我們哪裡做錯了嗎？假如我們比較一下過去一些有益的事件和我們今天的立場，其實我們的想法已經改變了。現在的我們，已經跨入新疆域了。

布克惠遜（Wouter Buikhuisen）是一九七〇到八〇年代時荷蘭萊登大學（Leiden University）的犯罪學教授，他認為犯罪有生理心理上的關係；當這個看法使他像野獸般被荷蘭的媒體圍捕追殺時，荷蘭的國會決定討論他的觀點。最後，他在一九八八年被迫辭去萊登大學犯罪學系主任的職位。當時的人認為，說「犯罪」（crime）和「有罪行為」（criminality）有社會結構以外的因素是完全不可容忍的事。我曾在一九八七年去萊登大學見過布克惠遜（其實在那之前，我就在義大利見過他了），那時他想給我萊登大學的教職，不過後來我還是決定去洛杉磯，因為我認為美國的學術氣氛比較自由。

一九九四年，我在舊金山的美國科學促進會（AAAS）年會上報告我在丹麥所做的研究，傳達這個結論：出生時難產和早期母親的排斥兩者的交互作用，會使這名嬰兒在十八年後有暴力犯罪傾向。那一年三月份的《科學》期刊登了我主要發現的圖片，標題為「文字戰爭持續在暴力研究中進行」（War of Words Continues in Violence Research），這是我個人的新希望，亦即這個生物社會學的研究可以導致防止犯罪實際可用的良好方式。不過，我立刻受到與會學者（都是科學家）的全面攻擊，一致認為我的研究報告是種族歧視。其實我的樣本群都是白人，所以和少數族裔的種族歧視毫無關係；論文的最重要建議，更是生物學的發現若能與社會影響力結合起來運作——就連這一點當時的氛圍也無法容忍。三十年前的一九八二年，為了拿到博士學位，我必須屈服於一位校外委員的要求，拿掉博士論文中有關生物社會影響犯罪的那一章——雖然我早在一九八〇年就已經在一份有同儕審定的科學期刊上發表過那一章的內容。

不過才二十年，我就在犯罪的生物學基礎上看到了政客態度的轉變。一九九四年，我只是提出生物和社會因素的交互作用會驅使一個人傾向暴力犯罪的可能性，就被詛咒、驅逐，但今天它已經過時了。荷蘭的布克惠遜現在終於獲得平反，社會對當年的迫害向他道了歉。在我看來，今天的荷蘭比北美洲以外的任何一個國家都對神經犯罪學更感興趣。

然而，《科學》雜誌批評我的那篇文章一開頭的句子卻像槍聲一樣，仍然在我的耳朵裡迴響：

生命中很少事情是確定的，但是我們可以確定，探究社會問題的生物原因一定會持續引發人民的怒吼。

今日的神經犯罪學提供了一個平台，使我們不但能分析未來的犯罪者，也能阻止犯罪行為的發生——假如我們及早行動的話。在山迪虎克小學掃射事件發生後，許多官員和市民都很快的指出，禍首不只是槍，還包括心理衛生服務的不足。其實給孕婦和媽媽比較好的營養，照顧弱勢的孩子，提供比較豐富的營養午餐，減少學童接觸到鉛，加強父母的教養技術，找出有行為偏差的孩子，及早給予良好的介入治療……都並不難做到。這些事的確都要花錢，但是，還有什麼經費會比花在防止社會暴力犯罪、保障人身安全上更有價值呢？

今天的我們，可以說生活在有史以來科學知識最進步的社會中，我希望社會願意看管好神經倫理學，別讓它再對神經犯罪學糾纏不清，理性地、小心地融合臨床神經科學的新發現，用到公共政策的制定上，達到預防暴力犯罪的結果。我們如果把握今天，就能改變明天，為下一代創造一個安全的世界。我真誠的希望，明天的世界能夠跨越我們一心只想應報、矯治的念頭，承諾用更人道的方式看待暴力的起因；那麼，當我們最後終於抵達二〇三四年時，迎接我們的就會是一個美好的新世界。

國家圖書館出版品預行編目（CIP）資料

暴力犯罪的大腦檔案：從神經犯罪學探究惡行的生物根源，慎思以治療取代懲罰的未來防治計畫／Adrian Raine著；洪蘭譯. -- 二版. -- 臺北市：遠流出版事業股份有限公司, 2021.12
面；　公分. --（生命科學館；41）
譯自：The anatomy of violence : the biological roots of crime
ISBN 978-957-32-9346-0（平裝）

1.暴力犯罪 2.神經學 3.神經系統疾病 4.犯罪防制

548.53　　110017733

生命科學館 Life Science 41
洪蘭博士策劃

暴力犯罪的大腦檔案
從神經犯罪學探究惡行的生物根源，
慎思以治療取代懲罰的未來防治計畫

作者／Adrian Raine
譯者／洪蘭
主編／林淑慎
特約編輯／陳正益
行銷企畫／葉玫玉・叢昌瑜
發行人／王榮文
出版發行／遠流出版事業股份有限公司
104005臺北市中山北路一段11號13樓
郵撥／0189456-1
電話／(02)2571-0297　傳真／(02)2571-0197
著作權顧問／蕭雄淋律師
2015年10月1日　初版一刷
2021年12月1日　二版一刷
售價新臺幣 **550** 元（缺頁或破損的書，請寄回更換）

ISBN 978-957-32-9346-0
（英文版 ISBN 978-0-307-37884-2）

遠流博識網
http://www.ylib.com
e-mail:ylib@ylib.com